特立独行

——和谐教育之路

Be Independent

The Road of
HeXie Education

席酉民◎著

清华大学出版社

北　京

内 容 简 介

教育重塑迫在眉睫,变革箭在弦上。如何前瞻部署?如何有效落实?本书以西浦脚印、特立独行、和谐教育、空谷足音、探源溯流、持之有故和三言两语,展现了西浦特立独行的创新实践与和谐教育的担当。德国教育之父洪堡指出"教育是个人状况全面和谐的发展",我认为教育贯穿学习、成长、为人全过程,要回应心灵的呼唤,支持生命的意义。该书揭示了西浦:(1)看趋势而非批示;(2)诟病声浪中的涅槃;(3)学习而不拷贝;(4)挣脱桎梏、敢于孤独;(5)最低合"规"性基础上的独特性最大化;(6)不断清零;(7)从更好到更好;(8)从追随到引领的办学精神。关心教育的仁人志士,从中都会有身临其境的共鸣,有参与教育的心动。

图书在版编目(CIP)数据

特立独行:和谐教育之路 / 席酉民著 . —北京:清华大学出版社,2021.12
ISBN 978-7-302-58251-9

Ⅰ.①特… Ⅱ.①席… Ⅲ.①教育—研究—中国 Ⅳ.① G52

中国版本图书馆 CIP 数据核字 (2021) 第 100518 号

责任编辑:杜 星
封面设计:汉风唐韵
版式设计:方加青
责任校对:王荣静
责任印制:杨 艳

出版发行:清华大学出版社
    网 址:http://www.tup.com.cn,http://www.wqbook.com
    地 址:北京清华大学学研大厦 A 座   邮 编:100084
    社 总 机:010-62770175   邮 购:010-62786544
    投稿与读者服务:010-62776969,c-service@tup.tsinghua.edu.cn
    质 量 反 馈:010-62772015,zhiliang@tup.tsinghua.edu.cn
印 装 者:小森印刷霸州有限公司
经 销:全国新华书店
开 本:185mm×260mm 印 张:23.75 字 数:434 千字
版 次:2021 年 12 月第 1 版 印 次:2021 年 12 月第 1 次印刷
定 价:108.00 元

产品编号:090078-01

前言

在编辑完稿之际，回望西交利物浦大学（以下简称西浦）15年的发展历史，许多场景历历在目。在开始谋划和筹备西浦时，坦率地讲还未深刻认识到其创立的价值。尽管在创办西浦之前近10年中，我有数次在世俗看来难得的升迁机会，但都婉言谢绝，似乎一直在等待一个可以释放自己内心沉积很久的思考、经验、探索、抱负的机会，一个能够托付人生最宝贵的后半生的事业。

西浦筹办期间对国内外教育进一步的了解，与多方的合作与抗争，似乎更坚定了我出走的决心。我生来似乎就有极强的反叛精神，常以批判的眼光看世界，但也总以欣赏的态度与人相处，更以积极的心态融入世界。总认为，通过自己的努力和积极的影响，这个世界可以变得更好一些。怀拥着这样的心情，默揣着几十年对教育的实践和反思，以及管理研究的心得和感悟，我依然在寻觅和等待着机会的降临。当西浦正式运转一年多，学校处在艰难的幼年塑造期，英方诚恳邀请我出山引领该校发展。因为前途未卜，挑战和不确定因素众多，当时无人看好这所学校，也没人觉得这是一个有希望和前途的机会，但我内心深处长期积聚的能量似乎嗅到了喷发的可能。2008年8月经西安交通大学党委常委会批准，我以代理执行校长名义加盟西浦。同年11月，中共中央组织部和教育部有关领导与我谈话，问我是否愿意继续留在西安交通大学时，我直言带领西浦发展似乎更能让我以自己擅长的特立独行的创新方式实现初心。当领导们听了我下边这段话后欣然点头放行："首先这是一个国际舞台，可以全球整合资源；更重要的是在全球重塑教育的当代，给予了西浦与世界一流大学站在同一起跑线上、同台较量的千载难逢的机会；第三，尽管她现在还很幼小，但若能充分利用西浦一张白纸和后发优势，大胆突破，就有引领教育的可能。"随之，我头衔中代理二字被取消，还增加了一项利物浦大学副校长的帽子。

15 年后，不少朋友盛赞我当年决策的英明，而我自己无意回首当年决定过程的波澜和享受这些年收获的喜悦，而更乐于体味创业的艰辛和总结对发展的启迪，特别是关注未来不平静的世界，思考在反全球化浪潮汹涌的环境下，国际化大学如何生存，西浦怎样继续阔步前行！

回顾、体味和思考这些年的实践过程，从以和谐管理理论为指导的教育理念和办学模式的探索，到逐步形成未来教育的核心是和谐心智的营造的认知，再到支持"学习、成长、为人"全过程的"和谐教育模型"的创立，我们始终践行着基于合"规"性与独特性"和谐优化"的特立独行。当写下这几句话时，以下实践感悟涌上心头，希望能基此烹饪出几道佳肴，帮助我们补充在未来日益不确定、模糊、复杂和多变（Uncertainty，Ambiguity，Complexity，Changeability，UACC）世界生存的能量和智慧。

一、看趋势而非批示

在 UACC 环境下，事业发展常常会遇到意想不到的挑战，因此人们常会被问题或危机牵着鼻子走，陷入日常扯皮和救火的工作状态。在重权力或权威的组织和社会环境下，人们习惯于官僚科层体系的工作方式，经常等着上级命令或批示甚或揣摩领导意图而行动。但著名管理专家、通用前首席执行官韦尔奇曾指出，当高层了解到问题时，该问题早已存在。因此，各种批示经常是针对那些通过各种途径进入领导视线的事，是当下的一些惹眼的问题，并不一定是组织目前最应关注和着手解决的问题。要使组织能有效应对 UACC 环境下的挑战，领导层需要在明确组织愿景和使命后，透过 UACC 确定每个阶段的发展方向或核心任务，并给组织和员工创造充分的相机行事、能动致变、创新行动的空间，从而强化员工的能动性、灵活性和创造性，鼓励其瞄准组织愿景和使命，顺应时代发展趋势和社会需求，大胆地和创新地工作。如果以随机的批示推动组织运行，员工就会变成无头的苍蝇。长此以往，整个组织都会充满惰性，只坐在那儿等批示，甚至批示来了也不动，因为担心下一个批示会否定前一个批示。对于 UACC 环境下的创新型和开拓性事业，更应规避上述组织运行场景。因为创新型事业发展前景和途径未知，甚或面临的任务也非常模糊，环境又如此捉摸不定，此时最重要的工作是决定朝哪儿走和怎么走，而能动、创造和探索的指南是未来社会的发展趋势和需求以及组织的愿景和使命。跟着趋势走，会保证方向正确和道路自信，会避免跟着批示的左右摇摆，等别人从摇摆中醒来时，发现你们已经走远。我在西浦这十多年的实践中，始终重视依据未来社会发展趋势和需求，确定学校发展道路和战略。同行们经常感叹我们敢干和先行，一些官员也好奇地对我说，怎么搞的，我们的政策老跟着你们的实践跑。

二、诟病声浪中的涅槃

新事物的出现总会倍遭诟病，因为创造性的探索会与当下的社会环境格格不入，会挑战已有的习惯和文化，会冲击现有的制度安排和组织实践，会动摇人们固有的信念和固化了的行为方式等。要开拓新事业，无法回避诟病，而是要设法智慧地在各种诟病中实现蜕变，一方面改造的确需要变革的方方面面，另一方面要敢于直面已过时的世俗的阻力或挑战，因为我们进行的事业本身就想改变那些需要淘汰的世俗。特别是在充满范式革命的当代，更要学会创造新范式，形成涅槃，弘此远谟。在西浦发展过程中，我们遇到了太多的诟病，如不讲关系、学生学习成绩等信息是学生隐私、成绩低、补考率高、淘汰率高、不组织英文四六级考试等。以学生隐私为例，西浦视学生为年轻的成人，实际上学生生理年龄上已是需要承担民事责任的成人。因此学生考试成绩、升级与否、处分决定等在西浦均属学生隐私，不与家长和他人分享，更不会像公立高校那样一定要张榜公布对学生的处理决定。因而当家长等着参加毕业典礼时，突然发现学生还在三年级学习，于是家长抱怨学校为什么不及时告知家长学生重读的情况。而我们认为，这是学生和家长两代成人间需要解决的沟通问题，学生有权决定如何处理自己的私有信息，当然学校可以给予学生必要帮助但不能强求。反倒是家长需要与孩子建立互信和尊重，以实现坦诚和顺畅沟通。为此，我们积极与家长和学生交流，以使他们形成对成长和教育的正确认知，然后在这种往复的冲突和沟通中使学生、家长和学校都得到成长，也实现我们探索教育和影响教育的使命，更上一层楼。

三、学习而不拷贝

在当代教育变革的大背景下，传统意义上的大学及其成功标志面临挑战，换句话说，办学模式、教育理念、教学方式等在网络和数字技术冲击下需要重大变革。目前，在全球范围内，即使是剑桥、牛津、哈佛、斯坦福等顶级高校，也都在进行教育反思和新模式的探索，以期跟得上时代的步伐。在这关键时刻，对于新办的国际大学，有着与世界一流大学站在同一起跑线上创新超越的机会，可以根据未来趋势和需求，利用其后发优势，创建一所全新的大学。当然，轻松稳妥的路线是拷贝国外合作学校的模式，这虽会学习到很多相较于我们传统教育依然先进的东西，但从长期发展战略和国际竞争角度而言，会让我们处于努力建设一个已经落后于时代、需要变革的模式的尴尬地位。为什么我们不抓住一张白纸的机会，展望未来趋势和需求，设计和建设更有生命力的新的办学与教育模式呢？在西浦发展途中，我们强调学习，即继承人类已有知识和经验，借鉴先进教育理念，总结东西方最优实践，但不简单拷贝，而是根据未来趋势和需求进行融合创造。西浦一直着力强调办学模式的探索、教育理念的升级、教学方式的创新，从西浦以成长为目标、以兴趣为导向、以学习为中心理念的确立，网络化大学组织体系的构建，研究导向型教育的倡导，美式教育灵活性、英式质量保证体系、中式重基础等优点融合基础上的西浦教育模式的创新，融合式教育的实验，创业家学院（太仓）的成立，汇聚全球教育资源及线上和校园教育相结合的学习超市的建设，到发起西浦全国教学创新大赛、高校教师中心可持续发展联盟……西浦拒绝拷贝，始终走在学习、借鉴、创新、升级的路上！

四、挣脱桎梏、敢于孤独

从众是中国文化很普遍的现象，从个人到组织，大家都很在意别人怎么看我，别的单位特别是本领域有榜样意义的同行是怎么做的，上边有什么意图和安排，然后在这些种种的约束下选择自己的行动路线，要么压抑自己，要么模仿，要么跟随，要么机械地听命。这样大家的可行空间已经被大大压缩，创造性从心理上已经被压抑，甚或放弃，也即书中我提到的心理放弃。任何身份、任何职业的人都可以选择随大流或入俗，也可以选择超凡脱俗。顺势从俗容易，且成本低，有市场；但超凡脱俗有利于创新，可能别有风景，占据未来制高点，甚至引领风骚。但脱俗和敢于独特不易，需有背离原有模式的勇气，突破现有社会范式和民众习惯的气魄，更需要跳跃出常规思维或行为惯性，前瞻地探索新的思维和行为模式，长于反向思维、坚持理性、独立思想、自由意志、追求理想。他们易鹤立鸡群，特立独行，不仅孤独，还常需坚守和抗争，愿意献身进步，甚至被看成现代版的堂吉诃德。因此，变革者、创新者或突破者，不仅需要见识，更需要胆识和智慧，甚至需要一定的资源和条件准备。脱俗甚或逆俗行动，不是无视今日之利，而是更关注未来趋势，更看重明日之利，更珍视可持续发展的事业模式，特别是在意未来的发展空间。时下中国，特别是中国的教育领域，需要更多敢于逆俗突破的探索者。西浦一直坚守此道，试图通过智慧坚持和持续突破，以自身卓越的教育探索成效，赢得更大的生存空间和可持续发展，并将西浦建成先进教育理念和实践的传播基地，影响教育重塑，引领未来发展。

五、最低合"规"性基础上的独特性最大化

事业发展，一定会遇到法制和已有规范的约束。而约束机制的设置和应对约束的态度自然会影响事业发展的战略选择，强硬的规范性约束会促进同质性发展；要具有竞争优势，就需要敢于突破一些约束，以独特道路或手段脱颖而出。理论上讲，合法性和独特性是事业发展这枚硬币的两个侧面，合法性能从容正当地获取资源，独特性能获取竞争优势从而胜出，健康可持续发展需要根据情况恰当地在二者间寻求平衡。现实情况是，约束内谨慎的同质性发展虽然轻车熟路、稳妥和探索风险小，但却会以组织可持续发展和未来生存空间为代价，更具战略风险；而过于独特会遭受敌视，过于强势则招致讨伐。幸运的是，规范与独特都是多维的。所以，广义而言，合"规"性有很大选择空间，有些法规必须遵守，有些规范可以突破，甚至可以通过成功实践创造新的规范；同样，独特性也是无穷的，它不仅取决于事业的性质、发展的阶段以及所处的环境，还与治理体系和当下的领导及管理团队有密切关系。于是，所有事业，都会面临最低合"规"性基础上的独特性最大化问题。对于创新性或开拓性事业，该优化问题尤为重要，因为其发展本身一定要逾越一些可以突破的世俗规范，以其创新和创造将事业升级到新的社会范式体系，所以必须善于向未来而生，根据发展愿景和使命，智慧地选择和走出一条最低合"规"性基础上的最大独特性的发展道路。以探索和影响未来教育为使命的西浦自然概莫能外，跳出世俗和传统模式，敢于独特，创建符合未来世界发展趋势和市场需求的教育，是西浦履行使命和长期可持续发展的生命线。因此，西浦放弃了简单拷贝国际合作院校模式的通行做法，坚持根据未来的发展趋势和社会需求，整合中外高等教育最优实践，探索办学模式、育人理念、教育体系、组织架构以及与社会的互动关系，使西浦脱颖而出，逐步成为高等教育最优实践的一个研究和传播基地。随着竞争的日益激烈，要维持其相对竞争优势，西浦还必须持续创新和升级其独特性。如面对日益网络化、数字化、智能化社会对教育挑战的升级，西浦敏锐地开启了高水平国际化应用精英培养的融合式教育新模式，创建了能整合全球教育资源、融合网上与网下以及校内与社会、支持个性化的、兴趣导向的、终身学习和创新创业的学习超市，从而有可能成为该领域的全球领导者。

六、不断清零

事业的持续性发展，需要有不断清零的心态，即从零开始，掀起一个又一个发展高潮。人们在遇到挫折、突然变成一无所有的时候，经常会用这种归零的心态，以示从头而来的决心。但对于事业发展顺利的组织，经常会自满、骄傲、产生惰性，进而对环境变化不敏锐，对本身问题视而不见，对外界挑战无动于衷，从而缺乏发现和捕捉新发展机遇的动力，这时需要保持清醒，有意识地发起清零运动，在组织中养成清零的习惯和文化。为使西浦人保持清醒，牢记未来教育探索的使命，我们在西浦培育"归零的境界"，即当事业发展到一定程度，不居功自傲，保持清醒头脑，从零开始。此时，这个零不是一无所有，而是站在当下的高度，重新起步。于是，每次起步，都是新高度、新境界、新思路。在我看来，"从零开始"不仅是一种心态，更是一种境界、一种历练、一种高度、一套发展的思路和能力体系。清零、归零，不是回到原来的起点，而是站在一个新的高度，在已有条件和经验的基础上，构建和选择新的参考体系，设立更高更远的发展目标。此时的清零或归零，不仅会帮我们抛弃惰性、挣脱已有体系形成的思想桎梏、防止停一停歇一歇的延迟，而且会使我们以开拓者或领导者的姿态屹立于这个日新月异、一系列结构性变革或范式革命不断涌现的世界里，因为只要我们稍有懈怠，跑得比变化慢，我们就有可能被淘汰！ 15 年间，西浦一路清零，一路升级，先是被外界称为"中外合作办学的标杆""高等教育改革的先锋"，成就了其发展的 1.0 版；紧接着根据智能化、机器人、万物互联的新挑战，开启了以融合式教育（Syntegrative Education）为代表的 2.0 版；再针对未来教育前移和个性化、兴趣驱动的终身化学习、创新和创业的社会生活新形态，已布局以建设学习超市、营造教育生态为特点的西浦 3.0 版。保持初心、特立独行，特别需要有归零的境界，充满再出发的激情和持续创新的动力。

七、从更好到更好

COVID-19 突如其来暴发，让人们更深切地体会到当今世界因数字化和互联而日益加剧的 UACC。在这种背景下生存、发展和谈管理均离不开变化，正如有人戏言，如今永远不变的就是变化。所以事业发展的最高境界就是以变应变甚或主动致变，利用各种各样的理论、原理、智慧争取跑赢变化，以求得生存的机会、发展的空间。然而，如《基业长青》（*Built to Last*）中 Jim Collins 的研究发现，真正要长期可持续成功发展，重要的不是研究怎么变，而是首先要弄明白不变（要坚守）的东西：企业赖以生存的根本，即企业长期的追求和存在的价值，用现在管理的行话讲，即企业的愿景和商业模式，然后才是企业如何在复杂变化的环境下持续努力和灵活多变以逼近其愿景和实现其价值，这种瞄准不变基础上的以变为策略的从更好到更好的旅行恰是绝大部分成功事业的真实写照。我 20 世纪 80 年代中实际上已初步悟到这套在 UACC 环境中成功发展的基本套路，提出和发展了和谐管理理论（复杂问题解决学），并总结出管理即是一个从更好到更好的旅行。我们往往很难知道什么是最好，但可以知道我们的愿景和使命，也会相对容易地发现每个阶段什么样的和谐主题（核心任务或关键议题）会让我们更好地逼近愿景，为实现该和谐主题，还有哪些事情我们可以做得更好，于是我们便会在从更好到更好的不断演变或更新中享受履行使命的快乐、逼近愿景的激动、基业长青的成功，这种发展道路似乎横亘不变。

八、从追随到引领

发展永远摆脱不了学习、模仿、跟随、创新、引领等几种状态。当然，任何事业，在这个世界上总有先行者、开拓者，然后才有引领者。但因人类的资源分布、个性、能力和努力程度以及机缘不同，引领者总是少数，绝大部分人都在学习、模仿、跟随的路上，如果途中能坚持不断创新，也有可能后来居上，蜕变上升为引领者。特别是在世界互联、数字化和智能时代，社会日益演进成共生生态，发展的逻辑也相应改变，从过去的领袖、大师、英雄、精英引领发展转化为自组织和涌现模式，很多伟大的创造或引领可能源于许多微小创新互动基础上涌现出来的革命，换句话说，每个人或组织只要努力和创新，就有可能孕育或掀起一个引领发展的大涌现。中国的互联网经济以及华为的 5G 发展，都是从"追随者"华丽转身为"引领者"的典范。在全球教育重塑的数字与智能时代，作为中外合作办学的西浦，自然有向国内外学习继承最优教育理论和实践的便利条件，但因考虑到与世界一流大学站在同一起跑线上的机遇和具有后发优势的独特性，特别是这个时代给予的通过某一个点的创造及互联世界的发酵和快速传播，可以掀起一场具有引领意义发展的土壤，西浦大胆定位自身为教育的发酵剂和黏合剂，试图以自身的大胆探索和创新，撬动教育的变革与发展；以创新性融合式教育发展模式，联合产业、政府和社会，孕育未来教育生态和终身创新性生活的社会新形态，从而实现西浦从跟随到引领的蜕变。

世界教育重塑迫在眉睫，中国教育变革和转型箭在弦上。战役已启动、口号已喊响、部署已发布，但如何切实有效行动？依据我的观察和西浦的实践，很多号召缺乏落实的动力，有些部署前瞻性不够。本书收集了这两年我对教育的反思，特殊情景冲击下撰写的教育文章、政策建议，接受媒体的采访以及西浦探索的总结，分为"西浦脚印""特立独行""和谐教育""空谷足音""探源溯流""持之有故"和"三言两语"七部分。希望我们对教育的创新实践（特立独行）与担当（和谐教育），借助本书对西浦探索机理的揭秘，能对教育的前行，特别是中国新一轮的教育改革发出一点能够让人反省的声音，为教育反思、教学重塑、大学再定义时代的中国高等教育的健康发展摇旗呐喊、擂鼓助威、贡献力量。关心教育的仁人志士，包括学校领导和管理者、老师、学生、家长、教育从业者、其他社会人士等，通过此书，都可以有身临其境的共鸣，有参与教育研究和实践的心动。其中也有一些关于现代管理的探索和实践总结，西浦独特的创业过程和这些观点和经验，对管理理论和实践者也有参考价值。

在搁笔之时，我要衷心感谢西浦师生员工的创新和努力，各界朋友的关爱和支持，他们是西浦特立独行的后盾；感谢清华大学出版社和责任编辑杜星先生，他们为书的编辑、出版和发行付出了巨大的努力；感谢各界记者朋友有深度甚至挑战性的提问和采访稿的编撰；还要感谢我的同事钞秋玲、毕新、解启建、张晓军、刘鹏、马丹、李程程等对书中部分稿件的评论和建议；感谢我的助理魏双双女士对有些稿件的贡献特别是对书稿的校订；最后感谢读者关注此书，欢迎探讨和交流，请各位朋友不吝赐教！

席酉民

起草于 2020 年抗疫时节、定稿于西浦创立 15 周年之际

目录

第 1 部分　西浦脚印·1

第 4 部分　空谷足音·151

第 5 部分　探源溯流·197

第 6 部分　持之有故·255

第 7 部分　三言两语·307

—— 第1部分 ——

西浦脚印

1.1 向未来而生 ✎

（2019 毕业典礼执行校长演讲）

亲爱的同学们、尊敬的同事、家长和朋友们：

在这个难忘的日子里，首先祝贺又一届西浦学子顺利毕业，开启他们闯荡世界的征程！衷心感谢一直热忱帮助学生成长的老师和员工、长期支持和信任西浦的家长和各界朋友！

每到毕业季，我都百感交集。西浦着力帮学生从孩子转变为年轻的成人，再成长为世界公民。看着憧憬未来、热切奔赴人生下一场的你们，用《仁爱路111号》，道出"陪你从仁爱路走向世界"的动人宣言，我与你们一样激动，为你们，也为你们的未来！

亲爱的同学们，我们期待未来，你们将塑造未来，其实你们本身就是未来！但我想说的是，未来可能并不如我们所愿的那般风和日丽。

在刚刚结束的二十国集团领导人峰会上，多国领导人表达了对未来的担忧，"当前国际形势正处于关键时刻""世界经济再次来到十字路口"……

同学们，迎接你们的将是一个动荡不安、纷繁缭乱的世界。面对如此严峻的未来，是喜还是忧？当奋斗的热情一次次遭遇现实的冷水，你们将如何对待？

有人可能惧怕复杂模糊的未来，而选择逃避或活在过去，永远在回忆和懊悔中；也有人会活在别人的庇护或当下，及时行乐，在安逸和舒适中磨灭了理想。这样的态度，把生活推向了平庸，给人生注满乏味和无奈。反过来看，不确定充满着机会，复杂意味着空间，模糊预示着精彩。当大量颠覆性技术袭来之时，消极逃避，可能会被颠覆；积极面对，就有可能利用这些技术、通过颠覆性创新攀上更高阶次的社会，去享受这个"最好"时代的无限精彩！

作为创业型国际大学的西浦，瞄准未来是我们的习惯，发现机会是我们的本能，持续创新是我们的基因，不断为社会创造精彩是我们的使命。从创立之日起，西浦坚定地向未来而生。作为西浦的一员，你们应该发扬光大西浦面向未来、持续创新、缔造精彩的基因和文化。

向未来而生，强调的是面向未来、明确使命、百折不挠、积极前行。不仅要理解未来，还要活出未来，更要用自己的智慧创造未来。

要做到向未来而生，首先要有意愿。西浦致力于培养世界公民，就是帮助学生在享受他们在这个世界的生存权利的同时明白自己的责任，因此作为世界公民的西浦学子，理所当然地应当以积极的心态面对未来，用自己的奋斗让这个世界变得更好。其次要有能力。西浦的校训是："Light and Wings"（光明和翅膀），意即通过学习（light）看清世界、未来、梦想和自己，并铸就一双强壮的翅膀（wings），追随梦想、创造价值、成就事业、改变世界。light 的认知力帮你们眼花缭乱不迷航，wings 的执行力使你们"万水千山只等闲"。最后要坚守。现实是灰色而残酷的，理想是梦幻而美好的。未来的征程一定会充满荆棘，甚至艰难险阻。所以真正向未来而生，离不开意志坚定，用智慧无限逼近理想，直至成功的长期坚守，套用德国总理默克尔的话，"任何看起来像石头一样一成不变的事物，都是可以改变的！"照我自己的经验就是"有理想且以与常人不同或不落世俗的方式孜孜追求"。

其实，西浦的发展就是向未来而生的一个见证。6 月 19 日，2020QS 世界大学排名在伦敦发布。刷朋友圈的同学看到消息，调侃说，小破浦，一个年仅十三岁的"少年"，凭借自己的努力闯入了世界大学排名前 1 000 的舞台，位列中国内地大学 39 位；在国际师资排行榜上位列中国第一；在亚洲大学外部交流排名上名列榜首（注：我个人并不完全认同排名，西浦也不十分看重排名，但排名给外部提供了窥视大学的一定角度），赢得了尊重与合作，逐步成为备受关注的世界玩家。西浦的发展逻辑与当下备受世界瞩目的华为做法类似。

13 年前，呱呱坠地的西浦看准了全球重塑教育的机会，放弃了简单易行的拷贝国内外成功大学的捷径，坚定地开始了教育探索的艰难之路，借鉴世界最优实践，融合中西方的智慧，敢于独特和领导，持续创新。从被人误解为野鸡大学，到逐步获得世界的认可，这是全体西浦师生智慧努力、各界朋友持续支持的结果，也是西浦始终着眼于未来趋势和需求，为未来世界培养人才，向未来而生的见证。西浦最早定位为培养世界公民，源于我们对未来世界全球化发展趋势的洞察和坚信；西浦开创性地开展"融合式教育"（Syntegrative Education）的探索，试图培养能够站在人工智能和机器人肩膀上引领未来新行业的行业精英乃至业界领袖，也是因为我们对未来社会人才需求的预见；我们正在思考和布局的西浦 3.0，还是试图为未来教育提供西浦方案。

怎样更好地向未来而生，我在 2018 年教师节给全校师生的致信中曾提出："以'和谐心智'赢得未来。"面对被众多颠覆性技术重塑的社会，无论个人生活方式、企业商业模式、产业发展结构还是社会演化形态，都在发生着一系列的范式革命（paradigm shift）。面对未来，人们也不得不将现行的心智转换为和谐心智。

和谐心智源自我们发展的和谐管理理论，其基本逻辑是在 UACC（不确定、复杂、模糊和快变）环境中，无论个人还是组织，应形成清晰的人生定位或事业发展的愿景和使命，这样可以保证方向正确和道路自信；然后，根据定位、愿景和使命，分析特定阶段的核心目标和关键任务，对可以规范化的工作利用制度、流程、工具构建科学体系进行支持，对无法规范和突发问题，则利用政策、文化、情感等营造人文环境，以调动人的能动性去应对，并在发展中根据环境和运行情况对阶段目标和两种体系进行动态耦合与调整。

和谐心智是基于和谐管理理论与底层逻辑构建的心智、思维和行为模式，强调系统演化、方向感和共生系统的建构以及融合力、平衡力和边缘创新力的孕育，帮助人们从终极目标出发宏观地驾驭人生和事业，是帮人们面对日益不确定、复杂、模糊和快变社会、向未来而生的利器。

这里，借助和谐心智的理论框架和你们的精彩故事，提炼几条人生宝典，作为毕业贺礼送给同学们。

第一，清晰人生定位，明白自己的梦想和追求。人生充满了选择，只有瞄准未来趋势，明白自己最想要的生活是什么，才能坚定前行的脚步，不被眼花缭乱的选项干扰或迷失在与别人的比较中。例如，西浦国际商学院的吴雨桐，因心怀商业向善的强烈社会责任感和使命感，尽管遭遇一次次失败与自我怀疑，仍坚持探索商业与公益结合的途径，打通了梦想之路，即将赴美开启公共政策专业研究生学习。

第二，保持人生各阶段战略清醒，聚焦资源、集中能量，高效发展。人生路漫漫，每一步遇到的风景都会不同。只有阶段性发展方向和目标清晰，才能防止困惑和盲目的布朗运动，不断逼近人生目标。中国研究系张芊芊一直把牛津和剑桥作为研究生学习的目标学校，最终梦想成真；崇拜明星翻译之路的石家玮，成为英语系首个申请到牛津大学应用语言学和二语习得硕士专业的学生。

第三，融合东西文化，孕育敢于突破的胆魄、多元平衡的能力、驾驭复杂的智慧。西浦的国际化有助于你们将西方重制度、逻辑、科学的心智特点和东方擅长艺术及应对模糊和不确定性的优势相融合。西浦多元文化共处的生态利于你们创新思维的培养、解决复杂问题能力的提升、处理矛盾和突破僵局智慧的孕育。例如，从小桥流水的苏州出发，走过意大利，穿越柬埔寨，将中国的建筑艺术带入改善欠发达地区住房的实践中，西浦建筑系的郁歆宁即将前往伦敦大学学院巴特莱建筑学院，探索建筑与环境融合的最佳方式。

第四，练就精一之功，坚守真诚合作，营造事业平台和共赢生态。在数字化、网络化、全球化日益深入的未来，生存的基本逻辑是把自己的兴趣发展至极致，不仅使自己生活幸福，也为人类创造价值。但这种奋斗离不开真诚协作，也更需要社群和平台的营造、共生和融合的智慧。斩获美国大学生建模竞赛特等奖的西浦张啸天、王光宇、张一华三人团队，在个人兴趣追求和挖掘各自专长的基础上，分别负责算法编程、内容写作和数学建模，彰显了优势互补、协同合作的价值，充分释放了共赢生态的巨大潜能。

第五，善于边缘创新，不断突破自我，持续升级人生格局。未知永远蕴藏着机遇与无限可能，可持续发展依赖于边缘或颠覆性创新以及不断的范式升级。生物科学系的宫之云，那个曾经一切都"随便""还行"，不知道自己是谁的保守女孩，在西浦四年，慢慢接受不同的可能性，一步步地试出了很多惊喜。为了内心的学术追求与志向，她放弃了哈佛的巨大光环，选择了最心仪的卡内基梅隆大学计算生物学专业。

亲爱的同学们，你们的精彩远不止于此，期望这五条人生宝典能帮助你们在未来书写更壮丽的篇章。让我们一道向未来而生，孕育和谐心智，成就人生，缔造未来！

未来已来，出发吧，去创造你们的精彩！

1.2　明道笃行

——2019 给新生的一封信

亲爱的同学们：

欢迎大家加入西交利物浦大学（西浦）！

西浦视学生为年轻的成人，你们要勇敢地走出父母的庇佑，主动应对各种挑战，诸如培养主动学习的能力，平衡课内学习与课外活动的关系，与室友及同学融洽相处，自控而不陷于网游等。你们应学会肩负起对己、对家庭、对社会的责任。应对这种转变和挑战虽有痛苦，但这恰恰是成长的沃土。

西浦的核心理念是"快乐生活、成功人生"（happy life and successful career），目标是将学生培养成具有国际视野和竞争力的世界公民，但这一理念和目标的真正实现却依赖于在校各种能力的训练和人生境界的提升。学校创立了适应世界发展趋势和需求，融合东西方智慧、文化和教育精髓的"五星"育人模式；不断强化"以学生健康成长为目标，以兴趣为导向，以学习为中心"的办学理念。获中外两个文凭只是在校学习的副产品，而终身受益的收获是你们的健康成长，以及利用学校国际化的学习环境、全球整合的教育资源，充分提高你们终身学习的能力、整合和应用知识解决问题的能力以及创新、合作、执行的能力等。

在长期应试教育、父母庇护和包办、灌输式教学环境的熏陶下，你们熟悉和得心应手于被动学习：听老师讲、记知识点、强于考试等。这种学习习惯极不利于你们训练面对未来所需要的能力。为了应对日益复杂和严峻的国际挑战，你们必须努力从被动学习转变为主动学习，并逐步过渡到研究导向型学习，勇于挑战老师和既有知识，强化课堂互动和团队合作，积极参与各类创新和实践，适应丰富多彩的教学方式，主动利用"学术导师、学生成长顾问、校外导师、学友"四位一体的导师体系，以及各种机会、资源及学生"一站式"服务中心的帮助。

通过整合美国教育的灵活性、英国教育质量控制体系和中国教育重基础的特点，西浦 1.0 在教育上初步形成了创新型"国际化专业精英培养模式"，目前已有的十届毕业生以其出色的表现向社会交出了一份令人惊艳的答卷，他们获得的成绩也印证了该教育模式的可行性与优质的教育效果。然而，我们不止于此。

面对已经到来的人工智能和机器人的挑战，西浦不忘初心，瞄准未来，在继续深化和完善现有"国际化专业精英培养模式"的基础上，开创了全新的高等教育模式——"融合式教育"（Syntegrative Education，SE），将探索能够站在人工智能和机器人肩膀上引领未来新行业的"国际化行业精英育人体系"、未来大学的新概念、未来大学校园的新形态。为了更好地探索这种颠覆性创新的高等教育新模式，在太仓市政府及苏州各级政府机关的大力支持下，西浦创业家学院（太仓）（SE-EC）正式启动，并于 2019 年上半年开工建设。西浦创业家学院（太仓）首批将设立人工智能与先进计算、智能机器人、物联网、智造生态、产金融合、文化科技等六个行业学院、对应六个本科专业，并且今年开始招生。我们有信心，更具预见性和开创性的西浦 2.0 将带给你们更为丰富与卓越的教育资源与学习体验，为你开启人生中无比关键的成长阶段。

目前西浦"融合式教育"有三种运行方式，一是行业企业定制化教育（SE-IETE），目的是为定位为专业化精英的西浦学生提供学习行业知识和提升综合实践能力的机会；二是建设西浦创业家学院（太仓），培养能够引领未来新行业的高端人才和领导者；三是与地方政府和企业合作营造支持未来兴趣导向的终身学习、创新与创业的卓越中心和社区（SE-IEC），为学生和未来社会生活提供支持平台。

你们可能不太理解 SE 对学生到底有什么好处，现以 SE-IETE 为例来说明。比如你是西浦新生，无论你选择了何种专业，在大一的第一个暑假近三个月的时间里，你可以选修 IETE 的小学期，选择专业相关或喜欢的行业，进入与学校签约的企业，学习校企共同设计的行业课程，真实体验行业发展和企业生活。到第二年暑假的小学期，你可以选择正式加入 IETE 项目，接受学校和行业专家的共同授课和训练，进一步加深对行业的认知，并有机会到企业现场实习和操练。到第三年暑假，你可以深入完成第三个小学期的学习、实习和现场训练。这些行业熏陶不仅会提升你的综合素养和能力，也有利于你更好地了解行业发展和自身职业定位，提升专业学习的针对性和效果。

到了大四做毕业设计时，你有机会针对行业中的真实问题开展研究，还可以同时获得学校老师和行业专家两位导师的指导。如果你选取了一个很有潜力的项目，那么你以后的事业发展可能会大大得益于你的毕业设计。

当你大学毕业时，你有双向选择机会，可以继续走专业深造的道路；还可以选择去合作企业发展事业。因为经过三年的训练和观察，企业与你双方有了全方位的了解，因此你可能有机会得到一个比较重要的岗位和发展平台。

到这里还没结束，我们跟这些合作企业有一个共识，当你到了这个新岗位以后，企业会根据实际情况再把你送回学校进行两年的在岗硕士研究和训练。与一般的硕士研究生不一样，这个在岗硕士是带着企业的期望、岗位的任务，有针对性地进行学习深造，将理论与实践紧密结合，自然你的成长和发展均会从中受益。

经过这一整套学习和训练，当你硕士毕业时，你已经到达了事业发展的较高层次，这时你在其他大学学习的同学可能还在拿着简历到处找工作，而你甚至已经成为要不要录取他们的决策者。

在 SE-IETE 经验的基础上，西浦创业家学院走得更加深远。SE-EC 采用"1+3+2+X"的培养路径，包括第一年在西浦苏州校区强化通识教育（"1"），接下来三年在西浦创业家学院(太仓)围绕专业、行业、创业和管理与领导力等知识、能力和素养体系进行融合式教育和训练（"3"）。在获得恰当岗位后，再有机会带着岗位要求的项目或课题到西浦创业家学院（太仓）进行学制为二年的在岗研究生教育（"2"）。此外，学校还将为学生在学期间提供多种模式（"X"）的海外交流机会。

SE-EC 利用行业内领先企业自身的优势资源，将课堂学习与研究、实习、实训及创业有机结合，为学生在校期间就提供了更切近实际的融合式教育环境，大大提升了你们的学习、研究、创新、创业能力以及对社会的适应能力和市场竞争力。自然而然，你们也会更容易成长为行业精英甚或蜕变成业界领袖。SE 是西浦在深耕现有国际化专业精英培养模式的基础上针对未来需求和趋势开创的一种新型人才培养模式，我期待着你们的关注和参与，并由此给你们带来改变一生的收获，并因你们促进社会的转型和文明的提升。

总之，西浦将为你们搭建一个成长和自由发挥的舞台，助你们在这里实现会使你们受益终生的三维度九方面的转变，即：从孩子到年轻成人再到世界公民的转变，从被动学习到主动学习再到研究导向型学习的转变，从盲目学习到兴趣导向型学习再到重视人生规划的转变。在西浦，你们越主动，收获就会越多。

愿你们尽快适应新环境，在西浦度过人生最重要也最美好的大学校园生活！

1.3 蜕变：从巨婴到世界玩家 🕊

（2019 开学典礼执行校长演讲）

亲爱的同学们、尊敬的家长和朋友们：

炎热的夏季刚过，中秋佳节将至。祝贺所有新生及家长们在金秋季节收获又一个重要的身份——西浦人，欢迎大家从天南海北汇聚在江南水乡，参加西交利物浦大学 2019 级新生开学典礼。

我相信在座的各位已有所耳闻，与大部分传统高校相比，西浦有点"特立独行"，更自由、更开放。我们鼓励创新，强调批判性思维，给学生提供更多机会和更大成长空间。然而，在给予学生最大自由度的同时，我们也更讲责任、规则和法治，有着更苛刻的学术质量控制体系、较高的补考率和一定的重修率，这或许也让学生和家长们有些惴惴不安。

我在西浦 2018 年的开学典礼上曾发表了"拒绝'巨婴'"的演讲，告诫学生不要成为似婴儿般，一味索取、缺乏责任、没有奉献，永远以自我为中心的"伪成年人"，一时曾在网络上引发热议。今天，我想跟你们聊聊，如何在西浦完成巨婴的蜕变，从一个孩子转变为年轻的成人，再成长为世界玩家。长话短说，希望以下十字真经帮你们快速蜕变。

第一，转型。

最近，动漫《哪吒之魔童降世》横空出世，一个从小就被世人所憎恶、恐惧，甚至恨不得合而诛之的人，通过自我救赎，最终以己身对抗天命。他所要付出的代价、更改的命运，比起在座的所有新生而言，不可谓不巨大、不艰难，他所能而且唯一可以依靠的正是"我"，"我命由我"。

进入西浦，你就不再是那个在父母身边衣来伸手饭来张口的小孩子了，这里的一切都要靠你自己，靠"我"完成，实现"我"的转型！

西浦视学生为年轻的成人，你们将独立应对各种挑战。生活环境和学习方式的巨变，对所有新生而言都将是巨大的挑战。但挑战与问题正是成长不可或缺的沃土，只有勇于担当、直面困难、不屈不挠，真正地找到你心中的那个"我"，你才能在历练中成长。

诸位同学，我想问你们一个问题，你们选择西浦，想要获得什么？

如果你认为是来学知识的，那你大大低估了西浦将带给你的价值，也低估了未来社会对人才素养的要求。在网络与人工智能快速发展的今天，知识获取日益容易和便捷。如果你在大学依旧只专注于书本知识和擅长考试，你将被未来社会淘汰！

所以，我明确地告诉大家，大学不是教知识的地方，而是通过学习"帮助学生健康成长"的家园。而成长的获得在于你们的转型，要从被人全面呵护的孩子转型为年轻的成人，再到有责任、有能力、敢担当的世界公民；从驾轻就熟的被动学习转型到主动学习，再娴熟驾驭令你们终身受益的研究导向型学习；从只为高分和进名校的"盲目"学习转型到以兴趣驱动的学习，再深入思考和规划自己的人生。

西浦努力践行"明道任事"的校训，帮学生理解自己，明晰兴趣，形成理想；学会学习，尽快实现上述转型，为人生插上追梦的翅膀。西浦提倡研究导向型的教育，教学不再是简单地教知识，而是刺激学生的问题意识，学会搜寻信息、整合知识、解决问题，并在这一研究过程中提升创新、沟通、合作、表达和执行等能力。防止学生成为"知识虚胖"和遇到问题时一捅就破的气球，从而成长为有造诣的人，成为有国际竞争力的世界玩家。

这些年，我们发现学生一进校门面临的最大挑战就是不适应大学教育模式。所以，你们首先需要从转变自己的认知、态度、思维和行为开始。这个转变虽然痛苦，需要挣脱已有的思维和习惯，但若能像哪吒一样，摒弃"天所强加给你的所谓命运"，转变将激发出巨大的潜能，帮你们获得快速的成长。

第二，主动。

成功的转型将为你们起飞做好准备，但要远行和高飞，你们必须学会主动。许多校友都深刻感叹，只要你主动，西浦将为你提供无限可能。

我鼓励你们独立和担当，并不是让你们单兵作战、自我封闭，而是在学会承担责任和努力自立的同时，积极主动地合作与获取资源，实现你们的兴趣和梦想。

西浦融合东西方智慧、文化和教育精髓的"五星"育人模式、国际化的学习环境、全球整合的教育资源，为学生的好奇心、批判性思维、创造性行为、复杂心智的孕育与终身学习能力的培养提供了丰富的资源和友好的舞台。

这些年，不少学生在转型过程中会遇到一些问题，如一时难以适应全英文的、以学习为中心的教育环境与教学方式，学习上感到迷茫或陷入自我怀疑；有些同学与家庭关系紧张或自身有行为上的问题，消极回避，甚至自暴自弃，无法毕业或被终止学业，令人惋惜。其实，遇到困难并不可怕，可怕的是把自己封闭起来。如果这些同学积极主动地寻求帮助，合理利用学校的资源和平台，完全可以走出困境。

西浦以学生为中心，构建了全方位的支撑和保障体系。学术导师、成长顾问、校外导师、学友计划四位一体的支撑体系，将为你们的学习和成长保驾护航，西浦的学生一站式服务中心、心理咨询中心、就业发展中心也将积极为你们提供帮助和支持。

同时，西浦通过教育创新，搭建了大学、社会和企业互通的桥梁，构建了自然、知识和社会三级的大学生态体系，形成了多层次、广辐射的校友、伙伴和社会网络，为未来开放式的以兴趣为导向的终身学习、创新、创业提供支持。例如，西浦校友会遍及全球，无论在哪里，你们的创意和想法都可获得必要资源及帮助。

在西浦，只要你愿意主动迈出一步，你将会发现天地之广阔。利用之，资源丰富，机会无限；忽视之，浪费资源，牺牲青春！

第三，创新。

同学们，不妨再问自己几个问题，你最想成为什么样的人？你这辈子最想做什么？你想给世界带来什么样的独特影响？

西浦着力帮你们成长为有国际视野和竞争力的世界公民。我期望你们志存高远，去思考如何让这个世界变得更好。我们也许无法一下子改变大环境，但每个人却可以做好自己，改变所在生态。遇到问题，不是抱怨，而是"想要什么样的环境，就去创造它"。而每个小生态的优化，都将汇聚成改变世界的力量。

在这个颠覆性技术不断涌现的时代，要么被颠覆，要么通过颠覆性创新创造未来！你们应继承西浦创新的基因，设法不断突破自我，挣脱世俗羁绊，通过持续创新，丰富你们的生活，拓展发展空间，创造新的价值。

第四，坚守。

对很多人来说，找到自己的"野心"时，都会热情澎湃。然而，最终实现梦想、做出惊人成就的人，并不一定是能力最强、禀赋最好的，而往往是意志力最为坚韧，无论狂风暴雨，都坚持向目标前进的那一个。

在互联和智能时代，竞争的规则正在发生改变，什么都懂、什么都会无法保证你赢得未来，而那些把自己兴趣发挥至极致的人，不仅可以使自己生活幸福，也可为人类创造价值。

在今年的毕业典礼演讲中，我曾鼓励西浦人向未来而生，而成就未来人生的真经之一就是练就精一之功，坚守真诚合作。

然而，坚守不易。如果一开始缺乏坚守的动力，没有关系，你可以在西浦学习的过程中慢慢尝试和磨炼。从创新性地解决一个个问题、应对一个个挑战、重构一个个的小生态开始，去创造一个个属于你的巅峰时刻，疯狂地、不顾一切地追求你想完成的学术目标、社会项目、社团活动。慢慢地，你会一点点找到心中的热爱，也会遇到越来越多志同道合者。"你是谁不重要，你想成为谁才重要"，而坚持实现你心中向往的"我"更重要！

第五，升级。

同学们，西浦教育的核心是帮学生健康成长。而真正的成长是今天比昨天更好，或者是开启"从更好到更好"的旅行。其背后的逻辑是观念、思维、行为的持续进步。在当今日益不确定、复杂、模糊和快变（UACC）的世界，面对各种范式转移，更是心智模式的升级！

在2018年毕业典礼致辞中，我呼吁西浦人从当下的心智模式转型为复杂心智，今年我进一步勉励大家孕育和谐心智。和谐心智有助于我们驾驭复杂，在多元中保持平衡，营造事业平台和共赢生态，最终实现不断的创新和突破。在这里，我希望你们逐步了解并掌握和谐心智的底层逻辑，实现你们学习、生活和人生的不断升级。

最后，我希望你们尽早适应西浦教育理念和学习环境，真正找到你想成为的那个"我"，创造你想拥有的那个世界，并为之实现，努力转型、主动出击、持续创新、静心坚守、不断升级！

少年英雄勇敢无畏，在大学完成一场人生的蜕变，一定是最燃的经历了。

同学们，想成为世界玩家，立即行动起来，用你们的成长和创造力点亮世界！

1.4 志存高远荡苍穹

——学者、师者和重塑者

（2019 教师节执行校长寄语）

亲爱的老师、同事和同学们：

七月，我们放飞西浦气球，祝福第十届本科毕业生和又一届硕士和博士踏上新征程。八月，我们将开学典礼搬到苏州奥林匹克体育中心，欢迎4600多名新同学，近1.5万人出席不仅创历史新高，也让我们感受到来自学生、家长、以及社会各界对西浦的期待与支持。今天，我们又迎来了自己的节日——教师节，我真诚地祝愿大家节日快乐！

西浦的认可度和影响力不断提升，年仅13岁的西浦进入2020QS世界大学排名前1000，位列中国内地大学39位；在国际师资排行榜上位列中国第一；在外部交流排名上名列亚洲榜首；世界名校青睐西浦学子；西浦校友驰骋世界。这一幅幅耀眼的画卷都离不开各位教职员工的辛勤努力和智慧贡献，衷心感谢大家长期以来的真诚、敬业与创新。

教育是神圣的事业，会影响一代一代人的成长，会通过研究增强人类生存的能力和智慧，会通过社会服务促进社会进步，会通过新文化的传播提升人类文明。在今年的毕业典礼中，我提出向未来而生，希望我们师生把握住未来社会的发展趋势和需求，活出有意义和价值的人生，并通过我们西浦人创造性的努力去塑造一个更好的未来社会。

可以说，全球日益复杂、模糊和动荡，中美贸易战、英国脱欧、日韩冲突、中东摩擦，森林野火……世界不稳定事件频发；同时，大量颠覆性技术持续涌现，人们的生活方式和社会发展模式甚至共处规则不断被颠覆，范式革命此起彼伏；然而，新技术在颠覆旧有范式的同时又为人类创造了新的平台和资源，如全球互联、数字化、人工智能、机器人等会孕育出前所未有的机会和生活方式、商业模式以及社会生态。

大学关乎真理、知识和技术，肩负培育领悟复杂性的人才和孕育应对动荡世界的智慧。在这样一个万物分崩离析又快速重塑的特殊时代，人类社会和未来世界的发展走到新的十字路口。作为大学的核心资源——教师和员工——未来的塑造者，责任格外重大。我们自身如何保持清醒？穿透迷雾捕捉真相；如何不被社会潮流左右？坚定不移；如何不受各种时尚诱惑？坚守追求和底线；如何明白未来、看清方向？引领发展潮流；如何认清自我、强化能力？瞄准目标砥砺前行。

在恭贺大家教师节的同时，借机与大家就以上问题交流讨论。在我看来，这个时代赋予了每位教师三重身份，即学者、师者与教育的重塑者。要不辱这些身份所肩负的崇高使命，我们必须树立志存高远荡苍穹的雄心壮志，练就脚踏实地创未来的宏才大略，用我们的研究和言行去回答上述一系列的世纪追问。令我们欣慰和社会认同的是，西浦师生员工正在各自的岗位上孜孜以求地书写着我们的答案！

首先，我们都知道，做学者不易，但我还是衷心希望西浦老师努力做不辜负时代的学者。

学者，除了学业有所建树外，还要有社会责任和勇于担当精神，保持清醒冷静，不受情感和权势干扰，追求真理，直抒己见，从而引领社会风潮和促进社会进步。就学业来讲，知识海洋无涯，学者要乘一叶扁舟，孜孜不倦，砥砺前行，发现新知，探寻真理，提升造诣；作为社会精英，则要锲而不舍，沥尽心血，克服世俗阻力，排除各方干预，表达思想、提出见解、形成社会共鸣。作为学者，可能经常是孤独的，有高处不胜寒的意境，因为学者往往超前思维，行为上也显得特立独行。但他们有专业造诣的支撑，有使命感的推动，常会智慧坚守，且能不断前行。

西浦作为研究导向的创业型大学，坚守学者精神，无视功利性的世俗的繁复指标体系，全力为老师营造一种追随兴趣、潜心钻研、探索教育的纯净氛围，除孕育学术发现外，正在重塑网络、数字、智能时代的新教育。在西浦国际化教育环境熏陶下，在教师的指导和帮助下，西浦一届届毕业生走向世界，以杰出的表现使西浦品牌日益明亮。

西浦 ILEAD（领导与教育前沿院）以国际经验和西浦探索在教育界掀起了一阵阵涟漪，连续举办的西浦全国教学创新大赛每年吸引数百万的线上线下参与者，西浦推动的全国大学教师发展中心联盟规模日长、影响不断扩展，西浦旨在推动以学生为中心教育的双一流大学教育排名初见成效、引起关注，每年近百场教育探索和各类教师和教育工作者培训传播着新的教育理念和实践，正在改变中国的教育生态。

教师们相互激发，突破性的研究成果也不断涌现。例如，生物科学系孟佳博士带领的科研团队，绘制出人类迄今为止最精准的 m6A 修饰地图；朱绍和博士的国际研究小组完成了全球首个穿山甲基因组测序工作；计算机科学和软件工程系的安德鲁·亚伯博士和其团队设计了一个新系统，让助听器也具有了视觉能力；电气与电子工程系的赵策洲教授在"电离辐射实验室"里，投身电离辐射研究，数度获国家自然科学基金支持，培养了一批批杰出的学子，研究成果受到关注。如不是篇幅限制，这个列表还会继续。

拥有一批有造诣和思想的学者，西浦就有了灵魂；而西浦本身也以推动中国教育变革、探索未来教育为己任，展现着学者式的风采。

其次，师者，传道授业解惑、孕育人才，我真诚祝愿西浦老师做一位有温度、敢创新、引领时代的师者。

西浦老师大都经过长期国际化学习积淀、学术研究磨炼、教学实践熏陶，已是颇具造诣的师者。然而，网络和信息技术的快速发展，使知识获取日益便捷和高效，正在改变着学习行为和教学方式；大数据和人工智能特别是机器人的兴起，会改变人类的生活方式和商业模式甚至社会形态，并重塑教育和大学。

在这样的时代背景下，未来人才的需求、教育的逻辑、教学的方式、大学的形态正在发生着翻天覆地的变化。作为为未来培育人才的师者，除了热爱学生和钟情于教育事业的温度，我们不得不思考怎样创新教育以顺应时代发展趋势和满足未来的人才需求；作为教育探索者和变革者的西浦，也需要和老师一道回答这些世纪问题。

西浦建校伊始，就确立了探索未来新教育的历史使命，努力转型传统的"老师主导型"的教育为"以学生为中心"的教育，积极践行"以学生成长为目标、以兴趣为导向、以学习为中心"的研究导向型教育，试图整合东西方文化、智慧和最优实践，培养有造诣，跨文化领导力，融合（东西方）智慧、创业精神和国际视野的"世界公民"。

是每一位西浦师者的努力和奉献，使我们的使命和目标逐步得以实现。活跃在世界舞台上的西浦师生用杰出表现彰显西浦师者的成就，如在 2019 年西浦全国大学教学创新大赛中获得了一等奖的健康与环境系的秦素洁老师；在西浦 2018—2019 年度，获得西浦优秀教师奖的国际商学院汪潇博士和建筑系 Martin Fischbach 博士等；优秀助教／实验室教学技术员奖的计算机科学与软件工程系的博士生 Diego Vilela Monteiro，生物科学系孟思静老师、黄中开老师；获得教学实践创新奖的建筑系 Juan Carlos Dall'Asta 博士、土木工程系 Cheng Zhang 博士、英语系赵焱博士等，他们可谓是这群师者的代表。

值得一提的是，建校伊始，就有一批其他中国名校的著名师者加盟西浦，开启了他们另一程的创新之路，如现在依然活跃在一线的数学系郭敬明、韩云瑞教授等，他们不断自我挑战着已经娴熟的教学习惯，探索符合西浦育人理念的新方式。桃李不言下自成蹊，有这样的师者，西浦学子除备受世界名校青睐外，在世界舞台上也捷报频传，如取得 2019 机甲大师赛全球前十、美国大学生建模竞赛特等奖等等。

最后，西浦人志存高远，办好西浦只是手段，我们试图通过西浦影响中国甚至世界教育，做未来教育的重塑者。

大学讲授知识的逻辑已经延续千年，教师的角色和责任也有根深蒂固的套路。然而大量颠覆性技术使传统教育面临被颠覆的挑战，教育走到了一个重要的十字路口，要么被颠覆，要么通过颠覆性创新升级教育，赢得未来更大的发展空间。在这个全球教育重塑的重要关头，每个教师包括大学都有机会成为教育的重塑者，成为搅动湖水的一缕春风。

着眼未来发展的趋势和需求，西浦开启了教育的新一轮探索，试图构建能够站在人工智能和机器人肩膀上引领未来新行业的"国际化行业精英育人体系"——融合式教育（Syntegrative Education，SE），并探索未来大学的新概念、未来大学校园的新形态。

过去一年，西浦融合式教育取得了重大突破，西浦创业家学院（太仓）校园破土动工；首批人工智能与先进计算、智能机器人、物联网、智造生态、产金融合、文化科技六大学院揭牌，中科曙光、中科新松、法国欧朗、中国海尔、上海企源、中国文化传媒等公司将与西浦一道建设这些学院；而且，数据科学与大数据技术、机器人工程等相应的六个新专业获教育部批准，也得到利物浦大学的认证，并开始招生；据此筹建的将来促进两个校园以及与产业互动的六个研究中心也得到工业园区的支持和经费承诺；学习超市，创新工场，研发群落，标准、知识产权和认证中心，企业与创新港，校产社联盟等支撑平台快速推进，德国的西门子、北德集团，总部位于法国的 Ipwe，美国的 Plug and Play 和亚马逊 Amazon Cloud，以及香港管理专业协会等伙伴将与西浦携手打造这些平台。

融合式教育将学习、实习、在岗训练、研究、创业、促进产业发展融合，为学生职业生涯发展搭建通向未来行业、追随梦想的平台。

只有持续创新，才可以勇立潮头！在西浦 2.0 热火朝天发展过程中，我们已经开始畅想西浦 3.0 了。

未来，人们会在大学以前掌握生存的基本知识，而且学会了学习，于是到大学年龄时不应再是为了学士、硕士或博士学位等标签而学习，而是按照自己的人生兴趣，在人工智能和机器人的帮助下，追随自己的梦想，开启终生的以兴趣驱动的学习、创新和创业旅程，如果把兴趣发挥到极致，还可成就自己的一份事业，为社会创造一个新的行业，为他人营造生活和工作平台；即使兴趣的追随未能成为大业，也拥有一个按兴趣生存的快乐人生。

因此，未来的大学一定是更深入地融入社会，构建一系列可以支持人们按兴趣终身学习、创新和创业的卓越中心（centre of excellence），并据此形成各种围绕兴趣主题的社群，从而围绕大学孕育和构建影响社会发展的生态体系。例如西浦在西安支持建设的汇湖国际创新生态港已开幕运行，标志着西浦融合式教育及未来创新生态实验的启动，西浦还正在筹划其粤港澳大湾区等地围绕特定主题的创新生态港。

我们对未来大学的理解：首先是一个品牌，其次是符合未来社会发展的教育哲学和理念，第三是能够整合和融入全球教育资源的网络体系，第四是在世界不同地域形成不同主题的卓越中心，第五是吸引全球喜欢该品牌和认同该理念的志同道合者形成相应主题的社群，从而构建该大学的教育生态体系。

例如，未来，西浦教育重塑者的品牌会日益响亮，西浦整合东西方智慧、通过心智模式转换（从现行心智到复杂（和谐）心智）孕育人才和为未来教育提供方案的理念会得以实现和广泛认同，西浦模式强大的共享和共生逻辑会吸引各界优质资源加盟共创未来。

西浦会形成苏州工业园区校园专业精英模式、太仓校园行业精英模式两大教育基地，会在西安、粤港澳大湾区等地形成智造、大健康、文化科技等若干个卓越中心，围绕西浦理念和资源，通过西浦全国教育创新大赛形成教育创新者社群，通过大学教师发展中心联盟形成教师提升社群，通过中国 Moodle 基地建设形成网上教育技术社群，通过西浦附校基础教育实验形成教育局局长、幼儿园园长、中小学校长社群等等，并以这些社群的相互合作促进教育重塑和孕育西浦教育生态。

作为未来教育的重塑者，西浦和教育的未来，由我们大家来共同书写。

亲爱的教师和员工们，让我们抓住这个时代给予我们"反思教育、重塑教学、再定义大学"的千载难逢的机会，扮演好我们学者、师者和教育重塑者三重身份，投身到令人激动的教育事业中。以学者的研究、求真、独立和客观保持清醒，以师者传道授业解惑的责任确保高质量的代代传承，以重塑者的历史使命、魄力、造诣、创造和能力引领未来！

1.5 群星闪耀，方能苍穹灿烂

（2019 中华人民共和国 70 周年庆典致辞）

小时候最熟悉的作文题目是"我和我的祖国"，长大了变成了"我和祖国共成长"，新中国成立七十周年在即，一直想写点什么，以祝福祖国更美好的未来，然而仅题目就想了半天。

1 我和祖国共成长

我生在秦岭北麓小乡村，并在农村完成了小学到中学的教育。1974 年 3 月 2 日，我高中毕业返乡，用破旧的自行车驮着个破箱子回家，在人民公社度过了充满政治运动然而多彩的四年农民生活。

1977 年秋季恢复高考。那时候我们正奋斗在农业大会战的工地上，在陕西秦岭北麓河滩上铺土造田。为了高考，只能晚上从工地回来，点着煤油灯看书。盼

特立独行

和谐教育之路

望已久的大学终于打开了大门,十多年集聚的人才簇拥着想挤进大学,所以当年高考竞争异常激烈,快到 78 年春节,我还没收到通知书,想着可能没戏了。我当时是生产大队的打井队队长。一天傍晚,我往井场走,半路有人叫我,说有个通知寄到你家了,我猜想是录取通知书。

看着迟到的大学入学通知书,虽没有表现出应有的激动,但内心波澜汹涌,大胆地遐想着未来各种可能的图景,并暗下决心,要利用好这一难得的改变人生命运的机会,做场有影响的事业。

我晚于新中国几年出生,在稚童时代经历了"大跃进"、吃不饱穿不暖的三年困难时期,在少年时期受过"文化大革命"的洗礼,青年时代体验了无休止的政治运动以及人民公社的发展和转型,后来以改革开放后首批大学生的身份经历了从农村到城市的变革,又以系统工程和管理研究者的身份参与到轰轰烈烈的、起起伏伏的中国改革浪潮中,进而享受中国社会取得的举世瞩目的成就,融入于日益富饶与祥和的社会。

作为教育工作者,我亲身经历和见证了中国高等教育 40 多年来的大变革、大发展,也找到了如何帮助中国教育更好、更强、更加国际化、更适应未来社会发展需要和趋势的途径,这就是我们在全球重塑教育的时代,通过国际合作创建了西交利物浦大学(以下简称西浦),我们立志在中国建设一所国际化大学和一所世界认可的中国大学,通过教育探索和西浦的成功实践与平台,影响中国教育改革和世界教育发展,并为未来社会的教育形成西浦方案,这将成为我奋斗一生并为之骄傲的事业。

我自己只比新中国年轻几岁,也许"我和祖国共成长"是个不错的话题!但又想有点新意,特别是当思考"两个百年"(中国共产党建党和新中国成立 100 年)的中国梦,便想到了 21 世纪以及中国是否可成为中国人期盼的、全世界议论的那样的"世界强国",再深思后甚至突然反问自己:"什么是我?什么是国家?什么是世界?"

2 我、国家和世界

"古之欲明明德于天下者,先治其国;欲治其国者,先齐其家;欲齐其家者,先修其身"。《礼记·大学》中的"修身、齐家、治国、平天下",一直是中华民族精神中某种共有的追求,其所承载的文化意义与精神内核,为我们每个人的成长道路明确了方向,为消除隔阂,实现世界和谐、共生、太平的愿景提供了指引。也可能是中国构建人类命运共同体的逻辑基础。

"天下平"的美好愿景,缘起于个体的"修身"。其实,我们每个人、每个组织都如同一颗星。夜幕中，只有每一颗星都努力发光，汇成闪耀的星群，方能呈现浩瀚苍穹的灿烂。于是便有了"群星闪耀，方能苍穹灿烂"这个题目。

当我们庆祝中国取得的伟大成就、展望未来更美好的时代之时，我们会发现，当今世界，无论是个体、组织、国家还是世界，都面临巨大转型。既有中、美、俄、欧等大国和地区间深不可测的博弈，还是扑朔迷离的英国脱欧，捉摸不定的中美贸易战，还有中东不断升级的摩擦，亚洲韩日持续升级的争端，……。加上数字、互联、智能等领域大量颠覆性技术的持续涌现，不断颠覆着人类已经习惯甚至依赖的各类范式。可以断言，全球政治、经济、社会、科技进入了一个剧烈的动荡期，可能需要人的心智、组织的模式、社会的形态、不同民族的共处原则、国与国间的竞合机制、世界在数字互联时代的治理模式等的重建和升级，这可能需要几代人来完成。摆在我们面前的现实是，面对民粹主义抬头、反全球化思潮涌起，数字化、世界互联又使不同民族的命运紧密相连、各国利益休戚相关、你中有我我中有你的共生成为常态。这样共处的时代、共生的世界，挑战着人类的智慧、世界各国领导者的驾驭力。如何确保世界治理和平转型和升级？如何使一个民族或国家的治理平稳地实现重塑和升级？如何能够营造一个国家的法治环境，让个体、组织有创新的自由和空间，从而闪耀其智慧的光芒，以实现我们期望的群星闪耀、苍穹灿烂的美景？

就"我"而言，闪耀包含两个层次。首先，每个人要努力学习，不断提升自我，升级自己的思维和心智模式，增强创新能力，为社会多创造价值，也就是古人所谓的修身。其次，在提升自我、做好工作的同时，如何帮助组织、社会、国家在世界重塑之时发展得更好，让国家更富强，世界更美好，即齐家、治国、平天下。

"两个百年"梦的实现和"人类命运共同体"的构建离不开其中的每个"我"的发展和闪耀，只有我们成为世界公民，才可能有灿烂的世界！为此，我呼吁我们每个"我"借新中国成立70年的东风，不断创新，与时俱进，用自己的光芒照亮苍穹。

让世界更好，教育是重要抓手，因为教育会通过育人培养一代又一代人才，通过研究增强人类生存的能力和智慧，通过社会服务促进社会进步，通过新文化的传播提升人类文明。

作为肩负影响教育使命的西浦，自然责无旁贷。在新的技术和社会生活方式正在催生新的学习行为、教育形态和学校概念之际，大胆创新和探索，影响和促进教育重塑，扮演好自身"世界公民"的角色。同时，着力整合东西方文化、智慧和最优实践，培养出更多有造诣、有跨文化领导力、有融合（东西方）智慧、有创业精神和国际视野的"世界公民"。

每个西浦人的闪亮，会让西浦闪耀，并通过西浦的努力和影响，帮更多的人、组织以及西浦营造的各种社群璀璨，进而帮教育界、国家和世界灿烂！

3 群星闪烁与苍穹灿烂

作为宇宙中的一颗星，对宇宙的积极贡献责无旁贷。然而，每颗星的闪耀，也依赖良好的外部环境，因为苍穹影响和决定着群星的运行和状态。例如全球变暖，会影响星球的命运；严重的污染，会使我们无法欣赏美妙的星光！在这样一个新旧转换、动荡重塑的时代，国家怎样去治理，国与国之间如何共处，直接影响着其中的每一个"我"的发展和作用发挥，面对当前世界的挑战，这可能会成为一个世纪难题。

具体到国家如中国来讲，在应对日益复杂多变的国际局势的同时，中国经济发展会变慢，各类潜在的社会矛盾会浮现，未升级的体制和管理体系会禁锢必要的创新或变革，数据互联时代的公众化社会及其新形态会会诱致不少前所未有的治理问题，人工智能和机器人会加剧贫富差距，等等。在这些挑战面前，中国更需要每个"我"的创新、能动性和智慧，但如果大的政治社会环境及其治理和管理问题解决不好，社会缺乏必要的创新空间和思想自由，就会限制每个"我"的光芒、减少他们的闪耀机会，甚或使之陷入沉默或黯淡，便会阻碍国之强大、世界之美好。

因此，即便在这样庆祝的时刻，作为有社会责任和担当精神的学者、传道授业解惑的师者和面向未来、探索教育的重塑者，我们必须提醒人们，在中国和世界走到一个新的十字路口的关键时刻，人们急需深刻地总结历史、反思现实，展望未来，智慧行动。具体来讲，发展中的问题要靠更高质量的发展来解决；发展的挑战需要在更智慧的顶层设计与战略规划下，破除机制性障碍，以创新驱动为社会注入进步的活力；新的社会形态需要创新数字智能时代的治理格局，营造全民参与和共建的社会环境，为个人、组织、社会发展营造有利的生态环境，以使他们持续光亮。

站在世界的角度，国家的发展离不开稳定、和平的世界环境。正处于百年未有之大变局的当今世界，一些危险的趋势正在世界各地酝酿着，合作、共赢、和平共处这些最基本的原则正在被人们抛弃。如何在世界格局重塑的过程中，避免战争、形成人类共识，实现人类和平共处，也是每个国家都要面对的命题。

经过 70 年的艰苦奋斗，中国人民在实践中不断探索前进的方向，开辟了中国特色社会主义的发展道路。70 年来，中国一直是世界和平的建设者、全球发展的贡献者、国际秩序的维护者。从提出和平共处五项原则，到坚持以维护世界和平、促进共同发展为宗旨推动构建人类命运共同体，越来越多中国理念上升为国际共识。展望未来，我们希望，中国会继续扩大对外开放，坚持走和平发展道路，与国际社会一道，维护多边主义，践行互利共赢理念，并将因此赢得更多的同道者。同时坚信"和平、发展、进步的阳光足以穿透战争、贫穷、落后的阴霾"。

总之，在和平、友好、尊重、繁荣的苍穹下，才会有个体成长、发亮、安居乐业的可能。反过来，尽管面对国家和世界环境的挑战、困难或危机时，每个个体往往深感困惑或无奈，然而如法国著名的思想家伏尔泰所言："雪崩时，没有一片雪花是无辜的。"也只有我们每一个人、组织活跃起来，更加闪烁，这个国家才会亮，苍穹才会灿烂。

站在新中国成立70周年这个新的起点上，我鼓励每一个人去为自己的理想而奋斗，志存高远，去思考如何让这个世界变得更好。我们也许无法一下子改变大环境，但每个人却可以做好自己，改变所在生态。遇到问题，不是抱怨，而是"想要什么样的环境，就去创造它"。而每个小生态的优化，都将汇聚成改变世界的力量。这样，便可将个人发展融入国家乃至世界前进的洪流中，成为夜空中最亮的星。当然我也更期待看到国家和世界层面上的创新与完善，为每个追梦人提供更好的发展土壤与生存环境。

之于我，选择教育，再选择西浦，就是希望从我、家、国开始，通过培育一代一代的栋梁之材、世界公民，通过助推高教改革和世界教育未来发展，帮助国家强盛，世界更加文明！这是我们每个人的期待，也是我和西浦的抱负与追求。

1.6 宏图已绘就，奋进正当时

（2019年圣诞、新年、春节贺词）

各位老师、同事、同学们、朋友们：

时间如梭，日子在紧张的学习和工作中悄然流逝，不知不觉又迎来冷静而坚韧、带着蓄势待发的内敛和睿智的姑苏冬日。不久前，利物浦大学校长、西浦董事会副董事长简奈特·比尔教授和我讨论西浦15周年庆典筹划时突发感慨："时间都去哪了？"一转眼，西浦从一个蹒跚学步的婴儿成长为13岁的青春少年。我回复道，"时间融入了我们的事业、经验与年龄中。"

2019，我忙碌依旧。除学校发展和运行等事务外，演讲、会议与商务活动几乎塞满了所有的周末，奔波的身影与各地变化相互印证。相信大家也如我一样，在为西浦与教育事业发展的默默努力中，度过了充实的一年。借此机会，我向大家致以最诚挚的节日问候和感谢。

今年，苏州冷得特别突然，断崖式的大降温让很多人猝不及防。中国的发展像天气一样，也经历着国内外风险挑战明显上升的复杂局面。中美贸易摩擦尚未消散，经济增长压力加大；飙升的猪肉价格及其带动的物价上涨，也让不少百姓切身感受到生活的压力；网易与华为的裁员事件，在社交媒体上的热议，引发不少人对职场的唏嘘感叹。

回到教育，人工智能与数字化急剧冲击并重塑教育行业，未来人才的需求、教育的逻辑、教学的方式、大学的形态正在发生着翻天覆地的变化。作为教育探索和变革者的西浦，常视时代的变革和挑战为难得的发展机遇，以我们大胆的探索创造了发展的奇迹，以我们的创新和实践试图回答这些世纪问题。

在即将跨入21世纪第三个十年的关键时刻，我们是在广泛的赞誉中止步不前，还是以清零的心态更上一层楼？过去十三年中，西浦经历了太多的挑战甚至攸关学校发展的重要关头，但从未被外界的质疑或困难击溃，而是坚韧顽强、百折不挠地朝着目标前进。我很喜欢清朝郑燮的《竹石》："咬定青山不放松，立根原在破岩中。千磨万击还坚劲，任尔东西南北风。"这种"逆俗、创新、奋进、坚韧"正是西浦精神的写照，自然会孕育出繁茂惊艳的教育画卷。现从中摘几朵2019小花，窥视我们的奋斗果实。

2月，西浦学者科研成果频现国内外重量级媒体：例如生物科学系团队绘制出最精准m6A修饰地图、健康与环境科学系研究证明次生林物种多样性等研究获路透社、新华社、《新华日报》等争相报道。

3月，第四届智能电网技术与数据处理国际会议在西浦成功举办，来自中国、韩国、印度和英国的学者齐聚一堂，探讨如何通过工程和管理技术来优化城市资源，推动未来智慧城市发展。

4月，西浦创业家学院（太仓）开工奠基仪式隆重举行，首批六个本科专业获中国教育部及英国利物浦大学备案和审批通过。

5月，2019高等教育创新年会"技术改变教育"大会在西浦开幕，并将全球最受欢迎的开源在线学习平台MoodleMoot大会首度引入中国。西浦全国大学教学创新大赛和高校教师发展中心可持续发展联盟校长高峰论坛同期举行。

6月，年仅13岁的西浦首次进入QS2020世界大学排名（QS World University Rankings）前1 000名，并列中国内地大学39位。由西浦主办的"预见未来·聚焦2035"高等教育论坛在西安举办，探讨人工智能时代下高等教育的变革趋势和中国高等教育发展的机遇。

7月，西浦2019届毕业典礼举行，近3 000名西浦学子完成学业，怀揣梦想走向世界，以他们的杰出表现继续书写西浦创业奇迹。

8月，西浦2019级新生独特的开学典礼在苏州奥林匹克体育中心举行，参加总人数近1.5万，创历年开学典礼新高。我以"蜕变：从巨婴到世界玩家"为主题的演讲引发社会热议。

9月，西浦学子在世界舞台上大放异彩：例如计算机科学与软件工程系及数学科学系的本科生团队在全球一万多支参赛队伍中脱颖而出，获2019年美国大学生数学建模竞赛（MCM）与交叉学科建模竞赛（ICM）特等奖；生物科学系、数学科学系及化学系的本科生团队凭借在早期神经退行性疾病治疗领域提出的创新方案，在国际遗传工程机器大赛（iGEM）中再次斩获金奖。

10月，西浦开展首届国际节，数千名中外来宾走进国际化的开放式校园中体验中西文化的交融。本次国际节也为当地居民提供了体验多元文化、进行跨文化交流的机会，深化大学与当地社群、国际化社群之间的互动与交流。

11月，中国国际合作办学主管部门——教育部国际司司长刘锦一行赴西浦调研，刘司长对西浦的创新精神印象深刻，对其发展表示赞赏："作为新办学校来说，十几年能取得这样的成绩，真的很了不起！"另外，"聚焦教育现代化2035·畅谈未来教育变革与发展"秋茗会暨西浦创业家学院（太仓）与企业伙伴共建芯片学院签约仪式在西浦举办。来自新华社、《中国青年报》、《中国科学报》等近40家中央级、国家级、省市级的媒体嘉宾见证了西浦创新发展的节奏和影响，特别是具有历史意义的西浦芯片学院的启程。

12月，首场国际品牌活动在上海成功举办，艺术家、学者、创意者们从星球大战延伸到街头艺术，探讨东西文化融合之道，彰显了西浦在两种文化之间求同存异、融会贯通的价值观。

其实，进步和惊喜几乎每一天都在西浦上演。是每个西浦人的心血和付出浇灌出了这些丰硕秋实；是各界朋友的关注和支持催生了西浦人一次次的突破和持续的创新。感谢大家！

13年的探索和奋进，西浦宏图逐步绘就。第一个10年，西浦成功地在中国土地上建立了一所国际化大学，从学生转型、国际化、强化素养教育、提倡研究导向型教育等方面对国际流行的专业精英教育模式进行了大胆的创新，重塑了大学运行体系以及其与社会的互动关系，形成了影响中国和世界教育的研究和传播平台（ILEAD），打造了西浦1.0版本。第二个10年，针对数字化、人工智能和机器人的挑战以及未来人才结构和社会形态的转型，西浦开启了融合式教育的探索，正在形成包含：①强化专业精英的素养和行业造诣的行业与企业定制式教育（IETE）；

②通识、专业、行业以及管理和创业教育全面融合的创业家学院（EC）；③与社会合作的支持终身学习、创新、创业的主题卓越中心三种模式的融合式教育（IEC），即西浦 2.0 版本；并已开始探索面向未来的教育、大学、校园新概念，筹划和布局西浦 3.0 版本，即一种支持围绕兴趣终身学习、创新和创业的教育生态系统。

尽管西浦还很年幼，但已经开创了中国乃至世界高教史上的很多第一次。我们试图在五个方面对教育做出西浦贡献：一是对国际现行的专业精英培养模式进行创新和提升；二是为未来创建一种全新的国际化融合式精英的培养模式；三是为未来新型大学概念和校园模式提供西浦方案；四是探索和建设大学与社会共建共享的、支持终身学习、创新和创业的未来教育生态；五是使西浦成为国际化的先进教育理念和实践的传播者。可以说，西浦雄心勃勃的远大宏图已经绘就！

亲爱的老师、同事、同学们、朋友们，在新的历史关头和取得长足进步的今天，迎着困难和挑战成长起来的西浦人自然不会被挑战击溃，也不会被胜利冲昏头脑。我们需要坚守"全球思维、本土理解、国际化行动"的理念与"和谐心智"的思维，借东风，再上征程。以"仰望星空"的清醒，踩着经验和教训的垫脚石，继续我们的创新之旅，脚踏实地，一步一步地变西浦宏图成现实！

一、宏图已就，砥砺奋进。让我们人人成为领导者，共同搭建西浦共享合作的网络体系

经历 13 年的快速发展，西浦正不断壮大。如何保持组织对趋势与外部环境的敏感与警惕，是我一直思考的问题。更重要的是，如何在新时代背景下，通过组织提供的平台与生态，激活其中的每一个个体，是我一直致力从事并感到无比兴奋的事业。

我加入西浦伊始，就试图通过我和团队创立的和谐管理理论形成西浦网络化新型大学运行体系，不仅支持西浦发展，而且从理论上为提升知识工作者和知识组织效率提供方案。近几年，在西浦实践的基础上，我又进一步提出孕育"和谐心智"的倡议，以增强人们在未来社会的生存能力。面对日益复杂多变的社会和不断增长的发展需求，我们急需继续深化并优化这一领域的探索与实践。

在第六届美国创新领导力中心（CCL）领导力论坛上，CCL 全球副总裁帕斯莫尔教授分享了数字化时代下的生态形式"辫结网"（Braided Organizations）的相关研究。他指出，"辫结网是一种由不同参与者相互交织而成的网，每个人贡献不同的才能，不受正式等级制度的管控，一起创造出新的共事方式，实现共同目标。"

实际上，这种自由连接的组织结构与我们营造的扁平化、网络化组织相似，

都是为了克服官僚层级体系的弊端，在发挥自上而下管理模式效率的同时，利用网络化提升共享、互动、合作、创新的创造性和灵活性。处在每一个节点上的个体不再是被困在部门或岗位孤岛上、等待指令的被动听从者，而是正式组织体系支持下的领导者，能够自由地与优秀的人产生连接并持续协作，共同形成一个共享、共生、进化的生态。

西浦创业家学院（太仓）的设计更具颠覆元素，将彻底营造一个内外部资源有机融合的创新生态。巨大的环形学习超市作为核心，将磁铁形状的行业学院建筑串联，形成中心共享和一系列独具特色互动的教学、科研、创新空间，充分展现了西浦强大的开放、共享与共生的逻辑。西浦期冀吸引全球顶级资源，推动行业精英培养、交叉性科研、智能技术创造、新产业发展和未来社会演进的融合式探索，以影响中国和世界教育，并促进社会进步和文明。

有人好奇地问我："你总是充满激情和能量的秘诀是什么？"我开玩笑地说："对未来满怀期许，相信通过自己的努力，明天会更好！这样，不仅会促进事业发展，而且会使自己的人生充满乐趣。"所以我希望同事、同学、合作伙伴、家长、校友、企业、政府、社会各界，融入西浦生态，通过各自的创造性努力，享受创意与合作带来的前所未有的成就感、满足感和人生幸福感，同时也丰富西浦影响未来教育和社会文明的宏图。

二、宏图已就，砥砺躬行。让我们共同思考和孕育数字智能时代的人才培养模式

互联网、人工智能、大数据、物联网、机器人等技术的快速发展和大规模应用，将更为深刻地影响人们的认知方式和学习行为，进而将重构教育。数字素养、融合能力、和谐心智将成为面向未来人才培养的重要方面。

创新是西浦发展的"基因"和动力。展望未来，教育如何帮助人类站在人工智能和机器人的肩膀上更美好地生活？西浦已经意识到，未来社会会使人才向两端延伸，既需要一批有素养和行业背景的专业精英，更需要大批有素养和一定专业知识并具有极高行业造诣和跨文化领导力以及创业精神的行业精英。西浦 1.0 培养目标主要是前者，西浦 2.0 则瞄准后者。起步于 2017 年的融合式教育主要探索能够站在人工智能和机器人肩膀上引领未来新行业的"国际化行业精英"的育人体系，即在进一步强化通识教育的基础上，将专业教育、行业教育、管理（领导）教育和创业教育相融合；把以学生为中心、研究导向型教育与实习和在岗训练相融合；把学习和实践、就业和持续深造、人才培养、研究和企业发展相融合。

目前，西浦融合式教育正日益被学生、老师和社会所了解和认可。从中央部委到地方政府，给予了西浦融合式教育很高的期待以及政策支持与保障。西浦的融合式教育取得了众多里程碑式的进展，7 大符合未来社会发展趋势和国家战略重点的专业设计完成，搭建起 7 大行业学院并签约了 13 家企业合作伙伴。497 亩教学区和 67 亩宿舍生活区动工兴建，首批选择创业家学院（太仓）的同学近 300 名。为强化两个校园的合作，支撑大学和产业的互动，在苏州工业园区的支持下，我们已启动 8 大研究院规划建设，即智能设计与制造、触通互联网技术、金融科技、先进计算与认知智能、商业决策智能化、智能机器人创新、人工智能及机器人时代科技与社会互动、西浦离岸创新中心等。每个研究院将由苏州和太仓两部分构成，前者偏重理论研究，后者强化应用研究，二者互动，相得益彰。另外，为了深化融合式教育模式的实施，由西浦教育基金会投资的"西利教创集团"成立，以与企业合作伙伴联合创建公司，支持学生实习、训练、创业，同时将社会资源和问题带向学校，也将学校人才、新的产业发展模式、技术等成果推向社会。

欢迎更多同事、同学、合作伙伴加入西浦融合式教育探索的行列，共同缔造这段有可能影响未来教育和社会的历史！

三、宏图已就，砥砺琢磨。让我们一起遐想和营造未来的教育、大学和校园

大学的核心价值在于影响力。西浦试图通过人才培养影响一代一代的人；通过科研提升人类生存与发展的能力；通过社会服务与互动促进经济社会进步；通过新文化的引领和倡导促进人类社会文明。定位为教育的变革者、创新者、探索者和影响者的西浦，在全球重塑教育和再定义大学的时代，应不辱使命，面向未来，更大胆地遐想和探索未来社会及所需要的教育。

西浦 3.0 即源于我们的初步遐想。请大家试想一下，在未来社会，丰富与便捷的学习渠道、先进与强大的人机智能互动，是否会引发传统意义上的学习前移和缩短？在未来，文凭还具有多大的含金量？等到成人和达到大学年龄时，人们是否还愿意花 4 年时间读一个学士、7 年追求一个硕士标签、甚至用 10 年或更多时间戴一顶博士帽，最终只为应聘一个跟这些学习不太相关的工作？

我们认为，在未来小学和中学的教育中，人们可以学到人类生存的基本知识，而且学会了学习。更多人将有机会在大学年龄时，遵从自己的内心，有针对性地学习，追求兴趣和梦想。这时，学士、硕士和博士等帽子只是终身学习、创新和创业路上的副产品。这样的人生一定是幸福的，因为无须将宝贵的青年时代浪费

在不必要的标签上，而是一直在为兴趣活着，沉浸在学习和探索中。如果把自己的兴趣发挥到极致，还可能成就一份伟业，创造出人生事业的奇迹，为社会和人类做出巨大贡献。

根据这样的构想，西浦创业家学院（太仓）在探索融合式教育的同时，也在营造一种支持未来按兴趣终身学习和创新、创业的教育生态，并基此对未来大学概念和校园模式进行探索，努力为未来教育提供一种西浦方案。我们还会将这一理念在地域和主题上推向一些有潜力的地方，比如西浦智创院（西安）——西安汇湖国际创新港已经开幕运行，西浦智创院（大湾区）——西浦粤港澳大湾区国际创新港、西浦智创院（一带一路）正在紧锣密鼓筹备中，等等。

同事们、同学们、朋友们，多么难得的机会，让我们为这些激动人心的事业共同努力，添砖加瓦！

2020 即将开启，在这个寒冷与动荡的世界，注定充满了风险和挑战，但怀揣影响中国和世界教育梦想的西浦人，咬定青山，何惧千磨万击！壁立千仞，何怕寒风凛冽！让我们一道，勇敢执着地瞄着绘就的宏伟蓝图，用我们的智慧和努力，大显身手、书写历史。

最后祝愿大家圣诞快乐，新年如意！

1.7　在危机中迭代升级

（疫情初致西浦全体学生、教职员工与校友的一封信）

亲爱的西浦同学、同事和校友们：

鼠年伊始，衷心祝愿大家尤其是身处湖北的师生员工与校友们平安健康，阖家幸福，鼠年大吉。

病毒袭来，2020 年的春节变得颇为不同，朋友圈形形色色的疫情信息、不断攀升的确诊数字牵动你我的心。自疫情爆发以来，不少西浦学子自发为武汉抗疫提供捐助，西浦生物科学家也积极加入抗击疾病的科研中，西浦人对社会的关怀、善意与责任担当让我感到骄傲。

学校第一时间成立了西交利物浦大学疫情防控领导小组，协调各部门，全面部署疫情防控，组织力量，加强校园及宿舍管理、教学调整、信息发布等工作，确保全校师生员工及校园安全。大学官网首页开辟了"新型冠状病毒肺炎疫情信息专栏"，持续发布大学相关通告、政府权威公告、常见问题解答以及重要提示与经验分享，以利师生员工和校友在这个特殊时期了解疫情进展和获取防疫建议，关注学校通知，做好自我防护，协力齐心、共同战胜疫情。

我们正在经历一个风险不断弥漫、每个人都笼罩其中、充满不确定性的时期，疫情威胁着人类的健康，冲击着相关产业，颠覆了大家习惯的春节氛围，也深刻地改变着人们的生活方式。面对突发危机，惶恐、焦虑与不安情绪在所难免。但比病毒更可怕的是人们的惊慌失措，这会使我们陷入以脆弱的身心、漏洞百出的策略迎战病毒的不利地位。其实，病毒就在那儿，我们冷静的心态和智慧的行动会使自己更强大，从而战胜之。在科学家不断解读病毒及其致病机理和防范技术、各级政府和组织采取了近乎极端的各类措施的情况下，我们每个人保护好自己和静心做好自己的工作就是对抗击疫情的最大贡献。另外，危机往往是孕育创新和变不可能为可能的机会。所以，当下也是每个人、组织面对危机和新形势，大胆创新和部署未来变革的难得机遇。君不见，疫情面前许多新颖的生活和商业方式不断涌现。我坚信，疫情过后，一些行业或许会迎来空前的新发展，如线上教育与办公，无人零售与配送，以及智能医疗与养老等。

西浦一直着眼于未来，积极筹划和行动，布局适应未来数字化、人工智能和老龄化时代的教育事业。在危机面前，西浦除了做好防护工作外，还部署了系列应对措施，如加强相关研究、推迟开学、为受疫情影响严重地区和不能及时返校的同学进行远程授课，在万一出现更严重的情况下更大范围启动远程教育等等。同时，也利用这一特殊时期，推进教育创新与变革的探索。例如，在开学前推出两周的"世界公民素养"线上课程，将防疫作为一场实战演练，帮助西浦学子提升应对危机的能力和世界公民的责任，同时也作为新型网络课程与学习观的一次尝试。课程以疫情为主题，将引导学生从社会责任、数字公民、可持续发展以及社会创新四个维度，探讨重大事件和问题的解决方案。我鼓励大家（甚至包括家长和亲朋）积极参加，与其在无聊中发牢骚和抱怨，不如利用这突如其来的挑战磨炼自己，在学习和演练中成长，在思考和研究中创新，既丰富自己的生活，也助力西浦的创新发展，促进社会的持续进步。

各位同学、同事和校友们，大量防疫措施，包括国家间交通的限制，可能给我们生活、旅行、工作和教学带来不少困难，在这特殊时期，您有任何困难，都可与学校防控工作组联系，学校会尽其所能提供帮助。现在无论您身处何地，都请保持冷静和理性，注意防护，以积极的心态和行动，安康快乐地度过这不平常的时刻！当雨过天晴之后，我衷心希望我们大家都不同程度地实现了危机中的迭代升级。

2020年2月3日

1.8 在风雨中携手成长 ✈

（疫情期间给在英国利物浦大学学习的 2+2 西浦同学的一封信）

亲爱的同学们：

当你们通过 2+2 进入利物浦大学开启寻梦之旅，每人心中一定有令人憧憬的未来世界舞台画卷，也可能为登上该舞台做好了融入一个更加复杂和不确定的国际环境的准备。然而，突如其来的新冠肺炎疫情全球蔓延，超出了所有人的想象，为你们奋进旅程添加了更艰巨的挑战，当下你们的健康与安全牵动着家长、西浦和社会各界的心。

随着英国感染人数的上升，各种杂乱的信息铺天盖地，家长们的焦虑情绪与日俱增，你们难免紧张与惶恐。3 月 16 日，利物浦大学取消所有面授课程并转为网上学习。一时间，留英还是回国成为你们的艰难选择。留在英国继续学业，就要在做好自我防护的同时，适应不同国情下的抗疫策略。选择回国，则要面临机票短缺、中转地过境管控、途中感染风险等重重困难。

我和你们的家长一样，自疫情呈现海外扩散趋势以来，一直密切关注你们的学习和安全。我与利物浦大学疫情防控主要负责人 Gavin Brown 副校长保持着密切沟通，尽全力帮助你们度过这段不寻常的日子。

为此，西浦与利物浦大学专门成立了防疫专项工作协调小组，确定每周举行例会和特殊情况下不定期召开会议的工作机制。西浦针对学生和家长的担忧及关切的问题及时与利物浦大学沟通，分享西浦防疫工作的系统做法，掌握利物浦大学防疫进程并尽力提供帮助。利物浦大学已采取了停止海外出差和来访、取消大学官方活动、加大心理咨询服务、全面启动网上教学等措施，我们仍在积极与利物浦大学沟通，以寻求恰当评估和考试替代方案、研究毕业生和毕业典礼等相关问题应对措施、疫情结束后返回利物浦大学继续学业的可能困难及其克服途径等等，以确保你们的权益和顺利度过困难时期。

为促进 2+2 学生和家长及时准确理解利物浦大学的具体防疫措施，我们在西浦官网开设了"利物浦大学信息"专栏（https：//www.xjtlu.edu.cn/zh/novel-coronavirus-pneumonia/information-from-university-of-liverpool/），就利物浦大学防疫工作和大家集中关心的问题及时提供中文信息。西浦学生心理咨询中心开通抗疫线上心理援助平台，采用多渠道远程服务，帮助有需求的同学缓解情绪压力，理性应对疫情。

同时，西浦第一时间对全体境外学习的学生进行信息收集，掌握海外学生健康信息，做好预案准备。对拟回国的学生，给出旅途注意事项、个人防护建议和检查返回地隔离政策等提示，并及时与政府建立信息联动机制，跟进回国学生健康及行动路线，保障学生顺利入境并落实隔离。目前，根据政府防疫工作整体部署要求，所有回国学生，包括2+2学生在内不允许返回西浦校园，希望学生们理解。后续相关安排，请大家密切关注利物浦大学官网或西浦官网的"利物浦大学信息"专栏，如有问题或需要帮助，请与西浦学生一站式、教务等相关部门联系咨询。

亲爱的同学们，疫情之下，更需沉着应对，一旦失去理性，自乱阵脚，将给病毒入侵以可乘之机。目前，有少一半同学选择留在英国，希望你们注意防护和健康，为防疫大家不得不保持距离，但在这种特殊时期，希望你们更加团结，相互合作，确保安全完成学业；对于接近1/3已经回国的学生，希望你们积极配合政府和社区的隔离政策，体现海外留学生受过国际化训练和熏陶应有的行为范式，在享受家庭温情的同时有效开展网上学习；对于那些已决定回国，但遭遇特殊时期机票紧张、航班取消、航程变更、转机管控、落地隔离，特别是途中感染风险较高等很多不确定性因素和挑战的学生，希望大家一定要格外注意防备和安全，愿你们顺利回家。

在百年不遇的天灾面前，每一种选择都蕴含着风险与代价，需要每位同学和每个家庭根据自身情况作出冷静和理智的选择。从入学伊始，学校就致力于帮助你们提升年轻成人应具备的独立精神、责任担当、理性思维、坚韧意志、强大能力，我也一直呼吁培育和提升你们生存于这个时代擅长应对不确定性的复杂心智。危机中方显英雄本色，现在是你们发挥作用的时候了。

在灾难时刻，不论你们做出何种选择，我都希望你们健康和安全，这是所有人在此刻最优先的目标，然后才是按照利物浦大学的安排，积极继续你们的学业。我也知道，在这种关键时刻，你们最需要利物浦大学和西浦的帮助，我们不会懈怠，会继续积极与利物浦大学沟通和协作、与政府和有关部门协商和呼吁，为你们提供一切可能的帮助。

你们的留学之路，可能比以往都要艰辛和困难许多。但这种危机，对年轻的你们来说，也是一种极其珍贵的机会。如何通过各方努力，既保证你们的安全，又能让你们在危机中获得成长是我们共同的目标。有的同学告诉我，他（她）们选择留在英国，和其他同学一起相互支持、共同抗疫；也有的同学，几经辗转回到国内给我报平安，分享他们几十小时回国旅程中的历练和成长；还有家长发微信给我，感叹学生在危机时刻的冷静和克服重重艰难险阻中的成熟和能力，感谢西浦教育对学生成长的支持。你们面对高度不确定性和潜在风险、在各种焦虑情绪笼罩下展现出的独立、理性、沉着以及合作精神与责任担当，让我感到欣慰与动容。

真心希望选择留英、顺利回国和还在回程煎熬中的同学们都注意防护，坚定战胜疫情的信心，安然度过这段困难时期，一切安好。等回头看时，一定会发现这段磨砺帮助自己长大了很多。春意一定会驱散大地的愁云，散去疫情的阴霾，带给我们共同的暖阳！

1.9　抢跑时代　共赢未来

（2020校友手册寄语）

毕业典礼拨穗正冠是我人生最难忘的时刻，目送着紧张、激动、憧憬的时代骄子一批一批从西浦走向世界。时间如梭，眨眼间我已握别了十届本科毕业生和数届硕士、博士毕业生。

昨天的学子，今日的校友，你们终生将打上西浦的烙印，既是西浦发展的成果，也是西浦的宝贵资产和直接的品牌塑造者。你们见证了西浦从"一栋楼"大学到体现东西文化精髓、南北呼应的校园建设，融合、共享、共生的太仓校园的规划与发展。西浦校友与母校同舟共济、风风雨雨走到如今，校友在世界各地各行各业的精彩，成为西浦最闪耀的名片，也成为高等教育国际化探索一道最为亮丽的风景线，你们正在用自身的卓越发展让西浦校友这个名称从首届一百多点点星光到如今近两万全球闪烁。也是你们帮西浦从籍籍无名发展成为莘莘学子向往、影响中国甚至世界教育变革的黄埔。

以 14 068 名本科校友为例，有 11 882 名选择继续升学，其中 24.13% 被排名前十的世界顶尖学府录取，近 80% 进入全球前 100 名校深造。同西浦一样，校友很年轻，平均年龄仅为 27 岁，但已有超过 10% 的校友在职场中晋升为不同层级的领导者。现在西浦本科、硕士和博士校友遍布世界各种职场，我经常会听到各方的赞美声，你们的卓越表现坚定了西浦引领中外合作办学、探索未来教育和再定义大学的决心，也为西浦在校生以及期待加入西浦的学生们树立了榜样。

校友和学校像母子一般，无论身处何方，其间的爱和气血无法割断。母亲望子成龙，子女以其成就不仅贡献社会，也为母亲增光添彩。特别是进入数字和智能时代，终身学习、创新和创业将成为常态。校友的更大发展离不开持续提升，学校将成为一代代校友的港湾、加油站、欢呼者、甚至合作伙伴。校友也会成为学校发展的陪伴者、参与者与代言者。西浦一直以培养具有国际竞争力的世界公民为己任，现在上万西浦校友在国际舞台上逐步绽放光芒，西浦也因你们而闪亮。

你们初入校园渴望的眼光和临别时向往未来的神情历历在目。桃花潭水深千尺，不及我与西浦情。校友和母校陪伴关系日渐亲密，西浦校友会从零起步，如今已在国内各大城市和海外众多都市纷纷落地，最初零星的校友活动如今也日益丰富多彩，线上线下近百种的活动不断丰富与拓展着你们的生活圈。你们对母校当下及未来发展的关注与挂心，不仅督促母校砥砺前行，而且加深了母校对你们的深切牵挂，学校一直努力为校友提供力所能及的支持，创造更多学术和持续提升资源、人际和事业发展的机遇。

为了引领未来，培养出更杰出的校友和给校友搭建更大的平台，2017年，西浦根据数字智能时代对人才需求的变化，面向未来新行业发展的趋势，提出了融合式教育，培养具有极强整合能力和创业精神的行业精英，这也标志着西浦从1.0升级到2.0。这种教育模式要求大学张开怀抱，与国内外顶尖企业合作共建，同时在世界范围内征集优质教育资源，引进外部教育品牌和研究成果，从而形成融合共生的教育共同体。为了确保西浦的教育引领地位，我们不敢懈怠，已开始3.0的布局，围绕西浦教育理念和哲学形成品牌，打造开放式的服务于未来社会终身学习、创新和创业的生态体系。校友无疑将成为西浦教育创新和生态体系的智力支持、合作伙伴与品牌载体，我诚挚邀请大家与母校一道融入这场伟大的教育探索和变革中，对未来趋势保持积极思考和敏锐洞察，与全世界优秀的资源连接和创新互动，以西浦人的智慧和价值创造屹立于未来。

作为国际公民的西浦人，抢跑时代，通过大胆开拓创新成为未来的领跑者是我们的基因，张开怀抱拥抱多元与合作是我们的习惯，围绕社会发展趋势和需求不断创造价值和文化影响是我们的使命。桃李春风一杯酒，江湖十年竞妖娆，让我们驰骋在时代的列车上，梦想依旧，奋力前行。

1.10 在奉献中升华

——校长寄语校外导师

西交利物浦大学创建于全球反思教育、重塑教学、再定义大学的时代，这给了西浦与国际一流大学站在同一起跑线探索未来教育的机会，不仅如此，西浦在前人经验和知识积累的基础上，没有历史包袱，具备了一张白纸好绘宏图的后发优势。同时作为首家强强合作、具有独立法人地位的中外合作大学，西浦已经积累了一定的发展经验，又具有先发优势。因此，西浦确立了影响中国教育变革和世界教育发展的宏大使命，站在世界平台上整合资源和探索办学模式，这使西浦在教育和办学上具备了超越的机会。

西浦从建校到有十届毕业生的快速发展以及学生们的杰出表现，令不少人感到惊讶，是什么神器帮西浦使"一般"的孩子经过数年学习变成了不一般的世界公民？西浦初步成功的秘诀（know how）是变"教知识"的大学为"改变人"的平台，整合全球教育资源、营造卓越学习环境，帮学生在其人生最重要的从少年到青年的转型期中健康成长，明确自身的兴趣，形成追梦的翅膀。换而言之，西浦"以学生健康发展为目标、以兴趣为导向、以学习为中心"的育人体系的 know how 就是帮学生尽快实现"三个维度九个方面"的转型，即"从孩子到年轻成人再到世界公民，从被动学习到主动学习再到研究导向型学习，从盲目学习到兴趣导向再到关注人生规划。"

西浦校外导师项目于 2009 年成立，经过十年的发展与磨炼，从初期的十几位发展到目前近 700 位导师。西浦校外导师作为西浦独特育人模式的支持力量，利用其成功的事业发展和开阔的社会视野，为学生开启了一扇通向社会的窗口；导师们用他们积极热情的生活态度和宝贵丰富的人生经验给予西浦学生健康成长的帮助、职业规划的引导。

对于每一位西浦学生来说，在其生理年龄已经成人，社会年龄和心理年龄还不够成熟之时，健康的发展需要自身努力，校园国际化学习环境的滋养，老师的教导和帮助，更离不开来自社会的成功经验熏陶。我们希望西浦学生在自身素养、知识、能力、智慧不断提升的同时，能够融入真实的社会，在各界精英的指导下，直面社会发展，通过创新和拼搏，与外部机遇结合，成长为有目标、有担当、有能力的"世界公民"，每个人都能谱写一部精彩的奋斗史。

西交利物浦大学的使命之一是将学生培养成在"素养、知识、能力、语言"等方面具有深厚功底、能在全球化竞争舞台上崭露头角的精英人才。西浦学生在进入高年级后有精英导师言传身教、引领提携，不仅会帮他们孕育理想，激发他们的斗志，也可以帮他们汲取他人的人生精华和奋斗经验，收获进入职场和发展事业所需的机遇和资源，从而放飞梦想！同时，校外导师们也可在事业有成、生活稳定后与年轻人分享事业发展和人生旅途的体悟、经验甚或教训，不仅发挥社会责任感、再现青春活力、发现宝贵人才，而且收获新的成就感。

在西浦校外导师成功运行十周年之际，我衷心祝愿西浦学子和校外导师们在互动的过程中实现人生升华，收获快乐和成功！也欢迎更多有志之士加盟西浦校外导师团队，让我们一道探索教育真谛，帮助年轻人成长，助推中国教育变革和世界教育发展！

1.11 启程，找个支点重塑世界 ⤳

（2020 毕业典礼演讲）

亲爱的同学们、尊敬的同事、家长和朋友们：

在全球仍与 COVID-19 痛苦抗争的特殊时期，我们用这种独特的方式欢送 2020 届毕业生，在经历人类与病毒搏斗的无奈中，携西浦教育之成长步入一个空前复杂脆弱的世界。

人类文明演进的路上总是危机四伏，在高度现代化的今天，一株看不见的病毒就能让整个世界停摆。这场被所有国家视为二战后最严峻挑战的危机，不但考验着每个国家的卫生健康体系、社会治理能力，也同时挑战着人类的生存能力。然而比疫情更可怕的是，国与国、民族与民族、阶层与阶层之间的信任与合作被瓦解，欺骗与谎言、隔阂与封锁、歧视与抹黑此起彼伏。随着疫情全球肆虐，民粹主义的喧嚣、反全球化思潮的涌动，种族歧视的死灰复燃，国际合作组织和机制遭到冲击，经济社会必要的合作被阻隔，人类赖以生活的交通和供给体系遭到破坏，世界秩序、合作与繁荣面临着前所未有的挑战，这个世界从未像现在这样脆弱和令人困惑。

你们本应喜悦的毕业季也无法逃脱混乱世界的影响，无论是毕业设计、求学还是找工作，道路都突然变得异常崎岖。有些同学因不能返校完成毕业设计而感到纠结不安，甚或不满；拿到了国际名校的 offer，能否成行也许让你们焦躁难寝；就业计划或创业方案被巨变的经济现实击碎，你们可能失望和沮丧。但我想告诉同学们的是，在剧变的时代面前，各种情绪波动或心理反应都是正常的，但一定不能放弃，因为无论世界怎样，我们都必须与之相处，唯一能做的是用我们的努力和行动，推动它向我们希望的方向演进。

越处在巨变和重塑的时代，越有机会去改写这个世界，在人类何去何从的十字路口点亮一束光。志在培养世界公民的西浦，希望你们有格局，无论将来从事什么工作，记住找到一个事业的支点，以你们的责任和担当做杠杆，用你们的智慧去重塑世界。经历过抗疫磨炼的这届毕业生，似乎应更有信心地说，西浦的培养、席卷全球不确定性的洗礼，使你们有更快的调整能力，有更强的从危机中挖掘机会的敏锐，从而更利于你们发现或创造一个支点，改变或重塑这个世界。

　　面对错综复杂的世界，也许你们觉得如此厚重的期待会压垮你们，但细细想想，这个世界就是在每一个人一点点贡献的推动下演进的。半个多世纪前，马丁·路德·金高呼"我有一个梦想"，他虽然没能阻隔因美国弗洛伊德之死引发的全球大规模抗议活动，但却用自身努力，推动了社会进步，改变了伤疤下社会撕裂的缘由和机理，尽管人类还需继续为平等而努力。面对今日的世界乱象，也是我们高呼"我有一个梦想"的时候了。当然，正如西浦校训 Light and Wings 所言，梦想的实现需要脚踏实地、一步一步地行动，更需要通过终身学习不断强壮你们追梦的翅膀。疫情中，我欣喜地看到西浦师生通过公益活动、爱心募捐、艺术创作等方式为抗疫奉献力量、为反歧视发声；西浦学者们积极投身抗击疾病的科研工作中，等等。大家都在利用各自的行动践行世界公民的梦想。

　　未来已来。人类社会已经进入第四次产业革命（4IR）或第二机器时代（2MA），无论是主动投入还是被动卷入，要改变世界，首先需要适应颠覆性技术引发的学习、工作、生活和社会的种种新范式，并趁机突破或创造，重塑世界。在你们即将启程之际，请带上我给你们的锦囊：迅速从原来熟悉的相对稳定时代的心智模式转换到能闯荡于未来世界的"复杂心智"（complexity mindset）。

　　西浦从建校伊始就意识到这一点，决心在教育重塑的时代，根据社会发展、整合人类智慧和东西方最优实践，探索未来的教育体系，培育具有复杂心智的世界公民，以影响中国和世界的教育发展。还针对未来世界公民的担当，提出了西浦学生应具备的素养体系，即以"开心生活、成功事业"为理念，以"提高人类生存能力"为核心目标，以"创新和贡献"为核心价值观，以"和而不同"为核心伦理观，以"全球视野与练达"为核心世界观。为了孕育西浦人的复杂心智，我还根据和谐管理理论，提出一种和谐心智模型：强调系统演化、方向感和共生系统的建构，以及融合力、平衡力和边缘创新力。和谐心智是支持人们学习与成长，并游刃有余地生存于未来世界的重要法宝。希望你们牢记西浦的理念，在重塑世界的旅途中努力践行和持续升级你们的和谐心智。

　　面对充满不确定性的世界，有梦想和担当的人可能都在追问，我该以什么为支点，用我的行动撬动发展，让世界变得更好。和谐心智强调，多元共生生态的营造、积极的融入与干预、动态平衡的造诣和生态红利的创造。试想，小小的病毒可以让整个世界为之震颤。为什么我们受过国际化高等教育的人不能影响世界、改写历史？在这个数字化、智能化和高度互联的时代，社会日益由众多小事件和小人物通过无处不在的网络推动，进而演化出超越人们想象甚或控制的现象。这是一个演化和涌现奇迹的时代。我希望西浦人能怀揣锦囊，不断强化自己的自组织、平台、生态系统的营造力，从而整合资源、刺激创新、真诚合作，创建事业平台和共赢生态，最后创造价值和生态红利，造福人类，影响和改变世界。

为了实现西浦梦想，全球独特的西浦学习超市（LM）今年 5 月正式创立，将利用世界一流的实体校园学术环境，依托现代网络和先进教育理念，将全世界优秀的网上资源和提供者整合到西浦，实现校内与校外、线上与线下、产业与教育的深度融合，打造支持学生和社会各界人士实现兴趣导向、个性化的终身学习、创新和创业的教育及未来生活新生态。这不仅是西浦重塑未来教育和影响世界的一个支点，也会为西浦学子和校友提供一个终身学习和创业的支持平台。人生旅途肯定充满风险和挑战，但母校一直在你们的身后，将支持你们并和大家一道，为促进世界的重塑添砖加瓦！

亲爱的同学们，西浦人志在四海，梦想正燃，莫问艰险，乘风破浪！愿你们带上西浦赋予的勇气与行动力，插上和谐心智的翅膀，以每个人的创造、坚韧、努力和智慧，让我们与所处的世界一起更美好！

最后，我谨代表西浦给大家一个承诺，今年因为疫情未能现场参加毕业典礼的毕业生们，在未来若干年中，你都可以回母校参加任何一场毕业典礼。穿上毕业袍，重温美好大学时光，西浦永远是你们的家。

1.12　成人与成人间的对话

（2020 年给新生家长的一封信）

尊敬的学生家长：

首先，我谨代表西交利物浦（以下简称西浦）大学，恭喜您的孩子在高考中取得了优异成绩，欢迎您和孩子正式成为西浦大家庭中的一员！谢谢您与您的孩子在人生如此重要的一个决定上，选择了"非传统"的西浦。这份勇气与信任意义非凡，您的孩子或将因此走出一条丰富、多彩、快乐、有价值的人生之路，甚或与西浦一道成就伟大。

大学在每个人的人生中都扮演着举足轻重的角色，特别是这一届学生，新冠疫情的洗礼，会使他们更深刻地认识到人生的意义和融入复杂不确定社会的能力需求。再加上好的大学生活，不仅会帮助学生顺利地进入社会，而且会影响其整个人生。西浦跟绝大多数的传统高校有着很大不同，是一所有点"特立独行"的学校。西浦希望回归教育的本质，以建设"研究导向、独具特色、世界认可的中国大学和中国土地上的国际大学"为愿景，培养出一批可以闯荡全球的世界公民。从普通高考生进入西浦，到成为俘获全球顶级学府芳心的学霸、备受国际企业或组织欢迎的员工，或成功创业的精英，西浦学子的精彩故事记录着一批又一批优秀学子的奋力开拓，也印证着这所年轻无可限量大学充分挖掘和释放学生潜能的价值。

我们在学生大学四年的成长期中，将着力转变和提升学生的心智模式，如强化学生"世界公民"的责任感，培育他们国际化的视野；通过研究导向型的教育孕育其问题意识和好奇心；以兴趣导向释放学生的学习动力，培育他们的审辩式思维、独立思考能力、终身学习能力，带领学生融入真实的世界；通过融合式教育模式，提升学生的行业整合能力和复杂心智，帮助他们屹立于世界发展的最前沿。如今年2月初，我们以疫情为主题，专门开设了"世界公民素养"线上课程，从社会责任、数字公民、可持续发展以及社会创新四个维度，将防疫作为一场实战演练，探讨重大事件和问题的解决方案，帮助西浦学子提升应对危机的能力和世界公民的责任。

进入国际名校或世界500强企业，或许只是在西浦收获的一小部分，更令西浦学生惊喜的是，这所大学最大限度地激发了他们对个人潜能与知识的无尽渴望，使他们知道了自己想做什么，并活出自己想要的样子。

进入西浦，意味着学生们需要适应新环境，需要独立承担成人的责任，需要学会自己面对困惑与无知，尽快提升素养、获得知识、习得应对挑战的能力，最终让自己具备国际视野和竞争力，从而步入未来日益复杂、模糊多变的社会。放手让学生迅速融入陌生的新环境，会促使他们快速成长，真正尝试独立——学会独立思考、独立决策、独立解决问题，学会真正认识自己，为将来正式迈入社会实现自己的人生理想打下坚实的基础。绝大多数学生在西浦育人理念的熏陶下、西浦自由环境和开放包容文化的孕育下脱颖而出，释放了潜能，绽放了精彩。最近家长群里的一段留言意味深长，"我女儿说，西浦家长都很以为孩子了不起，其实真的很了不起，但是西浦家长认为那是他们自己的功劳，其实不是，西浦家长仍缺少西浦的开放与包容。"为了学生成长，学生、家长和学校均可从这段话里品出一些值得我们注意的问题。

对于新生而言，进入大学新环境，尤其是进入全英文授课、鼓励创新与突破的西浦，新奇会让他们激动和向往，陌生则会带来很多压力和挑战。很多时候，在学生投来求助的眼神前，家长们便会习惯性地伸出双手，帮他们处理日常生活中本应由学生自己面对的事务，帮他们化解一切可能遇到的难题，甚至还会为一些臆想的挑战而倍感焦虑。我微信群好友中有大量家长朋友，本来是想通过这种方式加强交流、提升教育认知，进而更好地帮助学生成长。但便利的沟通方式却强化了父母对学生自由成长空间的压制，一些学生向我抱怨，学校不要建立太多的家长群（其实是家长自己组建的），因为群中的很多讨论已对他们产生了负面影响；家长也经常通过微信向我咨询或提问，但所关心的问题 95% 以上均属于应学生自己关心的，且可以通过学校正常渠道解决的。要知道，家长手伸得越长、照顾得越周到、心操得越多，学生自己解决问题和锻炼的机会就越少，独立成长的空间也就越小。

家长作为西浦教育生态的重要联盟成员，在帮助学生转变这一过程中，发挥着非常关键和独特的作用。我希望借这封信，趁这个机会，给大家提几点小建议，也许可以帮您更好地面对孩子开启独立大学生活带来的冲击，并帮助孩子完成人生的重要转型。

我想给各位家长们说的第一个词是"放手"。请您高抬贵手、敞开胸怀，尝试给孩子更多的独立空间，与学校一同见证孩子的健康成长！我知道很多家长，特别是中国家长，从孩子出生至今，心里只有一个念头，就是千方百计地保证孩子的学习。从而让孩子在一个近乎"无菌"的环境中成长，把孩子照顾得无微不至，帮孩子做所有的选择与决定，用自己的意志来影响甚至无意地压制孩子的内心世界，最终使得孩子没有机会经历风雨，对自己的人生更是一片茫然。所以在您的孩子进入西浦之后，您首先需要尝试慢慢地放手，给予孩子更多的信任，相信他们可以在学校和老师的指引下适应环境的变化，相信他们可以独立地思考并安排好自己的人生。不要总是试图将他们护持在自己的羽翼下，给他们一个机会吧，是时候让他们学着独自翱翔了。

我要说的第二个词是"放松"，也就是外籍老师们常说的"take it easy"。我理解家长们对孩子的关心与爱护，但是如果真的遇到困难与问题，请大家不要过于紧张、无限放大问题对孩子的影响。您的焦虑不仅不能解决问题，反而可能会在第一时间传递给孩子，进而加重孩子的负担。没有什么挫折是毁灭性的，除非学生本人自我放弃。不论面临怎样的问题或挑战，我们都希望您可以与孩子一起，以平和的心态寻求最佳的解决方案。当然，西浦也一定会提供力所能及的帮助。

第三个词是"理解"，这也许是我们经常挂在嘴边但疏于付诸实施的事情。我们不妨扪心自问，是否真的理解孩子？是否知道他们内心的真实想法？是否常用"我以为"和"为了你"的方式来解释自己对待孩子的所有举措？我相信西浦的学生入校后势必会经历一系列的转变，在这些过程中他们或将因尝试独立思考而彷徨，也或因面对环境的突变而犹豫。此时，我希望家长们可以学着真正理解孩子，理解他们的喜好、苦恼与压力。世界太大，困难良多，然而理解万岁！

第四个词是"自我"。在中国文化环境里，父母们似乎永远为下一代而活，孩子就是家庭的生活中心，一切都围绕着孩子忘我地旋转。当孩子离开家后，很多父母会突然感到空虚，身虽在家，心却牵挂着远在异乡的孩子，想要了解或关照他们的衣食住行、喜怒哀乐。现代通信技术给我们提供了与孩子沟通的便利，但也可能成为我们妨碍甚至干涉学生成长的帮凶！因此，我真诚地建议我们的家长，在静静观察孩子变化成长的同时，也努力改变自身，将自己的视线逐步从孩子身上转移，关心自己的生活和事业。我们要在帮助孩子筑梦和逐梦的过程中，活出自己的精彩和幸福。

最后一个词是"帮助"。在西浦多年的办学历程中，确实有部分学生在学习上遇到困难或挑战，也有个别极端的案例。我们在分析这些个案的过程中发现，有些是源于学生与家长关系紧张；有些是源于学生与家长缺乏深度和有效的沟通；有些是源于基础薄弱或无法迅速调整那些在中学阶段就已习得的被动学习模式；有些是源于个性和自我管理上的缺陷；当然还有不少同学是因为一时放纵而没有把握好学习、娱乐与课外活动之间的平衡。尽管学校安排了四大导师体系，但这些同学并未积极主动地寻求相应的支持。为此，西浦学生成长顾问中心成立了 Wingplus 平台，通过提供入学教育、家庭咨询、职业启蒙等一系列支持项目，帮助学生尽快适应西浦文化、完成转变，持续升级成长。其中，"回归"（bounce back）项目，致力于陪伴并帮助遇到挑战和学业压力的西浦学生提升自我认知、自我管理和人际关系能力，以期帮助这些遇到困难的同学渡过难关。截至 2020 年 5 月，回归项目已经为近 1 700 名学生提供支持。

学校不希望任何一个同学掉队，但如果自我放弃，十头牛恐也难以拉回。我虽然呼吁家长放手、放松、关心自我，但这并非鼓励大家放弃沟通和理解，恰恰相反，我希望家长们通过沟通，及时了解学生的状态。相比起学校同时面对上万学生，每个家庭关注一个学生将更容易发现那些可能被忽视的潜在问题。但是，家长可能突然发现，孩子已不再是以前那个需要你事事无微不至关照和呵护的小孩，突然间长大了，已是有思想、想独立、要空间的成人，此时家长需要学会成人与成人的对话。你想了解他们的成绩、学校的生活、个人恋情、未来打算等等，要改变过去习惯了的居高临下地控制和无微不至地呵护，尝试两代人间相互尊重和信任的顺畅交流，以成为推心置腹的朋友，这样学生才会坦诚地与父母分享信息，真诚地争取家长的指导与帮助。而当家庭沟通无法有效解决问题时，您可以与学生一站式服务中心或学生事务中心联系并商讨支持策略，我们的共同目标是帮助所有西浦学生健康成长！

以上仅是我个人对大家提出的些许建议，可能不全面，权当与大家的交流与思维碰撞。如果各位家长对西浦有任何的建议与意见，我们也真心欢迎大家不吝赐教，学生与西浦的未来永远离不开大家的理解与支持。

另外，我还想利用这个机会与大家分享一下西浦发展战略，以利大家更全面地了解西浦和帮助学生健康成长。

战略上，西浦试图整合全球资源和东西方教育最优实践，从以下四个方面进行探索：①未来的教育模式；②知识组织运营体系；③大学与社会互动关系；④影响中国和世界高等教育。

经历第一个 10 年的发展，我们交出了一份令社会认可的答卷，可称之为西浦发展 1.0。

（1）针对传统的以专业精英为目标的教育模式，我们大胆创新，在教育理念上颠覆了大学"教知识"的定位，而把"帮助学生健康成长"作为教育的目标，构建了以学生和学习为中心的教育及支撑体系，帮学生理解自己和未来，从而形成以兴趣为导向的学习模式，全面提倡研究导向型的学习、教学和教育支持，帮学生学会学习、学会探索，树立梦想并铸就追梦的翅膀！

（2）在知识组织运营体系方面，我们以西浦为平台，探索和试验了基于互联网支持的扁平化、网络化的大学运营体系，强调角色、工作主动性和非正式合作，提倡研究型工作和持续创新，使正式组织更具有柔性和快速应变能力，并形成了相应的大学管理体系和校园文化。

（3）在大学和社会关系上，我们不仅建设了无围墙校园，更注意消除心理上的围墙，强调共享和共生的逻辑，提倡和构建了自然、知识和社会三级的大学生态体系，力促大学与社会的双向合作与资源共享。

（4）在影响中国教育改革和世界教育发展方面，西浦与国家教育行政学院合作，创建了西浦教育与领导力前沿院（Institute of Leadership and Education Advanced Development，ILEAD），进行教育及其领导力研究，收集全球最优实践，在西浦开展教育探索和实验，进而向国家提出教育变革政策建议，通过学术会议、理论和著作、各类培训项目、全国教学创新大赛、大学教师发展中心联盟等方式，向其他高校和教育系统传播教育新思想、新理论、新技术和新实践。

伴随人工智能和机器人的兴起，未来大量技能型工作将被机器取代，人类工作会向创造性、融合式方向转移，不再强调专业或职业导向。面对这些发展趋势和第四次工业革命所带来的挑战，西浦不忘初心，瞄准未来。2017年，在其前10年建立的"国际化专业精英教育模式"（西浦1.0）的基础上，西浦正式提出了融合式教育（Syntegrative Education，SE），SE通过大学与企业、行业和社会深度合作，在教育内容上将通识教育、专业教育、行业教育、创业教育、管理与领导力教育全面融合，在培养机制上将以学生为中心、研究导向型教育与在岗实训和创业全面融合，旨在培养有一定专业基础、极强整合能力及创业精神和跨文化领导力、特别是拥有不断丰富和升级的复杂心智的未来业界精英。这种人才的孕育一定会突破当下的教育理念、育人模式、教学方式、组织体系和大学形态，因此我们称之为"西浦2.0"。通过与地方政府和全球企业界合作，建设"西浦创业家学院"（太仓），我们将在深化融合式教育模式的同时，探索未来大学的新概念和校园的新形态。西浦创业家学院（太仓）已于2019年正式启动并开工建设，预计2022年投入使用。

亲爱的家长，2020年新冠肺炎疫情的暴发，促使在线教育一时间席卷全球，也刺激大家更深入地关注教育的未来走向。事实上，为探索和影响未来教育而生的西浦，一直重视在线教育的发展，并洞悉数字智能时代背景下线上线下教育融合"的必然趋势，这场突如其来的疫情加速了学校教育战略的布局。今年5月，全球独特的西浦学习超市（LM）正式创立，将利用西浦世界一流的实体校园环境，依托现代网络技术，将全世界优秀的网上资源和提供者整合到西浦，实现校内校外、线上线下、产业教育的深度融合，打造支持学生和社会各界人士实现兴趣导向、个性化的终身学习、创新和创业的生态。也启动了旨在营造未来教育和创新型生存的社会生态的西浦3.0。

西浦以面向未来、大胆创新的胆魄，以全方位的教育变革帮助学生从一般的孩子转变为不一般的世界公民，使他们有梦想和能力闯荡日益复杂和精彩的世界！我们非常欢迎和期待所有的新生家长加入西浦的教育探索中来，让我们一道为您的孩子和世界创建一个面向未来的全新教育环境！

最后，再次真诚欢迎大家成为西浦的学生家长，加入被社会上戏称的"浦妈浦爸"行列，期待与你们共聚在辉煌灿烂的西浦明天！

—— 第2部分 ——

特立独行

2.1 西浦办学：四个期待 🦅

西浦创建于全球反思教育、重塑教学、再定义大学的时代，这给了西浦与国际一流大学站在同一起跑线进行办学探索的机会，而且具有站在前人经验和知识积累的基础上、没有历史包袱、一张白纸好绘宏图的后发优势；而且，西浦在中国中外合作办学中起步早，就教育探索和国际化来说，又有相对先发优势；另外，西浦起步高，站在世界平台上整合资源和探索办学模式，这给了西浦在教育和办学上超越的机会。因此，战略上西浦试图实现四方面跨越，以期在四方面作出贡献。

一、根据未来发展趋势和需求探索新的教育模式

全球化、网络化使世界日益紧密连接，连接革命会导致人们的生活方式、学习行为、组织架构、社会形态发生革命性变化，即在很多领域出现范式革命，包括教育领域。许多有识之士大声疾呼赶快行动，抓住机会，迎接变革；教育专家们呼吁教育工作者赶快醒来，变革教育；哈佛商学院管理教授Christensen甚至警告，未来15年内美国一半高校将面临破产。这样的背景和挑战，使西浦办学至少需在三方面作出新的思考：首先，未来社会需要什么样的人才？或者什么样的人才才能适应未来社会？其次，什么样的大学才能培养出这样的人才？第三，人类未来遇到的最大的挑战是什么？大学怎样帮人类迎接这些挑战？这些思考可以帮助西浦形成准确的战略定位，为西浦奠定生存的基础、超越的可能。

西浦根据全球化，网络化共生，多元文化情景，复杂多变社会的常态化，认为未来社会需要大量的具有跨文化领导力的国际玩家，所以将具有跨文化领导力的世界公民作为自己的培养对象；学校要改变传统的专业教育，借鉴世界教育最优实践，整合知识体系，改变被动教育为主动教育，营造线上与线下融合的超现实良好育人环境，指导学生在学会学习、形成自己以兴趣为导向的融合性知识体系的同时，训练提升自己的跨文化领导力，包括增强多文化的理解力（multi-cultural understanding）、转化现行心态为复杂心态（from current mindset to complexity mindset）、训练整体思维（integrative thinking）、提高变革管理能力（change management）；提倡研究型教学，通过师生互动，刺激学生的好奇心，提升学生批判思维，开发学生的创造性行为，孕育学生复杂心态，培育学生终身学习的能力；在研究上针对人类生存面临的挑战，以提高人类生存质量为己任，有选择性地开展有特色的研究。这样西浦有可能作为一所符合未来趋势和需求的新兴国际大学屹立于中国。

二、探索适合知识工作者和知识组织的新型大学组织管理模式

20 世纪最伟大的管理专家之一德鲁克曾经指出，21 世纪人们已经在理论上解决了管理的效率问题，留给了以知识经济为主导的 21 世纪的管理挑战是如何改进知识工作者和知识组织的效率。大学是典型的知识组织，大学教职员工和师生也是典型的知识工作者，他们的效率和大学的管理一直倍遭诟病。直至今日，全球大学基本上还是采用的层级式官僚组织结构，中国大学的低效和行政化备受批评。世界上一些大学为改进学科和教授间的合作，也借鉴了矩阵式结构，成立了不少跨院系的研究中心和研究所，取得了一定效果。但在中国，尽管教育部和国家极力推进资源共享机制和学科合作，如共享平台、跨专业甚至院校的研究中心，但因评价体系和成果及既得利益的极端个人化，这种矩阵结构在中国情境下往往难以有效运行，最后沦为一个个相对独立的利益实体。面对网络化和连接革命，组织的网络化给予了知识工作者和组织效率提升的新途径，甚至不少企业已开始探索基于信息技术的新的网络组织以实现有机的企业运行机制。对于大学来说，这也是千载难逢的机会，可否利用网络化组织实现提升知识工作者和组织效率的梦想？西浦利用其一张白纸好绘宏图之优势，探索建立大学新型网络组织体系和运行机理，试图为改进大学支撑和运行提供理论基础和实践经验。初步运行结果已显示，西浦以学术、学生、行政、信息四个中心无缝连接的平台，为师生搭建起了友好有效的支撑体系和学术生态，消除了研究上和资源配置上的院系和专业壁垒，促进了跨学科、跨专业的合作以及与社会和工业界的互动与合作，显示出了强大的灵活性和有效性，同时也使学校愿景、使命的实现和办学与教育新模式的推行成为可能。

三、探索网络时代新型的大学与社会互动关系

全球化和网络化不仅弱化和模糊了组织的边界，也给当代大学提出新的挑战，即如何塑造新型大学与社会的互动关系。怀揣远大抱负的西浦人不仅试图

在新教育和大学管理上作出自己的贡献，而且也试图探索新的大学与社会共赢模式，使大学更深入地融入社区和社会，以办学的实际结果造福于人类。为此，西浦通过与地方政府共建开放式研究平台，形成国际化的研究群落；在校园建设国际技术转移中心，吸引世界研究资源和企业需求，以促进研发、技术合作与转移；在校园建立国际创新港，促进创新教育和创新文化；与企业合作建设实验室和研究所，促进研究合作和学生面向实践的教育，等等。通过这些努力，西浦试图成为社会发展和文明的催化剂、社会生态的重要构成部分。具体来讲，西浦要在中国土地上建设一所新型国际大学，为中国和世界培养具有国际视野和竞争力、符合未来发展趋势和需求、具备跨文化领导力的来自全球的一批世界公民（global citizen）；在人类生存面临严重挑战的领域，有选择地开展有特色的研究，如生命科学、医药、环境、信息和通信、城市化、老龄化社会、公共卫生、金融、管理等，为提升人类生存能力和质量作出西浦的研究贡献；作为位于世界经济发动机的长三角和 21 世纪全面崛起中国的新型大学，西浦的诞生不仅源于教育变革的需要，同时也是经济社会发展需求的催生，所以肩负着以其国际资源、人才培养和科学研究服务于经济发展和社会转型的历史使命，西浦以开放的校园融入社会，成为社会生态的重要科学社区、多元文化和国际化教育的示范区，以核心学校的身份促进苏州工业园区科教创新区（SEID）早日建成东方慧湖，并基此放大自身对经济社会发展的服务和影响。

四、影响中国高教改革和世界教育发展

以影响中国高教改革和世界教育发展为使命的西浦，还力图通过自身以上三个方面的深度探索和有效实践在教育领域产生尽可能大的直接与间接影响。目前西浦被誉为"高教改革的先锋、中外合作办学的典范"，西浦的探索和实践已经开花结果，西浦不仅在理论和实践上分享其探索心得，而且通过给教育部和国家科教领导小组撰写政策建议支持教育改革，西浦还与国家教育行政学院合作成立了领导与教育前沿院（ILEAD），以国际论坛、师资、支撑人员、教育领导者和管理者的培训计划等向同行传播和分享西浦及世界的最优实践，以影响如火如荼的中国新一轮高等教育改革，并将以具有新型教育模式和大学管理体系的特色屹立于世界高等教育圈，以其杰出表现赢得关注和尊重。

西浦办学过程，简言之可以用五个关键词来描述：志向宏远，勇于探索，瞄准未来，大胆创新，智慧落地。

2.2　志存高远，做教育的重塑者

教育是神圣的事业，会影响一代一代人的成长，会通过研究增强人类生存的能力和智慧，会通过服务促进社会进步，会通过新文化的传播提升人类文明。尽管大学讲授知识的逻辑已延续千年，教师的角色也有根深蒂固的套路。然而大量颠覆性技术使传统教育面临被颠覆的挑战，教育走到了一个重要的十字路口，要么被颠覆，要么通过颠覆性创新升级教育，赢得未来更大的发展空间。在全球教育重塑的重要关头，又遇中国走向强盛和世界百年未有之大变局，在万物分崩离析又快速重塑的特殊环境下，教育如何助推中国强国梦，帮人类塑造更好的未来？每个教育工作者或大学都有机会成为教育的重塑者，成为搅动湖水的一缕春风。

一、认清形势、准确定位、勇敢行动

"教育兴则国家兴，教育强则国家强。"近年来，习近平总书记在不同场合多次阐述发展教育的重要意义，强调必须把教育事业放在优先位置，深化改革，加快现代化。这不仅为教育强国指明了方向，也为在中国特色社会主义新时代推进教育改革吹响了号角。中国高等教育不仅肩负着实现"两个一百年"奋斗目标的使命，也有与全球教育站在同一起跑线重塑和引领未来教育发展的难得契机！

作为教育工作者，应志存高远，向未来而生，针对时代的趋势，特别是网络化、数字化、智能化的挑战和机遇，认知未来社会形态及其人才需求，明确发展方向，探索可行路径，抓住机遇，大胆创新，重塑教育，争取成为未来教育的引领者。

面向未来，中国教育需要实现双重转型。一是针对中国改革开放社会新形态的转型，二是根据世界经济技术大变局的转型。具体而言，中国教育目前面临七大挑战：一、从精英教育转型到大众化教育，大学的各项功能定位和管理理念如何随之调整？二、从计划经济过渡到市场机制，大学治理体制和资源配置方式怎样改变？三、从传统的官僚机械组织转变成为网络化环境下的知识组织，大学的管理体系和组织方式如何转型？四、从原来的知识传播转向数字和智能技术支持下更为贴合时代的全新功能，大学育人模式和教育流程怎样变革？五、从书斋式教学转向更为实用主义的教育，大学人文精神与创新文化如何形成？六、从传统书童到网络一代，人才观念、教育理念、大学概念如何升级？七、从相对封闭到日益开放和国际化，如何构建多元化文化共处和国际化的校园环境？

时代变迁在挑战高等教育的同时也赋予其改革的最好机会。西交利物浦大学（以下简称西浦）应运诞生于这个伟大不安的时代，决心抓住机遇，顺应未来趋势，融合东西方最优教育实践，直面各种挑战，大胆创新，希望为未来教育提供一种方案。

建校伊始，经过初步尝试，我们在战略上就明确，在全球重塑教育的时代，放弃了中外合作办学寻常使用的"拷贝"路线，即原汁原味引进、成为国际合作者在中国的校园或分校。而是独辟蹊径，针对未来社会需求，整合世界教育资源，借鉴东西方文化和教育经验，创建一种适应未来社会发展趋势、满足人才需求的教育模式和办学体系，利用后发优势，努力走出一条引领之路。为此，我们构建了"研究导向、独具特色、中国土地上的国际大学、世界认可的中国大学"的愿景，确立了"探索未来教育模式、大学运行体系、大学与社会互动关系，影响中国和世界教育"的使命。在当时看来的确有点气势如虹，作为一个"幼儿"大学，也可能被认为是天方夜谭。回过头来看，我们的确没负韶华。

二、仰望星空、脚踏实地、大胆创新

针对眼花缭乱的颠覆性技术的涌现，世界一流大学纷纷行动，斯坦福发布2025计划，创立"开环大学"；牛津专门建立团队，梳理百年发展，以寻求变革之策；MIT（麻省理工学院）重视创新创业教育生态营造，等等。纵观全球教育，大体有几大代表体系，例如德国的双元体系，重视理论与实践的对接；美国教育体系有较大的灵活性，给学生足够的自我设计和探索的自由度；英式教育强调严密的质量控制体系；中国和苏联教育重视给学生构建深厚的知识基础；等等。在新的社会与技术环境面前，拥有各自独特性的体系都面临时代的挑战，人才观念、教育理念、办学模式均需要升级。

定位于面向未来的大学，西浦自然是针对未来趋势，扬长避短，融合创新，自2006年成立以来，积极探索，在五个方面作出了卓有成效的努力：首先，在知识爆炸、网络化扩散和学知识日益便捷的年代，在教育理念上从教授知识转变为通过学习引导学生健康成长，帮助学生明确理想，以兴趣为导向，以学习为中心，学会学习；其次，为达到上述目的，全方位帮助学生实现三个维度九个方面的转变，从孩子到年轻成人再到世界公民，从被动学习到主动学习再到研究导向型学习，从盲目学习到兴趣导向再到人生规划；再次，全面倡导研究导向型教育，即学生研究导向型学习，教师研究导向型教学，教职人员研究导向型工作，三者互相影响和促进，以实现持续创新的有效机制；第四，在教学模式上，我们既吸纳了美式教育的灵活性，又采用了英式教育严格的质量监控体系，再融入了中国和苏联教育重基础的优点，综合打造出西浦国际化教育新模式；第五，在以上种种理念和模式的指导下，最终实现校内外良性互动与合作，塑造出"自然、知识和社会三级生态系统"共生的大学发展形态和教育环境。

经过 10 年全方位的创新性探索，形成了西浦发展的 1.0 版本：在教育上初步形成了创新型的国际化专业精英培养模式；在大学运行上形成了一种网络化、平台式的大学组织管理体系；在大学与社会互动和服务上，形成了开放式的校园以及大学与社会互动的机制及共生共享的生态体系；在对教育变革的影响上，已经建设了辐射和影响全国的教育研究与培训基地（西浦领导与教育前沿院：ILEAD）。

"教育决定着人类的今天，也决定着人类的未来。"我们清醒地认识到，在当前信息爆炸、知识获取日益便捷、科学技术飞速发展的环境下，人类社会未来最大的挑战之一，将是人工智能和机器人逐步取代大量职位、改造颠覆传统行业、催生创造全新行业，这自然促使教育重塑。如传统职业教育专注于技能和就业培养的模式，在学生走向社会之日，将是被机器人替代之时。现在，国家正在鼓励新建院校进行职业化教育转型，对此挑战如重视不足，将会面临巨大风险。因此我们必须深究和前瞻，人工智能时代究竟需要什么样的教育？高等教育如何培养未来社会需要的人才？我们初步认为，未来人才将会向两端转移，即人类需要少量有造诣的专业精英研究未知和创造新技术，同时社会需要更多有造诣和一定专业基础，但具有极强的行业整合能力、跨文化领导力和创业精神的行业精英，创建更友好的生产和社会服务平台。现在全球主流的培养前者的专业精英培养模式需要升级，但急缺能够培养后者的新型教育模式。

在这种大格局下，西浦在继续深化和完善现有的"国际化专业精英育人体系"的基础上，开启了"融合式教育模式"（Syntegrative Education，SE）即西浦 2.0 的探索，旨在培养能够站在人工智能和机器人肩膀上、驾驭未来新行业的"国际化行业精英"。西浦邀请有情怀和共同志愿的国内外知名企业、机构与其合作，贯穿学校、公司、行业、产业与社会等要素壁垒，最终实现"通识教育、专业教育、行业教育、管理教育、创业教育"的融合，"学校、企业、行业与社会"的融合，以及"学习、实习、研究、创业与行业发展"的融合，在为社会培养更多行业精英的同时，助推中国高教变革、新行业发展、社会进步和文明，同时也为未来教育提供一种方案。

西浦 SE 以三种方式运行，其一是行业企业定制化教育，目的是扩展专业性精英教育的行业素养和综合能力；其二是建设西浦创业家学院（太仓），以行业整合和多角度融合代替传统的专业教育，培养行业精英；其三是与地方政府和产业联盟，营造开放的、支持未来兴趣驱动的终身学习、创新与创业的卓越中心（社区）。

三、持续升级、特立独行、敢于引领

凡事预则立，特别是对于育人的教育而言，因其周期长，更需前瞻。也只有持续升级，才可以勇立潮头！

着眼未来发展的趋势和需求，西浦已开启的 SE 在构建全新的"国际化行业精英"育人体系的同时，还试图探索未来大学的新概念和校园的新形态。如果进一步拓展到未来社会形态和人类的生活方式，我们不得不再深入探问，到时教育整体上会发生什么样的变局？因此，在西浦 2.0 热火朝天的发展过程中，我们已经开始畅想西浦 3.0 了。

未来，人们可能会在大学以前掌握生存的基本知识，学会了学习，于是到大学年龄时不应再是为了学士、硕士或博士学位等标签而学习，而是按照自己的人生兴趣，在人工智能和机器人的帮助下，追随自己的梦想，开启终身的以兴趣驱动的学习、创新和创业旅程，如果把兴趣发挥到极致，还可成就自己的一份事业，为社会创造一个新的行业，为他人营造生活和工作平台；即使兴趣的追随未能成为大业，也拥有一个按兴趣生存的快乐人生。

因此，未来的教育可能会前移，学习效率也会大大提升，基础教育阶段人们便可能完成人生生存基本知识的储备，掌握了持续学习和探究的必要技能。在这样的大背景下，大学也许会更深入地融入社会，构建一系列可以支持人们按兴趣终身学习、创新和创业的卓越中心（centre of excellence），并据此形成各种主题的兴趣社群，从而围绕大学孕育和构建影响社会发展的创新生态体系。

在国际上各种对未来大学的探索声音中，逐步形成了我们的理解和体系，即未来大学：首先是一个品牌，其次是其背后的符合未来社会发展的教育哲学和理念，第三是支持其实现的能够整合和融入全球教育资源的网络体系，第四是在世界相关地域形成不同主题的支持终身按兴趣学习、创新和创业的卓越中心，第五是吸引全球喜欢该品牌和认同该理念的志同道合者形成相应主题的社群，从而构建成该大学的教育和创新生态体系。

例如，西浦未来大学和教育重塑者的品牌会日益响亮；西浦整合东西方智慧、通过心智模式转换（从现行心智到复杂（和谐）心智）孕育人才和为未来教育提供方案的理念会得以实现和广泛认同；西浦模式强大的共享和共生逻辑会吸引各界优质资源加盟共创未来；西浦会形成苏州工业园区校园专业精英模式、太仓校园行业精英模式两大教育基地，会在西安、粤港澳大湾区、中东欧国家等地形成大教育、大智（能）产、大健康、大文化、大体育等若干个卓越中心；围绕西浦理念、平台和资源，各类社群会纷纷涌现，如借助西浦 ILEAD 平台，通过西浦全国教学创新大赛形成了教育创新者社群；通过发起大学教师发展中心联盟，形成了教师提升社群；通过西浦 Moddle 基地和教育技术中心，形成了教育新技术应用社群；通过西浦附校实验和基础教育中心及政校联盟，形成基础教育变革和领导力提升社群；通过每年近百场主题和定制式培养活动，形成推动中国教育变革的社群；等等。这些社群相互合作和促进，不断加速教育重塑和丰富西浦教育生态。

我们非常珍惜时代给予的"反思教育、重塑教学、再定义大学"的千载难逢的机会，以学者的研究、求真、独立和客观保持清醒，以师者传道授业解惑的责任确保高质量的代代传承，以重塑者的历史使命、魄力、造诣、创造和能力引领未来！

尽管西浦还很年幼，但已经开创了中国乃至世界高教史上的很多第一次。我们将再接再厉，砥砺前行，有信心在五个方面对教育做出西浦的贡献：一是对国际现行的专业精英培养模式进行创新和提升；二是为未来创建一种全新的国际化融合式行业精英的培养模式；三是为未来新型大学概念和校园模式提供西浦方案；四是探索大学与社会共建共享的、支持终身学习、创新和创业的未来教育生态；五是使西浦成为国际化的先进教育理念和实践的传播者。

（《大学与学科》创刊号，2020 年 4 月）

2.3 技术改变教育：人工智能时代的西浦探索

摘要：人工智能和机器人的崛起，进一步加剧了世界不确定性、模糊性、复杂性和多变性，也同时改变了传统教育教授知识、消除无知的基本逻辑。传统教育理念和方式面临着日益严重的挑战，反思教育、重塑教学、再定义大学成为无法回避的艰巨任务，教育走到了一个重要的十字路口，要么被大量涌现的颠覆性技术所颠覆，要么利用这些技术通过颠覆性创新赢得未来更大的发展空间。在全球重塑教育这一重要关头，西交利物浦（西浦）大学选择了后者，决心根据未来时代发展的趋势和需求，探索能够站在人工智能和机器人肩膀上引领未来新行业的"国际化行业精英育人体系"——"融合式教育"（Syntegrative Education，SE）、未来大学的新概念、未来大学校园的新形态，以全新的高等教育模式推动中国教育改革和影响世界教育发展。

关键词：人工智能；教育重塑；复杂心智；西浦方案；融合式教育

据说，在人工智能影响最大的行业里，教育排在第二。我在想，当机器人可以替代和帮人类做很多事情包括写诗的时候，人类怎样学习？

我出生在秦岭脚下的陕西农村，当时没条件学习，当然更无机会接触文学和诗歌等类东西。每遇激动人心的时刻，想用一句古诗词或漂亮的语言感慨一番，却常常力不从心。尽管可以用谷歌、百度去搜寻，以后也许可以请机器人助理帮忙，但自己却难以脱口而出。也就是说，人们学习的目的不简单是可以找到相关信息或知识，而是能否使自己站得更高，让我们的生活体验更好。

因此，随着人工智能和机器人发展，以后我们每个人可能随时有机器人助理相伴，它几乎可以帮我们做所有的事情。这个时候我们是否还需要学习？我们的生活是不是就更幸福了呢？比如，让机器人去写书法，我相信会比绝大部分人写得要好，那我们还要不要享受书法写作过程中美的感觉呢？再设想一下，即使机器人很智能、无所不能，而我们自己却很无知，我们能否享用机器人服务的潜力和价值呢？试问，现在几乎人手一部智能手机，但又有几个人能使用 30% 以上的手机功能啊？换句话说，当我们很低能，高水平机器人的能力也会被糟蹋掉。也就是说，即使人们不怕在智能时代被淘汰，想获得好的生活体验，也需要学习和好的教育，只不过是学和教的内容及方式会发生很大变化！另外，当机器人变得更加智能，可以深度计算、自我学习，它还会不会遵守人们给它制定的规则？假如它自己能够产生规则，人和机器互动与合作的结果又是什么？这其实给人类提出了更高水平学习的新要求。下面我从三个方面来阐述人工智能时代的教育思考。

一、未来的智能世界

《零边际成本社会》阐述了两个很有意思的词，这就是未来社会的"共享"和"共生"特性。通过网络我们可以找到所需要的信息和知识，通过供应链系统可以整合碎片式的资源，满足人类碎片式的需求。这两个东西会导致未来社会形态的革命性变化和发展。

特立独行

和谐教育之路

关于人工智能对于人类社会的冲击，也有不少论著。2005 年，库兹韦尔出版了《奇点临近：当人类超越生物学存在时》，在思考这个时代会是什么样子。2016 年，《自然》杂志刊发谷歌的所谓"深度心智"（deepmind），将会极大地改变或者扩大人的能力。谷歌"奇点大学报告预言"，"机器人在 2035 年将取代人类"，这些东西到底会不会真的发生？如果真的发生了，我们的教育将会发生什么样的改变？

依据我的研究和对这个世界的理解，我们处在一个日益全球化的、复杂多变的世界。可以用四个词来描述这个世界，即：不确定性、模糊性、复杂性、多变性。如果用这 4 个词的英文首写字母来简化，我经常称之为 UACC。也就是说，不管你喜欢也好，不喜欢也好，你都得生活在这种 UACC 的环境里。

未来这个 UACC 环境最大的特征是互通互联。信息和网络技术引发的深度互联会产生一种连接革命，导致很多新现象和新问题。世界万物的连接，使人们必须重新思考中国自古以来崇尚的共生；信息和物流的发达，许多资源和服务的共享也成为可能；共生共享会引致人类生活和社会活动方式发生巨大的变化，孕育出很多被称之为颠覆性的技术。世界也会从原来的竞争和充满零和博弈的形态演变成为一种竞合关系。在这个世界上，学习和教育也正发生着颠覆性的变化，传统上大学的功能从宗教、知识传播一直拓展到研究和社会服务，但其核心依然是知识传播，其基础逻辑是害怕和防止人们无知。然而，在网络社会，因便捷的知识传递和分享技术，包括智能的移动设施和强大的搜索引擎，人们现在很难无知，常被丰富、杂乱、真假难辨、甚或似是而非的知识和信息所包围。传统教育的消除无知的逻辑在改变，现在人们需要应对的是知识或信息太多的挑战，需要研究如何应对 UACC 的策略。在这样的世界里，我们到底需要什么样的教育？

为了回答这些问题，我们需要想象，未来的生活会是什么样子？20 年、30 年以后我们怎么活？再想象一下，在未来社会里我们需要什么样的素养和生活能力，今天的教育能给未来社会准备好这些人才吗？认真研究和思考这些问题，才方能改革好当下的教育，为迈向未来社会做好准备。

未来很难预见，但我们可以打开几扇窗户去想象。例如，世界未来研究所曾经提出推动未来社会巨变的六个推手：第一，极端的长寿。现在不少报道讲人活到 150 岁技术上是可行，将来人活到百岁很容易。第二，智能机器和系统的兴起。第三，计算世界。由大数据了解这个世界，同时也更深刻地理解我们自己。第四，新媒介生态。第五，超级组织结构，人类活动方式会发生根本性的改变。最后一个，全球互联的世界。从这些推手，我们便可以对未来形成一种猜测。

遐想未来，作为教育工作者，我经常感叹：精彩的社会，严厉的挑战，还没有完全唤醒仍躺在传统舒适殿堂里的教育！

二、未来教育的挑战

未来社会在上述推手的帮助下，会进一步互联和数字化，进而推动大数据、云计算和人工智能。从教育角度讲，我更感兴趣的是，人工智能以后，人们的行为会发生什么改变？人们应该怎么样学习？企业的商业模式会产生哪些变化？我们的生活会演化到什么地方去？未来的社会会变成什么样子？在这种社会状态下大学会变成什么样子？未来的大学还是一个围墙、一批老师、一些教室和实验室吗？面对知识获取日益容易和便捷，我们还需要到大学去念四年拿个文凭吗？不仅是教育工作者，其实不管从事什么行业，这些问题是我们每个人在自我发展过程中都要去思考的。

围绕未来社会各种各样的颠覆，我们会看到很多种预测。例如世界未来研究所对未来社会需要的 10 种技能的预测：一是意义构建，二是社交智能，三是新颖和适应性思维，四是跨文化能力，五是计算思维，六是新媒体素养，七是跨学科能力，八是设计思想，九是认知负荷问题，最后一个是虚拟协作。仅从认知负荷来讲，就是人人需要面对的挑战。例如，现在几乎人人有智能手机，大家每天要花很多时间玩微信，但一天下来，回想一下，花了那么多时间和精力，对我们有意义的东西是什么？给我们的生活增添了什么价值？

再深入思考一步，假如说未来所需的这 10 种技能的预测是准确的，我们当下的大学和教育能帮学生培养这些技能吗？如果我们现在的教育没有培养学生这些能力，怎样让他们在未来的世界里去生存？当然还有一个更重要的问题，我自己和我所在的西浦一直在探究，这就是传统的简单心智已难以应付充满 UACC 的未来，人们需要发展和培育一种复杂心智（complexity mindset）立足于未来，那么这种复杂心智到底是什么？人们该怎么样从当下的心智（current mindset）过渡到能够适应未来的复杂心智？

首先，能立足于未来的"复杂心智"不是一个简单概念，这里仅仅罗列一下我们对其研究得到的关键点：①动态演化的系统观；②既见树木又见森林、融合东西智慧的整体观；③愿景使命导向的势与拐点的把握力；④自组织空间、平台、生态系统的营造力；⑤多元共生的动态平衡能力；⑥孕育、保护和促进边缘革新的能力。

其次，简单介绍从当下心智过渡到复杂心智的几个关键步骤：①动态聚焦及意义给赋，换句话说就是动态注意力。每天有各种各样的信息，你关注什么，选择什么？手机有上百个群，人的注意力很难集中起来，你怎样聚焦，形成动态注意力，让你的关注能够形成一种协同和连接？怎样把碎片的信息整合起来形成对世界的认知？怎么形成一种整合能力，让你的人生保持战略上的清醒，知道我活着是为什么，清楚我应该摄取什么！要明白和做到这些。②全人能力及人机融合。③战略清晰。④凝聚性合作，也是我们过渡到未来复杂心智的重要能力。

澳大利亚最近的一项调查有助于我们更深入了解未来生存技能的变化，该研究分析了2012年到2015年职场上的能力改变。从几百万个岗位要求发现，如将人才能力结构分为相互作用的技能、创造性和解决问题的技能、数字技能以及其他。那么最近几年增长最快的技能是创造性解决问题的技能和数字技能。相互作用和其他技能增加缓慢。大家可以认真想一想，即使对那些增长不快的常用技能，包括相互作用的技能，我们在大学里帮学生训练得也是很不够的，更不用说那些近年来增长很快的新技能了。所以通过观察社会和研究未来对人才能力需求的变化，会发现我们需要去调整人才观念，需要改变当下的教育理念，需要重塑育人的过程和方式。这是当下很多大学必须面对的问题。要解决这些问题，应对未来的教育挑战，我们还需要理解未来社会怎么生存，生存的原则是什么。

最近有一本书，叫《爆裂》（*Whiplash*: *How to Survive Our Faster Future*, 2016, Joi Ito 和 Jeff Howe），书中提到了未来生存九大原则，第一个是涌现优于权威，也就是未来在大数据、互联网、云计算、深度计算的情况下，很多东西不是设计出来的，而是冒出来的。第二个是拉力优于推理，要有发自内心的动力。第三个是指南针优于地图，现在智能手机提供强大的"地图"功能，但重要的是知道我们要到哪里去。在UACC环境下如何制定清晰的战略，选择准确的方向，这个取决于我们上边提到的聚焦和意义构建能力。如果你不理解生存意义，你就不知道朝哪走，你可能会迷失在精彩纷呈的世界里。第四个是风险优于安全。未来世界的逻辑是每一个人不在于你做多大的事情，而在于做与别人不一样的事情。把简单的事情做到极致，你就有绝招，有绝招就有空间、有价值，然后可以利用互联网、物联网把价值分享，放大到全世界去，"小事情"也可有大的贡献。这个生存逻辑与传统逻辑很是不同。所以，我们要学会与风险共舞，不惧怕风险，敢于冒险，敢于去做出不一样的东西。第五个是违抗优于服从。第六个是实践优于理论。第七个是多样性优于能力。第八个是韧性优于力量。第九个是系统优于个体。这些生存原则提醒大家，未来世界发展会有颠覆性改变，我们的生活方式、能力结构、生存规则均需调整。因此，我们的学习方式也需改变，我们必须思考如何通过教育改变自己，让我们有能力立足于未来。这其实是每个人面临的挑战。

面对被称为第四次工业革命的人工智能，传统行业有些会被替代，有些会被加强，也会因此而孕育出很多新兴的行业。我们很快会发现机器可以做很多超越人类能力的事情，也会改变我们人类应对这个世界的能力。对于教育工作者来讲，我们必须直面这种社会变化，针对不同类型的人形成不同类型的培养模式，而且要研究人与机器共生时代的教育。可以说，教育到了必须立即行动起来的时候。

三、未来的人才和教育

人工智能和机器人将改变社会，随着知识获取不断便捷，职业可能日益碎片化，休闲时间持续增多，生活需求会越来越丰富多彩，日益多样化和高端化。每个人需要思考，我如何在这样的社会里生存？未来社会可能会被老龄化、物联网、机器人、全球化重新塑造，催生很多新业态。例如精准化服务、健康和养老、娱乐、新型供应链、新教育等。另外，随着大数据和深度智能计算的发展，未来人们将生存于数字和实体双重世界，在双重现实环境下，二者会相互作用，利用虚拟的人去改进实体的人变成可能，进而可以通过学习、健康、生命、生物学等数据的研究去改进人们的生活与行为方式等。在这种情况下，知识融合、创新创造、综合能力、素养智慧、变革管理、国际视野、跨文化领导力、数字公民素养等日益重要！围绕这样的趋势，未来人才首先应该是世界玩家或国际公民。

现在，无论生活在地球哪个拐角，我们都无法摆脱全球一体化的影响。形象地讲，世界玩家就像骑在牛背上的斗牛士，身处一个繁闹的环境（UACC 世界），这头"疯牛"类似于我们要驾驭的事业。什么样的人才能在这个 UACC 的环境下驾驭着像疯牛一样的事业，驰骋在国际舞台上？

从教育角度看，无论从事什么行业，不管机器人再智能，要驰骋于未来世界，高尚的品格和素养都是根本的、重要的和不可或缺的。机器人虽然可以帮人类做很多事情，但你站得有多高，机器人给你的帮助就会有多大。要借助机器人让我们的生活更丰富多彩，我们必须不断提升我们自己，所以通识教育、素养教育、艺术教育会变得越来越重要。

当然，未来世界还需要专家，这些专家人才从事科研或帮人类制造机器人及新的科技产品，也就是说，在未来人群中有一小部分人例如 10% 会成为专业精英。但现在的大学和教育模式基本上都是专业精英导向的，而且教学过程已不适应网络化和智能化的环境，因此急需调整和变革。

展望未来，人工智能和机器人会在替代和强化部分行业的同时，孕育很多新的行业。社会将需要一大批人才借助机器人和人工智能改变传统行业及发展新行业，而这些人才不仅需要高的素养和专业基础，还需要有行业造诣，更需要有跨文化的领导力和企业家精神，也就是说只有具备这些能力才有可能成为行业精英，甚或发展成为未来业界领袖。这些人在未来的人口中也是一小部分，比如说20%。于是我们可以想象一下，未来人群里会有10%左右的专业精英，20%左右的行业精英，他们为人类创造了非常便捷、友好的生存环境，那么其他70%的人怎么办？他们会充分享受生活。这些人接受什么样的教育才能在这种环境下自如地生存和享受生活？这也是一个需要教育思考的问题。审视现在的教育体系，需要正视一些问题与不足。首先，虽然是专业精英导向的，但已经落后于时代的要求，亟待变革；其次，难以适应行业精英培养的需求；再次，需要回答未来70%人的教育如何进行。国家鼓励加快教改以适应未来的变化，并在中长期教育发展纲要里明确了任务。实际上，我们已经进入了一个"反思教育、重塑教学和再定义大学"的时代。

麻省理工学院做过一个很有趣的实验，用传感器来观察学生大脑的活动状态，发现有时非常活跃，有时非常平静。很遗憾的发现是，在大学里依然流行的传统课堂上，学生的脑电波很平静，也就是说学生基本上不用脑子。那么学生什么时候动脑筋呢？是在做实验、做作业、自学、考试、甚至是做梦的时候。现在不少人还有上大学就是上课的狭隘看法，而这一发现等于在论证上学的意义不大，或者说，传统的知识灌输式的教学的价值在衰减，教育必须重塑教学过程。

观察已经蓬勃兴起的网络教育，人们可以随时随地廉价学习，如果再辅以人工智能的支持、全球同学的互动，我们不难想象很多大学的课堂会被网课公司打败。如果涌现出大量的网课公司，我们的大学会不会面临破产？其实，世界上有人包括哈佛商学院的著名教授已经发出了警告。

我们无法控制大量网课公司的出现，但我们可以想清楚实体大学校园存在的价值。如果不想被网课公司打败，大学必须有超越网课公司的意义和价值。这是大学需要认真思考和回答的，并以我们积极的改革行动击败大学破产的预言。

假如说我们决定立即行动而不是观望，问题的另一半是我们应该怎么改变。这实际上是一个更大的问题。《纽约客》封面上曾登载一幅漫画，显示人类最后沦为机器人时代的乞讨者。为了防止人类这一悲剧的形成，教育部前副部长杜占元先生2017年指出，人工智能不仅将替代人的智能，还将改变人的思维方式。如果机器能够思维，我们则需要培养学生五方面的能力：自主学习的能力，提出问题的能力，人际交往的能力，创新思维的能力，谋划未来的能力。我们需要反思，我们能做到吗？怎样做到？

再观察校园学生的学习状况，不难发现学生大量的精力和时间花在了诸如项目、工作坊、科研、自学、实习、社团等非正式学习上，而不仅是上课这样的正式学习。但目前很多学校主要关注的则是正式的学习，如专业规划、课程设计、教学大纲、教学等，对大量的非正式学习关注不足。于是，在全球数字化现实下，我们必须思考如何变革教育，改进正式学习并利用之帮学生更有效地进行非正式学习，让他们获取更大的学习收益。西浦建校伊始就着力转变"以老师为中心"的教学理念，努力营造"以学生成长为目标、以学生和学习为中心、兴趣驱动和研究导向型"的教育模式。试图从老师主导的教育变成以学生和学习为中心的教育，从传输知识转变到通过学习知识帮学生健康成长。因此很重视学生的独立精神和主动性，看重学生的素养、能力和知识体系的形成，把帮学生明白人生意义、学会学习、构筑梦想、铸就追梦的翅膀看得很重。我一直告诉学生和家长，大学不是简单的学知识的地方，而是一个帮学生成长的地方。

过去教育存在的意义是害怕人们无知，现在人们很难无知。过去教学基本上是属于灌输知识，把学生假定为海绵，让学生吸收尽可能多的知识。现在知识太多，人们不知道怎么样才能有一个好的生活，甚至在信息和知识容易获取的时代，学生很容易变成一个气球，似乎什么都懂，实际上什么也不真懂。那我们怎么改变教育方式，让学生从一个气球变成一个有造诣的全球化环境下的世界公民和数字化时代的数字公民，既有知识的广度，又有深度，还有高度？为此，西浦全面提倡研究导向型的教育，以保持学生的好奇心、训练学生的批判性思维、培育其终身学习能力、孕育其创造性行为、强大其复杂心智。教学不再是简单地教知识，而是引导学生的问题意识，使其学会搜寻知识、整合知识、解决问题，并在这一研究过程中提升沟通、合作、表达和执行等能力。这样才可能防止学生成为一捅就破的气球，从而成长为有造诣的人。当然，研究导向型教育的真正落地，需要改变学生的学习行为、老师的教学行为、大学的教育理念和支撑及评估体系。

实际上还有一个很重要的教育问题就是怎么样营造大学的生态。当人们有问题和需要时到哪儿去学？有创意或奇思妙想时到哪儿去尝试？有好的构思到哪儿去做实验或研究？未来的大学应该成为一个可供终身学习的地方，支持人们创意生活的场所。几乎所有组织都在思考其2.0、3.0或更高版本，教育工作者也需思考大学的2.0或3.0是什么。西浦正在做一件事情，即在苏州太仓建设西浦创业家学院（太仓），目前已经正式启动并开工建设。再建一个校园，根本目的不是扩张，而是探索人工智能时代的融合式教育（Syntegrative Education，SE）、未来大学包括校园的形态以及运行模式。大学应该是一个终身学习和创新的生态系统，各种资源在这里聚合、碰撞、合作，最后产生人才、知识、技术、新思想。大学存在的意义就是影响，通过教育影响一代一代人，通过研究提升人类生存能力，通过新的生活方式和先进文化影响社会的进步和文明。

　　针对未来的需要，目前的教育体系急需改变，人文素养的教育必须进一步强化，教育的跨国、跨专业、跨文化势在必行，从而培养出可闯荡全球的世界公民。

　　我们生活于一个多元化、全球化、互联化的时代，这是一种幸运，让我们有机会体验精彩；但这也是一种挑战，因为我们必须去应对很多新问题。西浦庆幸诞生在这样的时代，试图通过探索未来教育模式、未来大学管理体系、未来大学和社会的互动关系，进而影响中国和世界的教育。西浦通过10年发展，形成了创新版的国际化专业精英培养模式、扁平化网络式的大学运行体系、开放合作的学校与社会互动模式、教育研究与传播的平台，我们称之为西浦发展的1.0。面对已经到来的人工智能和机器人的挑战，西浦不忘初心，瞄准未来，在继续深化和完善现有发展模式的基础上，开启了西浦发展2.0，即创建能够培养站在人工智能和机器人肩膀上引领未来新行业的"国际化行业精英"育人体系——融合式教育，以一个全新校园探索未来大学新概念和校园新形态，并进一步以西浦为平台，打造辐射中国甚或世界的教育研究与传播平台及生态。

　　西浦融合式教育理论基础是什么？现在大学基本上都是以专业为基础的重视专业技能和专业精英的教育。当学生走向社会的时候，除了继续专业研究的同学外，大部分会感觉难以适应社会，跨专业或行业知识不够，许多生存能力未得到基本的训练。于是，不少学校加强跨专业和行业训练，给学生提供实习的机会，但学生依然觉得难以适应真实的世界，他们常常因缺乏企业家精神、领导能力、沟通能力、创造力而影响事业发展。而要造就综合型人才，需要整合多种教育于一体，但这并不容易，所以我们称之为融合式教育，并开始探索其组织实施途径。

　　融合式教育要把通识（素养）教育、专业教育、行业教育、管理与领导教育，以及创业教育融合起来，将学习、研究、实习、在岗训练、创业和未来发展融合起来，形成一种价值链创造和价值链共享，最后形成学、研、训、创、产高度融合的一种新型教育模式。而且，为支持这种教育的开展，还需要形成融合性的学习和教育环境，这也是我们建设融合式教育基地西浦创业家学院（太仓）的目的。所以，在苏州建设一所高水平的国际大学只是手段，我们的目的是通过这所学校探索未来的教育发展和与社会的互动机制，学校与地方政府、企业、社会形成深度合作的学习、创新和创业社区及社会生态的模式，从而为未来教育提供西浦方案，进而撬动教育生态。希望更多的教育工作者和大学加入这一探索的行列，我们一道为未来社会发展和人才需求作出我们应有的贡献！持续创新是西浦的基因和发展基础，在我们开启西浦2.0后，我们思想跑得更远，已经开始思考和谋划未来教育的可能走势，我们的解读将以西浦3.0来呈现，即：未来大学首先是一个品牌，其次有自身一套独特的教育哲学和教育理念，第三拥有可以整合全球教育资源的庞大网络体系，第四，构建了分布在世界不同地域的向社会开放的、可服务终身学习、创新、创业的卓越中心和社区（如具体到西浦，苏州工业园区的校园主要是研究和培养国际化专业精英，太仓校园主要是研发和创新创业及培养国际化行业精英，西浦还会视情况在西安、粤港澳大湾区、海南甚或伦敦等地逐步建设不同主题的开放式的支持终身学习、创新和创业的若干卓越中心），第五营造大学更加深入融入社会和影响社会的社群和生态体系。

2.4 促进高等教育改革 培养行业精英人才

—— 西交利物浦大学融合式教育探索

"教育兴则国家兴，教育强则国家强。"近年来，习近平总书记在不同场合多次强调发展教育的重要意义，并作出重要指示，必须把教育事业放在优先位置，深化教育改革，加快教育现代化。这为我们在中国特色社会主义新时代不断推进教育改革发展、建设教育强国指明了方向。然而，就中国高等教育现实而言，目前面临六大挑战：首先，从精英教育转型到大众化教育，大学的各项功能定位和管理理念如何随之调整？二、从计划经济过渡到市场机制，大学治理体制和资源配置方式怎样改变？三、从传统的官僚机械组织转变成为网络化环境下的知识组织，大学的管理体系和组织方式如何转型？四、大学功能从原来的知识传播转向数字和智能技术支持下更为贴合时代的全新功能的建立，育人模式和教育流程怎样变革？五、大学的书斋式教育正在转向更为实用主义的教育，大学人文精神与创新文化如何形成？六、大学的教育环境从相对封闭到日益开放和国际化，如何构建多元化文化共处和国际化的校园环境？

时代的发展在挑战高等教育的同时也赋予其改革的最好机会。西交利物浦大学应运诞生于这个伟大不安的时代，决心抓住机遇，结合东西方最优教育实践，顺应未来趋势，直面各种挑战，大胆创新，希望为未来的教育提供一种方案。

自 2006 年大学成立以来，在近 13 年的探索中，西交利物浦大学在五个方面作出了卓有成效的努力：首先，在知识爆炸、网络化扩散和学知识日益便捷的年代，在教育理念上我们从教授知识转变为通过学习引导学生健康成长，帮助学生以兴趣为导向，以学习为中心，学会学习；其次，为达到上述目的，我们全方位帮助学生实现三个维度九个方面的转变：从孩子到年轻成人再到世界公民，从被动学习到主动学习再到研究导向型学习，从盲目学习到兴趣导向再到人生规划；再次，我们倡导学生研究导向型学习，教师研究导向型教学，教职人员研究导向型工作，三者互相影响和促进，以实现持续创新的有效机制；第四，在教学模式上，我们既吸纳了美式教育的灵活性，又采用了英式教育严格的质量监控体系，再融入了中国和苏联教育重基础的优点，综合打造出西浦国际化教育新模式；第五，在以上种种理念和模式的指导下，最终实现校内外良性互动与合作，塑造出优良的"自然、知识和社会三级生态系统"共生的大学发展模式和教育环境。

在全方位的创新性探索下，西交利物浦大学的第一个10年可以说已经形成了西浦发展的1.0版本：在教育上已经初步形成了创新型的国际化专业精英培养模式；在大学运行上已形成了一种网络化、平台式的大学组织管理体系；在大学与社会互动和服务上，初步形成了开放式的校园和大学与社会互动的机制以及共生共享的生态体系；在对教育变革的影响上，已经建设了辐射和影响全国的教育领导力与前沿研究与培训基地。

"教育决定着人类的今天，也决定着人类的未来。"我们清醒地认识到，在当前信息爆炸、知识获取日益便捷、科学技术飞速发展的环境下，人类社会未来最大的挑战之一，将是人工智能和机器人逐步取代大量职位、改造颠覆传统行业、催生创造众多全新行业。在这种情况下，我们必须重新反思教育、重塑教学、再定义大学，特别需要注意职业教育将面临的颠覆性挑战。如传统职业教育专注于技能和就业培养的模式，在学生走向社会之日，将是被机器人替代之时，因为在这些技能和职业工具运用上我们无法与机器人竞争。现在，国家正在鼓励独立学院和一批新建院校进行职业化教育转型，如对此挑战重视不足，将会面临巨大风险。于是我们必须反思，人工智能时代究竟需要什么样的职业教育？高等教育应该如何培养未来社会需要的人才？在这种大格局和背景下，西交利物浦大学在继续深化和完善现有的"国际化专业精英育人体系"的基础上，开启"融合式教育模式"的探索，旨在培养能够站在人工智能和机器人肩膀上、驾驭未来新行业的"国际化行业精英育人体系"。融合式教育是西交利物浦大学为未来教育提供的一种方案，邀请有情怀和共同志愿的国内外知名企业、机构与西浦合作，通过贯通学校、公司、行业、产业与社会等要素壁垒，最终实现通识教育、专业教育、行业教育、管理教育、创业教育的融合，学校、企业、行业与社会的融合，以及学习、实习、研究、创业与行业发展的融合，在为社会培养更多行业精英的同时，助推中国高教变革、社会进步和文明发展。

西交利物浦大学目前在探索的融合式教育以三种方式运行，其一是行业企业定制化教育，目的是扩展专业性精英教育的行业素养和综合能力；其二是建设西浦创业家学院（太仓）；其三是与地方政府和产业联盟合作，营造利于融合型精英培养和创业的终身学习、创新与创业中心（社区）。在这里，我主要介绍下第二种方式，即西浦创业家学院（太仓）。

在太仓市政府的支持下，西交利物浦大学在太仓高新区建立西浦创业家学院（太仓），以融合和共生为主题，通过融合式教育培养行业精英，并进行面向未来的"融合教育、大学新概念、未来大学校园新形态"三大实验，以期为中国和世界未来教育提供西浦方案。其关键特征有：

1. 按行业设置学院，强化跨专业教育和行业训练。大学根据未来社会需要，选择了对未来人类发展具有重大影响的若干关键行业。例如，人工智能、大数据、机器人、产业＋网络、健康产业、娱乐产业、新材料、智能制造、半导体设计等，通过与该领域国内外著名企业深度合作，联合创建相关行业学院。

2. 创建学习超市，支持终身学习，提供线上线下教育资源和设施，支持和帮助学生及社会各界人士实现人生兴趣的终生追随。

3. 打造开放式的创新工厂、研发群落、创业与企业港、企业与社会联盟，帮助支持学生和社会各界人士创意与创新的实现。

4. 将通识教育、专业教育、行业教育与管理和创业教育融合，增强学生未来社会的适应能力和职业发展的驾驭力。

5. 与企业深度合作，将学习、实习、在岗训练、研究、创业、促进产业发展融合，不仅利于学生提前数年进入职场，而且为学生职业生涯发展搭建了通向未来行业、追随梦想的平台；同时也为合作企业伙伴引领未来新行业提供人才、技术、研发、商业模式和企业孵化的支持。

通过西浦创业家学院（太仓）的建立，大学希望实现"学、研、训、创、产"的深度融合。这里，"学"指的是实现通识、专业、行业、创业与管理的大学与学院的学习融合；"研"是实现老师、校企合作研究院在研究、研发与产业发展上的融合；"训"是实现学生在校园公司及其训练基地的带职训练；"创"是在创业与企业港支持下的创业实践；"产"意思是将学习、人才培养、研发与产业发展相融合，通过合作公司的深度合作促进企业和行业发展。

教育强国，时不我待，任重道远。西交利物浦大学成立至今，短短十三载，始终以探索教育事业为使命，以国际化、高质量办学助推中国教育改革与发展。在新时代"发展具有中国特色、世界水平的现代教育"的要求下，西交利物浦大学将继续肩负探索未来教育的使命，直面挑战，不忘初心，大胆前行。

2.5 面向未来重塑高等教育

习近平总书记强调，教育兴则国家兴，教育强则国家强。高等教育是一个国家发展水平和发展潜力的重要标志。今天，党和国家事业发展对高等教育的需要，对科学知识和优秀人才的需要，比以往任何时候都更为迫切。

智慧学习工场是基于学科专业集成和全要素场景建构，具备以能力为本位的成长流线、灵巧学习和智慧运行的基础机制、产教融合和开放连接的空间结构、高度集成的教育融合方式、自我演化的创新生态等特点的未来大学核心单元。智慧学习工场在新的时空条件下，基于产教融合、科教融合深化的底层基础结构的重建，重组传统的教学结构和空间结构，是关于学科专业集群化的集中体现，是面向未来重塑高等教育的创新性实践。

本期智慧学习工场大讲堂的开讲嘉宾是西交利物浦大学董事、执行校长，英国利物浦大学副校长席酉民教授，他的报告主题是"面向未来重塑高等教育——西浦的探索"。

一、大学存在的意义和价值

大学，曾被称为"囊括大典，网罗众家之学府"，是一座高扬理想主义的象牙塔，继承传统而又超越传统，探索现实而又研究未来，它在不同的时代呈现不同的形态，又超越形态之外在，不断迭代构建传播知识、培养能力的内核。席酉民校长说，"知识高度（altitude/height）、广度（breadth）和深度（depth）是构筑学生能力成长流线的基石，因在线学习（online L&T）、搜索引擎（search engine）和云资源（cloud resources）使知识广度的扩展更为便利和有效，但校园学术共同体则有利于知识深度和高度的滋养，换句话说，大学可通过知识深度和高度的构筑帮助学生成长"。事实上，现代的数字化、网络化和大量涌现的新技术可以因需而智、使教育更灵巧和无处不在。

科技不断进步，人工智能和5G持续改变生产生活，大学的僵化学习方式受到严重挑战，但是大学能给学习者带来的深度学习感受、高度的智慧熏陶和人生理想的孕育、发展路径的演化，是不可替代的，大学存在价值和意义也不容置疑。

二、变革：以学习者为中心

1 学校资源环境和支撑体系变革（innovation of university resources and support systems）

教学资源在过去是相对匮乏和不平衡的，所以教育总是以"灌输"的方式设法让学生吸收尽可能多的知识。现如今，知识过载化，信息碎片化，学习者被海量的知识包围和淹没。看似教学资源极大丰富，但做得不好则不利于学生成长，很容易使学生养成肤浅的脑袋，成长为似乎什么都懂的知道分子。现代社会中，许多直升机父母（helicopter parent）和填鸭式应试教育（knowledge feeding & exam-oriented education）催生了巨婴现象（giant baby），也给高等教育变革和转型提出了新的要求。

西交利物浦大学强调培养具有国际视野和社会责任感的世界公民、明道任事的健康学生。与传统的高等教育形成鲜明对比，智慧学习工场在学习资源整合、学习环境构建中充分考虑未来趋势和社会需求，以全面支持学生按照兴趣发展的需要，因需而智地支持学生的成长和事业发展。

2 学习者学习行为变革（students have to change their learning behavior）

现在学习行为方式更加丰富，不局限于上课，传统的讲授式课堂并非最佳选择，项目或问题引领式学习、实践式学习、游戏式学习、对抗性竞赛式学习，都是很好的选择。只有以这样的观念，才能不断丰富学习者学习体验和收获。智慧学习工场也始终提倡教育活动的本质是激励和驱动学习者自主学习，承认或者认可不同学习方式的意义和价值。

唯有如此，方能培养具有国际视野和社会价值的复合型人才、能够灵活处理人际关系的高情商人才、具有学习科学技术的本领和快速学习能力的技术技能型人才。

3 教师教学行为变革（teachers have to change their teaching model）

教师教学行为变革的核心是教师的提升和教学过程的创新，唯有创新，教学行为才能最大化自身价值。西交利物浦大学在教学行为模式建立过程中，除全面提倡研究导向型教学、鼓励老师从重视知识传授的老师转型为懂得如何帮助学生健康成长的教育者外，还引入了学术导师（academic adviser）、校外导师（external mentor）、发展顾问（development advisor）和同辈计划（buddy system）四位一体的学生服务体系，充分支撑学生成长。

在智慧学习工场中，"上完课就走"的教学方式也将不复存在，教师和学习者处于同一个空间，置于相同的体系平台和框架下，更融入同一个科研项目，或同一个真实的工程中，实现真正的教学相长。

三、学习方式变革的探索与实践

1 大脑在传统课堂的活跃度甚至不如做梦的时候？

席酉民校长在报告中引用了 MIT 的一个有趣实验，研究人员用可穿戴式传感器监测学生整周大脑的活动状况（参考资料：*A Wearable Sensor for Unobtrusive, Long-Term Assessment of Electrodermal Activity*），结果潜在地说明，学生的大脑最不活跃的时候竟然是在课堂上，而比较活跃的状态出现在做实验、做作业、自学、考试甚至做梦的时候。在这种颇具荒诞和讽刺意味的结果面前，教育形态与学习方式变革势在必行。

2 西浦的探索：融合式学习与研究导向型教育

在传统课堂上，学生的关注点在记忆和理解（remembering）上，教师的关注点在知识本身的传授（teaching knowledge）上，而在融合式学习与研究环境中（syntegrative learning & research environment），学生更关注要解决问题（problem solving）或要解释的现象及整合知识（integration）和解决问题的能力，教师更关注领（引）导（leading）学生通过研究式学习从而得到全面成长，其逻辑关系如图 2.1 所示。

图 2.1　研究导向型教学及学生的收益

　　这样，会刺激学习者保持好奇心、问题意识，使其学会搜寻知识、整合知识和解决问题，并在这一过程中提升自己表达、沟通、执行等方面的能力。把知识点讲清楚的好老师并不等于好的教育者，好的教育者首先要让学生清楚所学课程在其人生知识体系中的地位和价值，从而有系统地获得知识，掌握相关的技术工具，更重要的是帮学生理解这门课程的方法论，以及背后的哲学思想，不难想象，这样的教学会使学生受益终生。在现代环境下，我们亟须研究教育控制论（education cybernetics），深入理解在上述的学习过程中，学校提供什么样的环境和支持，老师怎样进行干预和指导，学生如何形成新的学习行为，才能培养出能更好地适应未来生存环境的人才。为此，西浦更具未来趋势和需求，整合东西方智慧和最优实践，试图融合美式教育的灵活性（US flexibility），英式教育的质量保障体系（UK QAS），中俄教育的重基础（China & Russia foundation）等各自优点，形成自身的教育体系，并试图改进和利用正式学习（formal learning）促进和提升非正式学习（informal learning），从而放大整体学习的价值。

3 智慧学习工场：学习方式的深刻变革

　　从技术的角度看，传统大学传授知识的功能有了大量的替代者或竞争者，如网上教育、搜索引擎、随时随地的廉价知识分享、云端资源等。新的技术和社会生活方式正在催生新的学习行为、教育形态和学校概念。未来人类生存基本知识的教育也许会不断前移，中小学阶段可能已经掌握了生存的基本知识，且学会了学习，等到了上大学的年龄，将有机会开启按照自己的人生兴趣有目的终身学习之路，所以大学需要构建一个开放共享的支持个性化的、兴趣导向的、终身学习、创新、创业的教育体系，形成一系列有主题的卓越中心，并且相互连接成具备时空结构的引力中心，西交利物浦的学习超市（XJTLU-learning mall），类似于智慧学习工场，可能会成为未来学校的内核 CPU（中央处理器），为学习者构筑灵巧教育的学习生态，建设超级创新平台。

四、应对 AI 时代，教育主动求变

1 AI 时代为教育带来的挑战

雷·库兹韦尔曾说："不断减轻人类痛苦是技术持续进步的主要动力。"人工智能的发展热潮正在席卷全球，AI（人工智能）的影响也已经逐渐渗透到生产生活的各个方面，2017 年人工智能首次被写入政府工作报告，已经上升为我国的国家战略。技术发展的愿景和初衷是好的，人工智能也一样，它的研发初衷是为了把人从简单、机械、烦琐的工作中解放出来，然后从事更具创造性的工作。

人工智能对教育的升级是通过 AI 的应用让学生和老师的教学更高效并获得更大的价值。为此，AI 在把老师和学生从一些价值不大的活动中解脱出来，使之有更多的时间和精力的同时，又迫使其投入更多能量和时间于创新教育内容、改革教学方法、升级教育体系中。当然，在这一热潮中，要防止教师被 AI 或机器人所替代，我们首先要明晰什么是真正的教育，德国著名哲学家雅斯贝尔斯曾把教育形象地描绘为用一棵树撼动另一棵树，一朵云推动另一朵云，一颗心灵唤醒另一颗心灵。教育是一项心灵工程，它的实施者——教师是富于情感和智慧、想象力与创造力的人类，这些特质是人工智能无法比拟的。但我们依然要正视人工智能对教育的影响和升级作用，调整和强化教师在教育中的作用，如我们已经看到的教师正在努力从教学的主宰者、知识的灌输者向学生的学习伙伴、引导者等方向的转变。

2 教育应立即行动以应对 AI 社会的颠覆性转型（disruptive change）

随着人工智能、虚拟或混合现实、物联网、区块链等技术的发展，信息交互

的便捷和智能已经足以影响到教育形态变革。未来人工智能在知识储备量、知识传播速度以及教学讲授手段等方面超越人类只是时间问题，面对这样的挑战，教育应为学习者带来更丰富的能力培养。例如：

（1）自主学习的能力（learn independently）。

（2）提出问题的能力（ask good questions）。

（3）人际交往的能力 （interpersonal skills）。

（4）创新思维的能力 （innovative thinking）。

（5）谋划未来的能力 （plan for the future）。

3 智慧学习工场：学校求变的具体途径

智慧学习工场是在万物互联、虚拟现实、大数据、人工智能、区块链等新一代技术推动下，学校形态变革的重要内涵，其牵引学校以更开放融合的姿态面对未来，以学习者为中心，有力促进学习者实现价值观、能力建设和学习方式的全面转变。

蓬勃兴起的新产业革命、新科技革命，使得科技进步和人类社会发展趋向有机的整合，科学、技术和社会三者联系更加紧密，教育理念和学校形态变革成为时代必须，建设智慧学习工场，是学校主动求变的具体途径之一。西交利物浦大学以未来教育探索为使命，其融入上述趋势和特征的创新型学习超市于 2020年 5 月 22 日正式成立（https：//www.xjtlu.edu.cn/zh/study/learning-mall），并试图以西交利物浦大学创业家学院（太仓）为未来大学和校园新形态提供一种方案（https：//www.xjtlu.edu.cn/zh/study/departments/entrepreneur-college-taicang/）。

五、面向未来重塑高等教育

在培养国际化人才的探索与实践中，西交利物浦大学以未来（future）、扁平（delayering）、多元（diversity）、融合（syntegration）分布、（distribution）为设计理念，开启了探索未来新行业精英人才的融合式教育（Syntegrative Education）体系，试图在学习上将学、研、训、创、产有机融合，在体系上将学校、企业、行业和社会有机融合，在教育上把通识教育、专业教育、行业教育、管理教育与创业教育相融合，并通过国际化＋素养教育＋知识结构＋育人过程＋新技术运用＋育人场景六个方面的升级重塑高等教育。图 2.2 是西交利物浦大学融合式教育基地——西浦创业家学院（太仓）方案和校园设计图，其已于 2019 年开始招生，校园将于 2021 年全面建成。

图 2.2　西浦创业家学院（太仓）方案和校园设计图

（1）全方位国际化（internationalization）。其指从教育环境、理念、资源、机制、运行等方面全方位国际化，使师生可以融入全球学术活动中，同时可以借助全球资源支持师生的教学和研究活动，从而使师生具备国际视野和全球竞争力。

（2）素养教育提升（quality education）。其包括增强个性与自我管理能力，自觉践行全球数字公民行为，培养创新与创业家精神，树立绿色与可持续发展理念，拥有强烈的社会责任感。具体做法是开设相关课程、创建训练平台、与社会各界合作提供机会、提升校园文化和环境强化熏陶和感染等。

（3）重新设计教育大纲（curriculum restructure）。人才结构和能力体系的改变迫切需要我们重塑教育大纲，调整学生素养体系、知识体系、能力体系的定位，从而有效推行结果导向型（OBE）的教育。

（4）教育理念创新（Pedagogical Innovation）。其指的是数字互联时代的教育理念和教育学创新。例如，我们根据教育的个性化和终身化趋势，将学习、成长、为人作为一个完整过程考虑，提出了未来教育的核心是心智营造，并建立包括 5 阶次学习的和谐教育模型以及相应的支持体系。

（5）教育技术创新（many new L&T strategy or techniques）。其包括反转课堂、项目或问题化学习、共演式学习、基于实践的经验学习、研究导向型学习以及基于成长表现的整合式考评等。

（6）教育场景的重新塑造（reshape of the campus）。要实现上述教育的再造，学习生态和校园环境也需要进行相应的重塑，如西浦太仓校园将会以学习超市（类似于智慧学习工场）为核心，通过一系列创新工场、研发群落、标准与知识产权服务中心、企业与创业港、产业联盟等构建一种开放式的、共享的、网上网下结合的、满足终身按兴趣学习和生活的学习、研究、创新、创业和智慧生活的教育生态，见图 2.2。

简言之，智慧学习工场作为一种全新开放的新型教育的实验平台，以学习者为中心，基于学科专业集成化的架构，以灵巧教育为载体，设计全新的场景、流程和机制，以形成未来高等教育的内核平台，并具备以下特征：①以能力为本位的成长流线；②产教融合、开放连接的空间结构；③现场和虚拟教育结合的学习方式；④人工智能、大数据和区块链结合的基础设施；⑤需求引领、自我演化的创新生态等。希望这些面向未来的探索和实践，能为重塑教育形态与学习方式贡献绵薄的力量。

2.6　党建引领中外合作办学高质量发展 🕊

西交利物浦大学作为全国首个和唯一一所以理工管起步的中外合作大学，始终坚持党的教育方针，做到思政教育和学科教育两手抓、两手硬，有效落实"立德树人"根本任务，推动学校高质量发展，为国际化教育扎根本土、本土化教育走向国际的中外合作办学模式提供了卓有成效的实践样本。

搭建"1+N"组织架构，打通学校党政融合通道。始终坚持党的领导和社会主义办学方向，严格遵循《中外合作办学高校章程》，构建"1+N"组织架构，切实保障党组织的决策权、监督权与政治核心作用的发挥。"1"即党委书记通过法定程序进入董事会，"N"即校党委委员均由教学、科研、人事等各个重要行政部门主要负责人担任。依托"1+N"组织架构，建立起党政协同工作平台，实现校党委对行政工作的有力支持和监管，将党委各项决策部署快速落实到行政工作中去，真正做到党政融合。

构建"1+5"育人模式，培养国际化高素质人才。以"课程思政"理念为基石，以"五星育人模式"为依托，整合中西教育优势，全力办好"社会主义大学"。推动各类课程设置与思想政治理论有效结合，将社会主义核心价值观作为核心内容融合进各学段、各学科。借力"职业规划与创业教育、学与教、国际交流、课外实践、课外活动"五大综合教育策略和"学术资源、技术资源、行政保障、名师资源、品牌开发"五大支撑系统，以学、研、训、创、产高度融合的新型教育模式将学生培养成具有国际视野的高素质人才。2018 届毕业生中，超过 86% 选择继续留学深造，其中近 30% 进入 QS 世界排名前 10 学府，74% 进入 QS 世界排名前 100 名校，80% 以上进入 QS 世界排名前 200 大学。

实施"1+1"工作方法，增强本土文化自觉自信。将本土文化融入师生教育管理，结合中外合作办学实际，创新实施"活动育人＋文化育人""法律教育＋道德教育"两个工作方法：校党委鼓励并推动学生社团与文艺团体开展"苏式生活""品质生活"等人文素质教育活动和中国文化体验活动，让在校中外师生在活动体验和文化浸润中不断提升对中国特色社会主义文化的认同感；组织法学专业教工党员为外籍师生提供法律知识普及与援助，印刷英文版"师德师风建设"读本，有效提升外籍师生对中国的文化及政治认同。

（选自《中组部组工信息》，2019 年 12 月）

2.7　被疫情加重了的"负面清单"

—— 西浦发展对中外合作办学的启示

中华人民共和国教育部 2018 年依法终止了 234 个本科以上中外合作办学机构和项目，包括英国、澳大利亚、美国等全球众多高校，一时引起关于国际合作办学的热议，是不是要关门了？而且，每遇风吹草动，就会并被人们拿到网上翻炒，特别是在反全球化思潮风起云涌、新冠疫情全球爆发、国际化受阻的背景下，教育的国际化和国际化合作办学更令人关注。人们需要冷静思考，在新的极不确定的国际环境下，如何克服重重阻力，开展国际合作办学，才能实现教育国际化的目标和使命！

古语云："人贵有自知之明"，之所以贵，是认清自我很难，但一面好的镜子可以帮我们看清问题。中外合作办学与其他事业也是一样，要健康发展同样需要照镜子，包括理论的镜子、实践的镜子、成功案例的镜子，甚或灾难的镜子，从镜子中看到不足和应注意的事项，逐步丰富"负面清单"（注：对于需要探索和创新的领域，最好采取"法无禁止即可为"的原则，"负面清单管理模式"即是该原则的一种体现，指除清单上的禁区外，均许可尝试。这里借喻国际合作办学一定要注意防止的行为或做法。），少走弯路。

一、理论上看，国际（中外）合作办学是高等教育的历史必然

20世纪80年代以来，全球化的浪潮席卷而来。作为世界经济和科技体系核心子系统的高等教育，自然应发挥重要促进作用，因而国际化开始成为主流的发展趋势。然而，高等教育的国际化并不是一个新的现象，自其产生之日便具有国际化的特征。探索真理和发展知识是高等教育产生和发展的基本动力，也是一项没有国界的事业。作为现代高等教育起源的中世纪大学，最早实现了普遍的世界性联系，通过跨国的"游教"和"游学"活动，使高等教育突破国界和地域的限制，极大地促进了知识的传播与交流。

然而全球化背景赋予了国际化全新的内涵。现代意义上的高等教育国际化主要表现为人员交流，通常由政府主导并与外交政策密切相关；进入20世纪90年代之后，高校成为国际化的推动主体，表现形式也从单纯的人员交流扩展到诸多领域，如以"教育项目和教育机构的跨国合作"为特征的高等教育国际化的蓬勃发展。

因复杂的国情和国际关系，对于"高等教育国际化"的研究也可谓纷繁多样，比较主流的观点有：①过程观，强调把国际化要素整合进高等教育过程；②内容观，重视从各种维度的内容上看高教国际化；③项目观，关注国际化过程的合作方式；④模式观，注意从教育理念、办学模式角度探究国际化；等等。概括这些理论观点，高等教育国际化主要具有以下特征：①高等教育观念和战略的国际化，从国家层面制定促进高等教育国际化发展的战略和政策；②教育内容的国际化，通过设立有关国际教育的新学科、增设相关专业或在原有课程中增加国际知识等，并将国际化因素整合到正式的课堂操作之中；③教育形式的国际化，加强外语教学是教育国际化的重要手段，具体表现为两个方面，一是加强对本国学生进行国际通用语的教学，二是加强对留学生进行本国语言的教学；④人员的国际流动，其中留学生教育是重要表现，留学生教育不仅是许多国家出口创汇的主要来源，也为它们吸引和聚集了世界各地的优秀人才资源，促进本国经济发展。而促进上述高等教育国际化的最直接和有效的方式就是中外合作办学。

二、实践上看，中外合作办学蓬勃发展

进入21世纪以来，特别是中国加入WTO（世界贸易组织）之后，中国高等教育的国际化发展不断加速，丰富多彩的实践持续涌现：①课程和教学的国际化。

国内高校纷纷开设国际性内容的课程，不断增强各专业和课程的国际性，积极利用海外资源，开展双语教学。②加强留学生教育。加入 WTO 以来，中国赴国（境）外留学和近些年来华留学人数均持续增加，据教育部公告，中国出国留学生 2017 年首次突破 60 万人，2018 年升至 66.21 万人。其中，国家公派 3.02 万人，单位公派 3.56 万人，自费留学 59.63 万人，其中自费留学比重高达 90%。③学术人员交流与合作。近年来，国家和地方政府高度重视培养和引进国际化人才，制订了花样繁多的人才计划，在政策、资金等方面给予充分支持，专业技术人才的国际交流越来越频繁。④中外合作办学。跨国办学是高等教育国际化发展的新形式，这种方式可以快速了解、吸收国际上通行的教育模式及其办学经验。较之传统的"课程交流""留学生教育"和"学术人员交流"，合作办学对于高等教育国际化的发展有更深刻的影响。首先，合作办学基本涵盖了传统的教育元素的跨国流动，如学生、教师、课程以及教材等，同时又实现了新元素的跨国流动，如通过合作学位项目、合作机构、独立法人合作大学等形成的新的国际化教育理念、培养模式、大学治理和管理等。其次，中外合作的实施将跨文化、跨国界的观念纳入教学和研究，使得学生在中国本土环境下就可习得或形成国际化的视野和跨文化的技能。最后，合作办学的方式引进了国际先进的教育与办学经验，可帮助中国高等教育更好地走向世界，让世界更多地了解中国高等教育的特色，并因此吸引越来越多的外国学生来华留学或者入读中方在境外的高等教育分支机构，进而提升中国的软实力。

"引进来"和"走出去"是我国开展跨国办学的重要举措，即开展"中外合作办学"和"境外办学"。随着中国加入 WTO 及相关办学条例和规定的出台，中外合作办学呈现出加速发展的状态，根据教育部相关数据，短短十多年间出现了数以千计的项目和机构。在已成立的中外合作办学机构中，依照办学层次而言，有 69 个机构提供本科阶段的教育，34 个机构提供硕士及以上的教育，11 个机构同时提供本科和研究生教育；从机构属性而言，二级学院性质的机构共 83 个，拥有独立法人资格的机构共 10 个，除长江商学院之外其余 9 所都以本科教育为主，分别是宁波诺丁汉大学（2004）、西交利物浦大学（2006）、上海纽约大学（2013）、昆山杜克大学（2014）、温州肯恩大学（2014）、香港中文大学（深圳）（2014）、北京师范大学－香港浸会大学联合国际学院（2005）、深圳北理莫斯科大学（2017）、广东以色列理工学院（2017）。而且上述各类数字还在迅速增长中。

从其办学性质与活动上看，合作项目、二级学院、独立法人机构三种模式各有优劣：在办学运行上，项目与二级学院创建所需周期短、经费少，规模小便于开展活动；独立设置大学建设周期长，办学规模和投入相对较大。在管理上，项目和二级学院由于依托于中方合作院校,部分管理活动均参照中方既定工作流程,管理事务内容简单,工作量相对较少,但容易受中方合作院校的过度干预;独立设置大学在治理和管理上要求较高,需要建立完备的治理和管理体系,组织压力大,但同时也有较大的自主权,可以自行决定运营中相关事务,而免受合作院校的过度干预。在品牌建设上,项目和学院充分利用中方合作院校的品牌优势和资源来进行宣传与推广,更好地吸引优质生源;独立设置大学由于其独立性所致,需要在品牌建设上投入更多的资金与人力,以让人们知晓学校的存在及其教育模式和质量,从而吸引优质生源。

虽然三种模式各有短长,但在中国高等教育国际化进程中均扮演着重要的角色。合作办学项目与二级学院在国际化发展中主要承担着"引进来"的作用,通过与外方机构的合作,引进国际上先进的教育理念和办学经验,为中国高等教育的发展提供有效的借鉴。相比之下,独立设置的中外合作办学机构,不仅引进国外优质的教育资源与先进的教育经验,而且提供了融合本土教育特色、探索教育的更大创新空间,有利于设计出更符合国内发展现状也符合国际标准的教育模式,不仅完成了"引进来"的任务,更通过合作与创新建立国际大学,将中国高等教育推向世界。

三、向未来看,中外合作办学道路坎坷

当中外合作办学有声有色开展之际,世界局势突变,英国脱欧,"特朗普"体的扰动和中美贸易战,民粹主义、国家主义、反全球化势头日渐强大,全球政治经济市场跌跌宕宕。在此关键时刻,雪上加霜的是 COVID-19 疫情又全球爆发,让人们深刻地感受到了全球互联引发的此起彼伏的种种风暴,也更担心疫情后反全球化的实质走势。所以,面对快速发展的未来世界、错综复杂的百年未有之大变局、瞬息万变的国内外经济社会环境,中外合作大学将会受到什么样的冲击?如何从盲目彷徨中跳出来,做强自身,在未来更恶劣的环境下度过严冬,持续发展?

坦率讲,世界经济社会相互合作和依赖的现实、数字化和互联网导致世界日益紧密连接的技术基础,可能使国际化趋势无人能够阻挡。但短期的世界政治经济格局无可避免地会遭遇一段雷鸣电闪甚或风雨交加。对于全面依赖国际合作的中外合作办学事业来说,必然会面临一系列的挑战甚或危机。具体来讲,像西交利物浦大学(以下简称西浦)这样的国际大学,如果全球疫情继续延续,甚或成为新常态,就会遇到一系列直接的难题或挑战:①为了开放式办学,西浦坚持没有围墙的校园,但疫情的防范或日后公共卫生事件的应对,会使校园管理面临很

大的挑战；②疫情期间迫不得已的全面网课以及日后较长时期的网课与校园教育的结合，都会给国际合作大学带来特殊挑战，如我们的师生全球分布，时差、地域网络技术发达程度差异，会使直播等方式受到限制；③师生的国际性（西浦目前师生来自100个左右的国家和地区，老师100%全球招聘，外籍教师70%左右），不仅在技术上给网课带来困难，还会给教师稳定性和更大发展带来挑战。如当世界卫生组织（WHO）2020年1月30日宣布新型冠状病毒感染的肺炎疫情构成"国际关注的突发公共卫生事件（PHEIC）"后，美国暂时禁止过去14天内到过中国的外国人入境，意大利宣布进入国家紧急状态等，许多国家和航空公司中断往来中国的航线，直接影响了国际师生的出行；更为严重的是，美国等国家将中国旅行预警级别升至最高的四级，即警告其公民不要前往中国，如果在中国的最好离开，否则其领事服务和国内健康和养老会受到影响，这造成来自这些国家和地区的大量师生处于两难境地，不听取可能遭受巨大风险，听取则工作和学习难以持续，甚至会考虑放弃在中国的岗位和学习机会，这对国际合作办学构成严重威胁；④国际合作关系的复杂化，疫情虽然是暂时的，但因疫情导致的排华、种族歧视等加剧了弥漫在人类上空的逆全球化、单边主义和民粹主义的阴霾，具体表现在签证、交通、贸易、交流等方面的不确定性，可能会对国际合作带来较长远的影响，对国际大学来说直接涉及师资队伍的稳定性和招聘、留学生的招生、科研的国际合作、学术的国际交流等；⑤在未来模糊不确定的国际环境下，中外合作大学如何继续发展和长期生存？除危机情况下稳定和支持师资的服务体系、站在师生需求方面提供帮他们度过危机的各种支持外，更重要的是中外合作大学急需通过长期事业创新和发展，以其独特价值吸引国际学者和学生，提振他们信心，帮学校进一步提升国际品牌的吸引力。

危机虽然不幸，但积极面对却是一种难得的反思机会和教育资源。例如，一方面西浦利用这一特殊时期，积极推进教育创新、稳步加速教育变革，推出两周的"世界公民素养"线上课程，将防疫作为一场实战演练，帮助西浦学子提升应对危机的能力和世界公民的责任，同时也作为新型网络课程与学习观的一次尝试。另一方面，这次危机也加速了西浦网络教育的进程，布局未来教育的新模式。全球独特的西浦学习超市（LM）于5月正式创立，将利用西浦世界一流的实体校园环境，依托现代网络技术，将全世界优秀的网上资源和提供者整合到西浦，实现校内校外、线上线下的深度融合，支持学生和社会各界人士实现兴趣导向、个性化的终身学习。西浦2017年开启的融合式教育（SE）、正在建设的LM都会使西浦在这些方面成为未来教育的领导者，从而坚定其在国际教育领域的地位，自然也会吸引更多全球教育资源，如许多国际一流教育资源提供商和机构纷纷加盟西浦或入驻 LM，进而使我们成长为有吸引力和竞争力的未来大学，这自然会保证其长期可持续发展及其未来国际化的生存空间。

四、"负面清单"，继续深化中外合作办学需要汲取的经验和教训

中外合作大学要获得长期可持续发展，必须正视未来复杂模糊不确定国际环境下的挑战和危机，与此同时还需要认真反省自身发展存在的问题，以保证步入健康发展的轨道。在中外合作办学蓬勃发展的进程中，自然存在很多问题和潜藏不少危机，这也是为什么教育部会于 2018 年依法终止了 234 个中外合作办学项目，其终止的主要原因有：①盲目开展合作办学；②自身管理能力有限；③办学水平不高；④忽视外方资质；⑤规模型增长模式遇到瓶颈等。因此，我们不难理解，这批终止并非要关门了，而是通过正常调控，保证中外合作办学健康发展。与此同时，教育部对中外合作办学会进一步加强相应的监管措施：①对外合作办学颁发境外学历学位证书注册认证系统；②本科以上中外合作办学机构和项目信息年报制度和定期评估核查制度；③建立退出机制，实现从准入到退出全链条闭环监管体系，以使监管工作取得实效。可以想象，这样的终止以后可能会变成常态，随时或定期评估，在促进发展的同时不断淘汰不合格的项目。

回顾中外合作办学发展历程，我们发现在取得巨大成就的背后，确实出现了一些引发社会担忧、值得关注和防范的问题，如上述五种终止原因。依据理论分析和实践经验，基于我们的观察，还可以罗列一些，以此为镜。

一是盲目跟风或追求政绩，对教育本质缺乏清晰认知。由于社会对教育存在某些崇洋媚外的心理，盲目跟风是社会参与方加入中外合作办学的主要驱动力之一。企业家追求教育产业的投资回报，政府领导想"为官一任，造福一方"，中国高校迫于"人家都这样，不搞落后了"的压力，国外大学热切寻求中国市场。由于对教育的本质以及事业发展缺乏战略性清醒，不少合作项目困难重重。甚或举步维艰。

二是无长期可持续发展的合作（商业）模式。有些因政绩和跟风促成的项目，由于缺乏从未来趋势、社会需求、教育本质、学校现状、长远发展等方面的深入、理性和系统的思考，发展定位和长期可持续发展模式设计缺位。

三是无准确定位和明晰愿景。一些项目因办学参与方对自身长期生存没有清醒认知或缺乏动力考虑，在跟风、趋同、缺乏长期系统设计的助推下，办学定位不清，走一步看一步，很难实现预期发展目标。

四是无合理有效的治理结构。治理结构是中外合作办学长期可持续发展的基

础，一些项目从筹划到运行对此重视不足，甚或做法上不完全合法，无法给组织长期发展提供法治和制度性保证，埋下了长期发展的隐患。

五是无强有力和相对稳定的领导与管理团队。领导力是稀缺资源，好的发展模式依然会因缺乏有远见和执行力的领导而失败。不少项目因管理系统、领导和团队以及文化建设跟不上，因而发展受阻。

六是无长期发展的战略谋划和统筹。办教育不是一次短跑，而是像马拉松一样的漫长事业，因缺少长期战役及短期成功战斗的系统布局，缺乏长期资源的战略规划和财务预算分析，缺乏对战略运营的足够重视，在遇到各方参与者目标与意图发生变化或因外部因素发展不断受挫时，再好的事业也会因看不到希望而被利益相关者放弃。

七是缺乏有效的多校园管理模式。中国大学包括一些独立合作办学机构会采用多校园方式，在运行过程中普遍存在诸多困难，教师有效教学科研时间显著下降、运行成本大幅度提升、无论分层还是条块都违背大学的本质和文化、常见教学科研水准下降等。该问题广泛存在，需慎重研究对待。

八是浮躁而无定力。由于对教育认知的肤浅，再加上社会的功利和浮躁，社会人才观念和文化趋于世俗，选拔制度逐渐标签化及僵化，不少教育资源配置依赖项目化和工程化，教育考核和排名异化。真正的国际化大学要走出一条符合发展趋势和社会需求、独具特色的路，需要远见、卓识、胆略，特别是定力！

九是大学内部教育国际化与管理体系不成熟。问题表现为大学国际化教育氛围不够、教学管理体系不健全、符合国际化教育水准的教师资源不足、国际生招生质量参差不齐，为了减少管理压力在学术或课程要求上甚或放水等。教育国际化其实不只在于一些显性指标，更在于理念、机制、资源、管理、校园文化等内涵的提升。

五、放眼未来，立足中国大地创建引领未来的中外合作大学

大量颠覆性技术的涌现，在全球掀起了"反思教育、重塑教学、再定义大学"浪潮，这其实给中外合作大学了一次千载难逢的机会，可以使其与全球一流大学站在同一起跑线上，利用其整合中外资源、没有历史包袱的后发优势，抓住重塑机会，领跑世界。此次疫情特别是网上教育的全面铺开加速了教育重塑的进程，也带来新的不确定性和挑战。在这样的时代背景下，中外合作大学发展机遇与危机并存，正确的路线和战略成为其发展成功与否的关键。

1 成功的中外合作办学需要正确理解国际化

全球化和教育本身特征带来了教育国际化的必然需求，在未来充满不确定性的世界大环境下，要成功实现高水平的中外合作办学，首先需要正确理解国际化。

大学"国际化"不是简单的"西方化"或"欧美化"，对于中国大学而言，实现国际化应当根据国际趋势与国际标准，通过整合国际资源、文化、智慧，探索出符合中国社会特色的国际合作与融入的模式，才可能取得国际化合作的实效，而这是一个需要持续反思和改进的过程。

通过十余年的探索，西浦构建了三个层次多维度的国际化体系，分别是要素层次、机制层次和组织层次。其中要素层次是高等教育国际化普遍关注的方面，主要指学生、教师、课程、教学和研究活动等要素的国际化与多元化，世界大学国际化考核和排名也通常考察这些要素。但在西浦看来，这只是国际化的表象，更实质的国际化在于机制和组织两个层次。这并不是因为这些方面对西浦不是问题，而是从理念和逻辑上西浦认为机制和组织是真正国际化实现的基础。

机制层次是大学国际化的核心，因为一种健全的国际化机制和支撑平台可以保证师生、学校融入国际化学术活动生态中，也可使全球资源为我所用。西浦在充分吸收整合国际最先进的理念与模式的基础上，创建了自由开放的多元文化环境；应用了符合网络时代学习特征的前沿教育技术；构建符合知识组织特征和要求的网络化组织模式；打造科学共同体，构建自然、知识、社会三级创新生态系统，形成了西浦开放、融合、共享、共生、共赢的国际化机制。

组织层次的国际化突出强调的是大学及其师生员工在世界舞台和国际事务中发挥的作用和影响，西浦在这一层面的国际化具体表现为：培养全球一流的国际玩家，打造国际一流研究团队，建设国际知名的学术社区与创新群落，探索世界高等教育新模式，构建互动、共存、和谐的科学社区和生态系统，帮助西浦师生在国际舞台崭露头角，以西浦探索和创新发展影响中国和世界的教育。

2 以前瞻的理念、先进的战略确保国际化办学的正确路线

生存空间的赢得首先需要向未来而生的气魄，针对时代的趋势，特别是网络化、数字化、智能化的挑战和机遇，认知未来社会形态及其人才需求，明确发展方向，探索可行路径，抓住机遇，大胆创新，重塑教育，争取成为未来教育的引领者，这样的战略定位会使我们行进在国际化的正确路线上，才会保证长期的发展空间。时代变迁在挑战高等教育的同时也赋予其改革的最好机会。西浦应运诞生于这个伟大不安的时代，决心抓住机遇，顺应未来趋势，融合东西方最优教育实践，直

面各种挑战，大胆创新，希望为未来教育提供一种方案。

经过 10 多年的努力，西浦已经形成了一整套大学持续发展的理念和做法，其国际化战略围绕招生、内部育人环境、研究、流动性、合作五个核心主题扎实推进，已经实现了来自 100 个国家和地区的国际化师生社群，按国际标准全球招聘、全英文教学的国际化师资队伍，全方位的西浦教育和学科发展的国际标准（已有 20 多个本科和近 20 个硕士专业获得国际专业认证），83% 左右毕业生进入国际大学硕士和博士深造的国际化学习，毕业生遍布全球的国际化就业，等等。

另外，遵循"和而不同"的和谐理念和法治的原理，提倡"多元、规则、创新、自由、信任"的西浦文化理念，营造了遵纪守法、多元共处、互相尊重的文化环境；在共享愿景和认同学校的教育理念的基础上，形成了肩负使命、持续创新、研究导向型的育人和工作模式；打造了适应未来数字化、网络化的现代大学运行体系；构建了符合国际化水准的校园环境、事业和生活服务平台；等等。西浦和谐的、国际化的学术生态为师生搭建了学术探索与自由追梦的舞台。

3 以敢于独特、持续创新、脚踏实地的躬行浇灌国际化办学的硕果

中外合作办学最容易坠入的陷阱是心理上把国际教育作为对标样板，建成原汁原味的某种西方教育或国际合作伙伴在中国的教学中心或一个校园或分校。我们反复强调，全球教育重塑意味着即使是世界最先进的大学在教育上也落后于这个时代的要求，重塑给了所有大学创新的机会。西浦建校伊始，就敢于独特，立志于在全球重塑教育的时代，放弃中外合作办学寻常使用的"拷贝"路线，借鉴东西方文化和教育经验，独辟蹊径，针对未来社会需求，整合世界教育资源，创建一种适应未来社会发展趋势、满足人才需求的教育模式和办学体系，并利用后发优势，努力走出一条引领之路。为此，我们构建了"研究导向、独具特色、中国土地上的国际大学、世界认可的中国大学"的愿景，确立了"探索未来教育模式、大学运行体系、大学与社会互动关系，影响中国和世界教育"的使命。在当时看来这的确有点气势如虹，作为一个"幼儿"大学，也可能被认为是天方夜谭。回过头来看，我们的确没负韶华。

但这个充满荆棘的探索之路，需要以持续创新来保证其引领性。经过 10 年创新性探索，形成了西浦发展的 1.0 版本：在教育上初步形成了创新型的国际化专业精英培养模式；在大学运行上形成了一种网络化、平台式的大学组织管理体系；在大学与社会互动和服务上，形成了开放式的校园以及大学与社会互动的机制及共生共享的生态体系；在对教育变革的影响上，已经建设了辐射和影响全国的教育研究与培训基地（西浦领导与教育前沿院（ILEAD））。但面对随时随地廉价

的个性化学习的兴起，人工智能和机器人逐步取代大量职位、改造颠覆传统行业、催生创造全新行业的挑战，教育重塑必须更上一层楼。在这种大格局下，西浦又迅速开启了"融合式教育模式"（Syntegrative Education，SE），即西浦2.0的探索，旨在培养能够站在人工智能和机器人肩膀上、驾驭未来新行业的"国际化行业精英"。并更进一步，试图将教育深度融入未来社会形态和人类的生活方式中，在西浦2.0热火朝天的发展过程中，我们已经开始畅想和尝试西浦3.0了。

宏伟设想的实现依赖于排除各种干扰的静心坚守、脚踏实地的躬行。我们非常珍惜时代给予的创新机遇，以学者的研究、求真、独立和客观保持清醒，以师者传道授业解惑的责任确保高质量的代代传承，以重塑者的历史使命、魄力、造诣、创造和能力引领未来！

尽管西浦还很年幼，但已经开创了中国乃至世界高教史上的很多个第一次。我们将再接再厉，砥砺前行，有信心通过中外合作办学在教育上作出五方面的西浦贡献：一是对国际现行的专业精英培养模式进行创新和提升；二是为未来创建一种全新的国际化融合式行业精英的培养模式；三是为未来新型大学概念和校园模式提供西浦方案；四是探索大学与社会共建共享的、支持个性化终身学习、创新和创业的未来教育生态；五是使西浦成为国际化的先进教育理念和实践的传播者。

第3部分

和谐教育

3.1 未来教育的核心：心智营造

——西浦的"和谐心智"孕育

摘要： 针对数字智能网络时代的挑战，笔者认为，随着社会范式重塑，教育重大转型迫在眉睫。首先，教育亟须从以知识传授为目的转向以学生成长为目标；其次，这种新型教育的核心任务是心智营造；再次，因范式革命，原有相对稳定环境下的传统心智模式亟须升级为复杂不确定环境下的复杂心智，并依据和谐管理理论提出了复杂心智的一种和谐心智模型；最后，结合西交利物浦大学的实践指出融合教育是复杂心智孕育的有效途径。

关键词： 范式革命；教育转型；心智升级；心智模式；融合教育；和谐管理理论；和谐心智

The Core Task of Future Education: Mindset Nurturing

—Taking the Cultivation of "HeXie Mindset"in XJTLU as an Example

Abstract： Aiming at the challenge of digital, intelligent and network age, the author indicates that with the social paradigm shifting, the strategic transformation of education is imminent. Firstly, education needs to be changed from the aim of imparting knowledge to the aim of students' growth. Secondly, the core task of this new type of education is to nurture the mindset. Thirdly, due to the paradigm revolution, the original traditional mental model in the relatively stable environment urgently needs to be upgraded to the complexity mindset in the complex and uncertain environment. Based on HeXie Management Theory, HeXie Mindset as one of the complexity mindset model is put forward. Finally, taking the practice of XJTLU, it points out that Syntegrative Education is an effective way for complexity mindset nurturing.

Key words： paradigm shift; educational transformation; mindset upgrading; mindset model; Syntegrative Education; HeXie management theory; HeXie mindset

面对时代和各种新技术的挑战，反思教育、重塑教学、再定义大学的呼声一直萦绕耳旁。COVID-19 不期而至，教育不得已全面迁移网上，学生的反应、家庭的焦虑、老师的困惑、学校的挑战，教育再次成为社会关注的焦点。诚然，无论是临时举措还是长期布局，在线教育都无法完全替代校园教育，教育"改变人、提升人"这一根本目标也不会改变，"线上与校园教育融合"也可能是必然趋势。正如一些老师深有感触地说，经过此番应急实践，再也回不到以前的教学。面对未来，全面爆发的线上教学是否会阻碍灌输式教育向探究型教育的转型进程？在知识获取可以日益随时随地廉价进行时，以学校和老师主导的知识传授型教育将转向何方？教学不等于教育，长期应试教育熏陶出了大量的优秀老师，但未来人才需求和教育理念的迅速转型，严肃而迫切地挑战这些教师如何迅速升级为合格的教育家。在通过网络、云端资源、搜索引擎可以容易获得知识的时代，学生应该怎样学和接受什么样的培养？在这方方面面的转型中，未来教育的核心应聚焦于何处？

一、未来社会生存需要心智升级

未来已来。人类社会已经进入第四次产业革命（4IR）或第二机器时代（2MA），大量颠覆性技术正在或即将改变人类工作、学习、生活方式，转变社会运行形态，导致人类认知和生存的范式革命。例如，数字化和网络化迅速改变着人们的生活方式和企业的商业模式，很多人类的工作和岗位将被智能机器人所替代，未来人类需要学会和有能力与机器协同工作，等等。于是生存于未来所需的素养、知识、能力体系也会迅速改变，各种关于未来社会新机制和能力需求的分析层出不穷，如世界经济论坛报告罗列的 2020 年需要的十大能力[1]：复杂问题解决能力、批判性思维能力、创造力、人员管理能力、和他人协作能力、情商力、判断力和决策力、服务导向能力、谈判力、认知灵活力。这种转型和新需求加剧了现行教育体系转型的紧迫性。

未来人才，要与人工智能和机器人共舞，特别是能站在人工智能和机器人的肩膀上驾驭未来，其认知、能力急需升级，拥有丰富知识和各种新技能是远远不够的，创新精神、智慧和领导力的提升成为关键，换句话说就是新时代环境下的心智升级和完善至关重要，这自然要求教育的及时转型和升级。对于学校来说，除借助各种现代技术迅速帮助学生奠定必要的知识基础外，还要帮学生学会学习，培养学生复杂不确定世界中的认知和生存能力，但支持学生这种学习和成长过程、使其游刃有余地生存于未来社会的基础，则是孕育和营造其心智模式（mindset）。

改革开放以来，中国高等教育迅速从精英教育发展到大众化教育并快速转向

81

普及教育，但其教育理念、教学方法、管理体系等未能根据需要完成转型，面临严重的挑战，变革迫在眉睫。COVID-19 的冲击和爆发式网上教育的刺激，使教育再次遇到快速转型升级的难得机遇。是时候利用中国人擅长的整体思维和包容精神，站在中西方教育发展经验的基础上，借助大量现代教育技术的支持及全面网上教学的东风，大胆创新，探索未来教育新模式，特别是聚焦未来教育的核心——心智营造，敢于和争取引领新时代的教育！

二、现代教育核心在于心智营造

为帮学生立足未来社会且健康发展，拥有符合这个时代的心智是关键。

心智模式是深植我们心中关于自己、别人、组织及周围世界每个层面的假设、形象和故事，并深受习惯思维、定式思维、已有知识的局限。心智模式对每个人的行为方式、观察事情的角度和看法、思维模式有深刻影响，它会惯性地让我们将自己的推论视为事实，从而影响我们行为的结果，并不断强化。不同的制度环境和文化基础也会影响心智模式的形成。例如东西方人会有明显的心智模式差异，每个人的心智模式也会不同。心智模式常是不完整的，但人们往往难以意识到其缺陷的存在，所以会深陷其中而不自知。因此，心智模式的不断升级和完善是人们更好生存与发展的基础，自然也是以人为本的未来教育的核心关注点。

展望日益全球化的世界，无论是中国经济社会方方面面的迅速崛起，还是全球政治经济市场的跌跌宕宕，"特朗普"体的扰动和中美贸易战，特别全球COVID-9 疫情爆发下的乱象，都让我们深刻地感受到了全球互联引发的此起彼伏的种种风暴，也看到了反全球化的抬头之势，但数字化、网络化却不断强化全球的互联和相互制衡，人工智能、物联网会诱发各类范式革命及社会转型或重塑，异军突起的各类"独角兽"（公司）会不断掀起资本市场的巨大波澜，凡此种种，使整个世界充满了不确定性（uncertainty）、模糊性（ambiguity）、复杂性（complexity）和多变性（changeability）（简称 UACC）。不管喜欢也好，不喜欢也好，我们都得生活在这种 UACC 的环境里，加上大量涌现的颠覆性技术正以一种令人恐慌的姿态席卷全球，冲击着人们已有的认知模式，科学家乃至越来越多的人开始惊醒，并转身投入这场已经来临的范式革命中。

UACC 环境下世界运行逻辑的改变对人类当下心智会产生巨大冲击。例如我们需要从传统的关注个体转向关联互动、从强调控制转向学会适应、从重视相对确定的设计优化到关注动态的系统演化、从习惯于相对稳定到学会变化管理、从客观的观察者到卷入其中的参与者，等等。无论是主动投入还是被动卷入，要适应未来学习、工作、生活和社会的种种新范式，人们亟待更新其认知模式，都需要构建 UACC 时代的心智模式，换句话说，都需要一场心智模式的转型，即从我们原来熟悉的相对简单和稳定时代的心智模式转换到能在 UACC 环境下生存的新的心智模式，我们称之为"复杂心智"（complexity mindset）[2]。

西浦从建校伊始就意识到这一点，决心在教育重塑的时代，根据社会发展，整合人类智慧和东西方最优实践，探索未来的教育体系，以影响中国和世界的教育发展，培育具有复杂心智的世界公民，适应和引领未来世界。尽管准确把握复杂心智很难，但如果我们能将西方重制度、逻辑、科学的心智特点与东方擅长艺术及模糊和不确定性应对的优势相结合，并能针对未来世界趋势加以融合和再造，那么无论走到哪里或与什么样的人竞争与合作，我们都会有相对优势。基于这样的逻辑，西浦针对学生最为重要的成长期，着力转变、训练和提升学生的心智模式，如强化学生世界公民的责任感，培育他们国际化的视野，通过研究导向型的教育孕育其问题意识和好奇心，以兴趣导向释放学生的学习动力，滋养他们的审辩式思维、创造性行为、独立思考的精神、终身学习的能力，促进学生融入真实的世界，帮助他们屹立于世界发展的最前沿，目的是促使学生的心智能够随着这些训练和经历而得到快速的成长和提升。

例如，针对突如其来的疫情挑战，我们让学生置身于抗疫场景，训练他们面对不确定性、认知复杂环境、应对突发危机、处理模糊事务、独步易变世界的心智和责任担当，特别开发了为期两周的网络短期课程：世界公民素养——西浦学生的抗疫之道。课程内容涵盖社会责任、数字素养、可持续发展、社会创新四大方向下 10 项不同基础课程，以及与疫情紧密结合、和生活息息相关的多元主题模块，针对现实问题，使学生和其他参与者共同探讨并理解个体的社会责任，学会看待社会的可持续发展，数字化时代的生活方式，并通过创新解决社会问题，成为世界地球村的负责任公民，大力提升他们面对社会现实挑战和参与国际竞争的能力。[3]

三、复杂心智的"和谐心智"模型

虽然具体定义"复杂心智"很难，但根据人类经验积累和复杂科学研究成果，可以有一些轮廓性的表达，例如西浦针对未来世界公民的担当，研究提出了西浦学生应具备的素养体系：以"开心生活、成功事业"为理念，以"提高人类生存能力"为核心目标，以"创新和贡献"为核心价值观，以"和而不同"为核心伦理观，以"全球视野与练达"为核心世界观。这其中就暗含了生存于未来世界的复杂心智。

我们所处的时代正在发生着前所未有的变化，数字化和网络化沟通传导机制促使人类快速迈入一个公众化时代，范式革命正在融入我们的日常生活之中，改变着人类的生存规则。任何人通过网络可以发表自己的观点并同时接受来自全球各类信息和观点的影响，正如《爆裂》一书所述[4]，要在未来生存，必须适应新的生存原则：①涌现优于权威；②拉力优于推力；③指南针优于地图；④风险优于安全；⑤违抗优于服从；⑥实践优于理论；⑦多样性优于能力；⑧韧性优于力量；⑨系统优于个体。最为本质的是，社会日益由众多小事件和小人物通过无处不在的网络推动，进而演化出超越人们想象甚或控制的现象。要适应这个涌现的、演化的时代，素养、心智、能力、智慧将成为制胜的法宝。

要真正构建出能够赢得未来的复杂心智充满挑战！首先我们需要对未来有清晰的世界观、认识论和方法论，并基于此形成相应的发展理论；然后，我们方可能基于此构建出适应未来 UACC 世界的复杂心智。很幸运，我在 30 年前，基于东西方人类智慧整合，发展出了应对复杂和不确定环境的和谐理论，并与团队一道将其扩展为一种问题解决学——和谐管理理论[3]。和谐管理的世界观是：人类活动是不确定和多元的（本体论），是有限干预下的演化（认识论），其演化过程充满了博弈（方法论）。基于此，和谐管理理论提出了一套面对世界和解决问题的理论框架，包括愿景和使命、和谐主题、和则、谐则及和谐耦合五个核心概念。其中愿景和使命是发展的定位和长远目标，一般具有相对稳定性和战略意义；和谐主题是特定时期的阶段性发展目标和要解决的关键问题，随发展可能调整或演化；谐则是通过科学设计和优化降低不确定性的规则和主张，如制度、流程和架构建设等，优化设计是运用谐则的主要手段；和则是通过参与者能动性的诱导演化以应对不确定性的规则和主张，激励机制、工作环境和文化的建设及创新生态的营造是运用和则的主要手段；和谐耦合是根据愿景和使命，在特定的和谐主题下，通过融合和则与谐则共同应对 UACC 的机制和动态调整过程。此外，领导在愿景与和谐主题的确定、和则与谐则的耦合过程中扮演着关键角色。根据和谐管理理论，在 UACC 环境中，当面对特定问题时，应在遵从愿景和使命的基础上，分析特定阶段的和谐主题，并根据和谐主题来构建适当的和则与谐则体系以及耦合方式，并在发展中根据环境和运行情况不断进行动态调整，直到进入下一个和谐主题的"愿景和使命—和谐主题—和则与谐则体系—和谐耦合"的循环。

基于和谐管理理论，我们可勾勒出一种复杂心智的模式——"和谐心智"[5]：①"动态演化的系统观"，系统地、动态地看待事物及其环境和发展，捕捉有意义的变化、有价值的趋势，形成发展定位、基本的商业模式和长期目标，即愿景和使命；②"主题思维和整合能力"，UACC 时代，拥有长期稳定的战略已经很奢侈，往往需要通过一系列阶段性核心任务或关键议题或子战略（和谐主题）的演化实现愿景和使命，在这一演化过程中，围绕愿景和使命的主题思维会确保路线和方向正确，针对 UACC 时代知识、资源、需求碎片化的特征，围绕主题通过网络进行整合的能力，不仅利于创造价值和分享价值，而且将成为屹立于这个时代的竞争利器；③"东西智慧融合和创新的能力"，在 UACC 世界，片面追求"科学"或"人性"都会沦为幼稚甚或陷入死胡同，既见树木又见森林的立体思维习惯以及人文（和则）与科学（谐则）互动的分析能力会帮人们看到真谛，整合西方重制度、逻辑、科学的心智特点和东方擅长艺术及模糊和不确定性应对的优势，并根据未来世界趋势加以融合和再造，这种和则与谐则并行互动且螺旋式融合提升的能力，会孕育相对竞争优势和过人的视野和智慧；④"多元共生动态平衡的造诣"，网络时代的逻辑是共享和共生，发展途径是营造生态系统，从而整合资源，刺激创新和创造价值，再通过网络分享价值。然而，面对 UACC，人们极易被各种杂乱无章、似是而非的信息、眼花缭乱的时尚所左右和吸引，失去方向和自我。清晰的愿景和使命可以防止迷失，和谐主题可以帮助抓住每个阶段发展的核心任务，和则与谐则体系的可以支持生态体系的构建，但这个多元共生生态体系的维护和驾驭依赖于上述几方面的有机融合和适时调整，即和谐耦合。因此我们需要随时保持战略的清晰（愿景使命导向）、工作重心的聚焦（主题思维）、对趋势的洞见和对突变或转向的敏锐（和谐主题的调整和漂移）、生态系统的营造（根据和谐主题对和则与谐则体系的恰当运用），上述几方面有机耦合的和谐生态的维护；⑤"突破现状、升级和谐的远见和魄力"，生态系统的和谐永远是相对的，随环境变化与发展阶段需要不断升级，因此孕育、保护和促进边缘或颠覆性创新（edge or disruptive innovation）的能力，适时促进生态系统不断升级即成为持续发展的最高智慧。

复杂心智很庞杂和深奥，甚至多样，难以把握和一蹴而成，但如果大家理解了和谐管理理论应对 UACC 世界的基本哲学和原理，掌握其驾驭发展的思维框架，就相对容易构建上述的和谐心智，从而拥有顺应时代趋势、应对未来挑战的复杂心智，跑赢未来，成就一番富有创造性和社会价值的事业，收获一个更加多彩灿烂的人生。

四、和谐心智的孕育与教育的融合

从西浦的素养体系和上述和谐心智模型不难体会到，传统的以学校和老师主导的知识传输型教育或国内比较流行的应试式教育已无法适应未来的需求，更难担当"改变人、提升人"的教育本质，自然谈不上心智模式的转型与和谐心智的营造，所以教育变革迫在眉睫。

心智的形成是在一定的教育生态和文化环境下，通过一个演化过程慢慢孕育的。为此，教育理念和体系的转型是关键，教育生态和文化的形成是基础，教学模式的升级是途径。

首先，面向未来，中国教育需要实现双重转型。一是针对中国改革开放社会新形态的转型，二是根据世界经济技术大变局的转型。具体而言，目前面临七大挑战：一、从精英教育转型到大众化教育，大学的各项功能定位和管理理念如何随之调整？二、从计划经济过渡到市场机制，大学治理体制和资源配置方式怎样改变？三、从传统的官僚机械组织转变成为网络化环境下的知识组织，大学的管理体系和组织方式如何转型？四、从原来的知识传播转向数字和智能技术支持下更为贴合时代的全新功能，大学育人模式和教育流程怎样变革？五、从书斋式教学转向更为实用主义的教育，大学人文精神与创新文化如何形成？六、从传统书童到网络一代，人才观念、教育理念、大学概念如何升级？七、从相对封闭到日益开放和国际化，如何构建多元化文化共处和国际化的校园环境？

其次，在新的社会与技术环境面前，人才观念、教育理念、办学模式均需要升级。西浦定位于面向未来的大学，自然需要针对未来趋势，扬长避短，融合创新，自2006年成立以来，积极探索，在五个方面作出了卓有成效的努力：首先，在知识爆炸、网络化扩散和学知识日益便捷的年代，在教育理念上从教授知识转变为通过学习引导学生健康成长，帮助学生明确理想，以兴趣为导向，以学习为中心，学会学习；其次，为达到上述目的，全方位帮助学生实现三个维度九个方面的转变，从孩子到年轻成人再到世界公民，从被动学习到主动学习再到研究导向型学习，从盲目学习到兴趣导向再到人生规划；再次，全面倡导研究导向型教育，即学生研究导向型学习，教师研究导向型教学，教职人员研究导向型工作，三者互相影响和促进，以实现持续创新的有效机制；第四，在教学模式上，我们既吸纳了美式教育的灵活性，又采用了英式教育严格的质量监控体系，再融入了中国和苏联教育重基础的优点，综合打造出西浦国际化教育新模式；第五，在以上种种理念和模式的指导下，最终实现校内外良性互动与合作，塑造出"自然、知识和社会三级生态系统"共生的大学发展形态和教育环境。

最后，教育不等同于教学，未来的教育更不同于目前以知识传授为目的的教育。届时，人们可能会在大学以前掌握生存的基本知识，学会了学习，于是到大学年龄时不应再是为了学士、硕士或博士学位等标签而学习，而是按照自己的人生兴趣，在人工智能和机器人的帮助下，追随自己的梦想，开启终身的以兴趣驱动的学习、创新和创业旅程。在这样的大背景下，专业间、学习和成长、教育与产业发展、大学与社会将会更加融合。这里的融合不是目前大家热议的产教融合、线上与线下教学的融合，或是专业间的相互补充式的融合等对传统教育改良的融合，而是面对充满范式革命的社会，我们必须从未来社会形态和范式出发，研究其对未来人才的需求，再据此研究什么样的教育才能培养出这样的人，什么样的教育模式和大学形态才适合这样的人才涌现。所以，是一种能够孕育和谐心智的更系统性的融合。

针对以上教育转型、生态营造、融合式发展，西浦在其前 10 年国际化专业精英教育模式的创新、未来教育模式的探索、知识组织（大学）运营体系的营造、大学与社会的互动关系的培育、影响中国和世界教育平台的建设（西浦 1.0）的基础上，于 2017 年，正式提出了融合式教育（Syntegrative Education，SE），致力于培养有一定专业基础、极强整合能力及创业精神和跨文化领导力、特别是拥有不断丰富和升级的复杂心智的未来业界精英。不难看出，这种人才的孕育一定会突破当下的教育理念、育人模式、教学方式、组织体系和大学形态，因此我们称之为"西浦 2.0"。其关键点在于，针对未来大量技能型工作将被机器取代，人类工作会向创造性、融合式方向转移的特点，不再强调专业或职业导向，而是以能利用人工智能和机器人支持引领未来行业发展的创业家（entrepreneur）教育为导向，将专业、行业、管理（领导）、创业、素养教育等相融合，与企业伙伴合作成立行业学院，以行业整合专业知识，形成一种校企融合的大学新形态，以更加融合、真实的学习和探索场景及创新创业环境指导和支持学生全面发展、孕育并不断提升他们的和谐心智，支持未来将日益流行的追随兴趣的、个性化的终身学习、创新与创业的社会生活[6]。

五、结语

和谐心智很难一蹴而成，而是需要长时间的积累跟历练。但人们一旦拥有了顺应时代的和谐心智，一定会享有一个更加多彩灿烂的人生。

在我加盟西浦后，就把和谐管理理论作为其发展的哲学和方法论，取得了受人关注的成效。在西浦 2.0 版本开启之际，我进一步勾勒出了和谐心智模型，希望借以和谐管理融合东西方智慧赢得未来。西浦快速发展源于其对未来社会发展趋势的追求以及"勇于突破、敢于创新、乐于探索、善于融合、智慧坚守"的精神，而其背后的基石就是和谐心智和融合智慧[7]。

期望我们对教育的研究与思考（明道）以及西浦脚踏实地的持续创新（笃行），

能够体现西浦校训"博学明道、笃行任事"的承诺，也能对教育重塑时代的高等教育变革贡献绵薄力量。感兴趣的研究者可参阅文献 [8] 和文献 [9]，深入解读该案例。

参考文献：

[1] SCHWAB K. The fourth industrial revolution[M]. Geneva：World Economic Forum, 2016.

[2] 席酉民. 以"复杂心智"闯荡世界，2018毕业典礼演讲[M/OL]//席酉民. 明道任事——教育之道. 北京：清华大学出版社，2020. https://www.xjtlu.edu.cn/zh/news/2018/07/xiyouminbiyedianlijianghua/.

[3] 席酉民."追文凭"的学习定位在瓦解学风[J]. 教育家，2020（4）.

[4] JOI I，JEFF H. 爆裂[M]. 张培，吴建英，周卓斌，译. 北京：中信出版社，2017.

[5] 席酉民，熊畅，刘鹏. 和谐管理理论及其应用述评[J]. 管理世界，2020（2）：195-209，22.

[6] 席酉民，以"和谐心智"赢得未来，2018年教师节寄语[M/OL]//席酉民. 明道任事——教育之道. 北京：清华大学出版社，2020. https://www.xjtlu.edu.cn/zh/news/2018/09/xiyouminjiaoshijiezhici.

[7] 席酉民. 志存高远，做教育的重塑者[J]. 大学与学科，2020（创刊号）.

[8] 席酉民，张晓军. 我的大学我做主——西交利物浦大学的故事[M]. 北京：清华大学出版社，2016：1-5.

[9] 席酉民. 和谐心智——西浦鲜为人知的管理故事[M]. 北京：清华大学出版社，2020.

3.2　和谐教育模型

——个性化、兴趣驱动、终身学习的成长与为人

摘要： 在全球反思和重塑教育的热潮中，首先需要认知教育如何真正以人为本，从而确定正确的转型方向；其次要明确人本即是支持人生的学习、成长、

为人的全过程，并基于和谐管理理论提出了人生发展模型，其核心是心智塑造；第三要在全球教育转型实践中，寻找能够涵盖学习、成长、为人全过程的更为丰富的学习和教育模型；最后，构建了一种兴趣导向和终身学习的和谐教育模型，并以西交利物浦大学的实践说明了模型的应用。

关键词：教育转型；个性化教育；兴趣驱动；终身学习；心智模式；和谐管理理论；和谐教育模型

HeXie Education Model

—The Growth and Being Human with Personalized，Interest-driven and Lifelong Learning

Abstract：In the upsurge of global reflection and reshaping of education，firstly，it is necessary to recognize how education is truly people-oriented，so as to determine the correct direction of transformation. Secondly，it should be clear that human-focused is to support the whole process of learning，growing and being human in life，and based on the HeXie management theory，it puts forward the development model of life，the core of which is mindset building. Thirdly，in the practice of global education transformation，we should find a more abundant learning and education model that can cover the whole process of learning，growing and being human. Finally，the HeXie education model of interest-oriented and lifelong learning is constructed，and its application is illustrated by the practice of XJTLU.

Key words：educational transformation；personalized education；interest driven；lifelong learning；mindset model；HeXie management theory；HeXie education model

教育关乎每个人的人生，也是人人可谈、天天融入其中的人生实践。然而，在日益不确定、模糊、复杂、多变（uncertainty, ambiuguity, complexity, changeability，UACC）的当代，教育似乎被混沌的社会潮流簇拥着找不到北或被裹挟着偏离了航线。无论理论还是实践，教育的发展似乎都不尽人意。人们对教育痛心的批评、无奈的抱怨、恳切的愿望不绝于耳。

全球"反思教育、重塑教学、再定义学校"的浪潮滚滚，中国社会期盼教育变革，特别是高等教育疾呼"以本为本""四个回归"的声浪也此起彼伏。在这样的时代背景下，本文将再度审视和深思教育的内涵，认知教育之本和发展趋势，分析实现教育根本使命的有效途径，并结合我及我们团队发展的和谐管理理论，构建一种支持未来社会个性化的、兴趣驱动的、终身学习的教育模型。

一、教育之本：改变人和提升人

"大学之道，在明明德，在亲民，在止于至善"（《大学》），教育的宗旨集中在人本上，弘扬光明正大的品德，使人弃旧图新，以达到最完善的境界。教育，从社会价值观角度看，无论强调个人主义视角下的自我发展，还是重视集体主义视角下根据社会需求的人才塑造，其核心或"本"依然是"提升人和改变人"，以帮助人们实现蜕变和成长的螺旋升级；从认识论角度分析，无论是重视客观世界认知的知识传授，还是强调主观学习构建的能力提升，其根本使命是通过知识学习和训练，升级人对世界的认知以及与世界共处的能力；从心理学角度讲，无论是认知上从入世的预设到继承基础上"代代重启"，还是生理上从基因遗传到成长和为人的社会化过程，都在努力帮助人类认知自我和融入所处的时代。一言以蔽之，教育是育人的事业，是围绕"人"帮助其"学习、成长与为人"的旅程。

随着技术环境的翻天覆地变化，现代社会形态以及各种范式面临转型或革命，教育自然也需要变革和相应的转型，如传统教育的目标是帮助人们消除无知，而现在人们很难无知；传统教育中学生必须走近老师和进入学堂，现在学习可以随时随地以廉价的方式进行；传统教育强调知识传授，现代教育慢慢转向"智识"、能力和心智的提升；工业革命后的传统教育日益专业、实用和"批量生产"化，但随着数字化、人工智能和智能机器人的崛起及其对技能性工作的取代，未来教育需要重视个性化、强调人的素养和造诣提升，知识融合、行业整合、创造性及领导力的造就等。换句话说，在当代环境下，要守住教育初心，必须深刻认知技术对教育的影响及其对传统教育模式的颠覆，并升级教育，方能按照初心实现教育之本。

在前所未有的大量颠覆性技术推动下，要避免被颠覆，教育必须通过颠覆性创新获得新生。根据上述挑战和趋势，未来教育急需迅速转型升级。在理念上需要从学校和老师主导的以知识传授为主的教育，转型到以学生健康成长为目的、以兴趣为导向、以学习为中心的教育；在途径上，需要将在线教育、网络学习和现场教育、研究、实习、创业以及新技术援助相融合，整合各种资源，构建各种丰富多彩的教育平台，在老师和各类导师的指导下，实现兴趣导向的、个性化的和终身的主动学习；在形态上，各种教育组织包括大学，通过自己教育理念和哲学的追求，形成自身教育品牌，然后构建自己线上线下、国内外整合资源的网络体系，营造具有自身特点和强大比较优势的一系列有主题的国际化卓越中心，以此吸引那些喜欢该品牌和对这些主题领域有兴趣的学习者和探索者，形成教育创新和创业生态资源或支持兴趣导向的终身学习和创新创业的社区。

然而，遗憾的是，众多的教育利益相关者往往陷入一种无形的网中，明知道需要改变但却不能自拔，甚至还以为了学生成长和未来发展的名义勤奋地走在错误的教育实践的路上。首先，害怕输在起跑线上，学生和家长早早地就融入了各类知识和特长培训的角逐中，但常常以牺牲小孩天性为代价；为了一张名校入场券，家长穷尽一切努力，甚至不惜代价，但却忽视了学生的兴趣和全面发展。其次，各级政府也想尽办法抑制这种扭曲的实践，但无奈庞大的市场需求和趋利动力，禁而不绝，而且花样不断翻新。第三，学生一直围绕着考高分、进名校的目标在父母和学校呵护下长大，兴趣、探索精神、独立能力等慢慢被扼杀或泯灭。好不容易进入大学，为了释放长期的压抑，一些同学放纵自己，沉迷于网游；或又急忙加入新的刷分、考证和学历学位的追逐，忘却了教育的真谛。第四，大学领导和老师也非常的无奈，知道应该改变，但似乎是被一张无形的网捆住了手脚，在努力地做那些背离教育目标、甚至自己都认为不对的事情。第五，教育主管部门也很困惑，我们在努力简政放权，学校总是抱怨没有自主权；我们在努力推进教育回归本质，却发现学校和老师的实践常常偏离方向；我们在努力推出各种各样的创新工程，却看到学校和老师痛苦地陷入各种申请书和报表的准备中，无暇跟上时代进行必要的教育变革。

面对时代的挑战、未来的需求、社会各界的压力，保持教育初心、回归教育本质已经不是一个需要争论的话题，而是一个迫在眉睫、必须立即推进的实践问题。当然，如此复杂的社会问题涉及体制、管理体系、世俗习惯、社会文化等因素，但从理论上厘清回归教育本质、实现教育价值的基本原理和有效实践路径将是转型的基础。

二、教育之路：学习、成长、为人与和谐心智

"德国教育之父"洪堡曾指出："教育是个人状况全面和谐的发展，是人的个性、特性的一种整体发展。教育是一个人一辈子都不可能结束的过程，教育是人的自身目的，也是人的最高价值体现。"乌克兰卓越教育家、思想家、作家苏霍姆林斯基也提出，"真正的人是具有和谐的，多方面精神生活的人"。然而，一个人要真正成为"和谐之人"，需要从小踏上学习、成长和为人的旅程，然后尽其一生的努力。换句话说，生命的过程就是学习、成长和为人。学习不只是知识、技能的摄取，或者人生阅历的积累，更重要的是获得心灵（潜意识和主观意识）

的成长。而成长不仅是年龄的增加和身体发育的成熟，更是个性的形成，人格的独立，思维和行为模式的养成，自主学习、自我管理和为人处世能力的不断提高和升级等。在成长过程中升华了为人，而为人处世是人心灵和能力的外在显现。由此看见教育的意义，也可深刻体会到教育的过程绝非毕其功于一役，更不是哪些证书或学历学位可以代替的。爱因斯坦曾明确指出，"学校的目标始终应当是：青年人在离开学校时，是作为一个和谐的人，而不是作为一个专家。"中国历来也有"成才先成器，成器先成人，成人先立德"之说。我在回顾自己成长旅程时深有感悟地写道："学习要回应心灵的呼唤，教育要支持生命的意义！"

为了克服当前社会"学习意识"浅薄、"成长意识"浮躁、"为人意识"功利酿成的种种教育问题，应对 UACC 和互联、数字、智能时代的种种教育挑战，人类需要再出发，探索"和谐人生"之路。

在 20 世纪 80 年代，围绕如何更有效地生存于 UACC 世界，我提出了和谐理论 [1]，后与团队一道将其发展成为和谐管理理论，其世界观是：人类活动是不确定和多元的，是有限干预下的演化，其演化过程充满了博弈，人的学习与成长决定了其在该演化过程中的地位、作用和影响力。基于此，和谐管理理论提出了一套更有效干预复杂系统演化和解决复杂问题的理论框架，包括愿景和使命、和谐主题、和则、谐则及和谐耦合五个核心概念 [2]，如图 3.1 所示。其中愿景和使命可以是人生发展的定位和长远目标，一般与环境弱相关，具有相对稳定性和战略意义；和谐主题是人在特定时期的阶段性发展目标和要解决的关键问题，随成长和事业发展可能漂移或调整；谐则是人利用学习和继承的科学知识，通过科学设计和优化降低不确定性的规则和主张，如科学规律、规范做法、制度、流程和架构建设等，科学设计和优化是构建谐则体系的主要手段；和则是在人类文化、经验、艺术和智慧积累基础上，通过自身能动性和创造性应对不确定性的规则和主张，创造欲望、自由意志、激励机制、工作环境和创新文化的建设及创新生态的营造是运用和则的主要手段；和谐耦合是根据愿景和使命，在特定的和谐主题下，通过融合谐则与和则体系共同应对 UACC 的机制和动态调整或优化的过程。此外，个人的造诣、创新意识、智慧、领导力和驾驭力在愿景与和谐主题的确定、和则与谐则的耦合过程中扮演着关键角色。根据和谐管理理论，当面对特定的重大挑战或复杂问题时，应瞄准愿景和使命，分析特定阶段的和谐主题，并根据和谐主题来构建谐则与和则体系以及耦合方式，然后在发展中根据环境和运行情况不断进行动态调整和优化，直到进入下一个和谐主题的"愿景和使命—和谐主题—和则与谐则体系—和谐耦合"的循环。

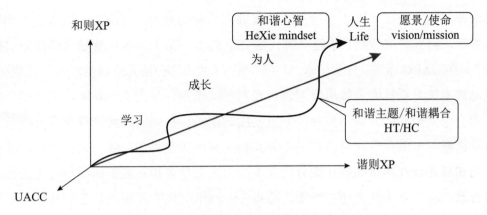

图 3.1　基于和谐管理理论的人生观与教育观

该理论为 UACC 世界学习、成长、为人提供了一个参考体系，深入理解和正确运用之，可以武装人，使其拥有更有效的人生、发挥更大作用，以更充分释放人生价值。因此，如能参考此理论帮助学生孕育符合这个时代的心智模式，教育的价值会得以释放，转型和升级也会逐步实现。对此，我曾专门撰文分析 [3]。

心智模式是深植我们心中关于自己、别人、组织及周围世界每个层面的假设、形象和故事，并深受习惯思维、定势思维、已有知识的局限。心智模式对每个人的行为方式、观察事情的角度和看法、思维模式有深刻影响，它会惯性地让我们将自己的推论视为事实，从而影响我们行为的结果，并不断强化。不同的制度环境和文化基础也会影响心智模式的形成，如东西方人会有明显的心智模式差异，每个人的心智模式也会不同。心智模式常是不完整的，但人们往往难以意识到其缺陷的存在，所以会深陷其中而不自知。因此，心智模式的不断升级和完善是人们更好地学习、成长、为人的基础，自然也是以人为本的未来教育的核心关注点。

UACC 世界运行范式和逻辑的改变冲击着人们的现有心智模式，如人们需要从传统的关注个体转向关联互动、从强调控制转向学会适应、从重视相对确定的设计优化到关注动态的系统演化、从习惯于相对稳定到学会变化管理、从客观的观察者到卷入其中的参与者，等等。为此，基于和谐管理理论，我提出了一种新时代的和谐心智，即：①"动态演化的系统观"，系统地、动态地看待事物及其环境和发展，捕捉有意义的变化、有价值的趋势，形成人生发展定位、基本的发展模式和长期目标，即愿景和使命；②"主题思维和整合能力"，UACC 时代，拥有长期稳定的战略已经很奢侈，往往需要通过一系列阶段性核心任务或关键议题或子战略（和谐主题）的演化实现愿景和使命，在这一演化过程中，围绕愿景和使命的主题思维会确保路线和方向正确；另外，针对 UACC 时代知识、资源、需求碎片化的特征，围绕主题通过网络进行整合的能力，不仅利于创造价值和分享价值，而且将成为屹立于这个时代的竞争利器；③"东西智慧融合和创新的能力"，在UACC世界，片面追求"科学"或"人性"都会沦为幼稚甚或陷入死胡同，既见树木又见森林的立体思维习惯以及科学（谐则）与人文（和则）互动的分析能力会帮人们看到真谛、整合西方重制度、逻辑、科学的心智特点和东方擅长艺术及模糊和不确定性应对的优势，并根据未来世界趋势加以融合和再造，这种谐则与和则并行互动且螺旋式融合提升的能力，会孕育相对竞争优势和过人的视野和智慧；④"多元共生动态平衡的造诣"，网络时代的逻辑是共享和共生，发展途径是营造生态系统，从而整合资源，刺激创新和创造价值，再通过网络分享价值，然而，面对UACC，人们极易被各种杂乱无章、似是而非的信息、眼花缭乱的时尚所左右和吸引，失去方向和自我。清晰的愿景和使命可以防止迷失，和谐主题可以帮助抓住每个阶段发展的核心任务，谐则与和则体系的可以支持生态体系的构建，但这个多元共生生态体系的维护和驾驭依赖于上述几方面的有机融合和适时调整，即和谐耦合，因此我们需要随时保持战略的清晰（愿景使命导向）、工作重心的聚焦（主题思维）、对趋势的洞见和对突变或转向的敏锐（和谐主题的调整和漂移）、生态系统的营造（根据和谐主题对谐则与和则体系的恰当运用）、上述几方面有机耦合的和谐生态的维护；⑤"突破现状、升级和谐的远见和魄力"，生态系统的和谐永远是相对的，随环境变化与发展阶段需要不断升级，因此孕育、保护和促进边缘或颠覆性创新（edge or disruptive innovation）的能力，适时促进生态系统不断升级即成为持续发展的最高智慧。

心智的形成是在一定的教育生态和文化环境下，通过一个演化过程慢慢孕育的，如图3.1所示。为此，教育理念和体系的转型是关键，教育生态和文化的形成是基础，教学模式的升级是途径。

三、教育重塑：世界范围的探索

针对眼花缭乱的颠覆性技术的涌现和UACC的挑战，教育探索和转型在全球蓬勃发展，世界一流大学纷纷行动，斯坦福发布2025计划，创立"开环大学"；牛津大学专门建立团队，梳理百年发展，以寻求变革之策；MIT重视创新创业教育生态营造；成立于2012年的美国密涅瓦大学尝试游学式教学、强调"全球化的体验"、提供终身支持；成立于2006年的西交利物浦大学（以下简称西浦）试图根据未来世界趋势和人才需求，整合美式教育的灵活性、英式教育的质量保证体系、中式教育的重基础，探索以学生成长为目标、兴趣驱动的、研究导向型的教育体系等。总体图景大体是：实践上，中国教育在目标上试图改变其根深蒂固的应试习惯，强调人本的发展；教学上，正在设法从其"内容导向的被动式教育"转型到"结果导向（OBE）的主动式教育"。但教育重塑需根据未来需求深入研究"结果"，即清晰理解未来人才的知识、素养、能力体系，并设法保证教育围绕着这些"结果"展开。坦率地讲，因种种制约，努力的效果有限。国际上有特色的探索是欧盟的调优研究（tuning study）[4]，从教育的目标（结果导向）分析、到课程和大纲及育人过程重塑，给出了比较系统的教育升级方案。教育部也与其在教育、工商管理和土木工程三个专业领域开展了合作，形成了中国背景下的教育调优方案。我作为中方首席科学家，组织了工商管理专业的研究，但遗憾的是这一优秀的教育实践尚未在中国获得推广。从理论角度看，也需持续升级教育认知和支持教学实践。例如，构建主义理论从哲学上将学习定义为学习者行为和思想的永久改变，强调意义获取。换句话说，那种传统的一门课一本教材，老师将教材内容打碎成许多知识点，课堂上老师讲知识点学生记知识点，考试复习时老师划重点学生背重点，然后学生考完重点得高分，得完高分忘重点，留下的只是高分，学生甚至没有深入理解所学知识的意义，思想和行为也变化有限，这种应试教育在当代日益失去了其存在价值；从角色上认为学习者天生具备创造力，能自我导向，而不把孩子看成需要定向或塑造的对象。其实教育家和思想家苏霍姆林斯基也曾指出："人的内心里有一种根深蒂固的需要——总想感到自己是发现者、研究者、探寻者。在儿童的精神世界中，这种需求特别强烈。"因此，教育者要将自己看成指导者和资源，引导和帮助学生释放其探索的天性，并不断强化和提升其能力，而不是为了应试慢慢泯灭其兴趣和探索本能。世界上没有才能的人是没有的，问题在于教育者要去发现每一位学生的禀赋、兴趣、爱好和特长，为他们的表现和发展提供充分的条件和正确引导。因此，在教学上，尽管学习始于课堂（现在课堂的形式也日益丰富多样），但主要发生在学习者将知识应用于实际环境的过程中，并最终改变价值观和行为。苏霍姆林斯基接着指出，"如果不向这种（发现、研究和探寻）需求提供养料，即不积极接触事实和现象，缺乏认识的乐趣，这种需求就会逐渐消失，求知兴趣也与之一道熄灭。"那么，教师要学会以有趣的问题或现象，努力地为学生创造这种学习环境，并根据学生特点和成长规律，设计场景，帮助学生积极主动有效地融入这样的学习过程，以释放学生的潜能。由此可见，当下很多会教授知识的老师需要迅速转型为教育者，即懂育人规律、能够帮学生学会学习和成长的专家；在评价上，既然学习是学习者转变和提升的一个旅程，就需要有机整合过程评价和结果评价，不只是依赖一两次考试给出学习成绩，更重要的是帮学生理解其获得的进步和需要继续改进或提升的方面。这样才有助于学生获得有价值的学习体验和真正的成长。

为了实现上述教育目标，业已形成了各种各样的学习模型，例如 Kold 的经验学习模型（experiential learning model，ELM），如图 3.2 所示，强调通过积极参与、体验、反思和概念化过程获得成长。

	concrete experience 具体经验 ↓	
active 主动实验 experimentation		reflective 反思 observation 观察
	↑ abstract 抽象概念 conceptualization ←	

图 3.2　Kolbr 的经验学习模型

再如主动学习理论，将学习活动（听、课堂讨论、小组活动、辩论、模拟演练、支持学习的教学）与认知过程（记忆、理解、应用、分析、评估、创造）相呼应，形成了 Bloom 的两阶学习分类法，即从一阶的事实知识（factual knowledge）学习到二阶的审辩式思维（critical thinking），如图 3.3 所示。

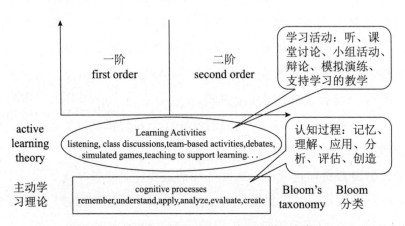

图 3.3　主动学习理论与 Bloom 的两阶学习分类法

在上述模型的基础上，Mohan 教授根据知识类型（事实性知识、概念化知识、程序性知识和元认知），引入 Bloom 的分类法，并将 Kolb 的经验学习模型和主动学习理论相整合，形成了一个更系统的学习模型[5]，将学习分为一阶学习、二阶审辩式思维、二阶经验学习和深度学习四个象限，如图 3.4 所示。

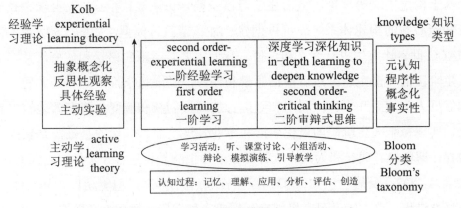

图 3.4　Mohan 的整合学习模型（Mohan 2019）

这些教育理论和学习模型促进了教育认知的深化和实践转型，冲击着中国当下仍在普遍践行的内容导向、被动学习和应试式教育，当然也为其提供了变革的启示和转型的方向。然而，面对 UACC 世界对人类的挑战，特别是大量颠覆性技术对教育转型的迫切需求，这些模型仍需完善：首先，它们将焦点集中在传统的学习阶段，而尚未延伸至终身学习过程；其次，对当下新教育环境和技术的影响考虑不足；第三，对未来学习过程前移，学习、成长、兴趣追求和事业发展逐步融合的社会生活新趋势未给予足够关注和支持。因此，需要发展和完善新的教育模型，以支持日益迫切的个性化、兴趣导向、终身学习和创新创业相融合的新趋势。换句话说，我们需要建立新的能够涵盖人的"学习、成长、为人"全过程的更为丰富的学习和教育模型，来指导未来的教育发展。

四、兴趣导向和终身学习的和谐教育模型

图 3.1 示意了根据和谐管理理论构建的人生发展模型以及和谐心智与教育观。教育绝不是帮学生获得不同阶段的各种证书和学位，教育的目的是帮助孩子健康成长，支持人们实现人生的意义和价值，因此应贯穿于整个人生过程，不同阶段的那些学历和证书只是人们在学习、成长和为人过程中追求人生意义和价值的副产品，充其量是人生道路上的一些带有标示意义的里程碑或痕迹而已。

人生从学习开始，以继承和构建基本的知识体系，训练生存和终身学习能力；进而获得持续的成长，即形成或不断升级自己的理想，并按兴趣和理想持续努力地提升自身的造诣；这样就可以实现有尊严和影响的为人，活出有意义和价值的人生。为了响应心灵的呼唤，实现更有价值的人生，学习和教育的核心是支持人们心智的不断升级，从而能帮助人们应对日益 UACC 及充满挑战和危机的世界。

基于构建主义等理论，将上述学习模型整合进图 3.1 所示的人生观、教育观以及和谐心智的构建体系，便可以创建一种和谐教育模型，如图 3.5 所示。为了在 UACC 世界让人生更有意义和价值，我们需要有清晰的愿景和使命，并形成每个人生阶段的和谐主题；然后根据愿景和使命，围绕每个阶段的和谐主题，利用谐则做好人生规划和设计；利用和则进行能动性创新和应变；再有效地将二者相耦合，实现每个人生阶段的最优生活和事业发展。而这一切的基础，是获得成功的教育，即学习、成长和为人。这种贯穿于终生的教育包含 5 阶学习，即 Q1：继承性学习；Q2：反思性认知；Q3：探索性整合；Q4：兴趣驱动性积累；Q5：心智升级性进步。这 5 阶学习有机耦合，构成一种螺旋式循环上升模式。其中：

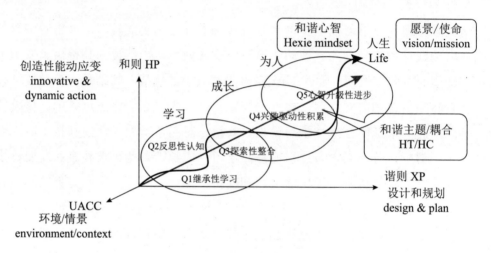

图 3.5　和谐教育模型

Q1：对应于谐则体系。也就是说，为了有效地设计和规划人生，人们需要"继承性学习"，即学习和掌握人类已积累的科学技术和知识，它们大都是显性知识。

Q2：对应于和则体系。为了融入复杂的现实世界，特别是应对各种突如其来的不确定性、复杂性和模糊性，人们需要相机行事、能动致变，因而需要"反思性认知"，通过审辩式思维了解真相，通过反思性学习获得大量隐性知识，并不断强化自身主动性、敏锐性、应变力。

Q3：对应于和谐耦合。强调在 Q1 和 Q2 必要的显性知识和隐性知识的学习积累的基础上，真正的成长还依赖于根据面临的问题、现象和疑惑进行"探索性整合"，从而形成对世界和面临问题或挑战的更系统化的认知，也不断提升自身知识积累、思维能力、心智模式。

Q4：对应于和谐主题。面对浩瀚无垠的知识世界、无尽的人类经验总结、令人眼花缭乱的技术和工具，再伟大的学习也难以穷尽这些宝藏。因此，有效的人类学习是根据理想和各阶段和谐主题，有选择地学习和持续性积累，即"兴趣驱动性积累"，从而实现在某个领域的深厚造诣。

Q5：对应于和谐心智。如前所述，所有学习和经验都会汇集于心智的改变，积极有效的学习和教育会帮助人们不断升级心智，使人在成长和为人上不断进步，也即"心智升级性进步"。

图 3.5 中，Q1~Q4 呈现一种螺旋式上升的演进形态，推动着心智模式不断升级。其基本逻辑是：瞄准人生定位，即愿景和使命，围绕着人生各阶段的和谐主题，人生旅程慢慢延展，逐步呈现出人生演进和发展的轨迹。当人们年幼时，当然无从谈起人生愿景和使命，但随着成长和有意识，便会产生兴趣和追求，此时的学习和成长受家庭、社会、教育体系和身边人的影响，换句话说，教育环境、自身努力、路线选择既影响心智的形成也受心智的影响，进而支持愿景和使命以及各阶段和谐主题的确定，最终造就了人生演进方向和路线，使人走上不同的道路，呈现出多样人生。无疑，在成长过程中，正确、良好的学习和教育环境会使人们更准确地认知自我和世界，从而会孕育强大的心智模式和形成更合适的人生兴趣、理想、定位。

这种教育模型的有效实现，自然需要教育理念和教学模式的一系列调整。例如，在国内外教育重塑的大背景下，以变革和影响教育为使命的西浦，利用其新建和国际合作的优势，积极探索适应未来趋势的教育新模式，以促进教育转型[6]。

基于和谐教育模型，西浦在理念上强调知识学习只是手段，教育的根本目标是帮助学生成长；形成了教育和学生成长的五星模式，包括素养、能力和知识三个五星体系以及教育策略和支持系统两个五星体系[7]，如图 3.6 所示。

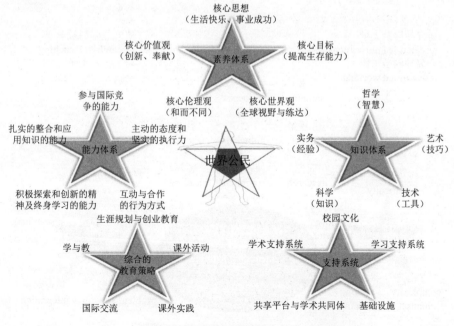

图 3.6 西交利物浦大学五星育人模式

西浦设法帮助学生快速转型，即从孩子到年轻的成人再到世界公民；从被动学习到主动学习再到研究导向型学习；从盲目学习到兴趣导向学习再到关注人生规划。帮助学生健康成长、孕育理想、学会学习、养成终身学习的习惯和有社会价值的为人准则，并建立了系统的学生成长支撑体系和网络，如图 3.7 所示。

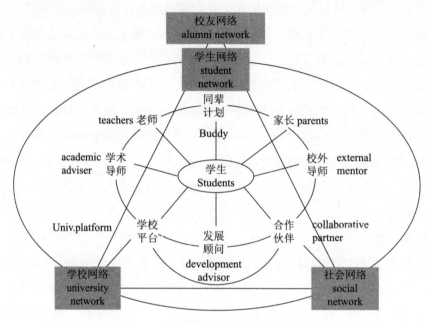

图 3.7　西浦学生成长支撑体系和网络

为了全面提升学生各种能力和不断升级和谐心智，西浦倡导和全面推进研究导向型学习[8]，如图 3.8 所示。

图 3.8　西浦的研究导向型教育

特立独行 和谐教育之路

和谐教育模型在西浦的实验初步得到了社会的认可，并通过给国家的政策建议、各种学术文章和活动、西浦组织的全国教学创新大赛、大学教师发展联盟的教师提升活动、各类培训班等正在撬动中国教育变革和转型。

参考文献：

[1] 席酉民. 和谐理论与战略[M]. 贵阳：贵州人民出版社，1989.

[2] 席酉民，熊畅，刘鹏. 和谐管理理论及其应用述评[J]. 管理世界，2020（2）.

[3] 席酉民. 未来教育的核心：心智营造——以西交利物浦大学孕育"和谐心智"为例[J]. 高等教育研究.

[4] WAGENNAAR R, GILPIN A, BENEITONE P, et al. Tuning in China: an EU-China feasibility study into the modernisation of higher education[M]. Deusto University Press, 2015.

[5] TANNIRU M, PERAL J, Digital leadership in education, 2019.

[6] 席酉民. 理性狂言——教育之道[M]. 北京：中国人民大学出版社，2016：3-9.

[7] 席酉民，张晓军. 我的大学我做主——西交利物浦大学的故事[M]. 北京：清华大学出版社，2016：53-88.

[8] 席酉民，张晓军. 我的大学我做主——西交利物浦大学的故事[M]. 北京：清华大学出版社，2016：89-129.

（作者简介：席酉民（1957—　　），男，陕西长安人，西交利物浦大学执行校长，西安交通大学管理学院教授，管理学博士，从事教育管理、和谐管理理论研究。）

3.3 特立独行：合"规"性与独特性的和谐优化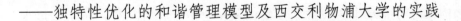

——独特性优化的和谐管理模型及西交利物浦大学的实践

创新和开拓新事业，一定会遇到已有规范的约束。一种约束形态是限定了可行的行动空间（可行域）。对于事物发展途径非常明确的任务，这样的设定有利于行动的效率,且可减少探索成本。但对于那些发展前景和途径未知或模糊的任务,朝哪儿走和怎么走尚不清,此时另一种约束形态是明确不可行或禁入领域,如"负面清单"概念,法无禁止皆可行,从而使探索空间无限。还有一种在后者基础上改进的设置,即"负面清单"的无限探索空间虽有利于创造性的释放,但有时探索效率较低,如果能借用人类已有经验和知识积累,则可提高探索效率,如"正面清单"概念,列出探索空间里那些比较明确的方向和可能性,给予探索者一定的参考或指导。

约束设置机制自然会影响创新和发展的战略选择,约束及其下的行动部署是战略这枚硬币的两个侧面。例如,走独特性还是同质性发展道路?规范性的约束会促进同质性的形成,同质性发展虽然可对标、稳妥,但要具有竞争优势,也需要以独特性道路或手段脱颖而出;独特性利于形成相对优势,但却挑战着战略驾驭力。因此,无论哪种途径,均需要独特性的努力。

任何创新或开拓性发展都面临合规性约束下如何追求独特性的问题。中国改革开放初期的很多实验都是突破规范性寻求独特性的范例,如深圳特区的开发以及许多市场建设和企业创新,再如现在遍地开花的自贸区和疫情危机面前的大量新创举。所以,无论是理论上还是实践上,这都是一个非常有趣的战略话题,本文试图从实践、理论、优化手段几个方面对此进行初步分析。

一、实践的呼应

西交利物浦大学(以下简称西浦)经过 10 年成功发展,如何更上一层楼?这一直是盘旋在我脑际的重要问题,以岗位职责也是我必须随时有清醒答案的问题。

此时,恰逢西浦双方合作母校主要领导同时调整,也导致董事会主要领导更替,我需要通过恰当沟通,使大家深入理解西浦的愿景和使命,特别是其发展战略和路径选择,以在西浦后续发展上明确方向和达成共识。在这一关键时刻,作为一线负责人,辅助董事会面向未来,在战略上确保西浦长远可持续发展是我的重要责任。下面这段话即是在西浦发展进入第 2 个 10 年的启动之际(2017 年 2 月 18 日),我发给董事会英方主要领导的邮件。

亲爱的同事:今天早上,我读了一篇学术论文《优化独特性:扩大制度理论与战略管理之间的互动》[①],该文进一步验证了"企业应最大限度地发挥独特

① ZHAO E Y, FISHER G, LOUNDSBURY M. Optimal distinctiveness: broadening the interface between institutional theory and strategic management[J]. Strategic Management Journal, 2017(38): 93-113.

特立独行

和谐教育之路

性，尽量减少其同质性"的核心思想，换句话说，"企业应在保持其基本合法性的条件下最大化其独特性"。这从理论上解释了西浦前 10 年采用的比较优势战略的合理性，并将背书西浦坚持独特的长期发展战略和规划。实际上，考虑到西浦影响未来教育的使命及其长期可持续性发展，符合未来市场和教育行业发展趋势及需求的独特性将是西浦的生命线。建校后，西浦放弃了简单拷贝国际合作院校模式的通行做法，坚持根据未来趋势和需求，整合中外高等教育最优实践，探索办学模式、育人理念、教育体系、组织架构以及与社会的互动关系，使西浦脱颖而出，而且逐步成为高等教育最优实践的一个研究和传播基地。随着中国高校改革的深入和政府的大力投入，中国大学国际化程度与日俱增，越来越多的国际合作大学相继诞生，这必然会带来更激烈的竞争，如果不继续加大探索和变革的力度，西浦已经形成的相对竞争优势会逐步减弱或消失。我们筹划的融合式教育（Syntegrative Education，SE）项目将是西浦进一步区别于同行、强化其独特性和相对优势的一项战略举措，可通过探索另一种高水平国际化应用精英教育的新模式，使西浦成为该领域的全球领导者。因此，我们会跳出当前的职业教育或专业培训套路，将进行一系列颠覆性的突破：在教育上，我们试图将通识教育、专业教育、行业发展和创业教育相融合（syntegration）（synergy 协同 +integration 整合），发展一种融合式教育的模式；在运营上，我们计划建设一个全新的体系及整合性的商业模式，即一个大学、企业、行业和政府有机融合的系统或大学形态，以支持新的教育模式的实施。目前，许多教育工作者和大学也意识到探索新的途径来培养学生，以让他们在雇主面前更加成熟，在全球市场上更具竞争力。但不幸的是，绝大多数被他们当前的系统所困扰，或者他们的手脚被现有环境所束缚，虽然行动者众，但突破性方案少。而西浦相对中国国立大学而言具有后发优势，没有历史包袱，且具有较大的灵活性；相对中外合作大学来说，又具有先发优势，我们有 10 年办学积累的经验、声誉和信任；还具有规模效应，西浦是最大的中外合作大学。因此，可以大胆出击，将 SE 项目作为其争取独特地位的重大战略手段，继续扩大其相对竞争优势。可以预见，通过此轮竞争，西浦必将拥有更长期的竞争力和发展机会，有可能成为全球教育探索的领导者之一。我希望以上的解释能够帮助你们了解 SE 项目对西浦发展的潜在价值，并在即将召开的董事会上予以支持。谢谢。

从这封信大体可以窥见西浦发展的基本战略逻辑，即追求最低合"规"性（legitimacy）基础上的独特性（uniqueness）最大化。

二、理论与实践的纠结

北京大学国家发展研究院管理学教授马浩博士在《游走独特性合法性之间的战略管理》（http://finance.sina.com.cn/leadership/stragymanage/20060303/13262389487.shtml）一文中指出，"长期地赢，需要持久地优秀和与众不同。然而现实是过于独特而遭受敌视，过于强势则招致讨伐，因为他们打破了某种平衡。"他认为上述"优化独特性"一文强调企业要最大限度地独特，最低限度地合法，也即最低合法基础上最大化独特性。合法性能从容正当地获取资源进行经营，独特性能获取竞争优势从而胜出。因此，再优秀的企业也必须在追求独特性和社会合法性之间寻找一个恰当的平衡点，以期在全球化中保有持续的竞争优势。战略就是要保持独特性与合法性之间的一种平衡。

在西浦发展过程中，我们在践行和验证该理论的观点。西浦因其中外合作办学的性质，本身又是高教新兵，决心不走寻常路，所以创新和独特就是其基因的一部分。这必然导致其发展过程中遭遇传统习惯、行为模式、管理体系、制度政策、法律规范、治理体系、社会文化等方面的阻力和挑战，所以合法性是西浦这样的幼小生命的生存基础。然而，如果不敢突破，走中国传统大学老路建设西浦，虽然稳妥和安全，就会落入已不适合未来发展趋势和需求的窠臼，其生存的逻辑荡然无存，因为中国已有三千所左右的大学，多一所不多，少一所不少。如果照搬英国已有模式办西浦，保持原汁原味的英伦教育，虽然在中国市场上有一定国际化优势，但在全球教育已落后于时代需求正在重塑的关键时期，这样做虽然轻车熟路，但会沦为复制一个需要重塑的"落后"（从时代发展趋势和需求角度讲），放弃突破机会，这不符合创办西浦的使命和逻辑。肩负探索和影响未来教育使命、寻求长期发展空间的西浦，必须基于未来趋势和需求塑造新的发展模式和教育理念，因而必须大胆突破现有体系和环境约束，但不顾一切的突破一定面临危机甚至灭亡。所以，在西浦发展初期，我们在追求创新和独特性的同时，必须清晰和坚守合法的底线，因为起步阶段和非常幼小的时候，任何一件小事件都有可能葬送其发展。坦率地讲，虽然我们拥有突破和大胆创新的雄心，却一直如履薄冰、战战兢兢地行走在合法与突破传统和习惯、大胆变革和敢于独特的刀刃上。

理性深思，最低合法性似乎是一个错误的命题，既然是法，就必须满足，何来最低化？其实这里指广义的法，其本意是法律法令，但广义而言其形态是多重的，有硬性的法规，还有依据情景的制度、政策、标准（严格执行或参考）或演化形成的不带有强迫性的规范或习惯做法（模式）、道德文化（范式）、公众或社会的普遍心理认知、倾向或偏爱等。这样，合法性就有了选择性。具体到办学，均需依法注册和治理，这是指法律意义上的法，如中国宪法、中外合作办学的组织法《中外合作办学条例》，必须遵守。但处在变革和重塑时代，除"法"的硬约束外，其他的"规"在不同程度上可视为软约束，一般都有情景依赖性，换句话说可视情况有改进或变革的空间。例如一些制度或政策或规定已经过时，还没有来得及变革或正在探索变革，如以市场机制办学的价格审批制度，本身需要变革但暂时未改；还有一些约定俗成或既成模式，比如应试的培养模式和教学组织方式等，早应改变，但因社会大环境和人们习惯的制约，无论家长、学校还是社会，大家陷入其中难以自拔，但在努力地（至少内心）设法挣脱羁绊；再如，对于办学和教育，当下的资源配置机制发明了很多"工程"或"项目"，也创建了很多评估指标和排名，毋庸置疑，这些东西已诱致很多学校和教育偏离本质，因此从中央到地方一直呼吁教育去行政化、回归本质、"以本为本"等。办学可以选择随波逐流，融入这种竞赛的潮流中，也可以选择独特，保持教育初心，坚守育人为本，并在新技术和现代社会环境下，兢兢业业精耕教育，给师生创造宁静的校园环境。自然，选择后者做特立独行者会失去很多机会和资源，但却有可能孕育出良好教育生态，抑或不断涌现出很多令人惊喜的人才和研究成果，从而赢得未来，等等。因此，广义而言合"规"性有很大选择空间，要追求更大发展空间就需要突破，善于向未来而生，根据发展愿景和使命，智慧地选择最小合"规"性。

如上所述，合"规"性无疑在风险控制和探索成本上相对较低。那么怎样平衡合"规"性与独特性，在刀刃上跳舞？实践上这是一个非常难解决的问题，因为它不仅取决于事业的性质、发展阶段以及所处的环境，还与治理体系和当下的领导及管理团队有密切关系。好的治理体系和强大的领导与管理团队，就有可能走合"规"性低独特性高的道路。反之，则可能选择轻车熟路的同质性发展，虽然这既安全又稳妥，但却是以未来发展空间和社会价值为代价的。

理论上看，Deephouse 等的理论渊源主要是制度理论（institutional theory）和战略理论（strategic management），前者（在社会学和组织理论范畴）主要强调所谓的 Isomorphism，即一个组织在其生态环境中要"合群"合规，正当合法。后者（无论是产业定位还是资源特点）主要强调战略的与众不同，即发展那些能够带来竞争优势的组织独特性。那么如何实现独特性和同质性这一矛盾主体的相对平衡（balance）？该文在原有理论基础上改进了差异化的概念和测量，在多时空情境下用多维度营造企业独特性从而满足不同利益相关者的诉求。具体讲，不是在二者间简单取舍（trade-off），而是设法优化（optimize），从而有效地管理组织的特殊性（distinctiveness）或独特性（uniqueness）。作者引入了协配（orchestration）、股东多样性（shareholder multiplicity）、管理时效性（managing temporality）三个主要概念。在协配角度，自然回到两元性（ambidexterity），即整合性协配（integrative orchestration）与补偿性协配（Compensatory Orchestration），强调新老企业侧重会有所不同；而股东多样性强调如何通过产品与地域组合以及市场活动与生产活动的不同独特性来满足不同利益相关者的需求；管理时效性主要考虑独特性与合法性优化基础是过渡性的还是长期性的。

马浩教授还提出了一些有意思的相关话题，如可否将合法性本身打造成独特性。我认为，首先，二者关注的问题侧重点不同，前者更强调发展方式或商业模式，后者则更多涉及共处规范。其次，在特定情境下前者可能转化为后者，如在法制非常不健全的社会，机会主义盛行，人们不按规则出牌，此时坚守法治和必要规则就可能成为独特性。如西浦发展早期，面对当时社会盛行的闹文化、寻租文化和机会主义，我们设法坚守依法理性处理问题，虽也可能遭到幼稚或不食人间烟火等指责，但不少人在心里很认同我们的追求。长期坚守，反倒会形成我们的风格和文化，如在大家依然沉浸在关系文化中不能自拔时，很多人明白在西浦办事按规则，找关系用处不大。最后，二者都是实现目标的手段，应基于发展使命或目标决定其轻重和灵活运用，如西浦在追求独特性而最小化合"规"性的同时，针对社会规则意识和职业精神的缺失，将规则、职业精神的坚守作为自己的独特性而不断强化；再如在教育质量备受质疑的当下，我们积极促进专业的国际认证，以较高的入门规格保证我们的教育质量。目前，西浦可能是获得专业国际认证最多的中国大学，这样认证的同质性恰恰凸显了西浦的独特性。为了不让形式上的同质性影响本质上的独特性追求，我们鼓励各专业站在国际标准上继续追求自身的独特性。

马教授还提出了一个更有趣的问题，什么时候不需要企业独特性的平衡或优化，可以做到所谓的一俊遮百丑？我认为只要有人类和自然界的存在，独特性就不会消失，独特性的平衡和优化应该是领导和管理的重要任务之一。有意思的是，因为社会分工及多样性存在，任何组织难以也无必要做到事事最优，若能恰当运用独特性，有时确实因某方面的特别突出有事半功倍之效，一俊遮百丑。然而，追求独特性并非想掩盖其他发展不足，也许那些无关紧要的事情根本就没必要做，甚或应及时放弃那些没有价值的所谓的丑的方面。换种形象说法，长期可持续发展依赖独特性价值的红花灿烂，为此需要构建强大的、鲁棒（robust）的根系、枝干和绿叶支持系统。即使走同质性发展道路，在市场日益一体化的今天，也需要在某些方面超越同辈才能生存，所以坚持独特性和做强做大自己，才可以创造独特价值，这是一个系统问题，而非简单的孰轻孰重的权衡问题。

Deephouse 提出了独特性的权衡和优化问题，马教授的进一步追问，使我们深刻地认识到这一权衡和优化过程是一个复杂系统的设计、干预和演进问题，也许只在有关设计环节或局域干预措施的选择上有优化可言，而整体上是一个有限干预下的复杂系统演化问题。

三、和谐管理理论助力于复杂系统演进中的独特性优化

和谐管理的世界观是：人类活动是不确定和多元的，是有限干预下的演化，其演化过程充满了博弈，如合"规"性与独特性的均衡。基于此，和谐管理理论提出了一套更有效干预复杂系统演化和解决复杂问题的理论框架，包括愿景和使命、和谐主题、和则、谐则及和谐耦合五个核心概念[①]。其中愿景和使命是发展的定位和长远目标，一般具有相对稳定性和战略意义；和谐主题是特定时期的阶段性发展目标和要解决的关键问题，随发展可能漂移或调整；谐则是通过科学设计和优化降低不确定性的规则和主张，如制度、流程和架构建设等，科学设计和优化是构建谐则体系的主要手段；和则是通过参与者能动性的诱导演化以应对不确定性的规则和主张，激励机制、工作环境和文化的建设及创新生态的营造是运用和则的主要手段；和谐耦合是根据愿景和使命，在特定的和谐主题下，通过融合和则与谐则体系共同应对 UACC（uncertainty，ambiuguity，complexity，changeability，不确定、模糊、复杂、易变）的机制和动态调整或优化的过程。此外，领导在愿景与和谐主题的确定、和则与谐则的耦合过程中扮演着关键角色。根据和谐管理理论，当面对特定的复杂系统问题时，应瞄准愿景和使命，分析特定阶段的和谐主题，并根据和谐主题来构建和则与谐则体系以及耦合方式，并在发展中根据环境和运行情况不断进行动态调整和优化，直到进入下一个和谐主题的"愿景和使命—和谐主题—和则与谐则体系—和谐耦合"的循环。

西浦创建伊始，就以和谐管理理论为其发展哲学和管理方法论，而且后来还演化出了其教育的追求——"和谐心智"孕育[②]。自然，西浦最小合"规"性基础上独特性最大化的实践也受该理论的指导。从理论上说，上述合法性与独特性平衡需要参考系或基准，特别是在多利益主体的情况下，各自追求的平衡和取舍非常困难。但若借助和谐管理理论可以形成一种独特性优化的方法论框架。以下结合西浦融合式教育（Syntegrative Education，SE）战略的决策实践，来说明该优化体系和过程。

---

① 席酉民，熊畅，刘鹏 . 和谐管理理论及其应用述评 [J]. 管理世界，2020（2）.
② 席酉民 . 未来教育的核心：心智营造——以西交利物浦大学孕育"和谐心智"为例 [J]. 高等教育研究，2020（4）.

1 利用"动态演化的系统观"确定发展愿景和使命

系统地、动态地看待事业及其环境和发展，有利于捕捉有价值的趋势和需求，从而形成发展定位、基本的商业模式和长期目标，亦即愿景和使命，这是判断和确定独特性与合法性的基石。例如，西浦创建时必须明确其生存空间和商业模式，进而确定其愿景和使命，以确保其长期生存和可持续发展。从环境上看，因大量颠覆性技术的涌现，全球面临教育重塑，这给了西浦一个与世界一流大学站在同一起跑线上探索未来教育的千载难逢的机会，要真正实现创建西浦的价值，一定不是对任何已有教育模式的拷贝，必须深入研究未来社会发展趋势和人才需求，吸收世界最优教育理论和实践，创建新的办学模式、教育理念和大学支撑体系，也只有这样的大胆创新，才可实现西浦发展的独特性和生存价值。最后西浦确定了"研究导向、独具特色、中国土地上的国际大学和世界认可的中国大学"的愿景和在教育、研究、社会服务、教育影响四个方面的使命。这成为西浦所有重要发展决策包括独特性优化的基准。

2 围绕愿景和使命，确定各发展阶段的和谐主题

UACC 时代，拥有长期稳定的战略已经很奢侈，往往需要通过一系列阶段性核心任务或关键议题（和谐主题）的实现逐步履行使命和逼近愿景，在这一演化过程中，围绕和谐主题的思考和谋划，会确保路线和方向正确，所以和谐主题便构成了阶段性发展合法性和独特性优化的目标。围绕探索和影响未来教育的使命，西浦用了 10 年时间，在中外合作办学模式、大学运行体系、大学与社会互动关系、整合东西方优势形成自身育人模式，特别是对传统的专业精英教育模式的创新等方面取得了令人瞩目的进展。如我在上述给董事会领导的信中所言，此时若继续走现有道路，独特性优势会逐渐减弱或消失；但 AI 和机器人的快速崛起，传统的专业精英教育模式和老师及学校主导的知识传授型教学方式面临严重挑战，甚至老师会不会被替代、大学是否会破产已成为热议的话题，在这种背景下，若大胆突破，根据未来趋势创建全新育人模式，则可能引领未来教育，全新的 SE 孕育于这种背景下，将成为西浦下一个 10 年的和谐主题。其独特性不仅体现在育人模式上，还将为未来的大学概念和校园形态提供西浦方案。

3 运用谐则与和则体系，融合东西智慧，实现合法性与独特性的均衡

在 UACC 世界，片面追求"科学"或"人性"都会沦为幼稚甚或陷入死胡同，既见树木又见森林的立体思维习惯以及科学（谐则）与人文（和则）互动

合作会帮人们看到真谛，有利于整合西方重制度、逻辑、科学的心智特点和东方擅长艺术、模糊及不确定性应对的优势，这种谐则与和则并行互动会有助于平衡合法性与独特性，以支持围绕和谐主题的有效发展。当 SE 发展主题确定后，因其独特性，必然会遭受制度体系和传统习惯等方面的约束。如内部治理和决策上，必须获得董事会的首肯。为此，在充分认知 SE 的未来价值及其对西浦发展的意义的基础上，还需为保持基本合法性、冲破有关约束、争取外部的支持、获得必要资源和不影响当下发展等形成有效策略。中方合作母校西安交大的领导在听取我们的汇报后，认为这是西浦重要的发展机会，坚决支持。而英方合作母校利物浦大学因相对保守的英国文化和较僵化的学术体系，加上不太理解西浦所处的环境，我用了很大的精力与从法律、制度、体系（谐则）以及文化、习惯、家长的倾向（和则）进行了一两年的沟通，文章开头的邮件即是一例，甚至邀请英方主要领导深入合作地和伙伴单位考察和体验。因为 SE 培养模式大大突破了现有体系，他们既需要内部各种学术委员会批准，还受外部英国 QAA（高等教育质量保证机构）的认证。最后董事会终于有条件地批准我们继续推进。在与合作母校及董事会沟通的同时，还要与合作伙伴、省教育厅、教育部从谐则与和则两个方面进行系统的沟通和说服，并借助一切可以利用的力量推进项目的落实。例如当时刚好英国科学与教育部部长带领大学校长代表团访问西浦，我抓紧运作，趁机组织了项目签约仪式，英国部长、几十所大学校长、中方陪同人员集体为 SE 签约站台和背书，这种借势大大提升了 SE 的合法性，减少了前行的许多阻力。

4 通过和谐耦合过程达到最小合法性基础上的最大独特性的优化

面对 UACC，人们极易被各种杂乱无章、似是而非的信息、眼花缭乱的时尚所左右和吸引，失去方向和自我。清晰的愿景和使命可以防止迷失，和谐主题可使我们抓住每个阶段发展的核心任务，和则与谐则体系利于帮助我们实现合法性与独特性的平衡，但多元主体共生的复杂体系的维护和驾驭还依赖于上述几方面的有机融合和适时调整，即和谐耦合，以使我们达到可认知和预见情况下的最优。但在现实世界里，管理很难达到最优状态，而是一个从更好到更好的演化过程，因此我们可以围绕每个阶段的和谐主题优化，长期的发展则是从一个和谐主题到下一个和谐主题的持续优化，在这个演化过程中不但履行了使命，而且实现了从更好到更好地不断逼近愿景。具体到西浦，我们始终坚守愿景和使命导向，紧紧围绕各阶段的和谐主题，坚持主题思维，聚焦资源和能力，保证各阶段核心任务和目标的有效实现。如第一个 10 年重点是国际化专业精英教育的创新与升级（西浦1.0），第二个10年会集中在融合式教育的探索（西浦2.0），第三个10年将是教育与创新生态的建设（西浦3.0）。

和谐耦合是为实现和谐主题，使谐则与和则体系达到最佳的协配，我喜欢用融合（syntegration）描述，其中既有平衡，更强调围绕和谐主题的优化。平衡可以有很多状态，一般没有方向和基准，优化则是有目标的最优平衡，此处的优化目标就是基于愿景和使命确定的各阶段的和谐主题。例如，基于愿景和使命，西浦确定了第2个10年的和谐主题是创建行业精英培养的SE。为了有效实现该战略布局，在谐则体系建设上，我们说服董事会批准，请英国部长、大学校长、中国有关政府领导背书，设计了发展愿景、使命、商业模式、运行架构、课程体系、学位结构、训练过程等，选定了企业伙伴，确定了多赢的合作模式，明确了校园建设投资与运营方式，并做了长期财务均衡分析和安排等；在和则体系方面，通过与合作母校双方、苏州市政府、工业园区领导、教育厅以及西浦同事的充分协商和沟通，争取各方对SE的认知和心理上的赞同，并与学生和家长进行坦率交流，获得他们的青睐，以消除各方的顾虑，使他们对SE未来市场、社会价值及其可行性充满信心，并赞赏、信任和支持西浦持续创新和不断突破的精神等。在这些准备工作有条不紊进行的同时，我心里很清楚，尽管万事俱备，但SE探索的最低合法性是政府的批准、英方的学位授权、中方的专业许可。经过反复努力，英方学位授予已获支持，中方学科支持只能在现有体系下打擦边球前行。剩下的挑战是获得各级政府的正式批准，因为SE学科建设上的颠覆性，特别是还需异地建设校园，按照现行制度和习惯，获得批准的挑战很大。为获得教育厅的支持，在前期沟通的基础上，专门安排了教育厅的汇报会，说明SE探索是西浦发展的最优选择，而且教育厅还可通过西浦探索促进教育变革，所以这也是教育厅的最优选择，剩下的问题是如何在现有体系下做成这一带有突破性的伟大事业。其实，在与教育部领导沟通时，他们也高度赞赏西浦的探索，但说要按现在的程序根本无法获得批准。因此，我们的优化思路是，只要能实现于学校、政府、学生、家长、社会甚或国内外教育变革都有益的这场教育实验（目标），尽量调整设计、回避意义不大的审批程序。

在领导研究中，我一直坚持一个理念，要让人做事，一定要给人一个理由：如有价值或未来，至少对己无害；而且不要让人为难，即合规！于是，我们梳理满足最小合规性进行这场教育实验必须逾越的障碍，如教育部不支持异地建校园，我们将合作地从原来隶属无锡的江阴换到隶属苏州的太仓市，这样可以理解为在同一城市建设校园；另外，教育部不支持大学的分校建设，我们采取非独立运作的教育实验基地；关于专业和学位，教条地看按SE设计很难获得现行体系的绿灯，但若尊重现有专业目录，按 SE 设计培养方案，使学生的学习和训练覆盖现有专业的基本要求，这样既可达到基本的合规性，又可实现 SE 的目标，通过扩大和丰富教育内容实现培养价值最大化，以融通解决；另外，在目前招生指标严格控制的情况下，我们既争取招生名额的正常增加，也以教育探索和试验设法获得特别支持，并做好没有足够指标时的应对预案，等等。

总之，和谐耦合是围绕实现 SE 探索主题的一个优化过程，即尽可能从谐则的制度和机制等以及和则的人性、同理心和文化等两个方面，形成促进目标实现的最优安排，以获得正式批准（合规性）和顺利探索（独特性）。

5 以边缘创新能力实现独特性的不断突破和升级

和谐永远是相对的，随环境变化与发展阶段需要不断升级。换句话说，和谐主题会随环境和组织的重大变化而漂移或演进。因此，孕育、保护和促进持续创新，确立和升级新和谐主题，是保持独特性和竞争力的关键功能。一般来讲，环境突变或重大技术涌现或社会剧烈变革，都可能导致组织战略与和谐主题的调整，而追求独特性的创新基本上发生在边缘地带且具颠覆性，所以领导或领导团队的边缘或颠覆性创新（edge or disruptive innovation）能力非常关键，组织的持续创新和不断突破文化很根本。另外，在 UACC 环境下，通过边缘和颠覆性创新，突破现状、升级和谐、创造未来，要求领导者和团队既有敏锐、远见和魄力，还要有多元共生的融合能力和促进复杂生态进化的智慧。

3.4 重塑教育 打造一流人才培养的生态环境

——以西交利物浦大学为例

摘要： 全球化、数字化、网络化强化了全球的互联和相互制衡，世界充满了不确定性、模糊性、复杂性和多变性。而且，因链接革命和人工智能，使得社会行为和规范，包括人们的学习和生活方式、商业模式、产业结构、社会形态等会发生很多颠覆性变化，会诱发各类范式革命及社会转型或重塑，全球教育也迎来了一个重塑的时代。如何捕捉机遇？如何帮助学生在这样的世界中更好生存？利用全球化、数字化和网络化，以国际化助推中国教育改革与发展，以融合创新引领新时代的教育，已成为中国教育的重要命题。

关键词：重塑教育；一流人才；人才培养

　　中国教育怎么重塑？未来社会需要什么样的教育模式？麻省理工学院的研究人员傅明哲（Ming-Zher Poh）曾做过一个实验，用可穿戴式传感器监测学生大脑整周的活动状态，结果发现：学生在传统的课堂上大脑活动最不活跃，而在做实验、做作业、自学、考试甚或做梦时大脑却高度活跃。2015年，澳洲青年基金会从2012年到2015年6 000多个数据源收集了420多万份岗位信息，最后发现最受企业青睐和增长最快的前四项技能分别为：数字素养（digital literacy，212%）、审辨思维（critical thinking，158%）、创造力（creativity，65%）和解决问题（problem solving，26%）。即使那些增长不快但企业仍关注的技能是表达能力、团队合作、关系构建、沟通能力、金融素养等，在现在的教育过程中也明显关注不够，主动训练不足。世界发展的趋势、社会的需求、上述试验及调查的分析都在告诉我们：现有的人才观念需要调整，教育理念亟须改变，育人过程、教学方式、教育生态亟须全面重塑！

　　有教育家指出，上述变化对教育者来说是一个警醒（waking up call），遗憾的是不少人还未醒来，一些人醒了但尚未起床；令人高兴的是已有一些行动起来的人。例如：斯坦福大学为了应对未来世界的变化，提出了21世纪大学育人目标是：掌握知识（owning knowledge）：专业教育与通识教育融合、知识的深度与广度融合，包括自然科学、社会科学、文学艺术、分析哲学；磨炼能力（honing skills and capacities）：包括口头表达能力、写作能力、批判性阅读能力、美学与审美能力、形式和定量推理能力、历史思考能力、科学分析能力、创新创造能力；培养责任感（cultivating responsibility）：包括个人和社会责任感、伦理和道德、跨文化跨种族认同能力、团队协作能力、包容慷慨的品质以及富有同情心；自适应学习（adaptive learning）：掌握知识迁移能力，即运用所学知识能力去创建新的链接，解决新问题，应对各种外界挑战和机遇，逐步形成创新思维、创新意识、创新能力和创新习惯，成为创新型人才。[1]

　　西交利物浦大学（以下简称西浦）诞生于这个伟大却充满挑战的时代，立志在建设一所高水平国际化大学的同时，希望为未来的教育提供一种方案。考虑到全球教育模式需要重塑和升级，所以不能简单拷贝外国或中国现有模式，而是利用自身国际化办学的机会，整合东西方文化和最优实践成果，根据未来趋势和需求，探索适合未来社会发展的教育模式。

一、办学理念清晰，定位准确，战略规划全面

西浦以建立"研究导向、独具特色、世界认可的中国大学和中国土地上的国际大学"为宏伟愿景，融合东西方文化与教育精粹，整合全球资源，探索高等教育新模式、有利于知识工作者和组织效率释放的新型大学组织管理体系、新型大学与社会的互动关系，并以此为基础影响中国教育改革和世界教育发展。

通过十年的探索和实践，已经形成了西浦发展的 1.0 版本：在教育上初步形成了创新型的国际化专业精英培养模式，在大学运行上形成了一种网络化、平台式的大学组织管理体系，在大学与社会互动和服务方面，形成了开放式的校园和大学与社会互动的机制以及共生共享的生态体系。同时，西浦建设了辐射和影响全国的教育领导力研究与培训基地——西浦领导力与教育前沿研究院（ILEAD），从以学生为中心的大学育人体系的研究、培训与咨询、教育与评估、教育改革创新社区四个方面来全面推动全国乃至世界教育的改革和创新。

二、以学生为中心，孕育"五星"育人模式

西浦回归大学本质，坚持"以学生健康发展为目标、以兴趣为导向、以学习为中心"的育人理念，培养具有素养、能力和知识三大体系的"世界公民"。研究明确了素养、能力和知识体系及各自五方面的内涵，构建了五星的教育策略及支撑体系。

一是知识体系：生存与自我管理的哲学与智慧；不断丰富的国内外生活体验；人生和工作的艺术与技巧；科学思维与知识体系；技术与工具的使用。二是能力体系：参与国际竞争的能力；整合与运用知识的能力；主动的态度和坚实的执行力；积极探索与创新精神及终身学习的能力；合作精神和行为能力。三是素养体系：核心思想——快乐生活、成功事业；核心价值观——创新和贡献；核心目标——提高人类生存能力；核心伦理原则——和而不同；核心世界观——全球视野与练达。四是综合教育策略：不断重塑学习和教学；帮助学生从各类活动和组织中学会成长；重视学生的职业规划与创业教育；融合课堂教学与课外学习和实践；以国际氛围和交流提升学生的国际视野与竞争力。五是网络化支撑系统：以"多元、规则、创新、自由和信任"为核心理念的校园文化系统；符合世界教育发展趋势和国际水准的学术服务与支持系统；强大的学生学习支持和服务平台；高效的网络化的学校运行支持系统；良好的校园环境和基础设施支持系统。

三、搭建了"以学生为中心"的育人服务体系

"以学生为中心"的根本是为学生搭建一个成长和自由发挥能力的舞台，指导和帮助学生尽快健康成长。为此，西浦提倡学生自我管理与学校服务和引导相结合，搭建各种服务平台，系统地支持学生自治、自理、自我发展，帮助学生实现让他们受益终生的三维度、九方面的转变，即从孩子到年轻成人再到世界公民的转变，从被动学习到主动学习再到研究导向型学习的转变，从盲目学习到兴趣导向学习再到重视人生规划的转变。大学视学生为年轻的成人，既强调他们成人的责任，又重视对学生的引导和帮助。为有效实现这一战略目标，西浦倡导研究导向型学习、教学和工作，建立了四大导师体系，试图从国际视野、社会价值、人际关系、科学技术、学会学习五个方面帮助学生全面成长。

四、以"研究导向"重塑现代教学与管理体系

在知识获取日益便捷的当代，必须改变传统的应试或知识灌输式教育方式，重塑教学和大学运作，以使学生在校园获得最大价值。为此，西浦以研究导向重塑教育，具体包括：研究导向型教师——西浦所有教师既要教学又要研究，还要从事相应的学术管理工作；研究导向型学习——鼓励从现象或问题入手，帮学生从单纯的记忆和理解知识，转变为通过研究学会学习。这样可以保持学生的好奇心，训练学生的审辨式思维，塑造学生创造性行为，帮学生形成复杂心智[2-3]；练就终身学习的能力。学生在研究导向型的学习过程中，可从五个方面获益：搜寻知识、整合知识、研究问题、解决问题、提升能力。

研究导向型教学：教师要从传统的教授知识转变为指导学生进行研究，从所教课程知识相关的现象、任务甚至当下的社会现实问题入手，有节奏和步骤地引导学生通过研究解释现象、回答问题、应对挑战，从而掌握知识体系、提升能力和改变自我。研究导向型管理：大学是典型的知识组织，每天都会遇到很多新生事物和事务，即使是一般性管理工作，也要以研究为导向，提升管理工作的科学性、有效性、合理性、前瞻性和引领性，以保持持续创新的机制和状态。

五、支持学生全面发展的服务体系

为帮助学生在知识、能力、素养三个系统、十五个方面全面发展，西浦构筑

了多层服务体系。一是文化和自我教育。根据教育部相关规定，围绕"五星育人模式"，确立了"独具特色的大学思想教育"发展策略和方式，让学生面对一个真实的世界，对中国历史、文化、国情、法律、治理、政治有深刻认识，从而形成正确的世界观、人生观、价值观和处理各种社会问题的正确态度和能力。进一步通过自我管理、数字公民、可持续绿色发展、创新创业、社会责任与慈善等课程强化素养教育。二是本科生的四大导师体系：学术导师，由院系的专业课教师兼任，依据学生的个性、学习兴趣、学习能力和学习风格为学生的学业发展提供各种信息、建议与帮助，以促进学生的学术进步；校外导师，由社会各界成功人士兼任，帮助学生提前了解社会、人生经验和职场规则，帮助学生更成熟地融入社会，以增强学生的竞争力与社会适应力；生活导师，为学生提供非学术的、日常生活方面的支持，并辅以强大的帮助体系，如学业进展委员会、心理中心、一站式服务中心、学能提升中心等；学友导师，通过新老学生、海内外学生间的朋辈互助，帮助学生尽快适应新的学习和生活环境，了解西浦文化，充分利用学校资源，规划大学生活，实现自我发展。与此同时，提高学生的交流能力、职责意识，增进学生间的互助关系。

六、以国际化一流师资队伍保障高水平的教育探索

西浦按照国际知名大学标准向全球招聘教师，并注意保持国籍和背景的多元化，以利创新和吸收世界各国先进的教育理念、教学方法和研究实践。现有教职员工1 200余人，其中专职教师700多位（外籍70%左右，非华裔外籍50%左右）。大多教师都具有国际知名大学博士学位和丰富的教学与科研经验。另外，西浦还聘用国际顶级教育猎头公司面向全球选聘高端人才。

七、高水平的国际化战略及有效实施

国际化是西浦的基因，但西浦国际化不是停留在简单的指标层，更看重的是国际化机制的营造和国际影响，包括四个层次：要素层，主要表现在学生、教师、课程以及设施等要素的国际化；机制层，主要是办学理念、培养模式、大学管理、校园文化的国际化，以使西浦师生融入世界的学术活动中，同时吸引国际学者来西浦合作和交流，还能够整合世界资源支持师生学习和研究；功能层，支持西浦及其师生登上世界舞台，在国际事务中发挥作用和影响；质量层，西浦非常重视国际专业认证，目前已完成了建筑学等的国际认证，在认证的基础上，试图从多方面创新超越。

八、健全的自评与他评相结合的教学质量保障体系

为确保中英双学位的授予质量，西浦接受来自利物浦和英国高等教育质量保障局（QAA）的认证及中国教育部的评估。西浦努力吸收美国教育体系的灵活性、英国教育体系的质量保证、中国及苏联体系的重基础（变其被动方式为主动和研究导向方式），以形成独具特色的国家化创新性的教育体系。建立了以外部机制为控制点、牵制内部质量管理流程的一套融合中西方优点的高等教育质量保障体系。一是国家层面：在接受中国国家高等教育的考核和评估的同时，受英国 QAA 从课程设计、审批、监控和评估程序等全方位监管。二是大学层面：学校在螺旋式自我提升的基础上，接受利物浦大学对西浦五年一次的学位授予权评估、一年一次的回访监控以及日常性评估。评估内容包括学校战略规划、组织结构、政策、质量保障体系、师资、学生体验、教学与评估、学习资源、招生与品牌、学生统计数据、合作伙伴协议、政府文件十二个方面。三是院系层面：学校对每个专业都有外部专家参与的内部周期性评审，帮助院系全面审查所有学位项目的教授和学生培养情况，检查是否达到预定培养目标。四是专业层面：院系在每个新学年初始需要提交一份年度专业自评报告，其目的在于评估院系所开设的学位项目的实效性。五是课程层面：新课程申请、现有课程大纲调整必须经过院系教学委员会和课程专业委员会审批、同行评审以及外部考官的审核。

九、扁平化的网络组织管理架构

为了克服官僚层级体系的弊端、回避备受诟病的大学行政化问题，西浦利用现代网络的支持，形成了扁平化的网络组织管理架构，网络平台的核心是董事会和高管团队，负责学校战略和日常运行。外围是四大服务中心，其中学术事务中心负责教学、科研和研究生事务；行政服务中心负责校办、财务、人力资源、校园发展与管理等；学生事务中心负责学生招生就业以及学生日常管理和服务；信息事务中心负责品牌、市场和内部沟通、对外联络和服务、图书馆、信息系统和管理信息系统等。四大服务中心的共同职责是配合高层管理团队为全体师生及其教学与科研活动创建友好、高效的服务平台。

扁平化的组织管理架构优势明显。

一是为了实现学科交叉、互动创新，学校鼓励成立跨学科、跨院系的研究中心或研究院所，建立学科群，通过学科群学术协商领导机制，实现学科建设谋划、教学交流、研究合作、资源共享，从而促进学科互动、共生、合作、融合和交叉创新。

二是行政权力和学术权力界限清晰、良性互动。一方面，服务支持平台运用行政权力保证各种服务高效运作，学术体系利用其学术权力按科学规律组织其活动；另一方面，行政和学术权力机构各司其职，互不干涉。行政权力不插手学术资源配置过程，涉及学术判断和发展的事务均由专门的学术组织或委员会处理。学校所有职能部门不是权力机构，其职责是服务和支持。三是多元主体参与的治理体系。西浦努力搭建多元主体共同介入的参与式治理模式。学校的高管团队既接受董事会的领导，也接受来自投资者和社会的监督和指导。在"学生自治、学校引导与服务"的基础上，成立学生联络委员会、学生事务委员会，将学生的建议和意见通过正规渠道送达高管团队；在课程上建立师生联络委员会，确保教学过程的互动和改进；学校还成立了来自社会人士组成的各种咨询委员会、校外导师团队、家长联谊会，为学生和学校的发展建言献策。

十、强化大学的社会服务功能

当代大学不再是游离于经济社会之外的"象牙塔"，政府、产业界、大学的共同努力，成为过去五十余年为世界发展带来福音的"创新引擎"，在知识经济、信息经济时代，大学将成为创新与经济社会发展的重要"推进器"。

西浦在育人和研究的同时，积极强化其社会服务和文化引领作用。除形成开放式校园、与社会共享和互动的机制外，还专门成立连接大学、企业和社会的国际创新港、国际技术转移中心，多个领域的国际研究中心或研究院，通过高校、政府、企业的互动和深度合作，实现西浦与社会、与产业的共生和共赢。2017年，西浦与苏州市政府和工业园区共同建立西浦智库；2018年，西浦又与国家开发银行、苏州市政府创建新时代发展研究院。

十一、以科学研究提升人类生存能力和质量

围绕提升人类生存能力和质量的使命，西浦在教育探索的同时，非常重视研究的战略布局。在各级政府支持下，积极创新与企业合作的机制，已建成以生物科学实验室、校企合作的新材料研究中心、人工智能产业研究院等为代表的一批具有国际先进水平的开放实验室和研究平台，形成了一个充满活力的开放研发集群。2015年，学校与苏州工业园区签约共建西浦科技创新平台，明确了"中外合作、开放创新、推动产业发展"的建设方针；2017年，苏州市人民政府发布支持西浦重点项目建设三年行动计划，建设国际创新港、国际技术转移中心、人工智能产

业研究院、离岸创新中心等创新生态载体，促进大学创新资源与苏州经济社会转型升级需求深度结合，实现学校与地方的良性互动、融合发展。

十二、营造大学生态促进人类文明

如今，大学应成为社会体系中扮演催化剂的活跃子系统，利用其教育、科研、创新及全球知识网络撬动社会的发展和文明进程。因此，西浦在努力通过学术社区的营造构建三层级互动的生态系统。一是"自然生态"，即校园物理布局应有利于师生互动、合作和学术社区活动的开展，在环境营造上提倡绿色环保理念；二是"知识生态"，通过制度、机制和文化的塑造，构建促进知识发现、传播和转移以及利于创新、共享和应用的平台；三是"社会生态"，开放校园、共享资源，与其他社会组织积极互动和友好合作。大学生态的营造通过大学与社会共生共赢不仅利于大学功能的实现，而且可以助推社会进步和人类文明。

十三、创新、超越：融合式教育模式

创新是西浦发展的"基因"和动力。展望未来，教育如何帮助人类站在人工智能和机器人的肩膀上更美好地生活？西浦已经清醒地意识到，未来的社会可能有10%的人会成为专业精英，即某个领域的专家，不断发现新知识、创造新技术；另外，约有20%左右的人会成为行业精英，利用新技术去开拓和领导新的行业。传统的高等教育集中在专业精英教育模式上，西浦十年发展也是这种模式的一种拓展和改进；但面对未来需求大量行业精英的形势，有待开发出一种全新的教育模式。西浦从2017年已经开始探索培养行业精英的"融合式教育模式"，即在进一步强化通识教育的基础上，将专业教育、行业教育、管理（领导）教育和创业教育相融合；把校园学习、企业实践、行业引领和社会发展深度融合；把本科学习和在岗硕士研究融合；把学习、实习、研究、实践相融合；把以学生为中心、研究导向型教育与实习和在岗训练相融合；把学习和实践、就业和持续深造、人才培养、研究和企业发展相融合。我们的使命是为未来新行业培育精锐力量和领导者、探索国际化高端应用人才培育和办学模式、探索新行业的发展模式及促进新产业的发展、为人们生存的困难或挑战寻求解决方案。西浦的融合式教育会有三种运行方式：一是工业企业定制化教育；二是建设全新概念的西浦创业家学院；三是与地方政府和企业合作，营造利于融合型精英培养的、可以探索和试验未来社会几大问题解决方案的社会实验区。

西浦的尝试是新时代全球化和网络化背景下中国高教改革的一个典型缩影，它的诞生、发展、探索无一不显示出中国对于当今全球化发展的勇气与信心，国家的快速崛起给予了高等教育工作者大力改革创新的基础和实力，充满想象空间的未来社会赋予了教育工作者创造的空间，国际化合作办学和全球整合资源的机制使西浦引领教育探索成为可能，我们对未来充满信心！

人才培养是一个大的系统生态工程，大学只有把这个育人系统全方位、多视角、多层次地营造好，才能重塑教育新形态，才能持续吸引更多的、不同类别的优秀人才在这个大的人才生态系统中实现共建、共享、共进、共益、共生与发展。大学要有好的发展，必须与社会各个方面的发展紧密联系，美国的大学为社会服务主要通过"面向社会开放设施、面向社会传授知识、学生社会参与、教师社会参与、振兴经济与推动企业发展以及建立公共关系六个维度"来实现自身提升[4]。西浦在此基础上更进一步，直接通过创业家学院和几大社会实验将其融入其中。

参考文献：

[1] 刘海燕，常桐善. 能力、整合、自由：斯坦福大学21世纪本科教育改革[J]. 清华大学教育研究，2015，36（4）：30-35，70.

[2] 席酉民. 以"复杂心智"闯荡世界——席酉民校长在2018年毕业典礼上的讲话[EB/OL].（2018-07-10）[2019-06-05]. http：//www.xjtlu.edu.cn/zh/news/2018/07/xiyouminbiyedianlijianghua/.

[3] 席酉民. 以"和谐心智"赢得未来——执行校长席酉民教授教师节致辞[EB/OL].（2018-09-10）[2019-06-05]. http：//www.xjtlu.edu.cn/zh/news/2018/09/xiyouminjiaoshijiezhici.

[4] 陈贵梧. 美国大学社会服务使命及其实现路径[J]. 高等教育研究，2012，33（9）：101-106.

（席酉民，钞秋玲，《北京教育》，2019 年 12 月）

3.5 共生协同的未来大学教育模式 ✒

——西交利物浦大学的教育与管理实验

摘要： 习近平总书记指出，高等教育要"扎根中国、融通中外，立足时代、面向未来"。本文通过理论演绎认为，面向未来的大学教育模式需要遵循共生协同的逻辑。随后，本文以西交利物浦大学的教育与管理实验为案例，通过对西交利物浦大学 1.0、2.0、3.0 版本教育模式的演变，归纳了其教育理念、治理原则，分析了其教学培养方式、组织管理方式、内外关系方式等教育管理实践。最后，本文提出了共生协同的未来大学教育模式框架，包括"以学生为中心"的教育理念，"技术赋能"的治理原则，"融合式教育"的教学培养方式，"协同"的组织管理方式，"共生"的内外关系方式。

关键词： 大学教育；大学管理；西交利物浦大学；共生协同

引言

2018 年 5 月 2 日，习近平总书记在与北京大学师生座谈时强调，高等教育是一个国家发展水平和发展潜力的重要标志，今天党和国家事业发展对高等教育的需要，对科学知识和优秀人才的需要，比以往任何时候都更为迫切。作为高等教育的主要场所，大学的核心使命是为国家发展和社会进步培养大批优秀人才。那么，什么是优秀人才呢？长期以来这个问题的答案众说纷纭，但在衡量的维度上基本形成共识，即人的素养和人的技能，也就是通常所说的"德才兼备"。人的素养，是指成为一个文明人的教养，正如爱因斯坦所说，学校的目标始终应当是，青年人在离开学校时，是作为一个和谐的人，而不是作为一个专家。人的技能，是指要具备国家、社会、环境需要的综合能力，如专业知识、应用能力、学习能力、创新能力、研究能力等。进一步来看，人的素养维度的内涵相对稳定，而人的技能维度的内涵需要随着时代的发展不断升级。

习近平总书记指出，高等教育要"扎根中国、融通中外，立足时代、面向未来"。

新中国成立后的70年，尤其是改革开放40年来，中国的高等教育取得了巨大成就，为国家培养了大量优秀人才。但如果从面向未来的视角审视当前的高等教育，我们发现无论是国家和社会发展的期望，还是环境和技术变化的要求，当前大学培养人才的目标和方式都未能做到面向未来。在人的素养方面，市场经济的激励机制使得学生素养方面的教育常常被忽视，"学习那些对你的就业和国家立即有用的东西吧"，这种短期功利主义的教育观在学生中广受推崇，而大学对此要么熟视无睹，要么束手无策。在人的技能方面，中国大学长期重视的是知识技能的传授，忽视对学生自我学习、知识更新、创新能力的培养，随着世界进入了VUCA的数字化时代，即充满易变性（volatility）、不确定性（uncertainty）、复杂性（complexity）和模糊性（ambiguity）的时代（奥博伦斯基，2017），唯有创新型、复合型、应用型人才方能适应未来的要求，遗憾的是，当前大学培养人才的方式还无法实现这样的育人目标（田国强，2014；钱颖一，2017）。

因此，构建面向未来的大学教育模式，加快培养兼具高素养和高技能的人才已经成为当前中国高等教育的第一要务。这是一项系统性工程，因为改革当前的大学教育模式不仅涉及大学的教学培养方式，还涉及大学的组织管理方式、内外关系方式等多个层面，因此挑战重重。幸运的是，从"985工程"开始至今的20多年，不少中国高等教育改革的先行者已经开始了勇敢的探索，他们系统反思当前的高等教育理念，主动借鉴世界一流大学的人才培养经验，勇于突破体制机制性障碍，多方争取资源提升人才培养质量，取得了令人瞩目的成绩，积累了宝贵的改革和创新经验。

本文的研究目的是通过理论演绎和案例归纳的方法，探讨什么是面向未来的大学教育模式。具体而言，我们首先基于共生协同的组织理论，探讨未来大学教育模式的特征，随后以西交利物浦大学的教育与管理实验为例，从大学教育理念、大学治理原则、教学培养方式、组织管理方式、内外关系方式等方面归纳面向未来的教育模式框架，最后对全文进行总结和展望。

一、共生协同的组织理论与未来大学教育模式的特征

从德国洪堡大学的探索开始，现代大学基本形成了公认的组织目标，可以归结为：创造知识、传授知识、培养人才并服务社会。相比其他类型组织（如政府、企业），大学的独特之处在于，一方面大学的客户（上游）是学生，需要招收学生为之传授最好的知识，另一方面大学的产品（下游）也是学生，需要为社会输送培养的人才，因此学生是大学上下游的集合体。正因如此，培养人才应该成为

大学最核心的组织目标，是实现创造知识、服务社会、引领社会文化等其他目标的基础，更通俗的表述即"大学为学生"。

大学教育模式是指实现大学组织目标的一整套制度和文化安排，包括大学的教育理念、治理原则、教学培养方式、组织管理方式、内外关系方式等，是决定能否实现大学组织目标的关键。大学教育模式的优劣可以用实现组织目标的效果和效率两个指标来衡量，效果是指实现目标的程度，效率是指实现目标的成本。在数字化时代，大学的组织目标是培养面向未来的人才。如何提升大学教育模式的效果和效率，需要分析数字化时代大学的组织环境和基本逻辑。

数字化时代的到来带来大学环境的急剧变化，如何适应快速变化的时代是大学教育模式面临的巨大挑战。据哈佛大学 Christensen 教授 2014 年预测，如果当代大学不进行教育模式变革，未来十五年内一半美国大学会面临破产。数据也支持了这一判断：2013 年到 2014 年，美国四年制大学为 3 122 所，2017 年到 2018 年降至 2 902 所，所有关闭的院校都是四年制营利学校，数量从 2013 年的 769 所降至 2017 年的 499 所。中国大学以非营利公立大学为主，虽然数量持续增加，但随着数字化时代的到来，知识传授式的教学方式、高度同质化的大学定位、高度同质化的学生培养方式等传统教育模式越来越难以适应环境变化的需求，越来越受到社会各界的质疑。

组织的共生协同理论可以用来解释这一现象，共生理论主要探讨的是未来的组织进化路径，认为未来的组织必须打开边界与其他企业共同成长。协同理论主要探讨的是数字化时代组织效率的来源，认为数字化时代组织效率的提升主要来自内外部的合作而非分工。共生协同理论从四个方面对数字化时代组织环境的变化进行了分析：一是万物互联，这种连接革命会改变个体的学习行为，个体可以随时随地廉价获取知识，甚至高质量的知识 [如 MOOC（massive open online course，大规模网络公开课程）]。如果大学还是以教知识为主，这样的大学的意义何在？二是高度不确定性，如果大学培养的人才只具备传统的知识技能，必然难以应对 VUCA 时代带来的一系列挑战。三是主体共生，大学和其他主体之间再也不是独立的存在，而是一荣俱荣，一损俱损，大学不能再是"世外桃源"或"象牙塔"。四是技术革命，数字化技术为各行各业带来了机遇，大学教育模式必须全方位进行技术赋能，否则必然被快速发展的时代所抛弃。由于大学的组织环境发生了变化，大学教育模式也必须发生深刻变革，由传统的逻辑转向共生协同的逻辑，如果依旧遵循传统的逻辑，必然无法满足数字化时代环境的需要，大学教育模式实现组织目标的效果和效率就无法保证，就会带来大学的失败。

未来大学教育模式的共生协同逻辑是指什么呢？共生逻辑可以提升未来大学

教育模式实现组织目标的效果。传统时代是竞争逻辑,认为大学是一个封闭的机构,大学必须拥有独特排他的教育资源才能获得竞争优势,实现组织目标。而共生逻辑认为,独特的教育资源在万物互联时代越来越难以实现,而且高度不确定性的环境甚至会让传统意义上的教育资源优势变为劣势,因此大学越来越不能独立创造价值。相反,数字化时代如果将大学、学生、社会、政府等看成是一个共生的生态系统,这个系统能为大学带来更大的价值增加。所以大学不应再追求自身的独特排他资源,而是要打开边界,在更大的平台上利用更多的资源为学生成长服务。

协同逻辑可以提升未来大学教育模式实现组织目标的效率。传统时代的分工逻辑强调大学的各个管理服务部门各司其职,权责明确,按照官僚层级制的激励约束相互合作。而协同逻辑认为,数字化时代一体化合作带来的系统效率远远高于分权分工带来的工作效率,技术赋能为一体化合作提供了可能和更低的时间和组织成本。因此企业需要积极应用先进的数字技术,围绕组织目标快速高效地连接并整合内外部资源,打通部门壁垒,用一体化能力消除部门短板,实现生态系统效率的最优化。从另一个角度而言,大学教育模式的传统逻辑与面向未来的共生协同逻辑的本质区别在于,前者以大学作为中心,后者以学生作为中心。前者把激励机制作为中心,后者把技术赋能作为中心(表3.1)。

表 3.1 传统时代与数字化时代大学对比

不同层面区分	传统时代	数字化时代
大学组织目标	培养人才	培养面向未来的人才
大学外部环境	易于预测	不可预测、VUCA、万物互联
大学教育模式的逻辑	传统逻辑	共生协同逻辑
	竞争逻辑,以大学为中心	共生逻辑,以学生为中心
	分工逻辑,激励机制为中心	协同逻辑,技术赋能为中心

二、研究方法

未来大学教育模式的共生协同逻辑如何体现在实践中呢?我们采用案例研究的方法进一步研究。根据理论抽样的方法,我们选择西交利物浦大学作为案例研究对象。西交利物浦大学成立于 2006 年,位于江苏省苏州市,是中国西安交通大学与英国利物浦大学强强联合创建的一家国际大学。截至 2019 年 4 月,西交利物浦大学师生已经覆盖了全球 100 多个国家和地区,现有 1 200 多位教职工(700 多位为专职教师),17 000 多名学生(含通过 2+2 途径在其他国际大学学习的 3 000 名左右的学生),以及 90 个学位项目(其中本科 43 个,硕士 28 个,博士 16 个)。

本文选择西交利物浦大学作为案例有三个原因。首先，本文认为，西交利物浦大学的教育模式是共生协同逻辑的典型实践反映。西交利物浦大学虽然成立仅 13 年，其独特的教学和管理制度、高水准的人才培养质量得到社会各界的广泛关注和认可，被誉为"中外合作大学的标杆"和"中国高等教育改革的探路者"。其次，西交利物浦大学是由两所一流大学即中国西安交通大学和英国利物浦大学联合创建的国际大学，兼具中国和世界特色，而且率先提出面向未来的大学教育理念。这与当前中国高等教育倡导的"扎根中国、融通中外，立足时代、面向未来"的理念是一致的。第三，西交利物浦大学从一张白纸开始规划、建设、探索、实践，虽然也面临着一些制度约束和挑战，但其优点在于几乎没有历史包袱，是典型的从零开始的教育和管理实验，因此它的经验和教训可以作为其他大学治理模式的参照基准（benchmark），为当前大学教育模式的改革道路提供依据。

在西交利物浦大学的支持下，我们系统收集了案例研究所需要的资料，包括教授访谈、学生访谈、实地调研、现有的二手资料等（表 3.2）。

表 3.2 案例资料概览

资料名称	收集形式
教授访谈	现场访谈
学生访谈	现场访谈
学校博物馆、图书馆资料	实地调研
学生感悟汇编	二手资料
招生及就业宣传材料	二手资料
《我的大学我做主》	二手资料
《探路新大学》	二手资料
《The story of XJTLU》	二手资料

三、西交利物浦大学的教育与管理实验及归纳分析

1 西交利物浦大学教育模式的文本分析

在案例资料的文本基础上，本文首先通过二级编码和一级编码的扎根方法，发现可以从大学教育理念、治理原则、教学培养方式、组织管理方式、内外关系方式这五个方面来客观描述西交利物浦大学教育模式的独特性和内在逻辑，详见表 3.3。

表 3.3　西交利物浦大学教育模式的编码分析

一级编码	二级编码	典型证据
教育理念	大学定位	建设"中国土地上的国际大学和世界认可的中国大学",中外合作只是可资利用的形式
	培养目标	旨在培养符合中国道德标准、具有高度独立工作能力和创造能力的国际型人才(世界公民)
治理原则	融合治理	西交利物浦大学把西安交通大学的、中国的传统优势和西方教育体系的优点相结合,探索新型大学模式和育人理念,创造独特的育人模式和大学运行体系,利用后发优势,跨越传统惯性,在历史经验和教训的肩膀上,走出一条新的高等教育之路
教学培养方式	个人成长能力	学校提倡把学生看作年轻的成人——既是成年人,又有不成熟的地方,需要引导。围绕这样的育人理念,我们实施的是学生自治、学校引导和服务的学生工作体系。鼓励学生遇到任何事情先学会自己处理,当遇到困难和问题的时候,自己设法去解决——去研究怎么获得学校资源,怎么样以此解决问题
	释放学生潜能和创造性	世界是多样的,人也是多样的,西浦在制造一个平台、一个服务体系和引导体系,让人的天性、追求自由的精神能够得到充分的释放和展示。 如果一个人在法律允许的范围能够设计出创新和意义独特的东西,产生全新的技术和想法,为社会问题提供不同的解决方案,那他对社会的贡献会更大
	自主选择能力	学校为学生提供多次转专业机会(包括跨系转专业和系内转专业),大一末可在大类内自由选择自己感兴趣的专业,大二和大三学生也可根据个人兴趣、爱好、就业意向和目前实际学习情况自主选择转换专业(或专业方向)
	团队合作能力	从进入西交利物浦大学的第一天开始,不管是课堂上的 project(工程),还是课后的作业、论文,大部分都被要求"组团"完成
	自主学习能力	同样一门课,西交利物浦大学的课时比传统大学至少少 1/3,教师在课堂上更侧重于知识体系和应用方向的讲解,至于基础概念与基本知识则需学生通过课前预习提前掌握。几乎每节课结束后,都会有大量的应用项目与工程或全英文的学术论文由学生组队完成
	追求卓越能力	西交利物浦大学学生毕业获得的英国学士学位证将根据成绩划分为五个等级:一等荣誉学士学位、二级甲等荣誉学士学位、二级乙等荣誉学士学位、三级荣誉学士学位和通过学位。学位等级越高,意味着自己在读研申请名校或者求职时受认可的程度越高
	教师职责	这些教授应聘来到这里任教,省去烦琐复杂的行政工作,他们返璞归真,开始把全部精力投入教师最基本的职责—教书育人。 在西浦教书,不能只停留在"经师"的境界,而是要做"人师"。教师的责任不止于传授知识,还要用自己的奉献和示范、用责任意识和乐观心态感染学生,在精神境界对学生产生积极影响
	导师体系	四大导师体系包括学术导师(原个人导师)、校外导师、生活导师以及学友

一级编码	二级编码	典 型 证 据
组织管理方式	机制灵活	比如专业调整的事情，如果在教师招聘、学术资源配置等方面没有灵活和健全的应对及配套机制，学生大规模的专业调整将不可避免地对教学组织和学生培养质量带来影响和冲击
	考核体系	在西交利物浦大学，评价学生工作只有一个标准：是否有利于学生健康发展和积极成长。来来往往的参观、考察团中常常有人惊讶于西交利物浦大学的"纯净"氛围：没有繁复的指标体系，没有各种利益和职位的诱惑，老师更像老师，学生更像学生
	平台式支撑	"一站式"前台只是冰山一角，几乎整个学生事务办公室都在提供支撑：有专人处理"一站式"邮箱及来自网站的服务申请，宿舍管理、学生安全管理、评优评先等也都有固定的人员各司其职；在学生事务办公室工作职责之外的事务，"一站式"会将服务申请转发到其他相关行政部门，同时跟踪处理进度，确保学生的申请能够在较短的时间内完成。 当老师走下飞机，接机人员已经在机场等候；当老师到达苏州，提前预订的公寓已经可以随时入住；当老师到达学校，签署合同、领取办公室钥匙、办理大学教工卡及网络账号等一系列入职手续，都在几分钟内搞定
	扁平式组织	众多来校取经的兄弟院校对西交利物浦大学行政构架图兴趣浓厚，全球90％的大学广泛采用的官僚层级结构在这里被弃用，在这张由学术和行政机构网连接形成的椭圆形构架图上找不到层级和隶属关系，教学院系、科研中心和行政平台之间没有直接的行政管理关系。"行政化在这里是伪命题。"西交利物浦大学有高效的行政体系而无"行政化"，所有职能部门的基本职责是向教学和科研系统提供周到服务，而不是任何权力部门，他们无权命令和指挥任何学术活动
内外关系方式	政府为高校提供支持	政府为大学引进的高端人才开通一系列的"绿色通道"，使领军人才们能落户安居，更要让领军人才们能乐业创新。政府出资购买实验设备，建设实验室，打造多学科交叉的公共实验平台，形成开放的科研机制，园区对大学科研平台等配套设施的建设也不遗余力
	大学之间共生	正是因为没有了围墙，大学间的交流更为直接和频繁
	大学与社会共生	中、英两国，西交利物浦大学、西安交通大学、英国利物浦大学，全球一流的实验设备与科研力量的互补与融合已经造就并在不断造就更多的丰硕成果，而科教创新区和苏州则毫无悬念地成为诸多重要成果的近水楼台。 西交利物浦大学的建立，吸引大批外籍学者、华裔学科带头人、国内名校的名师扎根苏州，他们在这个区域形成的高层次人文环境、科研氛围、区域国际化和广泛的校际合作等，初步体现了高水平大学应有的社会效益

资料来源：西交利物浦大学访谈及相关图书资料。

在接下来的部分，本文将从西交利物浦大学的教育理念、治理原则、教学培养方式、组织管理方式、内外关系方式这五个方面，按照西交利物浦大学教育模式1.0版本、2.0版本、3.0版本来分别概括西交利物浦大学的教育与管理实验。

2 西交利物浦大学的教育理念

西交利物浦大学首先对传统的大学教育理念进行了挑战。传统大学教育理念的人才培养目标过于片面化，只强调知识学习和技能获得，忽视素养的培养和人的全面发展。知识、能力和素养，是优秀人才的三层标准，知识处于表层，是能力和素养的基础；能力属于里层，由知识经过内化而成；素养是由知识和能力内化和升华而成的内核。

因此西交利物浦大学提出，面向未来的人才培养目标是知识、能力与素养兼备的具有国际视野和竞争力的世界公民，具体表现为西交利物浦大学的"五星育人模式"教育理念（图3.9，表3.4）。西交利物浦大学希望通过这样的教育理念帮助学生实现"从孩子到年轻成人到世界公民，从被动学习到主动学习再到研究导向型学习，从盲目学习到兴趣导向再到关注人生规划"。

图3.9　西交利物浦大学"五星育人模式"

资料来源：西交利物浦大学

表3.4　西交利物浦大学"五星育人模式"详细内容

"五星育人模式"要素	详 细 内 容
知识体系	1. 生存与自我管理的哲学与智慧；2. 在国际企业实习经验及国外生活经历；3. 艺术与技巧培养；4. 科学训练与知识获取；5. 技术培训与工具运用
能力体系	1. 参与国际竞争的能力；2. 扎实的整合与运用知识的能力；3. 主动的态度和坚实的执行力；4. 积极探索与创新精神及终身学习的能力；5. 互动合作的精神与行为能力
素养体系	1. 核心思想：快乐生活、成功事业；2. 核心价值观：创新和贡献；3. 核心目标：提高人类生存能力；4. 核心伦理原则：和而不同；5. 核心世界观：全球视野与练达
综合教育策略	1. 不断重塑教学和学习；2. 帮学生从各类活动和组织中学会成长；3. 重视学生的职业规划与创业教育；4. 融合课堂教学与课外学习和实践，相得益彰；5. 以国际氛围和交流提升学生国际视野和竞争力

"五星育人模式"要素	详 细 内 容
支撑系统	1. 以"多元、规则、自由、创新和信任"为核心理念的校园文化系统；2. 符合世界教育发展趋势和国际水准的学术服务和支撑系统；3. 友好强大的学生学习支持系统；4. 高效的网络化的学校运行支持系统；5. 良好的校园环境和基础设施支持系统

资料来源：西交利物浦大学

3 ▶ 西交利物浦大学的治理原则

如何实现西交利物浦大学面向未来的人才培养目标以及做好"五星育人模式"的教育理念呢？西交利物浦大学深入分析了数字化时代的特征，将之定义为 CDI（connected digital intelligent）时代，即互联数字智能时代，并据此提出了大学的治理原则，包括五个维度：向未来而生，精一和独特，边缘和融合，持续创新和升级，全球视野、本土理解、国际行动（图 3.10）。

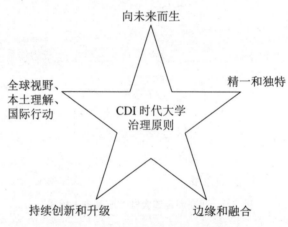

图 3.10　CDI 时代大学治理原则

资料来源：西交利物浦大学

这五个维度颠覆了传统的大学治理原则。"向未来而生"是指大学治理要从未来往现在看，而不是从现在朝未来看，要从期待的目标和未来的需求来倒推当前的治理原则。精一和独特，是指大学治理要精细化，目标要与众不同，因为CDI 时代会做什么不重要，重要的是独特。边缘和融合，是指大学治理要摸着石头过河，边探索边实践，要吸收并融合国内外的优秀治理经验，将美式教育的灵活性、英式教育的质量控制体系、中式教育的重基础等有机结合起来，同时还要注重大学与政府、企业、社会的融合。持续创新和升级，是指大学治理要不断追求卓越和模式迭代，否则很快就会被淘汰。全球视野、本土理解、国际行动，是指大学治理要本土化和全球化，既要扎根国情，又要同时建立一套创新的、能够整合全球教育资源的管理支撑系统和网络体系，汇集全球资源提升学生价值，使大学成为世界认可的中国大学和中国土地上的国际大学。

这五个维度使得西交利物浦大学相对传统大学治理而言，在教学培养方式、组织管理方式、内外关系方式方面进行了颠覆式的创新实践，具体表现为西交利物浦大学教育模式的三个迭代升级版本。

4 西交利物浦大学教育模式 1.0 版本

2006—2016 年，西交利物浦大学打造了教育模式 1.0 版本，包括探索未来教育模式、知识组织运营体系、大学与社会的互动关系、影响中国和世界教育等内容。

在教学培养方式方面，西交利物浦大学认为当前的国内外教育体系甚至世界一流大学大多以专业知识传授教育为主，一般是灌输式的"老师教学生学"，把学生比喻成为海绵，就是让其吸收或记忆尽可能多的知识，但学生很容易变成气球，数字化时代年轻人几乎无所不知，但如果深入地探究就露馅了，太肤浅和浮躁，没有知识的整合。此外传统的教学培养方式以学科专业为导向，但是当学生走向社会的时候，专业知识显得过窄，缺乏一些必要的行业知识和能力训练。因此，西交利物浦大学没有直接模仿利物浦大学的教学培养模式，没有选择建成利物浦大学的一个中国教学中心，或者是在中国的分校，而是对主流的教学培养模式进行了一系列的改进，一是提出了研究导向型教育（包括老师的研究导向型教学、学生的研究导向型学习、工作人员的研究导向型工作），整合线上和校园学习优势，构造超现实的学习环境，以问题和现象为导向，引导学生通过研究进行学习，激发学生好奇心，塑造学生批判思维、创造行为、复杂心态和终身学习能力。二是从专业导向变为专业整合，在以专业精英培养为目标的模式基础上，增加对学生行业技能的训练和培养，改变学生现有专业知识太窄的局面。

与之相适应的还有西交利物浦大学的组织管理方式，为了提升内部管理效率，西交利物浦大学对传统大学的"教研室、系、院、学部、大学"五级管理体系进行了颠覆，放弃传统的树状管理结构，而是构建一个扁平式的网状管理结构。学校不再分一线部门、二线部门，没有层级，而是建立了四个服务中心（图3.11，学生事务服务中心、信息与知识服务中心、学术事务服务中心、行政事务服务中心），在 IT 系统的赋能下，各中心无缝对接，服务学校的各项事务，形成了一体化的系统效率。

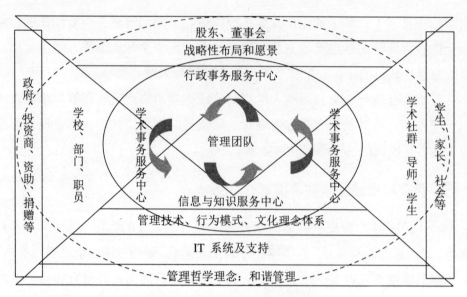

图 3.11　西交利物浦大学管理体系

资料来源：西交利物浦大学

在内外关系方式方面，西交利物浦大学认为大学不能成为一个封闭的"象牙塔"，因此从建立之初就十分重视大学和社会的互动，让学生主动参与各项企业活动和社会活动中，构建开放校园及社会合作的生态关系。在影响中国教育改革和世界教育发展方面，西浦与国家教育行政学院合作，创建了西浦领导力与教育前沿院（Institute of Leadership and Education Advanced Development，ILEAD），进行教育及其领导力研究，收集全球最优实践，在西浦开展教育探索和实验，进而向国家提出教育变革政策建议，通过学术会议、理论和著作、各类培训项目、全国教学创新大赛等方式，向其他高校和教育系统传播教育新思想、新理论、新技术和新实践。

5 西交利物浦大学教育模式 2.0 版本

互联数字智能时代最大的特点是环境以加速度的形式不断变化，为了适应快速变化的环境，西交利物浦大学与时俱进地提出了教育模式 2.0 版本，实践时间是从 2017—2027 年。

在 2.0 版本中，西交利物浦大学进一步升级了教学培养方式，提出融合式教育的新模式。这种模式不再强调专业导向，而是以能利用人工智能和机器人支持引领未来行业发展的创业家（entrepreneur）教育为导向，融合了专业、行业、管理（领导）、创业教育等，与企业伙伴合作，以行业学院整合专业知识，打造追随兴趣的学习、创新与创业培养模式。这种教育吸收了德国的双元教育、美国的三明治教育、中国的产教融合教育等理念，创造升级为一个有效的全新的融合式教育模式。

与融合式教育相适应，在组织管理方式方面，经过不断的迭代和重构（restructure），西交利物浦大学在原有扁平式组织结构的基础上，构建了平台式组织结构，将原有的四个中心升级为平台式运行，更有效地通过网络提升内部协同效率，通过组织结构激发教育的创造性和教育资源共享，提升教育价值。比如，西交利物浦大学在创业家学院（太仓校区）的空间设计方面，最中心是学习超市（learning mall）和数字资源中心（digital resources center），主要提供网络连接和资源共享服务，外侧设立了系列创新工厂（innovation factories）和研发群落（community of R&D），标准、知识、质量与认证平台等，共同激发大学教育价值的创造，然后形成企业与创业港（enterprises and entrepreneurial Hub）和社会与行业联盟（alliance of industry and society），支持创业及学校与社会互动（图3.12）。巨大的环形学习超市，将磁铁形状的行业学院建筑串联，形成中心共享和一系列独具特色互动的教学、科研、创新空间，充分展现了西浦强大的开放、共享与共生的逻辑。西浦期冀吸引全球顶级资源，推动行业精英培养、交叉性科研、智能技术创造、新产业发展和未来社会演进的融合式探索。

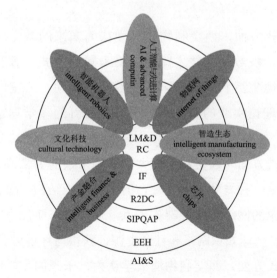

图3.12　西浦创业家学院校园设计逻辑

资料来源：西交利物浦大学

在内外关系方式方面，西交利物浦大学提出大学要进一步融入社会，与企业、行业深度合作，要建立多个大学与社会合作、学生与企业人员共事的创新和创业家社区（innovation and entrepreneur centre）。通过大学智库建设与社会实验，撬动社会资源，促进创新生态和现代化绿色社会建设。西浦以"新时代发展研究院""西浦智库""西浦和谐管理研究中心""西浦国际创新港""西浦国际技术转移中心""西浦创业家学院"等为平台，通过"西浦推动、政府支持、产融联盟、市场运行"进行几场社会实验，为国家"一带一路"倡议、人类命运共同体建设、中国梦以及新时代现代化社会中的理论与实践问题提供西浦方案，同时为未来开放式的以兴趣为导向的终身学习、创新、创业提供支持。在影响中国高教改革和世界教育未来发展方面，西交利物浦大学重组和强化了领导力与教育前沿院，以西浦为平台，整合资源和面向社会开放，如构建基础教育领导力、教学创新、新技术运用、大学教师发展中心联盟等生态，影响中国教育创新和变革甚至世界教育发展，成为中国土地上最强大的国际化的教育研究和传播基地，为教育变革、教师提升、教育体系重构、教育领导培训等作更大贡献。

6 西交利物浦大学教育模式 3.0 版本

在前两期 20 年的实验的同时，西交利物浦大学还展望了未来的教育模式，也就是 3.0 版本。

在教学培养方式方面，西交利物浦大学认为未来的教学培养方式应该是一种与环境高度融合、被数字化技术赋能的终身教育方式，教育将成为一种生活方式，让人类更好地生活和面向未来。随着网络空间、云空间的飞快发展，AI技术愈加能够支持理论实践的及时对话，终身教育的教学理念和哲学将会成为主流。

在组织管理方式方面，西交利物浦大学认为未来的大学或许没有具体的校园边界概念，而应该是一种与环境高度融合的生态组织结构。融合式生态组织是一个能够整合全球资源的网络和资源架构体系，通过技术赋能等手段，大学将分布在全世界各地，拥有全球知识网络和社会资源，获得与环境融合的价值。

在内外关系方式方面，西交利物浦大学认为，未来的大学应该有选择地在世界各地建立有主题的终身学习、创新、创业卓越中心，建立完整的教育与社会共生生态（如全球创新创业卓越中心，教育技术研发中心，配套以基础教育、职业教育等），为社会传播先进教育理念。

三个版本的教育模式纵向对比详见表 3.5。

表 3.5 三个版本的教育模式纵向对比

教育模式	1.0 版本	2.0 版本	3.0 版本
环境	万物互联、高度不确定性、主体共生、技术革命		
目标	培养知识、能力与素养兼备的具有国际视野和竞争力的世界公民		
教学培养方式	研究导向的专业精英教育（素养、技能、行业知识与专业造诣的融合）	融合式创新创业的行业精英教育（素养、技能、创业智慧、跨文化领导力和行业造诣的融合）	终身教育（技术赋能、与环境融合共生）
组织管理方式	扁平式组织	平台式组织	融合式生态组织
内外关系方式	开放校园与社会深度合作；建立领导力与教育前沿院，为其他高校培训	创建大学、企业、社会联姻的创业家学院；建立大学与社会合作的创新和创业家社区；重组增强型领导力与教育前沿院；组建全国教师发展社群等生态群落	有选择地在世界各地建立主题性的、支持终身按兴趣学习、创新和创业的教育与社会共生生态；为未来教育提供西浦方案；为世界传播先进教育理念

资料来源：访谈整理

四、总结与讨论

通过对西交利物浦大学的案例分析，本文发现西交利物浦大学的教育模式与共生协同理论的逻辑高度契合。由于共生协同是未来组织的基本逻辑，因此我们在本部分，结合共生协同理论和案例归纳结果，从教育理念、治理原则、教学培养方式、组织管理方式、内外关系方式五个方面来阐述未来大学教育模式框架，如图 3.13 所示。

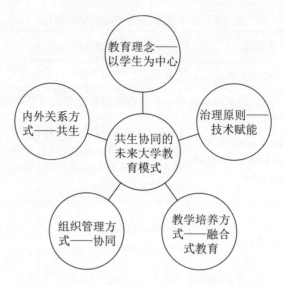

图 3.13　共生协同的未来大学教育模式框架

从教育理念来看，面向未来的大学教育模式需要以学生为中心，这源自未来组织的目标激励逻辑。未来大学的核心组织目标是培养创新型、复合型、应用型、具有领导力的人才，以学生为中心就是指大学的所有资源、制度、机制都要围绕组织目标来配置和设计。近年来，我国大学评价体系"唯论文、唯帽子、唯职称、唯学历、唯奖项"，这使得课题基金、论文发表等指标成为大学最关注的核心资源，教学往往处于次要地位，这种激励机制导致大学培养人才的功能弱化，甚至出现"学生边缘化"的情况。从长远来看，这种激励机制会让大学丧失竞争力，因此，面向未来的大学必须遵循学生优先的教育理念，做到以学生为中心。

从治理原则来看，面向未来的大学教育模式需要重点关注技术赋能，这源自未来组织的制度环境逻辑。治理原则是大学制定发展战略、规划实施路径的价值选择。数字时代为大学治理带来了前所未有的机遇，最大的环境机遇是技术为组织赋能，推动更有效果、更高效率地实现组织战略目标，优化实施路径。因此，一方面，大学必须紧抓机遇，应用数字化的技术为自身赋能；另一方面，作为培养创新人才的主要场所，大学还需要深入研究技术赋能的规律，为社会创新贡献知识和智慧，引领技术创新潮流。

从教学培养方式来看，面向未来的大学教育模式需要走向融合式教育，这源自未来组织的连接逻辑。大学培养人才的目标既要符合国家和社会期望，又要符合环境与技术要求，所以未来的人才培养是一个融合的目标，要从传统的专业精英转变为行业精英，再到融合式创新创业和终身学习的精英。数字时代的连接为融合目标提供了可能，可以构建融合式的教学培养方式。比如从 2012 年开始在全世界范围内流行的 MOOC，实现了不同空间教育资源的融合；再比如美国辛辛那提大学的 COOP（建教合作）模式，实现了课堂与社会实践的融合等。

从组织管理方式来看，面向未来的大学教育模式需要以协同为出发点，这源自未来组织的效率逻辑。如何提升大学的组织效率呢？大学是一个知识型组织，需要知识的共享、平等的交流、相互的启发，因此倡导合作至关重要。协同导向的组织管理方式一方面将行政部门升级为平台支持系统，可以为知识工作提供高效的服务；另一方面还能够形成合作文化，促进各领域学者之间的合作，因此能系统提升大学的组织效率。

从内外关系方式来看，面向未来的大学教育模式需要以共生为出发点，这源自未来组织的效果逻辑。传统的教育模式更注重学生的知识记忆和学习能力，而未来教育的关键是释放学生内在潜力。因此在未来的教育模式中，高校可以打开学校边界，把学校、社会、企业等各方面的资源集中利用，把学习、实践与创造紧密结合，给予学生更完整的学习和成长体验，释放学生的潜力。此外，大学与社会、企业的相互合作中，可以建成一个充满国际化氛围，联结社会、企业和研究机构的科学社区，这也会进一步提升大学的价值。

习近平总书记在全国教育大会上提出"以创造之教育培养创造之人才，以创造之人才造就创新之国家"的总要求，这为面向未来的大学教育模式提供了方向指南。本文认为，面向未来的大学教育模式需要坚持共生协同的基本逻辑，包括"以学生为中心"的教育理念，"技术赋能"的治理原则，"融合式教育"的教学培养方式，"协同"的组织管理方式，"共生"的内外关系方式。未来的研究可以在此基础上，就教育模式的不同维度进一步深入研究，共同推进教育模式的创新，服务高等教育的时代使命。

参考文献：

[1] 奥博伦斯基. 未来领导力[M]. 北京：人民邮电出版社，2017.

[2] 鲍恩. 数字时代的大学[M]. 北京：中信出版社，2014.

[3] 陈春花，廖建文. 数字化时代企业生存之道[J]. 哈佛商业评论，2017（11）：154-158.

[4] 陈春花，廖建文. 打造数字战略的认知框架[J]. 哈佛商业评论，2018（7）：119-123.

[5] 陈春花，廖建文. 顾客主义：数字化时代的战略逻辑[J]. 哈佛商业评论，2019（1）：126-131.

[6] 陈春花，赵海然. 共生：未来企业组织进化路径[M]. 北京：中信出版社，2018.

[7] 陈春花. 数字化与新产业时代[J]. 企业管理，2019（10）：14-20.

[8] 陈春花，朱丽. 协同：数字化时代组织效率的本质[M]. 北京：机械工业出版社，2019.

[9] 德兰迪. 知识社会中的大学[M]. 北京：北京大学出版社，2019.

[10] 库罗斯. 面向未来的教育：给教育者的创新课[M]. 北京：机械工业出版社，2019.

[11] 林建华. 校长观点——大学的改革与未来[M]. 上海：东方出版中心，2018.

[12] 田国强. 中国教育改革：理念、策略与实践[M]. 北京：经济科学出版社，2014.

[13] 钱颖一. 大学的改革（两卷本）[M]. 北京：中信出版社，2017.

[14] 席酉民，张晓军. 我的大学我做主——西交利物浦大学的故事[M]. 北京：清华大学出版社，2016.

[15] 席酉民，杨民助，王珊. 探路新大学：西交利物浦大学的故事[M]. 北京：科学出版社，2012.

[16] K.殷·罗伯特. 案例研究：设计与方法[M]. 5版.重庆：重庆大学出版社，2017.

[17] 张维迎. 大学的逻辑[M]. 3版.北京：北京大学出版社，2012.

（作者：北京大学国家发展研究院王宽诚讲席教授，北京大学未来教育管理研究中心执行主任陈春花，北京大学习近平新时代中国特色社会主义思想研究院助理教授，北京大学未来教育管理研究中心研究员（通讯作者）尹俊，席酉民）

3.6 特立独行的和谐教育之旅：西浦探索的理论启示

　　西交利物浦大学（简称西浦）作为具有独立法人资格的中外合作大学，从建校伊始就把融合东西方文化和教育优秀实践、探索未来教育、构建独具特色的国际大学、影响教育变革作为自身的根本使命。这一使命决定了西浦发展难走寻常之路。西浦确定使命的逻辑是：如果西浦不求突破，走传统大学老路，虽然稳妥和安全，但会落入已不适合未来发展趋势和需求的窠臼，其生存的逻辑荡然无存，因为中国已有三千所左右的大学，多一所类似的大学没有太大的价值。如果照搬利物浦大学模式办西浦，保持原汁原味的英伦教育，虽然在中国市场上有一定国际化优势，但在全球教育已落后于时代需求正在重塑的关键时期，这样做虽然轻车熟路，但会沦为复制一个需要重塑的"落后"的模板（从时代发展趋势和需求角度讲），放弃突破机会，也不符合创办西浦的使命和逻辑。

所以，肩负探索和影响未来教育使命、确保其长期发展空间的西浦，必须基于未来趋势和需求塑造新的发展模式和教育理念，必须大胆突破现有体系和环境约束。以创新与独特的基因、特立独行的风格走过 14 年，西浦成功地建立一套广受认可但同时独具特色的和谐教育理念和运行体系，认为未来教育的核心是心智营造，并形成了西浦和谐心智模型 [1]；构建了西浦包含学习、成长、为人全过程的支持兴趣驱动的个性化的终身学习和生活的和谐教育模型 [2]；并在教育、教学和大学建设过程中开启了一系列的创新实践 [3-4]，等等。可以说西浦发展是教育重塑时代敢于突破和大胆创新的典型案例。但不顾一切的盲目突破一定会面临危机甚至夭折。所以，西浦在追求创新和独特的同时，必须清晰和坚守最基本的合法底线。本文的主要目的是基于西浦案例的分析，探讨组织发展过程中如何做到合法性基础上的独特性。

总结西浦的探索实践，具有多重的理论启示和实践意义。从社会贡献来讲，西浦的探索从未来人才培养、引领性与原创性科技研发、政产学研创新生态构建等方面助力我国社会经济从传统模式向创新驱动转变，赋能不同的主体通过创新来共同应对社会问题，同时会对数字网络时代知识组织效率提升和创新生态管理等具有重要理论启示；从未来教育探索来讲，西浦着眼于未来，通过边干边总结，为未来大学与教育探索新出路，从教育和教育管理两个侧面也有突破性理论发展；从组织管理来讲，西浦是介于营利性机构（如企业）和纯粹公益组织之间的知识型组织，探索经验有助于提升知识型组织的效能，为新型组织形态（社会企业、混合型组织）和商业模式及理论构建带来启发。

以下我们将从五个方面对西浦实践的理论与实践启示进行概括性总结：第一，在战略上，坚守最低合规性基础上的独特性最大化的和谐优化；第二，在领导上，兼顾双重理性、践行和谐领导；第三，在育人模式上，提出独特的五星育人体系并通过创新持续改进；第四，在架构上，通过网络机制搭建共生共荣的创新生态；第五，在人员上，基于角色实现人的能动性和效率的融合。

一、战略：追求最低合法性基础上的独特性最大化的和谐优化

合规性与独特性是组织发展过程中绕不开的两个战略性议题 [5]。简单地说，

合规性指的是任何事物和行动都必须在利益相关方或者社会大众认为"需要的、合理的"的基础上才能长期存在和发展，是制度理论中的核心概念；独特性则是指任何事物和行动要想持续存在和发展，必须要带给利益相关方和社会独特的价值，是战略理论中的核心概念。

从理论观点看，合规性要求个人和组织的发展要符合公认的模式，独特性则要求个人和组织开发与众不同的模式，显然二者之间存在着难以协调的矛盾。在现实中，很多个体和组织在发展过程中也确实难以回避这两者之间的矛盾带来的困扰。例如，在中国高等教育界，社会上对最近 30 年大学发展的主要批评是"千校一面"，大学没有个性，也缺乏实质性的创新。很多大学领导在面对这些批评时也很无奈：教育主管部门有太多的规章制度和对具体办学行为的干预，并且要求每一所大学都必须遵守，因此最后大家都走上了同质化发展的道路。于是，核心问题便是合规性是否有弹性？是否存在满足合规性基础上的独特性？组织是否可以在发展过程中兼具合规性和独特性？在回答这些问题之前，我们先看看西浦的实践。

愿景和使命是一个组织最为持久的战略性定位，西浦在建校初期即在其愿景和使命层面明确了独特性定位。

西浦愿景："研究导向、独具特色、世界认可的中国大学和中国土地上的国际大学。"不难发现这与其他大学多少年后将学校建成世界一流大学或国际知名大学的愿景的流行做法大相径庭。

西浦使命："培养具有国际视野和竞争力的高级技术和管理人才；积极为经济和社会发展提供科技和管理服务；在人类面临严重生存挑战的领域有特色地开展研究；探索高等教育新模式，影响中国甚至世界的教育发展。"其中国际化和撬动教育变革的理想也显得很与众不同。

西浦愿景是基于理性的分析提出的：当前我国社会和家长对国内高等教育普遍不满，向往国际教育，但对费用的焦虑和对孩子国外生活的担心往往成为留学障碍，西浦要办成"中国土地上的国际大学"，给中国学生提供了不出国留学的机会，同时也为自己在国内市场找到目标群体；其次，中国的崛起使全球关注和向往中国，但汉语语言上的障碍和许多大学缺乏国际化的学习环境让很多求学者望而却步，西浦办成"国际认可的中国大学"会吸引国际学生就读和国际学者加盟，以确立其在国际市场上的地位；第三，当前的国际化热潮中可能出现各种各样的国际合作，没有创新的拷贝和没有独特附加值的模式很难有强有力的竞争力和生存空间，所以西浦的创新性和"独具特色"是其生命线；最后，以上三者实施的必由之路是吸引全球高水平人才共同参与，为这个时代高等教育的发展做出贡献，因而必然要求以"研究导向"来满足高层人才的兴趣和保障高质量教育的进行。同时，在网络时代知识获取日益便捷情况下，研究导向型的教育一定会替代传统的知识传输型教育，是未来教育的必然趋势。深入思考会发现，这些定位和做法虽显得特立独行，可能会冲击一些传统的认知、理念、习惯和模式，但并未破坏既有的基本法律和制度。当然，要赢得政府、工业界、社会各界对这种探索的热情支持以及持续投入，西浦需要设法以真诚沟通和成功实践调整和升级当下一些流行观念和行为上显性规范甚或潜规则。

按照斯科特（Scott）的划分[6]，制度包括三个核心要素，即规制性、规范性和文化—认知性制度要素。不同维度的制度要素，组织在遵守时遵循的逻辑是不同的，因此需要遵守的强制性要求也是不同的。首先，规制性的法律和规章，是组织必须要遵守的。例如，西浦在办学中需要遵守很多法律、规章和制度，如需在办学过程中遵守《中华人民共和国宪法》《中华人民共和国教育法》《高等教育法》以及中外合作办学的组织法《中外合作办学条例》。此外，还需要遵守教育行政部门制定的很多规范性制度，如《新时代高校教师职业行为十项准则》和《新时代高校思想政治理论课教学工作基本要求》等。其次，对于以期待和角色标准为核心的规范性的制度，则可以有选择地遵守。例如，大学和高等教育的传统模式和习惯范式。一些教育或教育管理潮流和政府导向，真想有所突破的大学则无须完全照搬和对标，如当下的教育资源配置机制发明了很多"工程"或"项目"，也创建了很多评估指标和排名，毋庸置疑，这些东西已诱致很多学校和教育偏离本质，因此从中央到地方一直呼吁教育去行政化、回归本质、"以本为本"等。办学可以选择随波逐流，融入这种竞赛的潮流中，也可以选择独特，保持教育初心，坚守育人为本，并在新技术和现代社会环境下，兢兢业业精耕教育，给师生创造宁静的校园环境。西浦发展突破了很多传统范式、参考标准和习惯做法。第三，对于社会大众的认知性制度，主要涉及大学在社会上的受认可程度，几乎完全是由大学自己去管理的，因此没有太多强制性。自然，教育机构因其公共机构的属性要接受社会大众的监督和认可。特别是当前受万众瞩目的高等教育，大学必然要争取社会认同，但若能以大胆突破和创新回应社会对教育的诟病，也不必然会失去社会大众的支持，反倒可能赢得认可和热捧。例如，当下高等教育中很多约定俗成或既成模式，像应试的培养模式和教学组织方式等，早应改变，但因社会大环境和人们习惯的制约，无论家长、学校还是社会，大家似乎陷入其中难以自拔，尽管内心里在努力地设法挣脱羁绊。此时，敢于挣脱绑架、大胆突破的特立独行者虽会失去很多机会和资源，但却有可能孕育出良好教育生态，抑或会不断涌现出很多令人惊喜的人才和研究成果，从而得到社会大众的认可，反而依靠独特性赢得了未来。

如上所述，西浦战略上追求最低合法性，其核心意涵即是满足规制性的制度，有选择地满足规范性制度，在文化—认知性维度上大力创新。合规性无疑在风险控制和探索成本上相对较低，独特性则有利于价值创造，那么怎样平衡合法性与独特性，在刀刃上跳舞？实践上这是一个非常难解决的问题，因为它不仅取决于事业的性质、发展阶段以及所处的环境，还与治理体系和当下的领导及管理团队有密切关系。好的治理体系和强大的领导与管理团队，就有可能走合法性低独特性高的道路。反之，则可能选择轻车熟路的同质性发展，虽然这既安全又稳妥，但却是以未来发展空间和社会价值为代价的。理论上来讲，合规性和独特性的平衡和优化是重要的战略理论问题，席酉民[7]以和谐管理理论给出了一种优化模型，但在理论和实践上依然有很大的探索空间。

二、领导：兼顾双重理性，践行和谐领导

组织要同时兼顾合法性与独特性，并进行最低合规性基础上的最大独特性优化，对领导者有很大挑战。这种挑战要求领导者能平衡一般性与特殊性、兼顾普适性与本地化独特性的能力。笔者曾在系统研究中国大学领导的基础上提出双重理性领导的概念[8]，来概括那种能够兼顾一般性的制度和本地化独特性的领导实践。研究中提出了双重理性领导的十个维度：①自我认知上必须有自知之明（self-awareness），知道自己的优势和局限；②系统认知（systematic processing）与客体互动中的不确定性与模糊性，从而保证认知权力不断提升；③秉持革新精神（reformative behavior），创造性地实现自己的想法；④通过反思学习（reflective learning）持续改进自身行为的有效性；⑤通过人际认可（interpersonal acceptance）激发下属的能力和积极性来应对不确定性和模糊性；⑥遵循实事求是（practical and realistic）的价值观，关注组织自身的发展，避免以行政绩效为目标的官僚主义作风，以及唯我独尊的王权主义心态；⑦以言行一致（authenticity）确保自己的行为与话语保持一致；⑧具备规则意识（toe the scratch），避免运用不正当的潜规则实现目标；⑨在浮躁、关系导向的社会环境中，为了长期的发展在不损坏目标和违背意志的前提下通过相机妥协（circumstantial compromise）争取更多的资源和机会；⑩在这些过程中必须有强烈的底线意识（sticking to bottom line），不为了资源而丧失理想或违背基本的人生规则。

具有双重理性的大学领导者，能够在尊重教育规律的基础上，探索新时代的

特立独行

和谐教育之路

符合未来趋势的教育模式，能够考虑此情此景中不同文化和组织环境下的特殊制度安排。和谐管理理论则可以帮助领导者驾驭整合一般理性和本土独特理性这两个方面，我们称之为和谐领导。

和谐管理的要义是面对复杂、模糊、多变的环境，始终坚信人类发展是在有限干预下的演化过程，领导或管理的作用是帮助这种演化围绕组织的目标从更好到更好，所以行为上一直坚持主题导向（愿景和使命驱动下的各时期的（和谐）主题思维）下的双重理性互动与耦合，在这一过程中不断反省、及时反应、动态提升[9]。

利用和谐管理理论框架，领导者可较充分地运用普适理性和情景（本土）理性释放其影响力，这并不是两种理性的简单加总，而是根据组织的愿景和使命，根据不同发展阶段的情景及其选定的和谐主题，将两种理性有机地融合于谐则体系与和则体系的构建中，并根据情景的变化与和谐主题的漂移，进行动态的调整和耦合。

基于和谐管理理论的基本观点，和谐领导的行动框架有五个关键环节：愿景和使命引导、主题思维和导向、谐则优化、和则诱导、和谐耦合（围绕和谐主题的谐则与和则的有机匹配）的动态调整。这五步行动框架描绘了领导者如何通过有逻辑的运作来把握和整合双重理性。

和谐领导的五步行动框架的要义是：第一，领导者首要的任务是为组织制定愿景和使命，使所有组织成员能够清楚地知道组织的核心价值和发展的方向，并指导组织的日常运作和决策。第二，领导者要根据变化的环境，瞄准愿景和使命，不断调整组织的阶段发展主题即和谐主题，通过一个一个的阶段目标来实现长期目标。第三，在阶段目标的引领下，对那些可事先规划和设计的管理活动，或者必须要遵守的法律法规等，通过谐则构建保证目标实现的制度、流程和组织体系。第四，对那些无法事先设计的、突发的管理问题，通过和则制定相应的政策、创建必要的机制和规则、营造文化环境，激发组织成员的能动性和创造性，从而应对不确定性以促进谐则体系的落实和促进组织目标的实现。第五，在通过谐则体系的设计优化与和则体系的诱导演化两种途径将阶段主题分解为具体的行为和方案的基础上，领导者还要不断根据组织内外的变化和主题的调整演变，调适两种规则体系的匹配模式，做到双规则围绕和谐主题的持续动态优化。

和谐领导的五步行动框架，可以指导和帮助日益复杂、模糊、不确定和易变环境下突破性或开创性事业的健康发展。这种领导模型从理论和实践上都有深度挖掘的空间。

三、育人模式：五星育人体系保证下的持续变革

有了清晰的战略定位，以及和谐领导的支持和引领，组织愿景和使命的实现的关键是如何使核心业务落实到日常的实践上。有很多时候，尽管组织领导者有清晰的理念，也在战略上有清晰的定位，但是由于没有把理念和定位落地到具体的业务和实践中，会导致空有口号而无法落地的窘境。而要做好理念的落地，并且具备可持续性，就需要提出符合理念和战略定位的系统的业务模式。对于大学来讲，就是最为核心的育人模式。西浦建校伊始，根据其愿景和使命，就提出了五星育人模式，如图 3.14 所示，来把理念沉淀于日常的实践体系中。

素养体系
philosophy & value

能力体系
capability
system

育人目标
世界公民
Objective
Global Citizen

知识体系
knowledge
system

综合教育策略
comprehensive
education strategy

支撑系统
support systems
of implementaion

图 3.14　西交利物浦大学五星育人模式

西浦五星育人模式首先明确了教育的理念和育人目标。在"以学生健康成长为目标、以兴趣为导向、以学习为中心"育人理念的指导下，明确了培养"世界公民"的育人目标，并落实到素养、能力和知识三大体系的具体内涵和内容体系，而且分析了实施的育人流程、教育策略以及系统的支撑体系。可以看出，五星育人模式是一套典型的"以学生为中心"的育人模式，其对育人目标的核心地位的确立，以及特定目标下的教育策略和支撑系统的关注，是真正落实"以学生为中心"和立德树人核心地位的关键要素。

西浦五星育人模式明确了目标、策略和支撑体系之间的衔接和系统性，但目标可以随着社会的发展和人才的需求而改变，策略和支撑体系更是可以随着目标的变化以及教育探索经验的积累而改进。西浦在第一个 10 年的发展中，主要从国际化、研究导向型教育、世界教育优秀实践融合等方面创新性地改进和升级了目

前世界主流的专业精英育人模式（西浦 1.0）[4]，在第二个 10 年则提出了面向未来人工智能时代行业精英培养的融合式教育模式（西浦 2.0）[10]，同时已经开始筹划和启动了大学走进和融入社会支持未来个性化、兴趣导向、终身学习和创新创业的网络化分布式教育生态模式（西浦 3.0）[11]。

近 15 年来，西浦教育探索和实践的效果已得到了社会各界的广泛认可和国内外同行的关注，但为未来教育研究的深化提出了很多理论和实践问题，如西浦 2.0 和 3.0 提出的融合教育和教育生态概念是否能满足未来发展需要？其实施具体需要哪些支撑体系？教育管理和组织架构上需要哪些调整？等等。

四、组织：网络架构支持下的共生生态

以影响教育为使命的西浦，在探索教育的同时，还一直致力于研究和构建先进的大学内部管理体系，以支持育人模式的实现和未来大学的发展。在认识到当代学生获取知识变得相对容易和廉价，西浦清醒地意识到未来理想的大学除了重视传统的"大师""大楼"之外，营造跨学科积极互动的科学社区、形成体现现代教育哲学和理念的校园文化、构建能支撑全球资源整合和高效运作的管理网络体系变得日益重要，因此致力于网络化内部管理和平台化治理等方面的理论探索及创新实践，同时回应德鲁克先生指出的 21 世纪人类将面临的提升知识组织和知识工作者效率的理论与实践挑战。

1 网络化的内部管理体系

根据知识组织的特点和要求，西浦采用网络式大学结构，中心是领导和高管团队，负责学校战略和日常运行，外围是四大服务中心，保障教学和科研活动的顺利开展，各学院和系是教学和科研的主要组织单元。这种由中枢管理集体和学系组成的大学网络式结构保证了大学拥有强有力的驾驭核心，使得大学对不断扩大和变化的需求的反应更加迅速、灵活和集中，充分保证了大学战略制定和计划执行的能力。但同时，位于网络各节点上的师生员工又有一定自主性和创新空间，以利用其能动性和创造性回应快速变化的环境和需求，从而增强了组织的敏捷性、灵活性和创新性[12]。

另外，值得关注的是，按照规律，行政权力和学术权力是高校有效运行不可或缺的两个方面，分别负责不同的大学管理事务，西浦坚守行政权力和学术权力之间的并行互动，涉及学术判断和发展的事务，如学科建设、学术评价、学术发展、

教师学术水平判断和升迁、学生升级及学术违纪处罚、具体的教学管理等均由专门的学术组织或委员会处理，如师生认为有不公之处，可以向行政权力申诉，行政负有监督责任，如学术权力决策所依据的事实成立且程序合法，行政权力会全力支持学术权力的判断和独立性，不会直接干预学术事务。另外，学校所有职能部门不再是任何权力部门，对学校发展来说，他们的主要职责是提供服务和支持。

2 平台化的生态治理

高校传统的利益相关者包括政府、社会、教师与学生，现在传统高校主要接受政府的直接投资和领导，并通过行政关系管辖学校及各种组织（教授委员会、学术委员会、工会）和学生组织，因此大学的主要评价者是政府，学生和社会的需求是次要的。西浦是一所社会力量建设的大学，为了得到社会各界的认可，采用董事会、投资者和社会共同治理的模式。学校的高管团队不仅接受董事会的领导，也要接受来自投资者和社会的监督和指导。学校视教师为股东，因为教师的知识是高校不可或缺的资源。此外，在"学生自治，学校引导与服务"的理念下，成立学生联络委员会、学生事务委员会，切实保障学生的自治权。学校还成立了由来自社会各界人士组成的工业咨询委员会、校外导师团队、家长联谊会，为学生和学校的发展提供指导。

在西浦 2.0 模式的探索中，还把融合的理念引入学校建设和治理中，探索与政府、企业融合建设行业学院的新模式，包括共建校园企业来整合双方资源，形成你中有我和我中有你的新型共同体，真正实现不同合作伙伴之间的合作共赢。而西浦 3.0 模式会更进一步，把共生共荣的生态理念引入治理体系，大学将走进社会，扮演催化剂和黏合剂的角色，促进教育和创新生态的孕育，以实现创新和生态红利。所以这些探索无疑挑战着传统的大学管理和教育理念，产生了很多需要深入研究的组织、治理、生态演化及干预等管理理论和教育实践问题。

五、人员：角色导向的能动性与制度效率的融合

组织愿景的实现、合法性与独特性的平衡，都离不开组织微观运行的支撑，特别是组织中每个角色的行为方式以及组织文化的支撑。为了效率，员工需要照章办事；为了独特性，员工需要创新和突破；为了这些看似矛盾的活动围绕组织目标有效发生，一方面需要员工的认同和训练，另一方面组织制度和文化也需要能够充分释放员工的积极性和能动性。所以，网络组织和生态体系对员工的角色要有新的定义，希望员工能够主动地关注需求，基于需求跨部门整合资源，形成

临时性的团队，从而创造性地快速满足需求，解决问题，进而通过持续性案例分析，促进员工和组织持续升级。

官僚层级组织中的成员，都有特定的岗位，每个岗位又有特定的任务，岗位与岗位之间都有明确的汇报关系和规则，组织的运行依靠岗位身份及其互动关系，岗位及其互动关系构成了官僚组织的核心，一个官僚组织的结构图也就是所有岗位及其关系的总和。在网络组织中，员工的基本身份不是岗位，而是角色。和岗位相比，角色更具有开放性和动态性，角色的价值体现在与组织其他角色的互动和合作中，只有合作才会产生价值，跟不同的角色合作也有不同的价值。因此，在角色不受特定的层级体系约束的情况下，角色的价值具有很强的灵活性，并且受到员工自身能力和主动性的影响很大，员工能力越强、越主动，越能通过与更多的员工建立有价值的互动从而增强自身角色的价值。

与官僚层级组织依靠最顶层制定目标并通过一级一级向下传递和落实来实现目标的自上而下的组织运行方式不同，网络组织是通过愿景共享、文化认同、制度机理、组织支持激发所有员工的积极性和主动性，更多的是一种自下而上的运行方式。员工受到愿景和使命的指引，结合自身的角色，自主决定如何与别人建立合作和连接，通过合作形成互利共赢的局面，从而实现组织目标。

另一方面，在调动能动性的同时，还要关注组织效率，即保留官僚层级体系的优秀机制，利用那些经过理论和实践证明有效的路径、规则以及管理工具和技术高效实现目标。西浦创新性地提出了以和谐管理理论（HeXie management theory，HXMT）为哲学和方法论，以 VISAE2 为有效性运行模式，以 MBAR2 为管理工具，以 TIPS-H2 为行为规范，以 DRIFT 为文化诉求的管理体系。和谐管理围绕学校愿景，形成各发展阶段的和谐主题，再通过谐则原理优化设计和搭建必要的流程和制度体系，保证服务效率和资源有效性，以和则原理构建环境诱导体系，让师生员工开心、能动、创造性工作，然后围绕主题将谐则体系与和则体系耦合，形成整体性和谐运行机制和大学发展平台。VISAE2 强调通过愿景导向性（vision-driven）、创新性（innovative）、系统性（systematic）、敏捷性（agile）、到位性（executive）的运行，实现组织整体的有效性（effectiveness）；MBAR2 指目标管理（MBO）、基于预算的运行管理（BCO）、工作重要性分析与角色互换（ABC）、结果导向管理（RBM）和日常性案例分析（RCM）；TIPS-H2 是指团队合作（teamwork）、大胆创新（innovation）、专业（professional）服务、真心诚意（sincere）、善待他人（hospitality）和快乐（happy）工作；DRIFT 代表西浦追求的五种核心文化价值，即多元（diversity）、规则（regularity）、创新（innovation）、自由（freedom）、信任（trust）。VISAE2 强调了牢记愿景的有效运行体系，TIPS-H2 描述了使用先进管理工具的人应有的主导思想与行为规范，MBAR2 是在 HXMT、VISAE2 和 TIPS-H2 指导下使用的工具，DRIFT 则是创造性积极行动的促进剂和润滑剂，以确保愿景的达成。学校希望全体教职工自觉、不断地学习和体悟这些理念、模式、行为、工具和文化，并在实际工作中使用、总结和改进，将其内化为自身性格、素质的组成部分，服务于学校的发展和自身不断提升。从中，我们不难发现值得进一步深化研究的理论和实践问题。

参考文献：

[1] 席酉民. 未来教育的核心：心智营造——以西交利物浦大学孕育"和谐心智"为例[J]. 高等教育研究，2020（4）.

[2] 席酉民. 和谐教育模型——个性化、兴趣驱动、终身学习的成长与为人见本书第三章，3.2.

[3] 席酉民. 以"和谐心智"赢得未来，2018年教师节寄语[M/OL]//席酉民. 明道任事——教育之道. 北京：清华大学出版社，2020：114-118. https://www.xjtlu.edu.cn/zh/news/2018/09/xiyouminjiaoshijiezhici.

[4] 席酉民，张晓军. 我的大学我做主——西交利物浦大学的故事[M]. 北京：清华大学出版社，2016.

[5] ZHAO E Y, FISHER G，LOUNDSBURY M. Optimal distinctiveness: Broadening the interface between institutional theory and strategic management[J]. Strategic Management Journal, 2017(38)：93-113.

[6] 斯科特. 制度与组织：思想观念、利益偏好与身份认同[M]. 4版. 姚伟，等译. 北京：中国人民大学出版社，2020.

[7] 席酉民. 特立独行：合"规"性与独特性的和谐优化[EB/OL].（2020-06）. https://mp.weixin.qq.com/s/6Mv_9qMELlBRl1ErcPWjvA.

[8] 张晓军. 双重理性领导[D]. 西安：西安交通大学博士学位论文，2013.

[9] 席酉民，韩巍，葛京，等. 和谐管理理论研究[M]. 西安：西安交通大学出版社，2006.

[10] 席酉民. 明道任事——教育之道[M]. 北京：清华大学出版社，2020.

[11] 席酉民. 和谐心智——鲜为人知的西浦管理故事[M]. 北京：清华大学出版社，2020.

[12] 梁朝高，席酉民，张晓军，等. 角色自觉与双型制度驱动的网络化合作模式：基于A大学的扎根研究[J]. 科学学与科学技术管理，2019（6）：3-20.

3.7　走出去——引进来的西浦经验

2003 年，我国颁布了《中外合作办学条例》，鼓励中国高等教育机构与外国知名高等教育机构合作办学。短短几年时间，一大批中外合作办学项目和数个中外合作办学独立法人机构在中国落地生根。

苏州工业园区是我国改革开放的试验田，对具有国际化视野的人才有着强烈的渴求。西安交通大学希望利用苏州独特的区位优势，开展国际化的教育探索；而英国利物浦大学也有它的国际化战略。三方一拍即合，决定筹建一所具有独立法人资格的大学——西交利物浦，如图 3.15 所示。

图 3.15　西安交通大学与英国利物浦大学签约合办西交利物浦大学

在席酉民看来，合作之所以能够成功，是因为苏州工业园区内有众多中外企业，需要研发人才；而苏州本地缺乏理工科较强的院校，西安交通大学和英国利物浦大学都是理工立校，而且西安交通大学的管理学科也很强。"西浦正是从理科、工科、管理三个学科起步立校的。"他说。2006 年 9 月，首届 163 名本科生入学西浦，如图 3.16 所示。

图 3.16　西浦首届学生毕业典礼

　　席酉民对西浦战略的信心，来自其对教育与时代趋势的判断。"首先，西浦当时看来还很小，还有很多问题，但它是一座国际化的学校，按照国际化的标准来办学，拥有很大的空间；其次，它可以全球整合资源；第三，也是最重要的，这是一个全球重塑教育的时代，给了新学校一次千载难逢的机会，可以让这所年轻的国际大学与全世界最好的学校站在同一起跑线上去实践、探索未来教育。"

　　近年来，西浦的认可度和影响力不断提升，年仅 13 岁的西浦进入 2020QS 世界大学排名前 1 000，位列中国内地大学 39 位；在国际师资排行榜上位列中国第一；在外部交流排名上名列亚洲榜首（西浦首届赴英交流学生话别会如图 3.17 所示）。

图 3.17　西浦首届赴英交流学生话别会

目前，从西浦已走出了 10 届 15 000 余名学士、数百位硕士和博士。世界名校青睐西浦学子，西浦校友驰骋世界。已实现了有来自 100 多个国家和地区的国际化师生社群，按国际标准全球招聘、全英文教学的国际化师资队伍，全方位的西浦教育和学科发展的国际标准（已有 20 多个本科和近 20 个硕士专业获得国际专业认证）。

西浦引进来——走出去的历程，既是西浦吸收整合国际教育资源、最先进理念与模式的过程，也是西浦师生更深入融入国际化学术生态、培养全球一流国际玩家的生动体现。

西浦国际化战略围绕招生、内部育人环境、研究、流动性、合作五个核心主题扎实推进。通过十余年的探索，西浦已经形成了一整套大学持续发展的理念和做法，并构建了三个层次多维度的国际化战略体系，分别是要素层次、机制层次和组织层次。除了推动学生、教师、课程、教学和研究活动等要素层次上的国际化与多元化，西浦更加关注机制和组织两个层次。在机制层次上，创建自由开放的多元文化环境；应用符合网络时代学习特征的前沿教育技术；构建符合知识组织特征和要求的网络化组织模式；打造科学共同体，构建创新生态系统。在组织层次上，建设国际知名的学术社区与创新群落，探索世界高等教育新模式，构建互动、共存、和谐的科学社区和生态系统，以影响中国和世界的教育，如图 3.18 所示。

图 3.18　西浦南校园学术社区共享中心花园

"展望未来，我们需要在专业精英体系继续深化和完善的基础上，培养出能够站在人工智能和机器人的肩膀上，驾驭未来新行业的高度复合型人才、具有跨文化领导力的世界公民。"

　　诞生丁苏州土地上的这场教育改革和探索，也与苏州的发展不谋而合。今年，西浦太仓校区开工建设，西浦创业家学院（太仓）正式启动，首批将设立人工智能与先进计算、智能机器人、物联网、智造生态、产金融合、文化科技、芯片 7 个行业学院、对应 7 个按行业整合的本硕融合的新型培养体系，如图 3.19 所示。

图 3.19　西浦创业家学院（太仓）融合教育核心社区

　　席酉民说："我们要为社会发展培养前瞻性的人才、探索未来新行业发展的商业模式以及支撑技术。这不仅仅是教育，更是产学研训创的结合，将全球优质资源在苏州、在西交利物浦进行汇聚，以实现西浦 2.0 的发展战略，即创建融合式教育模式、探索未来大学概念和校园新形态、形成与社会共享互动共生的创新生态、进一步促进中国和世界教育的转型升级。"

—— 第4部分 ——

空谷足音

4.1 空间被挤压，是你们做得不够好 ✎

——校长怨言（学生篇）

席酉民
前言

危机是镜子，让人看到了光怪陆离的真实，关注常被忽视的事情。危机也是磨刀石，可以磨炼人、改变人甚至社会和世界。面对百年不遇的 COVID-19，世事百态尽显眼前。本是最需要团结和协作之时，世界却充斥着歧视、相互攻击、隔离与封锁。应对疫情最佳策略是做好各自该做的事，让协作顺畅，但不专业的、缺乏信息的跨界谩骂和指责无处不在。作为管理学者，也曾忍不住思考了一些大事，如国家治理和危机应对机制、企业的危机突破、中国管理研究的出路、教育变革等，撰写了相关意见。然而，作为教育从业者，特别是想利用全球重塑教育之机，倾毕生精力推动教育变革和探索未来教育发展的实践者，此时我却有更多话想说。

从 20 世纪最贫穷农村和最底层的农民走出来，成为改革开放后 77 级大学生，除了期间一两年市场打拼和数年国家高层机关帮工研究外，一直没有离开教育一线，有幸创建过三所不同机制的大学，有过体制内和体制外大学领导岗位数十年的体验，还曾领导、收购重组和创建过基础教育，当领导一个国际化大学在面对危机和全球化受阻、各方面挑战迎面扑来之际更是感受颇多。

现在是一个抱怨容易干事难的时代，每个人都可以随意上网抱怨一番，而且很方便"拉帮结派"（微信建群），相互刺激、不断升级，甚或广播那些没过脑子，根据道听途说和点滴信息形成的可能是一知半解的批评或抱怨。但做事却处境完全不同，面对复杂不确定、充满危机的时代，做成一件事，不只要面对各种挑战、应对突发危机、解决千奇百怪的难题，还要在纷杂多样的批评和抱怨声中清醒坚守、长期努力。当然，批评和抱怨也是进步的推动力、改进的触发器、思维的引信。

理论上讲，校长没有权力抱怨，只能在各种怨言中背负责任默默前行。但借这个全球发泄的特殊时期，也趁机释放一番，蹭个热度，不搞什么日记，而是摘取教育的几个关键利益相关者如家长、学生、老师、学校、技术等，以校长岗位上的实际体验发自内心地、认认真真地"抱怨"一番，搞个"校长怨言系列"。

作为校长，我天天和学生在一起，但在非正式的微信和微博世界里，与我直接沟通的家长远多于学生，他们所咨询和讨论的又大都是学生应该关心的问题。所以，我一直很疑惑，为什么作为成人的学生不亲自处理自己面临的问题，而总是要家长代劳？是家长太主动，还是学生太依赖？根据家长的信息推断，很多时候学生根本不知道家长在询问。还有一种可能，学生可以通过正常渠道解决这些问题，无须找我，那为什么家长还在问？

在校长怨言（家长篇）[1]，我曾分析因中国传统的家文化、子女的传承观、独生子女政策等，家长经常冲得太前，全身心扑在孩子身上，让学生无忧无虑地一心学习和升学。学生上了大学，家长依然难以转变，还继续无微不至地关心着他们的学习、生活、婚恋、未来，让孩子一直处在家长的羽翼呵护下，爬行在家长设计的框架里，不仅使一些孩子沦为"巨婴"，也使年轻人自我发展的空间被挤压，失去了独立体验人生、追求自身发展的很多乐趣，再加上血缘关系永远无法割离，在很多没有处理好代际关系的家庭中，双方始终生活在一种比较痛苦的纠结中。

在 2018 年西浦开学典礼上，我做了"拒绝巨婴"的演讲[2]，迅速网上蹿红，升至 10 万 + 文章（阅读量超过 10 万），这足以说明人们对家庭呵护下中国学生似乎永远长不大现象的关注。巨婴现象当然有社会文化和家庭背景问题，但对于生理年龄已经成人、法律上必须承担民事责任的学生，难道不应从自身角度做深刻反省吗！在我看来，这才是教育的关键问题。

我做老师以来，因指导过的研究生有的与我同龄甚或长我几岁，所以教过的学生年龄范围覆盖"50 后"到"00 后"，自认为了解不同年龄段学生的特征。做校长以来，特别是到西浦以后，学生主要是"90 后"和"00 后"，与"50—70 后"甚或"80 后"大不相同，他们身上有很多标签，独生子女、网络一代等，网上与之相关的词汇很多，如二次元、孤独、竞争、空虚、嚣张等。社会发展总会留下时代烙印，孕育出与之相应的心理和行为特征，构成了一代一代人之间在社会习俗、教育理念、生活习惯、心理认知，以及行为方式上的差异，从而出现代沟，所以代际冲突在所难免。但我们都要走进未来，学生学会代际沟通、改变和提升自己、处理好代际关系，不仅会为自己的成长争取更大空间，也会使自己和父母及长辈们生活得更开心快乐。[3]

基于这些年我与学生和家长（主要是父母）的交流以及社会观察和研究，在这个随时随地可以便捷地公开发牢骚的时代，大家很容易成为网络时代的愤青。但无论从个人、家庭还是社会发展哪个角度讲，我都真心认为，年轻人在抱怨父母、学校、老师、社会的同时，其实更应反思和深度思考，我们怎样利用时代机遇和技术条件，做一个更好的"我"，成为前所未有的新一代。这里我以一个过来人的身份，想对你们说几句心里话。

1 快速转型：从"考"生到"人"生

没人不想独立和成熟，很多学生也不想让父母对自己生活横加干预和约束，设法逃离监管，有的把父母踢出自己的微信朋友圈，也有的写邮件给我抱怨学校为什么要组织那么多家长群，觉得群里的很多讨论对他们产生了负面影响等。我在《不是不爱您，是您可能越界过多》[1]一文中已经分析，因种种因素，我们家长确实可能越界太多，包括学生抱怨的那些整天在讨论学生问题的微信圈，大部分是家长们根据自己需求和"浦妈浦爸"身份自己建立的。但反过来问，是什么导致父母甚至放弃自己的生活冲到前台关心你们的事情？你们是否以自己的优异表现让他们觉得完全没必要为你们瞎操心？你们是否以恰当的沟通方式让他们放下了那些本不必担心的事？

西浦发展早期，家长送学生到校，我发现有学生在一边吃冰淇淋，而家长跑前跑后忙活着。我就劝家长，你们可以坐在那儿吃冰淇淋，让学生去排队、买车票、扛行李等。但家长总是说，他们还小。我说，为什么不让他们自己尝试？如果不放心，可以先站在一旁看着，在他们确实需要帮助时再伸手！同学们会说，是家长太主动，剥夺了自己的行动机会。但我要说的是，如果你们积极主动，且有能力干好自己的事情，而且会与家长恰当沟通，让他们知道你们有能力处理好自己的事情，他们自然会后退，你们也会拥有更多尝试的机会和成长的空间。

这类问题在中国有独特的传统习惯和文化背景，长期的应试教育使学生从小被训练成"考"生，成为考试、考级、考证的高手，但却背离了教育的使命——"人"的发展。应试教育的典型特点是"死记硬背、高强度刷题、填鸭式教学"等；践行的是"行为主义"理论的"刺激—反应"逻辑；对学生深层次的危害是忽视人的主观能动性，即人的"自我"发展。持续的"刺激—反应"训练，人的"思维"和"行为"模式会相对固化，类似于"习得性无助"和"肌肉记忆"（muscle memory)，从而泯灭了兴趣，剥夺了学生儿童和少年期的快乐，与此同时也使你们失去了锻炼各种生活和社会活动能力的机会，削弱了你们除学习考试外其他事务上的独立性和主动性，活脱脱地成为一名考生，千锤百炼，终于考进大学。

此时，你们的生理年龄已是成人，法律上必须独立承担民事责任，而心理和社会年龄却还不够成熟，独立处理各种社会问题的能力还尚未养成，你们在父母眼中还是个孩子。在西浦，出于帮助学生快速成长的目的，学校已视学生为年轻的成人，建设了学友、学术、成长和校外四种导师体系，从教学和校园生活，试图全方位地帮助学生迅速转型，从孩子到年轻成人，再到可以闯荡全球的世界公民 [4]。那么，长期接受"刺激-反应"训练的学生，面对西浦"人"本新刺激，会有怎样反应？西浦实践表明，学生要走出"被动学习"的习惯，突然面对"必须主动学习"的现实，可能出现"失衡"。经过持续的鼓励和熏陶，部分学生步入"主动和研究导向型学习"的新形态；而少部分学生依旧徘徊在"失衡"中，痛苦万分。西浦以心理学、行为科学和教育学为指导，专门发展了"回归"（bounce back）这样的特殊项目支持这些同学，少量同学因进大学之前"受伤"太重，难以回归。

你们要知道，成功转型取决于你们，不是家长不愿放手，而是他们对你们不够放心。许多西浦家长看到学生入学后的变化，欣喜地告诉我孩子一下长大了。所以，你们要以你们的转变和长大让家长尽快放心，把他们的眼光从你们身上移开，关注和安排一下他们本应拥有的生活。为此，你们首先在心理上要把自己当成人，要担当起自己成长和未来发展的责任，从"考"生转型为关注"人"而且可以独立追求人生的成人；其次，要迅速提升你们独立决策、处理各种学习和生活问题的能力，以实际行动让家长们看到你们的成长，并逐步真正放心地放手；第三，学会与家长保持成人间的沟通。不让家长呵护和关心你们是不合情理的，但让他们真心地放手，一方面你们要能证明可以做好自己的事情，另一方面还需要让他们知道他们想关心的事情已经做得很好；最后，要成就你们的人生，在上述转型的基础上，当代对年轻人最重要的挑战是，不要迷失在这个世俗、功利、浮躁的社会里，设法活得独特、精彩和有价值。因此，你们要向未来而生 [5]，有长远眼光、国际视野、社会担当和人生梦想，并不断提升践行理想所需的各种素养和能力，谨防陷入短期功利性目标和欲望的追逐中或赛跑里。

2　学会学习：从被动到主动再到研究导向

面对数字网络时代的挑战，教育不得不快速从知识传授型向"以学生成长为目标、以兴趣为导向、以学习为中心"的教育转型。传统应试教育把你们训练成了考试高手，似乎永远陷入了刷分与各种证书和学位的角逐中，但扼杀了兴趣，忘却了学习的真正目的，在方法上习惯于被灌输和被动等待。但在知识和信息随时随地可以廉价获取的时代，这种一门课一本教材，老师将其打碎成很多知识点，老师在课堂上讲知识点，学生在下面听知识点，考试复习的时候老师划重点，学生背重点，然后考高分，考完高分忘重点。教育等同于上课和考试，留给学生的是学分、学历和学位，对其未来人生应对复杂社会问题和挑战的价值很小。这种教育在现代社会已经失去价值，智能手机、云端资源、搜索引擎，使现代学生很难无知，挑战你们的是如何从杂乱无章甚至似是而非的知识中作出选择和判断，怎样在众说纷纭中有自己成体系的独到见解，如何训练自己在国际化的复杂多变模糊不确定环境中的生存能力和竞争力。我一直强调，现在大学不是一个学知识的地方，而是帮学生成长的地方，学习只是一个手段或过程。

那么什么是成长？成长首先需要认知自己，形成梦想，然后铸就追梦的翅膀，如西浦校训所言，"明道笃行"。其途径是提高素养、培养能力、学会学习[4]。其方法是转变学生价值观念和学习行为，孕育适应复杂世界的心智模式[5]。具体来讲，学习行为上一定要从过去习惯的被动等待转到主动学习。过去因知识难以传播和共享，人们惧怕无知，传授知识就成了教育的主要功能，也只有到学校才能学到知识，所以形成了学校和老师主导的知识灌输的教育体系，加上应试的推波助澜，学生主要任务是记忆和理解尽可能多的知识，并会考试。但现在知识和信息太多，睁开眼各种各样的知识和信息迎面扑来，让大家不知所措，常会发出"这是真的吗"的疑问，面临的挑战不再是无知，而是在知识面前如何保持清醒，如何不浮躁，怎样针对自己的疑惑深入探究，即主动学习和研究。当代，只有知识已无法赢得竞争优势，而是需要有造诣，既有广博的知识，还需要整合知识的能力和创造性，更需要能够站在人工智能和机器人肩膀上驾驭未来的智慧，按兴趣、个性化和终身的主动学习就成为关键。所以，为了提升学生学习和适应未来社会能力，教育一定要放弃老师填鸭式的教学，提倡老师引导下的主动教学，即预习、老师课堂引导、自学、辅导、小组合作、项目、实习等相结合。在这一学习过程中，学生不仅针对自己的兴趣和疑惑学到知识，更重要的是学会了学习并提升了发现问题、分析问题和解决问题的能力，这样才能终身受益。

在新的教育环境下，如在西浦或网上教育，不要简单抱怨课时少、老师讲得少，而应关注老师是否放弃了填鸭式教学，转为引导式教育，你们是否学会了主动式的探究性学习。为了帮助学生完成这种学习行为转型，西浦全面推行研究导向型教育，即创造一种学习和研究环境，把线上和校园学习结合起来，关注点从过去的知识传授转向问题、现象和任务的探究，学生在老师引导下，通过主动学习，解决问题、解释现象、完成任务，在这个过程中，学生首先培育了问题意识、学会了搜寻知识和整合知识、训练了解决问题的能力，并通过这样的学习、探究和问题解决过程，提升了学生的沟通、合作、创新、执行等能力。当然，研究导向型教育的有效实施需要学生改变自己的学习行为，老师调整其教学方式，学校构筑新的教育支撑和评价体系。这显然需要克服很多困难，但若做到了就可以保持学生的好奇心，提升学生的批判性思维，培养学生终身学习的能力，养成学生的创造行为，孕育学生的复杂心智。我专门撰文论述了未来教育的核心是帮学生心智转型和升级 [6]，并提出了复杂心智的一种和谐心智模型 [7]。

3 拒绝巨婴：以信任赢得空间

为什么总是父母帮学生咨询？除了家长冲得太靠前外，可能还有学生自身的问题，父母视孩子为生命的一切，挤压了你们的发展空间；你们从小被保养和呵护，养成了依赖的习惯，把父母的代劳当成自然；因此你们可能还停留在被呵护阶段而不自知，行为和能力自然也跟不上，甚或恐惧复杂性和不确定性，所以父母不得不伸手；即使你们自认为长大了，但因沟通不畅或行为上没让父母看出，他们依然会不放心，继续扩大他们的保护伞。要改变这种情况，只呼吁家长放手是远远不够的，我在"拒绝'巨婴'"演讲中大部分是针对家长的，但如果你们不主动改变和提升，这种努力是徒劳的。只有你们的真正成熟和担当才会让家长放心、放手和信任你们，才有可能逐步改变天天被呵护和监督的状况，换句话说，你们要以你们的成熟和能够做好自己事情的表现赢得家长的信任和更大的发展空间。我在《不是不爱您，是您可能越界太多》[1] 一文中建议父母对你们的事情学会三不，即看不见、听不见、不会做，但家长做到位的基础是你们让他们有信心。

2019 年，我以"蜕变：从巨婴到世界玩家"为题做了开学演讲 [8]，主要是说给学生的。针对 2018 年"拒绝'巨婴'"演讲中的一味索取、缺乏责任、没有奉献，永远以自我为中心的"伪成年人"现象，我希望学生记住"转型、主动、创新、坚守、升级"十字真经，以帮你们快速从家长眼中永远的"孩子"蜕变成有理性、有担当、有国际视野和竞争力的世界公民。这里我想再强调一下这十字真经：①转型。你们不再是那个在父母身边衣来伸手、饭来张口的小孩子了，进入大学，一切都要靠你们自己，要迅速实现"我"的转型。②主动。要远行和高飞，你们还必须学会主动、主动、再主动。许多西浦校友毕业后都深刻感叹，只要你主动你将拥有无限可能。③创新。你们年轻，初生牛犊不怕虎，志存高远，步入社会以后会发现现实世界与你们的想象相差太远，但要知道抱怨无济于事，遇到问题，不是抱怨，而是"想要什么样的环境，就去创造它"。虽然我们也许无法一下子改变大环境，但每个人却可以做好自己，改变所在生态。而每个小生态的优化，都将汇聚成改变世界的力量。④坚守。学校是一个孕育梦想的地方，学生们一旦发现自己的"野心"，大都会热情澎湃。然而，最终实现梦想、作出惊人成就的人，并不一定是能力最强、禀赋最好的，而往往是意志力最为坚韧，无论狂风暴雨，都坚持向目标前进的那一个。坚守不易，可以在学习的过程中慢慢磨炼，从创新性地解决一个个问题、应对一个个挑战、重构一个个的小生态开始，去创造一个个属于你的巅峰时刻。慢慢地，你心中对梦的爱会增强，克服困难和挫折的能力及自信心会提升，也会遇到或聚集越来越多的志同道合者。所以，"你是谁不重要，你想成为谁才重要"，而坚持实现你心中向往的"我"更重要。⑤升级。教育的核心是帮学生成长。而真正的成长是今天比昨天更好，或者是开启"从更好到更好"的旅行。其背后的逻辑是观念、思维、行为的持续进步，从传统心智转型到不确定、复杂、模糊和快变（UACC）世界的复杂心智，并随着各种社会范式的革命不断升级心智模式[5-7]！

4 善于沟通：获得同盟军

无论什么人，要想赢得空间，都需要持续提升恰当、适时、智慧的沟通能力，使利益相关者理解你、尊重你、发现你、平等待你，你才可能获得支持与同盟军，才有利于你拥有空间和施展才能。

但你可能说，现在有全天候无缝连接的通信方式和沟通渠道，谁还不会沟通？但我要说的是，可能恰恰是这些方便的沟通技术压缩了你们的生活空间。例如，你们中有人喜欢事无巨细都与家长分享，有时候可能就是无意间一声叹息或牢骚，而爱你们的家长会背后偷偷地帮你忙活半天。再如，过于频繁的沟通会形成反馈过度，造成震荡，进而影响你们内心的宁静。当然，除了恰当、适时，更重要的是学会智慧地沟通。有位父亲给我建议，西浦在国际化发展的同时应加强中国文化和礼仪教育。我问感受何来？他说千里迢迢来看儿子，有时候还怕孩子抱怨，只好打着出差的幌子，结果一见面，学生说他很忙，只给他一小时时间，家长心里很是不爽。后来我给这位同学讲，如果你换种方式，效果可能大不相同。例如，见了父亲，你知道他最关心你的校园生活，所以嘘寒问暖后，可以给父亲做个汇报，拿出自己的日程单，介绍从早到晚你充实而有意义的安排，然后说事先不知道您来，满满的安排里只有一小时空间，不好意思，我可陪您转转或喝个咖啡。试想，这个时候父亲心里一定会心花怒放，虽然还是一个小时的见面时间，但他知道了儿子的生活内容、有条不紊的安排、充实的计划，看到了孩子的成长，从而相信孩子有能力过好自己的大学生活，于是会从心理上信任和放心，他再也不需装着出差匆匆忙忙与孩子见上一面。代际间关键信息的适度透明和恰当沟通是你们拥有自由度和发展空间的保证，换句话说，像学业发展、职业选择、生活安排、未来规划等重大问题，你们需要向家长通报和咨询，必要时也可寻求指导和帮助，这样做会让家长在心里觉得你们已经长大，家长与孩子间的沟通慢慢会上升到成人层次，进而得到家长更高层次的指导和帮助，如你们的一些新颖创意或创业计划也许更容易获得家长的支持。

还有家长在咨询我后小心翼翼地给我说，不要告诉孩子，学生不知道我联系你。看到他们为难的心理，我真心疼家长。他们又想关心和帮助你们，又怕你们不开心，那为什么你们不把一些家长关心的事情恰当及时地与父母分享，以消除他们拐弯抹角和偷偷行动的必要性。但我同时发现，你们很多人又无时不与父母沟通一些我认为没必要让家长关心的事情，如吃了什么，饭凉了，菜咸了，某个老师有口音，某个老师上课的时候出了个错，导致家长对你们的校园生活事事焦虑。所以我曾建议同学们要学会适度隔断或减少联系，不是每时每刻都一起挂在网上，栖居于一个群里，而是该沟通的一定要及时到位地交流，无须家长关心的最好不要交流。我知道，一些学生为了防止不必要的干预，把家长踢出了自己的微信群或屏蔽了家长。但如果你们与家长未形成恰当和畅通的交流，他们无法获得想了解也应该知道的有关重要事项的信息，这种阻隔并无法从根本上解决问题。

我们在领导力研究时经常讲一句话，要想让别人做什么事，一定要给人家一个理由。反过来也可以说，如果不想让别人做某些事，也需要消除别人做这些事的需求。因此，人生不应是简单的抱怨，也无须一定要愤青，而是需要通过自己的努力赢得别人的认可和尊重，如果需要别人的帮助，给别人一个理由。即使是正当的利益诉求，也要学会换位思考、重话轻说、理直气和，不恰当甚至粗鲁的胁迫不仅无助于问题的解决，还可能把本来想帮你们的人推向对立面；而合理、合法、有人情的沟通更利于别人的理解，甚或同情，也会得到更真诚的回应，甚至让这些人成为支持你们行动的同盟军。

5 营造生态：孕育事业和人生

数字、互联、智能时代，万物互联、共生协作、融合创新、涌现而非事先设计成为常态，因而平台、生态成为事业发展的重要组织形式，理解其背后的机理、善于构建自己的人生平台或营造自己的事业生态，会助力于你们成就事业和滋养人生。

教育是社会体系中扮演催化剂的活跃子系统，利用其育人、科研、创新及全球知识网络撬动着社会的发展和文明进程。因此，西浦在努力营造学术社区的自然、知识和社会三层级互动的生态系统，并利用之探索融合式教育模式，通过全方位、多视角、多层次重塑这种教育生态，以持续吸引更多的、不同类别的教育资源和优秀人才融入其中，实现共建、共享、共进、共益、共生与发展，影响中国和世界的教育发展[9-10]。

学生自然是这个教育生态营造的逻辑起点，也是其核心参与者，学生如何融入其中，与各方参与者相互碰撞、刺激创新，互动合作、获得滋养，共生共赢、孕育成长，以实现兴趣驱动、个性化教育和终身学习和创新的人生。

生态的特点是涌现，好的生态会冒出很多意想不到的惊喜。不少西浦校友在获得事业发展的阶段性成就后感言，西浦鼓励他们独立和成为世界公民的育人宗旨，开放、自由、创新、国际化的环境，个人成长、学术研究、兴趣追求的全方位支持，激发了他们的想象空间和大胆梦想的形成，帮助他们训练了强有力的追梦翅膀，给予了他们探索的条件和拓展的各种资源。例如在西浦短短的发展历史上，涌现出了理工女参与国际选美斩获佳绩、理工男成为国际流行乐新星、不到30岁因创业佳绩进入福布斯排名、稚嫩西浦的大量校友在国际名校中崭露头角、在校本科生在国际一流杂志频发研究成果、西浦毕业生备受社会青睐等。

西浦教育生态助学子成长初见成效，其实学生们同样需要不断构筑自己的生态圈，将西浦教育生态延伸到自己的人生发展，根据兴趣和梦想与社会生态对接[11]，假以时日，形成自己的人生追求和事业发展的小生态，并通过终身学习和创新，实现西浦倡导的"人生幸福和事业发展"的理念，收获一个精彩有价值的人生。

参考文献：

[1] 席酉民. 不是不爱您，是您可能越界太多 ——校长怨言（家长篇）[EB/OL]. 2020-04.

[2] 席酉民. 拒绝巨婴，2018年西交利物浦大学开学典礼执行校长演讲[M/OL]// 席酉民. 明道笃行——教育之道. 北京：清华大学出版社，2020. https://www.xjtlu.edu.cn/zh/news/2018/09/xiyouminxiaozhang2018jixinshengkaixuedianliyanjiang.

[3] 席酉民. 逆俗生存——管理之道[M]. 北京：清华大学出版社，2016:63，101。

[4] 席酉民，张晓军. 我的大学我做主——西交利物浦大学的故事[M]. 北京：清华大学出版社，2016：17-51.

[5] 席酉民. 以"复杂心智"闯荡世界，2018毕业典礼演讲[M/OL]// 席酉民. 明道任事——教育之道. 北京：清华大学出版社，2020. https://www.xjtlu.edu.cn/zh/news/2018/07/xiyouminbiyedianlijianghua/.

[6] 席酉民. 未来高教的核心：心智营造[J]. 高等教育研究，2020.

[7] 席酉民. 以"和谐心智"赢得未来，2018年教师节寄语[EB/OL]. https://www.xjtlu.edu.cn/zh/news/2018/09/xiyouminjiaoshijiezhici.

[8] 席酉民. 蜕变：从巨婴到世界玩家，2019开学典礼执行校长演讲[EB/OL]. https://www.xjtlu.edu.cn/zh/news/2019/08/kaixuedianliyanjiang.

[8] 席酉民. 志存高远，做教育的重塑者[J]. 大学与学科，2020（创刊号）.

[9] 席酉民，钞秋玲. 重塑教育，打造一流人才培养的生态环境——以西交利物浦大学为例[J]. 北京教育，2019（12）：16-20.

[10] 席酉民. 向未来而生，2019毕业典礼执行校长演讲[EB/OL]. https://www.xjtlu.edu.cn/zh/news/2019/07/2019xipubiyedianlixiyoumin.

4.2　比学生更需要转型

——校长怨言（老师篇）

席酉民
前言

危机是镜子，让人看到了光怪陆离的真实，关注常被忽视的事情。危机也是磨刀石，可以磨炼人、改变人甚至社会和世界。面对百年不遇的 COVID-19，世事百态尽显眼前。本是最需要团结和协作之时，世界却充斥着歧视、相互攻击、隔离与封锁。应对疫情最佳策略是做好各自该做的事，让协作顺畅，但不专业的、缺乏信息的跨界谩骂和指责无处不在。作为管理学者，也曾忍不住思考了一些大事，如国家治理和危机应对机制、企业的危机突破、中国管理研究的出路、教育变革等，撰写了相关意见。然而，作为教育从业者，特别是想利用全球重塑教育之机，倾毕生精力推动教育变革和探索未来教育发展的实践者，此时我却有更多话想说。

从上世纪最贫穷农村和最底层的农民走出来，成为改革开放后 77 级大学生，除了期间一两年市场打拼和数年国家高层机关帮工研究外，一直没有离开教育一线，有幸创建过三所不同机制的大学，有过体制内和体制外大学领导岗位数十年的体验，还曾领导、收购重组和创建过基础教育，当领导一个国际化大学在面对危机和全球化受阻、各方面挑战迎面扑来之际更是感受颇多。

现在是一个抱怨容易干事难的时代，每个人都可以随意上网抱怨一番，而且很方便"拉帮结派"（微信建群），相互刺激、不断升级，甚或广播那些没过脑子，根据道听途说和点滴信息形成的可能是一知半解的批评或抱怨。但做事却处境完全不同，面对复杂不确定、充满危机的时代，做成一件事，不只要面对各种挑战、应对突发危机、解决千奇百怪的难题,还要在纷杂多样的批评和抱怨声中清醒坚守、长期努力。当然,批评和抱怨也是进步的推动力、改进的触发器、思维的引信。

理论上讲,校长没有权力抱怨,只能在各种怨言中背负责任默默前行。但借这个全球发泄的特殊时期,也趁机释放一番,蹭个热度,不搞什么日记,而是摘取教育的几个关键利益相关者如家长、学生、老师、学校、技术等,以校长岗位上的实际体验发自内心地、认认真真地"抱怨"一番,搞个"校长怨言系列"。

这个时代,几乎任何人都可被称为老师,老师的称谓似乎泛化到了孔子的理念,"三人行,必有吾师焉。择其善者而从之,其不善者而改之。"但本文要讨论的非泛化的老师,而是从事教育职业的老师,特别是从事高等教育的老师。

现代,老师被关注除了人人可被称为老师外,还有三个原因,一是很不幸地被列入未来可能被人工智能和机器人所取代的行列,二是受教育备受社会诟病环境的牵连,三是面对社会转型和教育重塑,老师必须回答如下问题:如何扮演好自己在未来教育中的角色?如果不想被取代,怎样创造或体现出自己的价值?

在全球进入第四次工业革命的当口,人们日益体会到了互联网、数字化、物联网、人工智能、智能机器人、5G、虚拟现实、增强现实、混合现实等一系列颠覆性技术对社会形态和生活方式的影响,遭遇了一系列的范式转型或革命,而占据社会系统核心地位的教育,自然处在社会变革的风口浪尖上。当教育正在风高浪大中逆流而上时,又遭遇更强烈暴风雨的洗礼,特朗普的不确定性扰动掀起国家主义、民粹主义浪潮,全球化受阻。新冠疫情突然全球爆发,使人们陷入生命和经济社会无尽的不确定性恐慌中,全球面对百年未遇之大变局。要能生存和驰骋于其中,人类需要前所未有的心智和领导智慧[1],在这种背景下反思教育、重塑教学、再定义大学将遭遇更多的不确定性、复杂性和模糊性,扮演着关键角色的老师又该怎样行动?

1 从教师到教育家

传统教育体系重在解决人们的无知问题,所以教育以学校和老师主导,以知识传授为核心。从传统教育体系训练和走出来的老师,无疑非常熟悉知识传授性的教育,特别是形成了与之相应的教学习惯和经验。当进入数字和网络时代,信息迎面扑来,知识的获得日益便捷和廉价,几乎可以做到随时随地,于是教育的知识传输功能出现众多替代品,越来越失去存在的价值,也有了老师可能被人工智能和机器人替代的说法。在课堂上,老师也日益感受到了来自学生和新技术的压力:你在一边费力讲课,而学生却通过手机或电脑沉浸在自己的世界里;如果没有严格考勤和与成绩挂钩,到课率会急速下降;传授知识的课堂很难激发学生学习兴趣，因为学生现在很难无知，甚至学生的信息和知识搜索技能有时候还高于老师，等等。在现实世界里，人们可能更加困惑，那些善于知识教授或应试教育环境下课讲得好的优秀教师会慢慢失宠，而那些过去不那么兢兢业业、常离经叛道、善于创新和折腾的老师却越来越受学生热捧。这些现象均源自社会环境变化导致的教育需求的改变，知识的获取不再是教育的主要功能，而怎样帮学生在错综复杂的信息、似是而非的知识中保持清醒，怎样在日益 UACC（不确定、模糊、复杂和易变）的世界里智慧地生存，怎样在全球化（尽管反全球化抬头，但全球化应该不可逆）和百年未遇之大变局中闯荡世界等成了教育的核心任务，即教育要真正回归人本，旨在转变人和提升人；学生的学习行为和老师的教学模式必然需要相应改变，特别是老师需要从善于传授知识的教师转型到强于帮助学生成长的教育家。

其实，教育从来都是定位于人的成长，即使是教知识也是通过知识学习达到帮人成长之目的。唐代文学家韩愈在《师说》中道："师者，所以传道受业解惑也。"近代作家、教育家叶圣陶先生指出："教师之为教，不在全盘授予，而在相机诱导。"俗话说："青出于蓝而胜于蓝"，如果只是知识传输，学生很难胜出，而善于诱导的老师，则可释放学生自身的潜力，如孔子所曰："温故而知新，可以为师矣。"学习重在"知新"，在创新、在发展，在培养探究的能力，也是人们常说的"授人以渔而非授人以鱼。"

遗憾的是，世俗社会促使教育退化为应试，使学校成为证书、学位和学历的生产工厂，使教师沦为教书匠或考试技巧培训大师。几乎所有人都不开心这种状况的延续，但因为社会的人才选拔、考核、排名、讲故事，甚或国家教育资源配置均是基于这些应试逻辑或规则，使大家陷入这种痛苦的无休止的游戏或竞赛中，难以自拔。然而，社会发展呼吁教育回归育人本质，时代挑战正在加速这种转型的进程，所以教师升级为教育家已迫在眉睫。

教育家重在懂人，懂社会对人的需求，懂人怎样才能健康成长，懂什么样的教育才可以有效帮人成长，懂如何打造这样的教育，并通过亲力亲为的教育实践，创新了育人过程，培养了人，推动了教育的进步，并因此促进了社会的文明。从教育家的使命不难理解从古到今师者的重要地位和价值，也更能体会到为师者的使命之光辉。要从被扭曲的教育和环境中挣脱出来，真正做到教书育人，我们首先要基于未来世界对人才的素养、能力和知识需求明确培养目标；其次在教学上需根据这些素养、能力和知识的训练逻辑，重塑教学过程，引导学生利用现在丰富的教育资源和便捷的学习技术，加速其成长为适应未来世界的人才。如在西浦，我们围绕培养世界公民的人才定位和五星育人模式（包括素养、能力、知识、教育和支持五大体系），全面提倡研究导向型的教育，老师要从过去习惯教知识到重视围绕问题、现象、任务，帮学生重造环境，指导学生通过学习解决问题、解释现象、完成任务，并在这个过程中，学会学习，提升素养、能力和知识造诣，得到全面成长 [2]；最后，在研究上也要设法跳出世俗的约束，排除浮躁和功利的羁绊，不是整天为了一些指标做自己不愿做甚至觉得不对的事，而是真正顺从内心、根据自己的兴趣和好奇心探索未知，并将探索与育人有机结合。英国哲学家罗伯特·罗素曾指出："老师像艺术家、哲学家、学者一样，只有当他感到自己是受内在创造冲动指导的个体，而不是受外在权威的支配和束缚时，他才能充分地完成自己的工作"（Bertrand Russell，*Unpopular Essays*）。这种看似只问耕耘不问收获，其实反倒会因静心的坚守，冒出惊世的发现或成果，感染和浇灌出一批批优秀的年轻人，从而拥有丰富精彩的师者人生。

在现代技术环境下，因信息爆炸和知识容易获取，以兴趣驱动、主动的、个性化的终身学习成为教育的基本趋势，所以老师的教学要从传授知识转向指导和支持学生自主的探究性或研究导向型学习，并尽力为学生创造这样的学习和成长环境；老师的身份也要从教书匠转型为教育家，更像导师和教练，重在帮助学生认清自我，形成梦想、学会学习、释放潜力，不断改变和提升，而不是把自己知道的教给学生。有朋友在听了我对未来教育的描述 [3-4] 特别是西浦学习超市的概念后开玩笑地说，老师似乎有点像超市导购的角色，我强调做好导购首先要对客户和各种资源有很深造诣，更知道和能指导客户怎样选择和努力才能获得最大价值！

2 从知识导向型教学到研究导向型教学

我们熟悉传统教育的场景，学校制定培养大纲和课程体系，然后一门课一本教材，老师或课程组将其打碎成很多知识点，课堂上老师讲知识点，学生记知识点，考试复习时老师划重点，学生背重点，然后考完高分忘重点。面对数字网络时代知识和信息可以随时随地廉价获取、人们很难无知的挑战，这种教育方式已经失去价值。要帮助学生有造诣、能够站在人工智能和机器人肩膀上驾驭未来，重要的是帮他们理解自己、形成梦想、习得按兴趣终身主动学习和适应未来社会的能力 [5]，因此老师一定要放弃填鸭式的教学，而尝试研究导向型教学，即创造一种学习和研究环境，把线上学习和校园学习结合起来，老师引导学生把关注点从过去学知识转向问题、现象和任务的探究，通过主动学习，解决问题、解释现象、完成任务，在这个过程中，指导学生增强问题意识、学会搜寻信息和整合知识、提高解决问题的能力，并利用这样的训练提升学生沟通、合作、创新、执行等能力。

为此,老师需要调整其教学方式,如针对培养方案和课程需要学生掌握的知识体系,首先清晰理解这些知识体系是针对哪些问题和现象发展起来的,也即这门学问实践意义和价值;然后恰当选择有现实意义、切近学生生活、能提升学生兴趣的问题、现象或项目,指导学生有针对性地学习、研究和解决这些问题;通过这样的学习过程,不仅可以帮学生学到活生生的系统性的知识,还可以保持学生的好奇心,提升学生的批判性思维,培养学生终身学习的能力,养成学生的创造行为,孕育学生的复杂心智[6-7]。我曾倡导老师通过组织学习至少要让学生明白:①这门学问在人类知识体系的地位,即帮助人类认知或解决哪类问题,学习之对人生和事业发展的意义和价值;②这门学问本身的知识体系和系统架构;③这门学问的核心技术或工具;④这门学问看待世界的方法论;⑤这门学问背后的哲学思想。现在大部分老师擅长②和③,但往往忽视①、④、⑤。当然,老师在调整自己的教学方式的同时,还需要帮助学生改变学习行为,学校也需要升级其教育支撑和评价体系[8]。

作为老师,在上述教学转型的过程中,还有三个方面的压力需要克服,一是网络一代的压力,现在学生与网络伴生,从小形成了相应的生活和学习习惯,在教学互动过程中,教师只有更好地了解网络一代的心理和行为特征,才能更有效地提供必要的指导和帮助;二是在线教育的压力,网络资源的丰富和网上教育的兴起,特别是COVID-19疫情期间网上教育全球普及,使老师和学生再也回不到疫情前的那种教育模式,老师和学生行为上都需作出改变,以适应网上教育和校园教育日益相融合的教育新形态;三是似乎永恒的教学与科研平衡的压力,社会抱怨老师重研究轻教育,老师抱怨教学任务重影响研究顺利进行,学生抱怨老师不重视教学或准备不足,学校既要求老师重视教学,又鼓励和更看重老师多出科研成果,因而老师经常处在教学与科研的夹缝中纠结不已。但在现代环境下,特别是如能真正开展研究导向型教育,教学与研究应该是相辅相成、相得益彰的,例如老师的研究问题、好奇的现象、具体的研究任务都可能是教学的重要起点,学生的学习和研究过程可能成为老师研究的补充或支持,学生不再是完成教学任务的负担,而成为研究的力量或同盟军;反过来学生也会从老师的持续研究中获得更大的学习收益,如西浦一些本科生在学习期间就在国际一流杂志上发表论文。所以,当老师真正转型为教育家,育人和研究会在深层逻辑上实现统一,既有助于老师职业生涯的发展,也会释放作为师者的价值,更会得到学生和其他各方面的尊重,拥有了空间,才能够无视那些世俗的指标或名利,真正顺从内心,真诚地开展满足兴趣和有责任的研究,与此同时影响、引导和培育一代一代的新人。

3 从指标导向的无奈到内心兴趣驱动的激情

但凡逢老师聚会，都会怨言一片，觉得整天围绕一些无聊的考核和指标打转转，但问及现在忙什么，依然是在努力做着自己正在抱怨的事。遇到校领导，谈起教育挑战和大学变革，他们也是抱怨，每年几大评估报告和报表已使他们焦头烂额，哪有空间和时间考虑面向未来的教育创新。因教育资源配置过分依赖各类"工程""项目"，加上选择方式过分倚重各类显性指标，常常使校领导和教师陷入一种各类指标的制造、包装以及各种工程和项目的追逐中，使大家陷入一种浮躁氛围和一张无形的网中不能自拔，很难静心于追随兴趣的研究和深耕教育的本质使命。学生为证书和学历而努力，老师为 SCI 论文数而奋斗，甚至绝大多数人知道这样不对，开始还抱怨，慢慢发现没用，最后彻底从心理上放弃了抗争，随波逐流，失去了教育和研究应有的乐趣，沦为制造指标的工具，甚至还有人为此忘却了人生原则和学术道德，学术造假现象频出。为了防止造假，更倚重各种证书、指标和头衔，结果愈演愈烈。记得一次某大学聘任的千人计划人才来西浦申请岗位，进入面试会议室，他先拿出很大一包东西，掏出来一一给我展示，国外博士学位、各种证书，我被惊到了。我们的高级学者都被逼迫到这种程度，自己的人格要靠这些东西来证明。在西浦我们从来没有这种验明正身的程序。我赶紧告诉他，快收起来，这不仅是对我们的侮辱也是对你自己的侮辱，因为我们相信学者，如果真的造假了，在学术圈子你迟早要玩完，因为这是在拿学术生命开玩笑。

无论国内外，老师们太熟悉这样的游戏，只是不同体系下表现形式和程度有较大差异。在中国，这种拼指标现象走得太极端，教育部和科技部疫情期间不得不发文《关于规范高等学校 SCI 论文相关指标使用 树立正确评价导向的若干意见》予以纠正，自然引起了热议，导致了破除"SSCI、CSSCI 崇拜"的呼声，但很多圈内人心知肚明，一边呼喊破除的雷声滚滚，一边还在变本加厉地追求这些类似的指标。我对此专门撰文分析了破题之道和术 [9-10]。简单来说，从国家角度需要调整资源配置体系，从学校方面讲要改变办学理念以及评价体系，从老师自身来讲要升级自己的生活观和价值观，从教学和科研平衡来讲要提高教育的理解和策略。

这里不再讨论如何改变这种雷声大雨点小的历史沉淀问题，而是从老师角度分析如何摆脱这种无奈重拾自己的教育和研究激情。坦率地讲，"SCI 至上"制造的"异化"问题已经非常严重，积重难返，估计短期内无法根本解决，甚或可能搞出一些新指标，大家很快又会陷入新的数据制造运动，依然无法静心专注于教育和科研的根本目标。那么在这种背景下，我们老师能否跳出旋涡，回归教育本质，捡回自己的研究激情？

当然我们期待国家从体制和资源配置机制上尽快消除这些问题出现的土壤，我们更期待一些机构敢于顺从未来趋势回归教育本质，以准确的教育理念和大学定位为老师创造空间。如西浦就走出了一条敢于独特的道路，以人为本，坚守国际化教育探索，鼓励老师瞄准未来、跨学科合作、按兴趣研究，薪酬不跟发表文章、申请项目挂钩，强调国际同行评估而不是简单数数，尽可能"隔离"各类外界指挥棒的干扰，营造宁静的大学教育和科研氛围，以形成充满活力的创新生态。如果我们有幸生活于这样的小生态中，老师如能真正遵从内心呼唤，根据自己的好奇心、兴趣以及人类面临的挑战，开展有责任的、有价值的研究。如果还能实现上文提到的研究导向型教育与兴趣导向型研究的高度融合，不难想象我们也会逃离各类扭曲的追逐指标的无奈，找回久违了的教育与研究激情。如果不幸没有这样的小生态，这种逆俗的突破虽可能面临一定风险，但却会唤起内心真我、点燃创新激情，如若能遵循智慧路线，不仅可以回避风险，还可能拥别样人生。师者，不应为别人的眼光活着，而应为真心、自由和价值努力奋斗。

4 从孤军奋战的苦旅到融入生态的乐行

在我的职业生涯中，我看到太多的老师，废寝忘食地研究和撰写论文，没有周末和假期，甚至夜以继日，如一位老院士，在70岁高龄时，还会每天晚饭后去实验室工作，直到黎明前回家，他觉得白天被很多的事务或会议而干扰，只有深夜最宁静。其实这不是极端案例，很多老师都沉浸在自己的小世界里，在外人看来是苦旅，但他们可能自得其乐，因为人生目标和追求不同。但我还发现，老师们除苦旅外还常常孤旅，甚至办公室一墙之隔，也不知道对方在干什么，老死不相往来。除了少数合作伙伴外，合作网络构建不力，在大学里比较成功的研究团队要么是夫妻店，要么是师徒团队，而当代创新和重大科研发现，常常需要跨专业的全球合作。

有幸的是我们已进入了一个数字、互联、智能的时代，被束缚的传统时空突然全面被打开，足不出户可以了解全球研究进展，可与世界各地的伙伴合作。老师传统枯燥的生活也会因此更为丰富。在这种时代背景下，跳出习惯的孤军苦旅，利用现代技术环境，进入一种新的学者生活状态已是我们每位老师的家庭作业。以我个人的思考和体验，至少可从以下几个方面寻找答案。

首先，在享受时代技术带来的便利的同时，谨防被其眼花缭乱的发明所骚扰，牵离知识分子应有的宁静和专注。现在，每天睁开眼睛，全球信息迎面扑来，好处是让我们几乎无所不知，坏处是大量虚假信息和似是而非的知识，常让人们无所适从，助长浮躁情绪，甚至陷入汪洋大海的社会媒体信息中不能自拔。此时，如何找回知识分子应有的更高层次的专注和宁静，是我们必须面对的挑战。

其次，在教师生活新平衡状态形成的过程中，我们需要深刻认识这个时代并理解和利用其运行逻辑。当代世界万物互联，导致共生协作、融合创新、涌现而非事先设计成为常态，因而平台、生态成为事业发展的重要组织形式，在这种背景下，尽快构建自己的人生平台或营造自己的事业生态，会助力于我们成就事业和滋养人生。例如，在新的时代背景下针对未来社会发展，选准自己的研究方向，组建自己的研究团队与合作网络，营造自己的科研和创新小生态，与教学互动并融为一体，这样就可能在事业发展中左右逢源、创新源泉涌现、成果源源不断。当然，还可将自己的事业生态延伸到人生发展，根据兴趣和梦想与社会生态对接[5]，假以时日，便可以实现"人生幸福和事业发展"双丰收，从而拥有精彩而有价值的师者生涯。

再次，虚拟协作、平台、生态的运行机制，是以多元共处为基础的，所以要学会与不同国籍、背景、文化、习惯的人共处与合作。老师或知识分子一般都是很有个性甚至清高，他们行为上坚持原则、不愿妥协，为了探究而善于辩论和争执，这当然有利于科学探究。但当在全球化环境下必须与各种各样的人共处与合作时，学会包容，善于共处，乐于和能够与不同文化和种族人间友好合作，成为网络和数字时代的必修功课。西浦为此倡导"多元、规则、创新、自由、信任"的文化，多元强调的是来自全球师生国籍、文化、背景以及教育思想的海纳百川；规则是多元有秩序共处的基础；创新是学府的追求和多元有序和谐共处的必然；自由特别是学术自由是确保创新的必要条件；信任是实现突破性创新的保证，因为当代大的突破离不开真诚的合作。

最后，知识和思想没有区域市场，其实即使是物质产品，现在也是市场全球一体化。老师在教育上面临的学生即使有区域文化背景，全球化也日益加强了跨文化的融合和国际最优教育实践的相互借鉴，而研究和学术一定与国际同行同台较量与合作。因此要开展有价值的研究，必须融入世界学术圈，整合国际资源，编织国际合作网络，构建自己的国际学术研究小生态。

5 从随波逐流到活出学者的自我

浮躁功利的时代，受来自四面八方的各种诱惑，很难静心、专注、长期坚守，一不小心就会坠入世俗洪潮，随波逐流。但作为老师，其最基本特征应是追求真理、刨根问底、旗帜鲜明、坚守己见，这自然会与世俗做法格格不入，有时显得特立独行。这样做自然不易。例如我在人大或政府或学校管理上一直坚持面向未来，根据趋势而不是简单听取指示、追随世俗指标或社会潮流确定发展战略，因此会坦率针砭时弊、直率地提出批评和建议、坚持走自己的路，理解你的人当然从内心尊重你，但仍有不少人觉得你好像是外星人，不食人间烟火，是不懂潮流和时尚的另类，于是常用一句"他是个学者"来岔开现场的不合时宜或惊愕。其实，这个时代，作为老师应该为别人说自己像个学者而窃喜，因为社会发展需要更多的学者，如果我们老师能达到学者的层次，其人生才会更精彩，社会价值才会得以充分释放。

在我心目中，"学者"是"知识阶级"的一员。鲁迅曾对知识阶级有精彩描述：真正的知识阶级"他们对社会永不会满意的。所感受的永远是痛苦，所看到的永远是缺点，他们预备着将来的牺牲，社会也因为有了他们而热闹，不过他的本身——心身方面总是苦痛的"；真正的知识阶级又"与平民接近，或自身就是平民"，因此，他们拒绝"在指挥刀下听令行动"，而要"发表倾向民众的思想"，而且"想到什么就说什么"，是"不顾利害的"。所以，学者虽生活于世俗之中，但却往往表现出一种被称为学者的生活风格。

学者研究学问、传播知识和见解，行为上真诚自信，意志自由、思想解放、言语直率，甚至个性突出、特立独行。但常因独特、直率、不懂说官话或"时尚的"讲话"艺术"被批不成熟。但真正的成熟不是圆滑一些、老道一些、嘴上说的不一定是心里想的，学者或"学者"类型的人的成熟，首先是人格的独立，他们有明确的使命，独立思想，自由意志，喜欢创造，献身进步[11]，他们不因为害怕被别人误解而等待理解。因为真正的创造都是对原有模式的背离，对社会适应的突破，对民众习惯的挑战。其次是自信，但自信不是"初生牛犊不怕虎"式的瞎胆大，而是基于自身对世界的认知和驾驭力的真实信心，自信来自知识、研究和实力，甚至相信真理有时候确实在少数人手里。但需要强调的是，自信向前一小步就是自负，切忌将固执、自负当自信，造诣越高越大度和包容，但不是学问原则上的妥协，而是开放思维基础上的兼容并蓄与升级。再次，是智慧，能够坦然和创造性地面对一切的风范。上世纪我有机会在饭桌旁听到王大珩院士谈教学要"浅入深出"、研究要敢于"好高骛远"、善于"投机取巧"，这种超凡脱俗的真经和智慧顿时让人眼睛一亮。再如文学大师文怀沙应邀出席某医院激光美容中心开业典礼，当"激光美容"四个字儿从老先生嘴里蹦出时，大家以为 98 岁高龄的老先生也难脱俗，开始做广告了。然而先生的话语展现了他的境界和智慧：激，是激情，生活要有激情，生活才有意义；光，是光明，人要做光明的事，只有心地坦荡了，才能获得快乐；美，不但要讲究外表美，还要赞颂美好的人和事，要让大家感受到生活的美好；容，希望大家社交场所注意容表，要服装得体，仪表大方，让彼此都能感觉很舒服，很和谐……。最后，是责任，为实现自己的使命而不懈努力，不仅敢于坦言，而且言之有据、有理，有担当自己言行后果的勇气和责任感。

人们和社会对教师寄予了太多的期待，要对得住教师的头衔和我们自己的人生，在这个喧嚣和浮躁的世界里，要谨防迷失方向、失去自我，力争突破自我，回归本真，逆俗生存，尝试做一个不断成熟的学者。

参考文献：

[1] 席酉民. 复杂世界的管理心智和领导[M]// 罗家德. 中国治理——中国人复杂思维的9大原则. 北京：中信出版集团，2020.

[2] 席酉民，张晓军. 我的大学我做主——西交利物浦大学的故事[M]. 北京：清华大学出版社，2016：17-51.

[3] 席酉民. 未来高教的核心：心智营造[J]. 高等教育研究，2020.

[4] 席酉民. 志存高远，做教育的重塑者[J]. 大学与学科，2020（创刊号）.

[5] 席酉民. 空间被挤压，是你们做得不够好——校长怨言（学生篇）[EB/OL].

[6] 席酉民. 以"复杂心智"闯荡世界，2018毕业典礼演讲[M/OL]// 席酉民. 明道任事——教育之道. 北京：清华大学出版社，2020. https：//www.xjtlu.edu.cn/zh/news/2018/07/xiyouminbiyedianlijianghua/.

[7] 席酉民. 以"和谐心智"赢得未来，2018年教师节寄语[M/OL]// 席酉民. 明道任事——教育之道. 北京：清华大学出版社，2020. https：//www.xjtlu.edu.cn/zh/news/2018/09/xiyouminjiaoshijiezhici.

[8] 席酉民，钞秋玲. 重塑教育，打造一流人才培养的生态环境——以西交利物浦大学为例[J]. 北京教育，2019（12）：16-20.

[9] 席酉民. "SCI至上"局面的扭转需要系统性方案[N]. 中国科学报，2020-02-29.

[10] 席酉民，钱力显，刘鹏. 破除"SCI至上"的道与术[J]. 高等教育研究，2020.

[11] 席酉民. 逆俗生存——管理之道[M]. 北京：清华大学出版社，2016：63，101.

4.3 不是不爱您，是您可能越界太多

——校长怨言（家长篇）

席酉民
前言

危机是镜子，让人看到了光怪陆离的真实，关注常被忽视的事情。危机也是磨刀石，可以磨炼人、改变人甚至社会和世界。面对百年不遇的 COVID-19，世事百态尽显眼前。本是最需要团结和协作之时，世界却充斥着歧视、相互攻击、隔离与封锁。应对疫情最佳策略是做好各自该做的事，让协作顺畅，但不专业的、缺乏信息的跨界谩骂和指责无处不在。作为管理学者，也曾忍不住思考了一些大事，如国家治理和危机应对机制、企业的危机突破、中国管理研究的出路、教育变革等，撰写了相关意见。然而，作为教育从业者，特别是想利用全球重塑教育之机，倾毕生精力推动教育变革和探索未来教育发展的实践者，此时我却有更多话想说。

从 20 世纪最贫穷农村和最底层的农民走出来，成为改革开放后 77 级大学生，除了期间一两年市场打拼和数年国家高层机关帮工研究外，一直没有离开教育一线，有幸创建过三所不同机制的大学，有过体制内和体制外大学领导岗位数十年的体验，还曾领导、收购重组和创建过基础教育，当领导一个国际化大学在面对危机和全球化受阻、各方面挑战迎面扑来之际更是感受颇多。

现在是一个抱怨容易干事难的时代，每个人都可以随意上网抱怨一番，而且很方便"拉帮结派"（微信建群），相互刺激、不断升级，甚或广播那些没过脑子，根据道听途说和点滴信息形成的可能是一知半解的批评或抱怨。但做事却处境完全不同，面对复杂不确定、充满危机的时代，做成一件事，不只要面对各种挑战、应对突发危机、解决千奇百怪的难题，还要在纷杂多样的批评和抱怨声中清醒坚守、长期努力。当然，批评和抱怨也是进步的推动力、改进的触发器、思维的引信。

理论上讲，校长没有权力抱怨，只能在各种怨言中背负责任默默前行。但借这个特殊时期，也趁机释放一番，蹭个热度，不搞什么日记，而是摘取教育的几个关键利益相关者如家长、学生、老师、学校等，以校长岗位上的实际体验发自内心地、认认真真地"抱怨"一番，搞个"校长怨言系列"。

在知识很容易获取的数字网络时代，教育需要从教知识转型为帮学生成长，

为此要形成有利于学生健康成长的环境或教育生态。为此，在教育的探索中我们很重视构建教育利益相关者联盟，如学生、同行、教育主管部门、社会关注教育的研究者，特别是家长。因为家长无疑是学生成长的关键利益相关者和教育生态的重要构成部分。

西浦有各地的家长协会、自发建立的各种家长群、基于家长关系的相关平台等，西浦家长每年也有包括聚会、游历、咨询等各种各样有趣的活动，随着西浦发展，浦爸浦妈慢慢成了他们的标志。

西浦建校伊始，因为学校新、办学理念独特，需要各方理解和支持，就非常注重与家长的沟通和形成教育的联盟。这一做法与西浦国际化的办学定位似乎有些出入，因为在西方，学校视学生为成人，法理上讲是学生（而非家长）与大学形成了契约关系。我们之所以重视与家长沟通，除西浦通过利益相关者合作促进教育生态营造的探索外，还因为在中国环境下，家长在学生教育过程中有着非常关键和独特的影响。当我从国立教育体系转战到西浦，一些知道我的教育理想的朋友曾语重心长地告诫我，你想改变教育，先要改变中国的家长。我在西安交大曾分管过基础教育，创办过两所大学，担任过系、所、院、校领导，一路走来，我对他们的提醒有深刻共鸣。

为什么中国家长在教育中有如此重要地位？实际上有深刻的社会和文化背景。新中国成立后到改革开放前，教育基本上是社会塑造人，此时家长对学生的教育作用相对较小。改革开放后，随着市场机制的逐步强大，高度集体主义约束慢慢弱化，家庭经济单元在社会发展中逐步强大，教育也从社会育人向家庭育人过渡。此外，中国传统文化视孩子为家族的未来、承担传承重任，再加上当时的独生子女政策，处于教育变革关键时期的学生大都是独生子女，家长们对他们寄托了太多，甚至他们的发展就是家长生命的全部，尽其所能关心呵护他们，回避任何有风险的活动或机会，帮他们设计人生，甚至为他们的未来准备和安排一切，如教育、工作、住房、婚姻等等，以使孩子在父母的羽翼下安全成长，然而这却大大缩小了孩子独立发展和体验人生的空间。

另外，在教育理念上，因我国历史上的科举制度和长期的应试教育实践，我们太习惯于学校和老师主导的灌输式教育，社会选人用人过分依据学位与学历，所以发展和成功的理念在中国特别单一，促成了学生和家长千军万马争过独木桥，学生十多年的努力特别是高考和录取时学生和家长的痛苦煎熬就是为了一张入门证，入学后也是刷分、考证，目的是进更好的名校读研或撬开一些职业大门。时至今日，这种本末倒置的教育现象随处可见，证书、学历、学位这些学习和成长路上的副产品成了追求的目标，而等获得这些东西后问学生，你的兴趣和人生的追求是什么，常常看到的是一脸茫然或疑惑。其实大家不是不知道这样做不对，而常常是两手一摊，无奈地说，没办法。

我们知道社会传统和文化的改变需要漫长的过程，但教育的变革不能等环境改变了后再行动，而是应努力通过自身变革促进社会演进。因此，我们利用西浦新建院校没有历史包袱以及国际化大学可以整合全球资源和最优实践的机会，决定顺应世界发展趋势和需求，大胆创新教育理念和尝试新的运行模式，家长自然成为我们需要争取和合作的重要同盟军之一。

西浦重视和设法与家长一道帮学生构筑优良的教育小环境，但其基础是家长理解和支持学校的教育理念。为此，当我们无法拒绝家长送新生入学，我们就主动邀请家长和新生一道参加开学典礼，前边半小时学生热场表演，还给新生留有登台演说、表演机会，看看他们是否敢在数千人或上万人（2019年15 000人）面前跳上台去，其实是希望释放一个信息，在西浦只要你有想法，就有机会；只要你积极主动，就可捕捉到机会。然后是40多分钟的正式演讲环节，一般是我根据当下教育问题的主题演讲，有时一半以上内容是讲给家长听的，如有一年我专门讲了拒绝巨婴，而家长在巨婴的育成中难以脱责。接下来是老师介绍西浦如何学习，新老生经验交流，然后是现场问答环节，开放给全场所有人随机提问。这是西浦最独特的实践，每次我带领高管团队位于场地中央，面对全体新生、家长、亲属和西浦员工，回答数十个问题。一位外籍副校长曾感叹，你如何驾驭这样的场面，因为你无法确知与会人员的情况和可能会遇到的挑战。也有人疑惑地说，为什么要自找麻烦。其实，我的根本目的是通过这种直接、面对面的沟通方式，让大家理解西浦的教育追求和理念，消除疑惑，从而共同支持学生正确地融入校园生活。另外，在学生录取后，我们不仅将学校情况、教育理念、需要注意问题等等翔实资料随通知书提早发给学生和家长，而且我专门给家长一封信，阐述如何帮学生在西浦获得最大的价值。更夸张的是，我开了实名微博和微信，向西浦学生和家长开放，我的微信朋友圈里有上万学生家长（数个号），微博粉丝中更多，除分享我们的观念、实践、感悟外，还随时听他们的呼声和意见。我曾开玩笑说，我可能是世界上最听家长话的校长，西浦也是世界上与家长联系最多的学校。当然，浦爸浦妈们也没闲着，他们热情融入西浦大家庭，向朋友和社会介绍西浦独特实践、帮助西浦招生、加盟西浦校外导师团队、参与有关咨询委员会、与西浦相关部门及时沟通，促进西浦持续提升服务等等，自然这也会改变学生的家庭教育和成长环境。可以说，家长们已成为西浦教育生态的不可或缺的要素，为西浦发展做出了重大贡献。

写到这里，有人会疑惑，如此热情和真诚投入的家长，你还有什么要抱怨的？

我不是抱怨家长通过朋友圈或邮件发出的牢骚和怨言，而是为了学生的成长，抱怨一番父母一些不利于学生成长的行为或习惯。

中国家长关注孩子教育、愿为孩子付出一切，举世无比。但在现代教育环境下，所有教育的利益相关者都面临转型，如老师要从会教知识的教师转型为懂育人、能改变人和提升人的教育家。在现代网络技术的支持下，可以整天围在学生身边的家长，也应成为教育家。教育家的使命是要帮助学生认清自我、形成梦想、学会学习，给学生创造机会和环境，帮他们不断提升素养、训练能力、释放潜能，而不是简单教知识，把我们知道的灌输给学生，更不是给学生设计一个模子，或让学生帮自己实现未了心愿，或永远冲在前面帮学生打理那些本应学生自己做的事情、或因惧怕风险迫使学生失去了很多乐趣和发展空间，等等。下边列举一些例子，当作镜子，帮我们有意识回避一些不当的习惯，千万不要对号入座啊。

1 不要把父母的世界强加给学生

西浦为了鼓励学生追随自己的兴趣，所以尽可能按第一自愿录取学生，而且给学生入学后重新选专业的机会。每年这个时候都有很多咨询的家长和朋友，也会遇到很多有趣的事情。如一位女同学发邮件向我求救，说她想转专业，但遇到母亲的阻挠，问我怎么办。我一般不会给别人建议哪个专业好，因为这是一个极其个人的决策。我回信给她说，这是一个非常私人的决策，你需要和你母亲好好协商，说服她支持你的选择，这本身对你也是一次认真思考自己未来和提升沟通能力的机会。过了一段时间，这位同学又联系我，说经认真研究她想坚持自己的选择，但母亲告诉她，你如果转专业就断绝母女关系。所以她很绝望，想得到我的意见。我依然告诉她，如你坚定你的选择，一定有足够的理由，你妈妈也一定是爱你的，所以你应该有办法得到她的同意。又过了一段时间，这位同学很轻松地告诉我，她转专业成功，方法是没告诉她妈。我回信恭喜她成功地顺应了自己的心愿，但对其沟通上的失利表示遗憾。我无法指责这位母亲的固守己见，但想说的是学生有自己的人生计划，即使你不看好，但如果他们在反复分析后依然坚持，父母也应该给他们尝试的机会，何况在当代，学习能力和内心动力超越知识的获取，这种尝试即使失败代价也不会太大。类似的现象还有，一些父母因当时环境失去了实现梦想的机会，下意识地想让子女做类似的事，这样也许心结打开了，但却扭曲了孩子的发展。

2 给各自释放些自己的生活空间

现代通信技术在方便人们沟通的同时，也大大压缩了私人空间。有一位妈妈急切地通过微信联系我，说女儿不见了，我要急死了。我问到底怎么回事？她说她女儿每顿饭都要发照片给她看吃的什么，今天没发，也联系不上，所以她坐卧不宁。我说也许她在上课，或有小组活动耽误了，或一时忙忘了。她说不行，我看不到就头冒虚汗，心神不定。我开玩笑说这可能是有病，她倒很坦然，说我就是控制不住自己，是有病。后来，她告诉我确实是孩子耽误了，说我要注意慢慢调整。我曾经劝诫学生尝试减少这种随时不在的沟通，比如一周从每天随时在线到联系多次再减少到 1 次，每周从 7 次逐步减少到 3 次甚或 1 次，最后是有事时及时联系。这样双方都可以拥有自己的生活空间和充分享受自己的生活。过度的沟通和反馈，会产生行为上的震荡，既不利于生活和学习，也会形成没必要的精神压力和行为约束。例如，一位父亲突然发微信给我，说他儿子失踪了。我一听很着急，问明情况，原来是他打儿子的电话没接，于是打到宿舍、同学、有关熟人都没找到。我看他如此着急，马上安慰他，并要了学生名字，请学生处工作人员帮忙找。到了晚上六七点，我们学生工作老师告诉我，家长驱车数小时赶到苏州，最后他们一起在图书馆找到了学生，他正在学习，家长看到学生背影后，悄悄地回去了。我能理解家长的心情，但这样的沟通习惯和心理预设会给双方带来困惑及约束。

3 两代人要学会成人间的对话

西浦视学生为年轻的成人，考虑到其年轻，学校建设了学友导师、学术导师、生活导师、校外导师四大体系帮学生尽快成熟，在个人事务上希望他们学会独立和承担起自己的责任。因此，在西浦一些具有极强个人化的东西被视为个人隐私，如学习成绩只有自己可以知道，为了让学生能横向了解自己的学习情况，学校公开的信息是百分比，以让学生清楚其成绩大约在什么位置，是前 30% 或中等或偏后。再如，有关纪律处分等信息也只通知个人，不像很多传统大学要张榜公布，逻辑是学生年轻，因一时冲动，违规违纪，适度处罚是让其总结经验、吸取教训，迅速成长。一般在邮件告知学生的同时，会将纸质通知邮寄到家庭住址，但写的是学生的名字。因此，很多家长抱怨他们不了解学生学习成绩和相关事项，如一些学生需要重修，或已经换了专业，但学生不告知家长，后来被家长发现。学校这样做的教育逻辑是，尽管学生心理和社会年龄还不够成熟，但在生理上已经达到必须承担民事责任的年龄，教育就是要帮学生迅速认识到他们民事责任人的地位和责任，因为这时父母再爱孩子，也无法替代他们承担相应的法律责任。当然学校要想尽一切办法尽快提升他们的心理和社会年龄，这就是西浦为什么把学生成长放在首位，如此重视学生行为的转变和各种导师的支持，还专门开设个性发展和自我管理、公民意识和社会责任等课程。这种教育理念和实践对家长同样提出了转型的挑战，因为他们面对的已不再是以前那个需要你事事无微不至关照和呵护的小孩，突然间长大了，已是有思想、想独立、要空间的成人，这种转型留给家长的作业是如何学会成人与成人的对话？你想了解他们的成绩、学校的生活、个人恋情、未来打算，不应是等别人告诉你，而是逐步改变过去居高临下的控制和无微不至的亲情呵护，学会两代人间相互尊重和信任的顺畅交流，以成为推心置腹的朋友，这样学生便会坦诚地与父母分享信息，真诚地争取家长的指导与帮助。

4 明白怎样才更有利于学生成长

　　西浦为让学生适应数字化、智能化、网络化的未来世界，努力改变传统的以学校和老师主导的知识传授型应试教育，全方位地帮助学生在心智上从孩子转向年轻成人再发展成能闯荡全球的世界公民；在学习方法上从过去的被动式学习转型为主动性学习，最后学会研究导向型学习；在人生发展上从盲目学习转向兴趣导向的学习，最后重视自己的人生规划。于是，我们给予学生更多自由和空间，课堂也从大家习惯的满堂灌转变为引导学生学习。因此，学生必须重视课前预习和自学，在课堂引导下答疑解惑，再利用课后辅导、小组活动、项目研究等活动深化学习和整合知识。另外，还要参加形式多样的社团活动，不同形式的实习、暑期研究项目、社会实践等等，这种教育不是让学生通过课堂考试得个高分、拿个学位以后依旧还是个孩子；而是从入学起，通过丰富多彩的学习、体验、训练和感悟甚或包括校内外、国内外实践，帮学生从一个孩子成长为一个素养高、能力强、会学习、有国际化视野和竞争力的世界玩家。然而，特别是西浦发展早期，太多的抱怨一股脑儿迎面而来，如西浦假期太长、给学生太多自由、课堂时数太少、学生自学太多等等。但仔细分析，我们不难理解，如果从传统的知识导向型应试教育角度或习惯审视西浦的教育实践，会发现这种以学生成长为目标、以兴趣为导向、研究导向型教育的许多做法太离经叛道，与我们的习惯和经验大相径庭。但面向未来，如果依然喜爱或沉浸在已经过时的教育理念和形式里，那其实是在误人子弟。西浦恪守自己的教育担当，持续研究探索、国际比较、不断创新、静心坚守、改进完善，逐步显现出成效，不仅得到越来越多的家长和学生的选择，也得到同行和教育主管部门的认可，每年有数百所高校上千教育管理者和老师来西浦学习和培训，绝大多数西浦毕业生在各类岗位上的杰出表现不断坚定着我们的探索步伐。所以，面对各种不理解或怨言，我们一定要清醒和坚守对学生成长有利的教育理念和实践。

5 不要剥夺年轻人承担自己责任的机会

我微信朋友圈和微博粉丝中有大量的家长和学生，这不仅利于他们了解西浦的教育理念和实践、我个人的各种管理心得和感悟，也同时让我更容易听到大家的心声。坦率地讲，各种各样的问题、建议甚或抱怨，确实促使我们保持清醒。我们从事的行业事关千家万户，涉及一代一代人的成长，也关系到教育的不断进步和社会的健康发展，所以一直如履薄冰，兢兢业业，不敢懈怠。但我也发现一些值得注意和改变的现象。例如，家长的问题或询问远远多于学生，可以说，90%以上问问题的是家长、而其中90%的问题应该是学生问的问题。那为什么会是这样？深思可能有两个原因，一是学生了解学校的运行、状况和政策，很多问题对他们来说可能不是问题，或者他们的问题可以通过正常渠道和同学间的沟通解决；二是家长过于关切学生学习，扑得太前，我曾反复劝告西浦家长后退一步，站在旁边多观察，需要时给点建议，学生难以单独应付时再伸手，但还是有很多家长冲在学生的前面，甚至有家长告诉我，请不要和学生说我联系过你或学校。另外，现在沟通技术极为便捷，学生可能随口感叹一下某个现象或对其不解或不满，家长就直接找我或学校询问。我不得不反复推心置腹地与这些家长交流，并解释说不是不让你们关心学生，而是不想让你们为学生代劳，学生的事最好由学生自己联系解决，他们清楚学校情况，知道应和哪些部门联系或通过什么渠道反映问题或提出建议和要求，而且这也是他们大学教育的一部分，是他们锻炼和成长的机会，永远由家长代劳会扼杀他们发展的空间。

6 学会"三不主义"

代际和谐共生是个老话题，但在现代更加突出。孩子刚入学时很多家长不适应，一直陪伴左右的人突然千里之外，即便还可以随时联络，但依然觉得心里空落落的。但疫情发生后，不少家长又催促，赶快开放校园，让他们回到学校，哪怕校园暂时不开放，也让他们待在宿舍，可以每天看到校园，否则就焦虑了。可以理解，不少家长可能刚刚适应了孩子不在身边的生活，疫情袭来，突然的居家隔离，使得原来的平衡又被打破，而且发现他们已经不是以前那个一心准备高考的小孩，而是有主见和独立思想的年轻人，甚至在交流上有代沟，行为上看不惯，但还需共处一室很长时间。有玩笑讲，过去很多人抱怨丈夫或妻子不顾家，抗疫期间原本可以天天待在家里静享天伦之乐，结果发现离婚率不减反升。我相信回家学生和父母长处一室，对双方来说可能都不是一件轻松的事情，对于年轻人可能更难，因为要接受无微不至关爱他们的父母和家人的全天候、全方位的目光扫描和热情指点！夫妻因不和可以离婚，但父母与子女的血缘关系却永远无法割断。无论同居一室、还是远隔千里，父母和子女的代际和谐都是难题，需要相互理解、尊重和智慧地沟通，否则一生痛苦。我在本土领导研究时曾建议大家做一个三不主义的领导，即听不见、看不见、不会做。首先，领导如果耳朵太灵，什么都能听到，还忍不住要事事干预，这个单位最后一定是懒惰成性，因为大家会因为怕而总是等领导指示，甚至领导说了也不干，想着领导明天也许又变了；其次是眼睛不能太尖，事无巨细，难逃法眼，而且看到了就想说和管，最后这个单位一定会整个体系无力，过分依赖领导；最后是领导不能觉得自己什么都能干，大事小事都要参与，结果下属越来越无能。因此，好领导一定需要清醒，明白哪些事情要关注、哪些要干预、哪些让体系和下属去完成。换句话说，优秀的领导要学会装聋卖傻、视而不见、有所不能，这样可以充分调动下属的积极性，利用体系放大组织的能量。在处理代际关系上，其实家长也需要学会做个"三不父母"，与孩子保持适度距离，鼓励和支持孩子做他们应该做的事，只在确实需要时给予咨询、指导和帮助。

其实还可以罗列很多，但我这里就此打住。因为，只要我们有意识，自然会慢慢改变自己。古训"人贵有自知之明"，之所以贵，是因为很难。我曾建议每个人设法给自己竖一面人生的镜子，随时对照和反省，我们明天一定会比今天更智慧！

4.4 在眼花缭乱技术浪潮的裹挟中守住教育的初心

——校长怨言（技术篇）

席酉民

前言

危机是镜子，让人看到了光怪陆离的真实，关注常被忽视的事情。危机也是磨刀石，可以磨炼人、改变人甚至社会和世界。面对百年不遇的 COVID-19，世事百态尽显眼前。本是最需要团结和协作之时，世界却充斥着歧视、相互攻击、隔离与封锁。应对疫情最佳策略是做好各自该做的事，让协作顺畅，但不专业的、缺乏信息的跨界谩骂和指责无处不在。作为管理学者，也曾忍不住思考了一些大事，如国家治理和危机应对机制、企业的危机突破、中国管理研究的出路、教育变革等，撰写了相关意见。然而，作为教育从业者，特别是想利用全球重塑教育之机，倾毕生精力推动教育变革和探索未来教育发展的实践者,此时我却有更多话想说。

从 20 世纪最贫穷农村和最底层的农民走出来,成为改革开放后 77 级大学生,除了期间一两年市场打拼和数年国家高层机关帮工研究外,一直没有离开教育一线,有幸创建过三所不同机制的大学,有过体制内和体制外大学领导岗位数十年的体验,还曾领导、收购重组和创建过基础教育,当领导一个国际化大学在面对危机和全球化受阻、各方面挑战迎面扑来之际更是感受颇多。

现在是一个抱怨容易干事难的时代,每个人都可以随意上网抱怨一番,而且很方便"拉帮结派"(微信建群),相互刺激、不断升级,甚或广播那些没过脑子、根据道听途说和点滴信息形成的可能是一知半解的批评或抱怨。但做事却处境完全不同,面对复杂不确定、充满危机的时代,做成一件事,不只要面对各种挑战、应对突发危机、解决千奇百怪的难题,还要在纷杂多样的批评和抱怨声中清醒坚守、长期努力。当然,批评和抱怨也是进步的推动力、改进的触发器、思维的引信。

英国高等教育家阿什比(Eric Ashiby,1904—1992)认为,人类教育史上曾发生过"四次教育革命":第一次是将教育的责任由家庭转移到专门的机构;第二次是将书写文字作为教育工具;第三次是印刷术的发明使教科书成为教学基本依据;第四次是光、电、磁等科技广泛应用于教育领域,尤其是电子计算机等。这些革命大都与同期科学技术的发展直接联系[1]。可见,科学技术发展对教育有着广泛的影响,其中最为直接和明显的是对教育内容和手段的影响。

近几十年来,大量让人眼花缭乱的新技术井喷式地涌现,而且其生命周期不断缩短,淘汰的节奏史无前例。特别是出现了不少颠覆性的技术,如数字化、互联网、物联网、人工智能(AI)等,在很多方面彻底改变了社会的运行模式和人类的生存方式,引致了范式转型或革命,人类进入了一个很容易知道一切、又怀疑一切的新时代,因而新想法很多且随意抱怨声不断,但深思和做事却越来越不容易。在大量的杂乱信息、似是而非知识和各种酷炫技术的诱惑中,任何事业的初心或"本"可能会被慢慢动摇和模糊;在各种不确定或模糊的噪音和骚扰中,坚守的"定力"可能被持续瓦解,初心和"本"以及"定力"已成为新时代的稀缺资源。因此,人们不得不重新审视和认知这个世界,以及探寻和养成与之相处的心智模式和行为方式。

教育作为社会系统的核心组成部分,自然逃不出因技术诱致的各种颠覆性创新的影响,甚至在其簇拥下找不到北或双脚已经脱离地面,被裹挟着偏离了航线。面对令人眼花缭乱的技术浪潮及其大量颠覆性社会创新,教育如何能像冲浪运动员一般乘风破浪,勇立潮头?怎样在利用技术及其创新丰富和升级自身的同时,防止被华丽的浪潮拉离航向,以守住教育的初心和根本使命?

为此，我们需要重新审视和认知这个时代的教育。首先，从社会价值观角度看，无论强调个人主义视角下的自我发展，还是重视集体主义视角下根据社会需求的人才塑造，教育的核心或"本"依然是"提升人和改变人"；其次，从认识论角度分析，无论是重视客观世界认知的知识传授，还是强调主观学习构建的能力提升，教育的根本使命还是通过知识学习和训练，升级人对世界的认知以及与世界共处的能力；再次，从心理学角度讲，无论是认知上从入世的预设到继承基础上"代代重启"，还是生理上从基因遗传到成长的社会化过程，教育都在设法帮助人类认知自我和融入所处的时代。总之，教育围绕"人"，帮助其发展和提升的"本"和初心没变。

但技术环境的翻天覆地变化，确实在动摇教育的一些基本功能，如传统教育帮人们消除无知，而现在人们很难无知；传统教育中学生必须走近老师和进入学堂，现在教育可以随时随地以廉价的方式进行；传统教育强调知识传授，现代教育慢慢转向"智识"的提升，等等。而且，因为作为教育的工具和支撑体系的技术日益强大、不断智能化和人性化，使教育的内容、手段和过程正在发生着较大变化。在当代环境下，要守住教育初心，必须深刻认知技术对教育的影响及其对传统教育模式的"颠覆"，以利我们从新的技术和社会视角重塑教育，按照初心，放大教育"本"的价值。

1 产业革命与教育（社会需求）

颠覆性技术的出现或重大技术进步一般会导致产业革命，进而影响社会转型，而作为影响社会认知和提供人力资源的教育，自然会因产业和社会需求的变化而产生重要的转型。人类因技术进步所经历的几次工业革命，对社会的转型和教育的需求都产生了重大影响。

18世纪60年代因蒸汽机的发明引起的第一次工业革命，开创了以机器代替手工劳动的时代，推动了经济、政治、思想、世界市场等诸多方面的深刻变革，如工厂制代替了手工工场，工业资产阶级和工业无产阶级形成和壮大，自耕农阶级消失。自然也导致了西方近代教育的巨大变化，如教育的世俗化、初等义务教育的普遍实施、公立教育的崛起以及重视教育立法和以法治教。

肇始于19世纪中期以内燃机和新交通工具为标志第二次工业革命，使人类进入了"电气时代"，极大地推动了社会生产力的发展，导致资本主义生产的社会化，垄断组织应运而生。为适应社会发展的人才需求，教育与生产紧密结合，教育的普及化程度越来越高，教育体系日渐完备，学校教育的层次和类型日益多样化。

20世纪后半叶，以原子能、电子计算机、空间技术和生物工程的发明和应用为主要标志，引爆了第三次工业革命，使人类社会进入"信息时代"，不仅极大地推动了社会、经济、政治、文化领域的变革，而且影响了人类生活方式和思维方式，劳动者的素质和技能成为革命的有力助推器，相应地教育的普及化程度进一步提升，义务教育年限逐渐延长，教育形式更加多样化，特别是进入后期，高等教育大众化已经展现。

21世纪初，社会迎来第四次工业革命，以石墨烯、基因、虚拟现实（VR）、量子信息技术、可控核聚变、清洁能源以及生物技术为技术突破口，使人类社会进入"智能时代"，互联网产业化、工业智能化、产业生态化、人类生活线上线下一体化成为趋势，教育与产业和社会发展相结合，产教深度融合之路日益宽阔。

技术的突破推动了一次次产业革命，也把教育从宗教化、经院主义推向世俗化和普及化，特别是进入信息、互联、智能时代，教育X化（信息、网络、国际、终身、个性……）愈演愈烈。然而，百年树人的教育特性，要求我们戒除浮躁，在技术快速演变的浪潮中，不被眼花缭乱的各种化搞得忘本，或已经背离航向的急需回归本质。

❷ 现代通信技术与教育（教育模式）

技术除了推动社会进步、进而对教育提出新要求和改变教育整体形态外，一些与教育活动紧密相关的具体技术也在推动着教学手段、学习方式和教育内容的改变，如收音机可使教育延伸至远程音频教学；电视机则使远程音视频教学成为可能，如20世纪80年代在中国成建制的电视大学的兴起；网络和数字技术的飞速发展，使随时随地廉价学习成为可能，学校特别是大学可能会消亡之类的观点不时成为舆论热点；近些年人工智能和机器人的崛起，使学习过程的智能化不断提升，老师这个职业是否会被取代也成为人们热议的话题。回顾技术与教育发展的进程，可以看到自19世纪下半叶开始，已出现了很多带有现代技术进步烙印的教育发展阶段，如20世纪20年代的幻灯片、无声电影、广播在教育上的运用，30—40年代有声电影和录音教学的出现，50—60年代电视、程序教学机和计算机辅助教学（CAI）的出现，70—80年代多媒体教学的应用，90年代至今的多媒体、数字化、智能辅助、网络教育百花齐放，令人目不暇接。

不难看出，教育始终围绕着人如何获取知识、提升自我而演化，其方式可以是自我学习和感悟，如"读万卷书，行万里路"；也可以是通过别人的教导和启迪，如"私塾"，也有"三人行必有我师"之说；还可以进入一定机构集体学习和研讨，如早期的经院、现在的学校和各种培训机构，包括通过网络设立的开放大学以及形形色色的网上网下合作的教育平台。在这一演化过程，技术进步确实不断改变着教育的过程和内容，如在纸和印刷术没有普及之前，只能通过口耳相传的方式学习，像东方的私塾和"坐而论道"，西方的花园漫步讲学，苏格拉底的市井布道。书本出现以后，因手抄书的稀缺，只有贵族和僧侣等能够接受以书为媒的教育。机器印刷普及了图书以后，同时伴随着工业化生产的专业化人才需求，现代学校才开始成为主流的教育方式。第三次工业革命以后，计算机和信息技术、特别是近几十年来互联网和数字化以及智能化的蓬勃发展，彻底改变了受教育者的学习行为、教育者的传授方式以及二者间的互动模式，使教育的新形态迭出。如互联网打破了知识的垄断，随时随地廉价学习成为可能，新型的教育生态在慢慢形成，作为天生就有学习欲望的人，教师和学校原来的独断地位在改变，可能退化成新教育生态中的一部分而已。在新的技术和社会环境下，教育会可能再次回归到强调个人能动性的自主学习 [2]，老师会可能从长于知识的传授者转型为善于唤起人内在动力并指导他们成长的教育家 [3]，学校可能只是学术资源比较集中、支持平台强大、有利于多专业协作互动、教育文化和设施比较完善的社会教育生态的一个个卓越中心 [4-5]。在这样的大背景下，深刻认知当代技术特别是网络和数字智能技术对传统教育的冲击，对教育新形态的孕育，已成为教育工作者和机构的当务之急。

3 当代数字网络技术对教育的重塑

MOOCs、VR、AR、MR、AI 等技术在教育领域的深度融入和不断精耕，老师可能被替代上了热议榜，老师怎么办？我在《比学生更需要转型》[3] 一文中分析指出，为了防止老师下岗，老师需要从善于教书的教师快速转型为能启迪和帮助学生成长的教育家。网络化、数字化、智能化，让随时随地廉价有质量的学习成为可能，学校面临破产的呼声出现，学校怎么办？我在《冲破羁绊与时代共舞》[4] 一文中建议学校站在新技术肩膀上挖掘自己独特价值，不是被击败而是利用学校教育生态放大现代技术的教育价值和升华教育。这里将针对当代不断涌现的技术冲击，进一步分析教育的应对策略和出路。

2019 年 4 月，美国高校教育信息化协会学习促进会发布的《地平线报告（2019高等教育版）》[6-7]，预测分析了近 5 年高等教育技术应用的影响因素，主要有六大发展趋势：重新思考高等教育机构如何运作、在线课程模块化和教育分解度、推动创新文化、日益注重学习测量、重新设计学习空间和混合学习设计；阻碍高等教育技术应用的六大挑战：提高数字流畅性、对数字化学习体验和教学设计专业知识的需求日益增长、教育技术战略下教师角色的演变、学业差距、推进数字公平和反思教学实践；促进高等教育发展的六项技术是：移动学习、分析技术、混合现实、人工智能、区块链和虚拟助理。还对自适应学习、增强现实和混合现实、游戏和游戏化进行了反思。该报告试图分析哪些因素影响技术应用，而我却更关注潜在的技术应用会对教育的影响。其实这是一枚硬币的两个侧面，只是我们更关注教育在现代技术环境下如何变革才会实现其使命和产生更大价值，毕竟技术只是教育的手段或工具而已。

之所以现代技术对教育的影响如此具有颠覆性，首先是因为这些技术撼动了传统教育的"三大基石"："读、写、算"，现在可以五官并用，甚至参与其中体验，未来还有脑机连接，彻底改变了教育的内容和方式；其次是影响了传统教育的时空观，现代教育可以突破时空约束，随时随地进行；第三是改变了传统教育的模式，网络教育不断侵蚀实体教育的空间，个性化教育又开始挑战产业革命后的工业化教育模式，廉价的终身学习成为可能和新常态；最后，智能学习技术或智能型学习助理系统或个人智能机器人助理无疑会迅速发展，这些新技术在大大提升人们学习效率的基础上，可能会彻底改变人类传统的学习方式和过程，人机共生智能的训练和提升也许会成为教育的新挑战。

数字网络时代呈现的虚拟性、共享性、快捷性、刺激性、自治性和开放性社会和教育景观其实是一把双刃剑，它使随时随地廉价个性化终身教育成为可能，教育普及的条件更低廉、机会更平等，老师和学校的职能以及与学生沟通的方式也会因此调整和改变。关于网络一代学生的独特性以及现代网络和数字环境下老师、学校、教学方式、教育模式的讨论非常丰富，这里不再赘述，而在后续两节把关注点放在技术进步推动教育时代的演进，以及一些需要深入研究和重视的具体教育问题。

4 技术进步与教育 X.0

技术进步与社会变迁紧密相关，但观察社会发展可以发现有停滞、缓慢演进、快速变革等不同阶段。一般颠覆性技术出现，会引发了产业革命和社会的快速发展时期。作为教育也难以例外，如阿什比在文献 [1] 中分析了人类史上的"四次教育革命"，人们也根据技术引发的教育本质性的变革和升级，将教育分为不同的版本。例如，刘濯源先生在文献 [11] 中对教育时代的归类。

教育 1.0 时代：当人类处于"采摘与渔猎文明"时，教育以发展学习者的生存技能（狩猎、采集、捕鱼、缝制衣服、战斗）为主要目标，教学方式主要是言传身教，教学的组织形式以群体活动为主。教育 2.0 时代：当人类进入"农牧和养殖文明"时，教育的主要目标是教人"如何做人"和"如何做官"（学而优则仕）。因造纸术与印刷术的发明，知识（信息）的主要载体与传播工具是书籍。教学方式主要是"面授"和"自主阅读"活动,其组织形式主要是官办机构(如太学等)和民办学馆(私塾)。教育 3.0 时代:当人类进入"机器工业文明"时,社会化大工业生产需要大批量的专业技术人才,教育的主要目标不再是培养"好人"和"好官",而是要教授现代科学知识及发展专业技能。知识(信息)的主要载体除书籍外,也出现了广播和电视等载体及传播渠道。教学方式除面授和阅读活动外,还有收听广播,观看视频等多种方式。教育组织形式以国家设立的现代学校为主体,以民办学校及教育辅导机构作为补充。教育 4.0 时代:随着互联网及智能终端设备的迅猛发展,人类跨入"信息智能文明"时代。"智本"将代替"知本","学力"将重于"学历",教育目标正从"传递知识"走向"发展心智"。信息的主要载体及传播工具由书籍让渡给互联网及智能终端或移动智能终端。教学方式正从"纯线下"转向"线上"或"线上与线下相结合",其组织形式也从单一的"他组织"(如传统学校)向"他组织"与"自组织"(如学习社群)相结合转变。

在目前技术涌现、教育重塑时代,自然会不断冒出很多教育新探索或新模式,如针对可以利用 AI 和智能机器人驾驭未来行业的精英培养需求,西浦设计和正在建设的融合式教育(Syntegrative Education),以及针对未来社会形态正在构建的支持个性化终身学习和创新创业的教育生态 [5, 12]。甚至有些公司还提出建设教育 5.0+ 全生态圈,声称以学前教育为基点构建教育产业链,以互联网最新技术为平台构建教育生态圈,以全球视野为教育产业提供系统解决方案。不管其目的何在,都展现了这个时代丰富多彩、百花齐放的教育重塑篇章。

一直在致力于研究和探索新教育的朱永新先生在畅想未来大学时指出 [13],"现代大学制度,是工业革命的产物,同样沿袭了工业革命大规模机器生产方式的基因,将人类几千年创造的知识用高度浓缩、集约化的方式,按照学科及专业分门别类地传授给青年人。虽然极大程度地提升了教育效率,但同时也出现了整齐划一的教育模式,忽略了学生个体的迥异性、自然禀赋与兴趣爱好的差异性。在标准格式的框架里,学生的个性不可张扬、想象力与创造力被格式化的教育所抑制,个人的人才能赋得不到发挥。"进入互联网时代,个性化教育及终身教育将得以实现。《纽约时报》曾经把 2012 年称作"慕课元年"。《时代周刊》曾发表《大学已死,大学永存》的文章,作者认为,慕课的出现宣告了传统大学即将消失,未来的新型大学将应运而生,有可能出现基于互联网技术的新型混合制大学。浙江大学校长吴朝晖认为,"未来学习由学生、教师、智能机器共同参与,其中的学生是探究者、发现者、合作者,教师是支持者、引导者、组织者,智能机器在物理世界、虚拟信息世界并存,具有协同开放、多维共生、智能增强的特点。"因此,基于对未来社会认知开展的各种对未来大学教育的重新定义也不时涌现。

成立于 2012 年的美国密涅瓦大学就是一例，该校特点如下：①以创新的游学式教学模式为特色，实现了收费低廉、申请者众多，且因不断刷新全美最低录取比例脱颖而出；②号称"全球化的体验"，学生在四年里会在全球 7 个城市学习；③因认为传统授课方式是浪费时间，所以提倡学生大量自学；④小班讨论或网上授课；⑤提供终身的支持，学校合作网络遍布各地等引人关注。[14]

5 反思与西浦实践

西浦创立于反思教育、重塑教学、再定义大学的时代，以探索未来教育、影响教育发展和为未来大学提供西浦方案为使命，自然非常重视新技术环境下的教育挑战，大胆探索、勇于突破、智慧实践，正在为教育 X.0 及数字网络环境下的教育新问题，给出西浦的答案。

诞生于 2006 年的西浦，受教育 4.0 时代颠覆性创新文化的熏陶，经过 10 多年发展，初步构建了西浦 1.0，在中外合作办学模式、大学运行体系、大学与社会互动关系以及整合东西方优势形成自身育人模式等方面取得了令人瞩目的进展。在此基础上，2017 年又开启了以融合式教育为特点的西浦 2.0，探索能站在人工智能和机器人肩膀上引领未来的行业精英培养模式。目前正在建设的西浦学习超市即是借助新技术支持这种教育的一种全新方案，它和西浦 3.0 一道将再为教育重塑和教育 4.0 甚至 5.0 时代增添亮丽一笔。[10, 12]

西浦学习超市通过校企社会伙伴关系，集聚和融合全球优质教育资源，营造学习、研发、创新和创业的教育生态，倡导个性化终身学习理念，以线下线上耦合的方式支持兴趣导向的学习、创新和创业的生活方式和社会形态。学习超市将主要提供四项服务：①线上"教育超市"及各类教育资源；②线下"教育超市"及各类教育资源；③终身学习和自我发展的机会及支持生态（线上和线下）；④教育战略和策略的创新与变革（线上和线下）。

西浦 3.0 认为，未来大学的形态会更为开放和分布式，与西浦 2.0 将各种社会资源整合进学校不同，大学需要更加主动地走向社会，以学校的教育理念和哲学以及基此形成的品牌融入社会，利用自身的专长与企业及社会合作形成一些分布于需求地的有特色的卓越中心，通过线上线下融合的方式整合全球优质资源，从而形成一个庞大的支持个性化终身学习、创新和创业的教育生态。在未来社会发展中，大学将扮演发酵剂和黏结剂的作用，激活各种社会主体，撬动各类社会资源，通过探索和呈现一种新的人类生活方式、生存模式和社会形态，促进社会演进和文明升级。

西浦 2.0 和 3.0 的成功实现，必将对教育新时代整体形态起到积极的推进作用。

与此同时，西浦还积极探索网络数字智能技术环境下一系列具体的教育问题：

首先，数字化和网络教育对知识传播的便捷性自不必多说，但从教育的育人使命来看，如何防止学生情感的缺失性及由此可能引发的人格障碍和认知惰怠，特别是如何指导和帮助学生健全的人格养成和全面健康发展，成为教育重塑的首要任务。为此，西浦把帮助学生健康成长作为教育的核心目标，知识学习知识手段或过程。并构建了自身的五星育人模式，包括支持全人发展的五星素养体系、五星能力体系和五星知识体系。另外提倡学生适应复杂不确定世界的复杂心智的营造。还专门建设了四种导师体系支持学生的转型和全面发展。

其次，真正的人才除健全人格外，还需要有较高造诣，换句话说，同时需要知识的广度、知识的深度和知识的高度，现代技术环境很容易支持学生实现知识的广度，但在知识的深度和高度的培养上需要新的探索，为此，西浦全面提倡研究导向型教育，如学习方式上指导和帮助学生围绕个人兴趣的探究性学习，老师在教学上要注意从传统的知识教授转型到根据学生兴趣和人生规划指导其在知识广度的基础上形成知识的系统化积累，并不断提升其创新意识和融合能力，孕育学生高屋建瓴性认知的格局和透过藩篱抓住根本的创造性。

第三，网络数字化的技术环境会加速公众社会的孕育，即每个人都可以随时发声并受公众媒体有指向性的影响，社会权威和治理体系面临挑战，在这样的环境下教育面临的严肃挑战是如何帮助学生养成公民意识、培养其具有承担公民责任的能力。如面对网上错综复杂的信息以及快速集结和"蝴蝶效应"的复杂特征，如何帮学生形成正确的价值观，训练他们的法治意识、审辨性思维（critical thinking）和独立判断能力，以及责任意识和社会担当。为此，西浦专门建设了全球数字公民研究中心，开设了自我管理、公民行为、可持续发展、慈善和社会责任、创业精神等课程，并通过研究导向型教育保持学生的好奇心，训练其批判性思维，养育其创造性行为，提升其终身学习能力，孕育其复杂心智。例如，面对新冠危机，我们以疫情为主题，专门开设了"世界公民素养"线上课程，从社会责任、数字公民、可持续发展以及社会创新四个维度，将防疫作为一场实战演练，探讨重大事件和问题的解决方案，帮助西浦学子提升应对危机的能力和世界公民的责任。

第四，人工智能和技术的广泛应用一定会加剧贫富差距，特别是网络上人工智能和机器人技术的普及，根据个人喜好自动推送相关信息和人脉，长期积累和熏染，会使信息个性化和圈子近亲化，进而导致观念和社群的极化，甚或社会的撕裂，给未来社会治理和健康发展埋下隐患，人类除了在技术上需要研究反极化的应对策略外，在教育上也必须迎接这种新挑战，帮助学生信息获取和圈子发展上的多样化，形成开放的心态，较强的判断力，以利于他们客观认知社会和避免

特立独行

和谐教育之路

有偏见的自身决策，从而保证个人健康发展和社会的稳定运行。为此，西浦着力建设国际化的学习环境，尽力保持师生员工国际、文化、背景的多元化，提倡"多元、规则、创新、自由、信任"校园文化，从校园物理环境和理念设计到具体实践上鼓励开放与合作，鼓励批判性思维和兼容并蓄，推动慈善和社会责任教育，提倡生态发展理念和教育生态营造等等，增强不同社会元素间碰撞、互通和防止社会阶层孤立与隔离等。

最后，教育是帮人类利用新技术适应或影响未来社会的，但学生也会被这种技术环境和社会所改造，因此要保证人类的清醒和推进社会的进化能力，教育必须不断根据技术和社会进程升级学生的心智模式，面对现代大量颠覆性技术导致的社会范式的转型和革命，教育急需帮助人们从传统心智模式升级为复杂心智。因此，西浦非常重视学生的心智转型，设立多种导师体系帮学生升华自我，鼓励学生孕育其应对复杂不确定世界的复杂心智，我还依据和谐管理理论，专门提出了一种和谐心智模型[8-10]，以指导西浦教育的心智孕育过程。另外，针对日益人机混合和共生的现实，教育还需探索如何提升人类人机共生的能力和智慧。为此，西浦专门与产业和技术机构合作，新建了物联网、人工智能、智能机器人、芯片、智能制造生态等学院，训练可以站在这些新技术肩膀上、擅长人机融合的人才，以引领未来发展。

参考文献：

[1] 阿什比. 科技发达时代的大学教育[M]. 北京：人民教育出版社，1983.

[2] 席酉民. 空间被挤压，是你们做得不够好——校长怨言（学生篇）[EB/OL].

[3] 席酉民. 比学生更需要转型——校长怨言（教师篇）[EB/OL].

[4] 席酉民. 冲破羁绊与时代共舞——校长怨言（学校篇）[EB/OL].

[5] 席酉民，钞秋玲. 重塑教育，打造一流人才培养的生态环境——以西交利物浦大学为例[J]. 北京教育，2019（12）.

[6] EDUCAUSE, Horizon Report, 2019 Higher Education Edition[EB/OL]. https://wxzx.wxc.edu.cn/_upload/article/files/59/28/ddd961e84751b3ddc2b544c1cad2/d95e9769-9dd9-48a7-bcbd-596c0e2f77ba.pdf.

[7] 兰国帅，郭倩，吕彩杰，等. "智能+"时代智能技术构筑智能教育——《地平线报告（2019高等教育版）》要点与思考[J]. 开放教育研究，2019，25（3）：22-35.

[8] 席酉民. 以"复杂心智"闯荡世界，2018毕业典礼演讲[M/OL]. 席酉民.明道任事——教育之道. 北京：清华大学出版社，2020. https://www.xjtlu.edu.cn/zh/news/2018/07/xiyouminbiyedianlijianghua/.

[9] 席酉民. 以"和谐心智"赢得未来，2018年教师节寄语[M/OL]. 席酉民.明道任事——教育之道. 北京：清华大学出版社，2020. https://www.xjtlu.edu.cn/zh/news/2018/09/xiyouminjiaoshijiezhici.

[10] 席酉民.未来高教的核心：心智营造[J].高等教育研究，2020，41（4）.

[11] 刘濯源. 教育4.0时代：教育技术的新变革[J]. 中国信息技术教育，2015，（15）.

[12] 席酉民.志存高远，做教育的重塑者[J].大学与学科，2020（创刊号）.

[13] 朱永新. 未来大学，重新定义未来大学教育[EB/OL].（2019-08-26）.http://www.huaue.com.

[14] 薛菁华. 美国密涅瓦大学重新定义大学教育[EB/OL].（2016-04-14）.http://www.istis.sh.cn/list/list.aspx?id=10007.

4.5 冲破羁绊与时代共舞

——校长怨言（学校篇）

席酉民

前言

危机是镜子，让人看到了光怪陆离的真实，关注常被忽视的事情。危机也是磨刀石，可以磨炼人、改变人甚至社会和世界。面对百年不遇的COVID-19，世事百态尽显眼前。本是最需要团结和协作之时，世界却充斥着歧视、相互攻击、隔离与封锁。应对疫情最佳策略是做好各自该做的事，让协作顺畅，但不专业的、缺乏信息的跨界谩骂和指责无处不在。作为管理学者，也曾忍不住思考了一些大事，如国家治理和危机应对机制、企业的危机突破、中国管理研究的出路、教育变革等，撰写了相关意见。然而，作为教育从业者，特别是想利用全球重塑教育之机，倾毕生精力推动教育变革和探索未来教育发展的实践者，此时我却有更多话想说。

从20世纪最贫穷农村和最底层的农民走出来，成为改革开放后77级大学生，除了期间一两年市场打拼和数年国家高层机关帮工研究外，一直没有离开教育一线，有幸创建过三所不同机制的大学，有过体制内和体制外大学领导岗位数十年的体验，还曾领导、收购重组和创建过基础教育，当领导一个国际化大学在面对危机和全球化受阻、各方面挑战迎面扑来之际更是感受颇多。

现在是一个抱怨容易干事难的时代，每个人都可以随意上网抱怨一番，而且很方便"拉帮结派"（微信建群），相互刺激、不断升级，甚或广播那些没过脑子，根据道听途说和点滴信息形成的可能是一知半解的批评或抱怨。但做事却处境完全不同，面对复杂不确定、充满危机的时代，做成一件事，不只要面对各种挑战、应对突发危机、解决千奇百怪的难题，还要在纷杂多样的批评和抱怨声中清醒坚守、长期努力。当然，批评和抱怨也是进步的推动力、改进的触发器、思维的引信。

学校是什么？校长这样问似乎很奇怪！其实这涉及看待学校的不同视角。

人们通常习惯于从物理角度看学校，即学校的实体观，学校就是校园、设施、老师、学生和支撑与服务体系等。校园大小、是否现代、设计是否合理，设施是否先进，老师是否国际化、水平是否高，学生质量如何，毕业生就业情况如何、校友发展如何，规模大小，支持与服务体系是否健全、友好、有效等等，就成了大家谈论一个学校的基本方面。

其实还可以按照组织研究的关系及理论分析学校，即学校的契约观，学校是各种利益主体的一个契约集合。特别是在数字化和网络化的现代，组织边界日益模糊化，全球的虚拟合作是完成组织使命的重要途径之一，此时从契约观分析学校会更有助于学校的运行和发展。例如，学校首先是一个必须承担民事责任的独立法人；其次，为了实现学校育人、研究和社会服务功能，该法人要与有合作需求的人或组织形成各种各样的契约，如通过雇佣契约招聘师资，通过购买或租用契约拥有校舍与设施，通过合作契约开展各种研究、获得网络资源的使用权，通过国家招生政策等隐形契约为学生提供教育服务、接受教育主管部门领导和监督、处理与社会其他利益相关者如家长的关系等等；最后，一个学校强大与否，在很大程度上依赖于是否能够利用契约构建一个强大的平台和网络体系，去融合全球最优教育实践和整合全球优质教育资源，并在此基础上形成相关利益者融合共生的生态系统，最终形成价值创造。

在我来看，实体观是学校的物理存在，契约观有利于分析学校组织管理的有效性，而要实现学校的使命，应重视从教育的理念和实践角度看待学校，即应更强调学校的教育观。

《大学》开篇载明："大学之道，在明明德，在亲民，在止于至善"。教育的宗旨集中在人本上，弘扬光明正大的品德，使人弃旧图新，以达到最完善的境界。近代清华老校长梅贻琦先生有云："所谓大学，非谓有大楼之谓也，有大师之谓也"。然而，随着社会浮躁功利之风蔓延，选人用人制度僵化，进而全民拼证书、学历和学位，学校也逐步背离了人本，沦为以知识导向的灌输式和应试型的证书或学历、学位培训机构。然而，在现代环境下，知识信息获取日益便捷和廉价，简单的知识灌输式的教育在迅速被替代和萎缩，日益复杂、模糊、不确定和多变的世界需要更多有责任担当的人、可以不断学习和创造的研究者、擅长创新和引领社会的领导者……因此，面向未来，人本的素养、能力、智慧的孕育和提升的需求空前高涨，社会各界呼唤教育回归本质的声音日益强烈。在前所未有的大量颠覆性技术推动下，现代社会形态以及各种范式面临转型或革命，反思教育、重塑教学、再定义大学如火如荼。形成适应未来趋势和需求的正确教育观已经成为一个学校立足于未来的生命线，否则就可能沦为哈佛商学院著名战略学教授 Clayton Christensen 警告的那样："如果不变革，未来 15 年之内一半美国大学会面临破产"[1]。事实上美国四年制大学从 2013—2014 年的 3 122 所迅速降至 2017—2018 年的 2 902 所[2]。

我对学校教育观的解读是，未来教育需要迅速从学校和老师主导的以知识传授为主的教育转型到以学生健康成长为目的、以兴趣为导向、以学习为中心的教育。学校将通过在线和现场教育、研究、实习、创业以及新技术援助，在老师和各类导师的指导下，在丰富多彩的教育平台、资源以及教育创新创业社区的支持下，帮助各类人员进行兴趣导向的、个性化的和终身的主动学习。为此，未来的学校第一是一个品牌，第二是支撑这个品牌的教育哲学和教育理念，第三是一个能够整合全球教育资源的机制和平台，第四是形成不同地域、不同主题、开放式、扁平化、网上与校园融合的终身学习和创新创业卓越中心，第五是喜欢该品牌并加入到这个平台上的所有参与者形成的创新生态。这不仅是我对未来教育的认识，也是西交利物浦大学（以下简称"西浦"）2.0 和 3.0 奋斗的目标[3-4]。

现代大学是一个令人既爱又恨的地方，为了未来和子女的成长，家长不惜代价，尽一切努力帮孩子考进大学。然而为了实现这个目标，学生和家长早早地就融入了不能输在起跑线上的各类知识和特长培训的角逐中，常常以牺牲小孩天性为代价。有很多家长心知肚明这样做不对，甚或心里腻烦，但还不得不挤入这种轰轰烈烈的队伍中。各级政府也想尽办法抑制这种扭曲的实践，但无奈庞大的市场需求和趋利动力，禁而不绝，而且花色不断翻新，品种创造性地持续增加。特别是高考和录取阶段，经过 10 多年折磨，大多学生和家长还需要挣扎着穿越最后的阵痛。好不容易进入大学，一些同学为了释放长期的压抑，放纵自己，沉迷于网游；

很多同学缓过神后又急忙加入新的刷分、考证和学历学位的追逐。像磨道里的驴一样，眼睛似乎始终聚焦在眼前的胡萝卜上，而忘却了教育的真谛、自我兴趣、人生追求、未来价值。大学领导和老师也是非常的无奈，知道应该改变，但似乎是被一张无形的网捆住了手脚，在努力地做那些自己都认为不对的事情。教育主管部门也很困惑，我们在努力简政放权，学校总是抱怨没有自主权；我们在努力推进教育回归本质，却发现学校和老师的实践常常偏离方向；我们在努力推出各种各样的创新工程，却看到学校和老师痛苦地陷入各种申请书和报表的准备中，无暇进行灌输式应试教育的变革。教育和学校到底怎么了，是世俗难以冲破？或是社会文化体系惯性太大？还是制度和机制导向偏离？或者校长和学校不明白未来教育走向？抑或心里明白了，但因惰性或各种阻力太大，没有足够的动力和能量冲破重重包围？

1 学校真的没有空间创新和突破吗？

很多人心里非常明白学校和教育目前面临的挑战和问题，但真正行动起来的却不多，不是大家不想动，而是似乎陷入一张无形的网中动弹不得，总抱怨没有空间，时间长了，不要说抱怨，甚至连想都懒得想了。

西浦自建校伊始，就试图利用其国际化合作办学的独特性，突破各种约束，致力于教育探索和办学模式创新，以影响中国和世界教育发展。经过10多年发展，从育人理念、教育模式、学校管理、校园建设、研究与社会服务、教育国际化等方面取得了令人瞩目的进展，特别是其遍布全球的校友的杰出表现，在不断背书着西浦的探索和实践，使之日益得到学生和家长的选择、社会的认可、国内外同行的关注、教育主管部门的重视，被媒体誉为"教育改革的先锋，国际合作办学的典范"。因而，我经常受邀去国家教育行政学院或国内外教育论坛介绍西浦探索，为西浦领导与教育前沿院（ILEAD）每年组织的很多大学管理者和教职工培训班演讲。在提问环节，常常有校领导和老师感叹，"听了激动、看了感动、回去不动。"遁词是我们体制不同，不少事你们可以做，我们做不成。我当然知道这种说辞的环境背景，现在政府或公立体系常是宁愿不做事，也不要犯错误。而做事的逻辑是，不做不会错，少做少错，做得越多犯错误的机会越多。尽管中央在下大力气扭转不作为或不愿作为现象，但其背后的制度逻辑如果不改变，效果一定有限。但从心里讲，这是我最不喜欢的问题，我常常回应道：所有学校发展都有问题，但问题可分为三类：体制问题、管理问题、技术问题。当下学校发展确实有大的体制和制度问题，但即使在现有体制和制度环境下，如果愿意，大部分管理问题和技术问题是可以得到解决的。例如怎样利用网络环境改善校园和教学管理、采用新技术支持教学和学生学习、重塑新的教学过程等等。即使是体制问题，其解决也是一个互动的过程，无法等到体制问题完全解决了我们再提升教育，而是可以通过学校的教育创新推动体制改革。在最初几年，大家听到我的解释脸上常会露出神秘的微笑，似乎在说你好像来自月球。其实，我在国立高校有着20多年的教学和管理经历，我知道体制内高校改革不容易，但只要你愿意尝试，空间总是有的。也可能是因为我管理学者创新逆俗的基因，几十年走来，我一直奉行面向未来、顺应发展趋势、瞄准核心任务、改革前行。20世纪90年代，我做西安交大管院院长，在一个体制内二级单位大刀阔斧，当时所做的改革现在很多大学还做不到；后来我做西安交大副校长进行大学服务社会化改革、在陕西省省长领导下和在陕大学合作通过市场机制建立具有虚拟组织特点的陕西MBA学院、创建西安交大城市学院等等，都做了大量突破体制和制度约束的成功尝试；再后来走出体制，在西浦开启了升级版的中外合作大学创新实践。

理论和经验证明，无论什么体制，从来就不是铁板一块，只要你愿意，总有创新和改进的空间；只要你智慧前行，总可创出一片新天地。通过与很多体制内大学的交流、合作、培训，不少学校特别是想变革的教育管理者和老师认同了这一理念，也真切地意识到，只要你想干、智慧地行动，总会争取或创造出创新、突破和发展的空间，而且正在国内不同高校践行着。

在教育面临破产与重塑的时代，尽管我们有体制、制度、文化、观念等各方阻力，背负着沉重的历史包袱，组织和行为上有极大惯性甚或惰性，加上教育的延续性和继承性常使我们眷恋传统，但现在到了背水一战的时候，只有奋起一搏，从学校的形态，到教育理念、教学方式、与受教育者的关系，都需颠覆性创新，这样才可能拥有未来，否则将会被替代和淘汰。

② 颠覆性创新和特立独行死路一条吗？

改革开放初期有说法，改革可能成为先烈，不改死路一条。随着我国改革开放发展进程，大家看到了不改的后果，但担心环境带给改革者的压力，呼吁不要让改革者成为先烈。因为中国经济社会发展举世瞩目，在经济社会领域，这些说辞似乎已经过时，但在政治和教育领域，这些说法依然有现实意义。

很多家长都知道一些教育方式不合适，如各种各样的补习班和考证机构，知道有些东西不见得有利于孩子的成长，但若不参与，孩子在班级有可能被边缘化，在未来竞争中会遭遇挫折，非常无奈；学校领导和老师也很困惑，明知道有些事情不应该做，但在已有的资源配置和评价体系下，不得不把大量的精力和时间花在一些非教育和研究本质的工作上，一边努力一边抱怨，被锁死在一个无形的网中。[5-7] 政府主管部门似乎也很困惑，为什么明白的事却要让从上到下各种政策或项目推动，如教育回归本质、以本为本等部署和国家一流专业和金课等工程。不敢说大家对未来大学转型方向认识有多深刻，但至少清楚目前许多做法肯定是错误的或有问题的。但为什么大家不行动起来，大胆突破，而是陷入其中，无奈地做一些自己认为不对的事情，这岂不是浪费事业机会和生命吗！观察或与同行交流，会发现不少人牢骚满腹，但谈及行动，常是两手一摊，没办法，行不通。甚至不少人连牢骚也懒得发了，彻底从心理上放弃了[8]，跟着潮流走。难道真的没有变革空间？颠覆性创新和特立独行一定死路一条？

上边已说明改革空间总是有的，就看你愿不愿走！现在的问题是在需要突破性和重塑性发展时，不仅要积极行动，更要颠覆性创新，甚或特立独行！我曾坦言，中国几千所大学，如果有1%的校领导敢于根据未来趋势、脱离世俗路线，趁与全球站在同一起跑线探索未来教育这一千载难得的机会，走出一条开拓创新的办学之路，这些学校虽然可能不一定被评为双一流大学，但却有可能在教育探索方面引领未来，这不是更高的一流吗？在浮躁和世俗的社会里，教育的突破确实需要一些敢于逆俗的特立独行者、乐于突破的理想主义践行者。[9] 我在西浦的探索和坚守就是这样一种"逆行"，行进的路上肯定要面对周围怀疑的眼光，要突破制度和政策的各种约束，要不断沟通和交流以得到更多的同盟军或同行者，要灵活和智慧地处理各种关系，还要不断反思和探究以确保行进在正确的方向上，更需要如履薄冰，小心谨慎，特别是幼小时唯恐一件小事毁了这棵稚嫩的小苗。

颠覆性创新和特立独行的确风险很大，但如果驾驭得当，会使你脱颖而出，鹤立鸡群，具有更大发展空间，站在不同的层次上，引领未来。当然，前瞻者、拓荒者、勇敢的行者需要为孤独做足准备，因为这注定是一个放下历史包袱、跳出世俗羁绊、挣脱制度与文化约束的旅程，有时还不得不戴着脚镣与复杂不确定世界共舞，如当下全球不断蔓延的百年不遇的疫情以及由此带来短期封关、断航和长期的反全球化对一个幼小国际化大学的挑战。然而，这个充满范式革命和社会重塑的世界给予了我们难得的机会，为何不甩开膀子一试呢？

3 何不来个教育的"摸着石头过河"？

认知未来很难，教育尤其如此，那我们如何瞄准未来？

自古以来，人类对人的启蒙、开悟、成长的思考、研究、感悟如汗牛充栋，关于人的独立、自由、成长、人生的基本取向等有基本的共识。教育之所以呼唤变革，学校为什么要转型，并非这些基本面发生了重大变化，而是因为，一、在现代环境下因种种诱惑我们有时背离了这些基本方向，如以证书、学历和学位导向的应试教育，把手段当成目标[5-7]；二、时代和社会环境的变化对人才的素养和能力提出了新要求，如数字网络时代的数字素养，网络和全球化下的国际视野，人工智能和机器人时代的创新能力、融合能力和领导智慧，不确定、复杂、模糊和易变（UACC）环境下的心智升级[10-12]等等；三、大量涌现的颠覆性教育技术改变了人们的生活习惯和学习行为及方式，如网络一代的随时随地廉价学习使以知识灌输的实体课堂受到冲击、信息和知识的方便获取使传授知识的教学逐步让位于以兴趣导向的研究型学习，等等。于是，面对学校转型或再定义大学的挑战，即使我们无法准确知道未来会是什么样、人怎样才能在未来更好地生存、未来社会需要什么样的人才，我们依然清楚教育的人本定位，明白人生价值与幸福的追求，通过经验和研究可以大体知道未来社会可能的走势和需求，如《爆裂》[13]对未来社会新型运转机制的分析，《未来简史》[14]对可能趋势的探讨，世界经济论坛[15]阶段性地对未来人类生存能力的预测，给予了学校未来发展的基本方向和规划发展的着眼点。另外，从现实和可预见的未来，我们大都非常清楚学校当下的不足和可能遇到的挑战，如各界对教育的种种不满和抱怨、疫情过后线上教育对实体教育的冲击和补充等，针对这些缺陷或不足的持续改进和完善，就可以不断逼近未来。因此，具体到当下的实践，我们能够清晰地知道可以立即行动的着手点。所以，面对快速发展的未来世界、错综复杂的百年未有之大变局、瞬息万变的国内外经济社会环境，大学转型不是可以等待，而是需要立即行动。如何从盲目彷徨中跳起来，立即上路？其实我们也可践行一种教育上的"摸着石头过河"的策略，即基于教育之本和上述分析，瞄准着眼点，踩着着手点，开启一个从更好到更好的教育探索和变革的旅行。

4 怎样练就马拉松运动的境界？

任何创新和突破性事业的成功，都不是一次百米冲刺，而是一场漫长、枯燥、艰苦卓绝的马拉松。尽管十步之内必有芳草，但我们依然遗憾地发现，敢于抓住如此难得的教育和学校重塑之机、大胆行动者还是不多。一方面可能是因为当下有些机制约束、思想惯性、行为惰性和社会迅速调整的氛围，形成了充满浮躁和功利的环境，使得人们更关注短期利益，也很难看得远和无心长远打算。另一方面，突破性发展确实会遇到很多挑战和各种资源需求，使很多人望而生畏。然而，会当凌绝顶，一览众山小。敢于创新、独特和突破，就会得到更大的平台，发展不同凡响的事业，创造出更大的价值，会有机会一路欣赏完全不同的风景和获取丰富多彩的人生体验。这当然是一个重大的战略抉择问题，对于那些乐于生活在传统的磨道上的人来说，虽然风险小，但却失去了精彩和空间。如果我们愿意踏上探索未来教育之路，旅途注定山路崎岖，到处荆棘，并且必须做好跑马拉松的准备，即瞄准目标、静心努力、坚韧不拔、拔城掠地，把挑战当刺激、把困难当多彩、把危机当契机，这样就会有毛泽东当年长征"五岭逶迤腾细浪，乌蒙磅礴走泥丸"的气概，最后收获"更喜岷山千里雪，三军过后尽开颜"的胜利喜悦和成果。

⑤ 怎样以系列的战斗实现模糊情景下的战役突破？

教育的重塑与大学的转型犹如一场非常复杂的战役，对内需要前瞻、大学定位、教育理念升级、大学组织管理体系改造、基础设施改善、教学方式创新、老师角色转变、学生学习观念和方式调整、考评体系重整、校园文化更新等等；对外需要国家对教育资源配置体系的调整、教育主管部门的支持、社会教育理念的升级、利益相关者对发展方案的逐步认可、相应制度和政策完善、甚至社会用人选人机制的创新，还要面临庞大的现行体系同伴的竞争和挑战。像企业家创业一般，很多创业者半途而废，不少出师未捷身先死，还有更多合伙人苦难面前作鸟兽散。一个战役的成功考验的不仅是整体战略部署的合理性，还在于战役过程的人性安排。许多战役的失败不是整体部署不合逻辑，而是实现过程上人性化考虑不足。在复杂模糊不确定的世界，要实现突破性发展，只给大家描述美好未来是远远不够的，而是要让大家充分认识和体验到美好未来是可及的，而且要设计帮助战役成功的系列小战斗，让大家不时地收获成功的喜悦，在逼近战役成功的路上不断受到激励。很多突破性大事业败就败在支持战役的这些小战斗设计不到位，让同道者看不到希望、失去了耐心，从而使美好部署落空。

西浦在发展中有很多大胆的独特的构想，如西浦教育探索和传播平台 ILEAD 的建设、西浦 2.0、西浦 3.0 的构思，西浦融合式教育的探索，西浦学习超市的策划和建设等，但我们很注意在把这些重大构想讲明白的同时，还要让大家理解其可行性和基本行动路线，以及自己在其中的地位和作用，然后利用多种形式的沟通、培训、典型活动、小战斗及突击队的不断突破，再让大家看到整体部署的轮廓及其不断升级，即我们想做的事业尽管独特甚或一开始很难看清或理解，但你会发现它们在一步一步向你走来，通过长期的这种实践最后形成一种信任文化，大家知道，在西浦只要有意图和构思，就一定会慢慢变成现实。为了帮大家融入其中，我们在新员工入职时要写一篇题为《西浦的愿景和我》的文章，以使大家处在同一场景中，扮演好自己的角色，实现价值创造和贡献。另一篇文章是西浦的管理哲学、方法和文化及其如何影响自身的生活和工作，帮助大家有共同的文化认同和沟通语言，从而保证以具体的行动支持整个战役的稳步推进。

学校肩负了人们、社会、未来太多的期待，作为教育从业者，特别是肩负一定责任的学校领导者，处在教育重塑的重要关口，大胆出击正当时，冲破各种羁绊，与时代共舞，视怨言为创新引信，引爆教育和学校的颠覆性转型升级！

参考文献：

[1] Business School，Disrupted，By JERRY USEEM MAY 31，2014

[2] http：//qnck.cyol.com/html/2019-7/12/nw.D110000qnck_20190712_9-01.htm

[3] 席酉民. 志存高远，做教育的重塑者[J]. 大学与学科，2020（创刊号）.

[4] 席酉民，张晓军. 我的大学我做主——西交利物浦大学的故事[M]. 北京：清华大学出版社，2016：1-5.

[5] 席酉民. "追文凭"的学习定位在瓦解学风[J]. 教育家，2020（4）.

[6] 席酉民. "SCI至上"局面的扭转需要系统性方案[N]. 中国科学报，2020-02-29.

[7] 席酉民，钱力显，刘鹏. 破除"SCI至上"的道与术[J]. 高等教育研究，2020.

[8] 席酉民. 理性狂言——教育之道[M]. 北京：中国人民大学出版社，2016：31-33.

[9] 席酉民. 逆俗生存——管理之道[M]. 北京：清华大学出版社，2016：3-21.

[10] 席酉民. 以"复杂心智"闯荡世界，2018毕业典礼演讲[M/OL]// 席酉民.明道任事——教育之道. 北京：清华大学出版社，2020. https：//www.xjtlu.edu.cn/zh/news/2018/07/xiyouminbiyedianlijianghua/.

[11] 席酉民. 以"和谐心智"赢得未来，2018年教师节寄语[M/OL]// 席酉民.明道任事——教育之道. 北京：清华大学出版社，2020. https：//www.xjtlu.edu.cn/zh/news/2018/09/xiyouminjiaoshijiezhici.

[12] 席酉民. 和谐心智——西浦鲜为人知的管理故事[M]. 北京：清华大学出版社，2020.

[13] JOII，JEFF H. 爆裂[M]. 张培，吴建英，周卓斌，译. 北京：中信出版社，2017.

[14] 尤瓦尔·赫拉利. 未来简史[M]. 北京：中信出版社，2017.

[15] Schwab K. The fourth industrial revolution[M]. Geneva：World Economic Forum，2016.

第5部分

探源溯流

5.1 "追文凭"的学习定位正在瓦解学风

2月，为期两周的"世界公民素养"网络课程在西交利物浦大学启动，旨在引导学生从多个角度思考"抗疫之道"。新冠肺炎疫情之下，如何给学生上好这堂"人生大课"？作为中外合作大学的执行校长，席酉民对教育的"现在"与"未来"有什么样的思考？本刊记者吴爽就此采访了席酉民。

一、教育不等同于教学，"融合"是大趋势

记者：有人说疫情是一面镜子，既照出了真善美，也照出了假恶丑。对此，您认为西交利物浦大学开展"世界公民素养"教育对当代学生认识世界有什么样的意义呢？

席酉民：没错，疫情对于每个人来说不仅是试金石也是磨刀石，抗疫过程可以淬炼人们适应未来世界的领导力，特别是塑造人们生存于高度复杂性和不确定性社会的心智模式。本次疫情是人类百年未遇的一次严重挑战，也是培养世界公民素养的一次难得的实战机会。

西浦致力于将学生从孩子转变成为拥有素养、能力和知识三大体系又具有国际视野和竞争力的世界公民。另外，为了应对人工智能和互联网时代的教育挑战，西浦一直在强化学生的素养教育，比如建设个性发展与自我管理、数字素养和国际数字公民、社会责任与慈善、可持续发展观、创新精神与创业等公共课程，以提升学生"世界公民素养"。借此次抗疫，西浦加速了其教育变革的进程。

例如，针对突如其来的疫情挑战，我们将原计划的一系列素养课程提前启动，特别开发了为期两周的网络短期课程：世界公民素养——西浦学生的抗疫之道，以期提升西浦学子应对危机的能力和作为世界公民的责任感，也作为新型网络课程与学习观在特殊时期的一次实战演练。世界公民素养课程依托于西浦网络教学平台 ICE 系统开设，具体方式包括线上授课与互动、小组线上研讨和策划、指导教师远程指导、线上提交作业等。

课程内容涵盖社会责任、数字素养、可持续发展、社会创新四大方向下 10 项不同主题的模块课程。如以大数据、动物保护、城市化等为基础学习板块，以与

疫情紧密结合、和生活息息相关的多元主题模块作为课程基础,激发学生学习兴趣,留出自主学习空间,启发学生去寻找研究问题并开展研究,开拓学习方向和知识范围。

为引导学生开展西浦倡导的研究导向型学习,我们鼓励学生自愿报名、自由组队,甚至鼓励学生邀请家长或相关人员介入,鼓励小组合作模式,为学生提供多模态的、充分的学习资源,并采取导师制,给予学生指导。同时利用真实问题出发、小组合作协同、多元信息整合、开发解决方案四大创新点,使学生和其他参与者共同探讨并理解个体的社会责任,学会看待社会的可持续发展,数字化时代的生活方式,并通过创新解决社会问题,成为世界地球村的负责任公民。

这一实验充分体现了西浦孕育未来领导者的教育使命,引导和帮助学生在知识学习和技能训练的基础上,大力提升他们面对社会现实挑战和参与国际竞争的能力,以及终身学习、积极探索与创新精神,真正形成西浦提倡的素养体系:以"开心生活、成功事业"为理念,以"提高人类生存能力"为核心目标,以"创新和贡献"为核心价值观,以"和而不同"为核心伦理观,以"全球视野与练达"为核心世界观。

记者:受新冠病毒疫情影响,在线教育成为"停课不停学"的主要方式。您如何看待在线教育对传统的教育带来的挑战以及在线教育的发展方向?这对校长在学校建设、管理等方面提出了哪些新的要求?

席酉民:危机往往是孕育创新和变不可能为可能的机会。所以,当下也是每个人和组织大胆创新和部署未来变革的难得机遇。

疫情期间,在线教育呈现大爆发式发展,上亿师生涌向线上,一场史无前例的在线教学席卷中国大地,一时间在线教育成为全社会关注的焦点。

然而,在线教育并不会完全替代校园教育,因为大学不应只是教知识的地方,大学更应是帮助学生实现转变和成长的地方。教育不等同于教学,从技术上看,传统单向输入式的教学已经可以被在线教学所替代;但技术无法替代教育,在线教学在实现"改变人、提升人"这一教育目标上与实体环境下的教育还有很大差距。因此"线上与线下教育融合"是在线教育的发展方向,"融合"是大趋势。

在互联网时代以前的教育以'教'为主,由教师和学校主导着知识和信息的传播体系。互联网技术的广泛应用使教育的知识和信息传播功能效用不断下降,传授知识已有网络、云端资源、搜索引擎等替代方案。现在的挑战是在这种新的环境下,人们如何形成更有系统性的知识体系、变得更有造诣,特别是考虑到人工智能和机器人会改变人类的很多生活方式和习惯、形成新的社会存在形态,人们更需要智慧,要能甄别杂乱和似是而非的信息,能把碎片化的知识整合成一个整体,要有创造性,可以说没有创造性基本就没有未来。因此在线教育的未来也必然服务于数字时代的人才培养。

所以在西浦看来，目前流行的网课不是课堂教学的临时替代方案，而是未来教育实现网上学习与校园教学相融合的战略部署，是实现西浦教育探索从1.0到2.0再到3.0的战略举措。

2017年，西浦根据数字智能时代对人才需求的变化，提出了融合式教育，将面向未来新行业的发展，培养具有极强整合能力和创新创业精神的行业精英。这种模式必然要求学校与行业和社会更为紧密的结合，学校组织管理和支撑体系也需相应变革，在线教育在这种分布式的协同中扮演着独特的角色。

抗疫推动西浦于2月底全面启动在线教学，并加速其在线教育布局。作为西浦在线教育战略升级的标志——学习超市即将问世。

学习超市将引入世界范围内优质的在线教育资源和外部教育品牌及研究成果，并与西浦有特色的实体校园相结合，探索线上线下相融合的未来大学新形态，以支持人们在未来社会中学习成长和创新生活的需要。西浦学习超市的启用，首先会为西浦融合式教育人才的培养提供强有力的支撑，其次会强化网上教学和校园教育的互动融合以及价值提升，第三会加速西浦向社会的进一步开放，不仅开启西浦对外的网络教育，还会向社会开放西浦校园学习，使西浦成为服务社会终身学习和创新的学术社区。

结合现代技术进步的在线教育在未来一定能发挥很大作用，但它不构成一个完整的教育体系。可以预见，当疫情过后，绝大多数网课都会迅速降温，大部分人还是会回到往常的教育环境中。但传统教育的弊端经过此次网络教育的洗礼会更充分暴露，教育和大学只有真正具有吸引力、能把现代技术的附加价值充分体现出来才可能继续存在下去。教育要利用实体校园优势，形成对线上教育的升级，同时整合外部线上教育资源，以提升教育随时随地廉价的便捷性和充分放大网络数字智能时代教育的价值。

在线教学和校园教育在教学设计、支持系统和学习模式等方面都有很大不同。在线教育的发展，也对学校升级校园和教室的相关硬件设施、完善在线教育平台、汇聚在线教育资源、提升教师的教育技术水平、解决线上教学的管理支撑和质量保障体系等制度性问题都提出了新要求。

目前，西浦在线开设超过450门课程，由西浦自有的在线教学平台支持，目前该系统可满足6 000~8 000人同时在线学习。探索如何通过线上线下教育的结合来让每一个学习者获得最大限度的提升，而不是仅将其作为实体教育的一个替代品，以充分实现教育的价值，是西浦和所有教育领导者面临的挑战。

二、摆脱围绕"指标"打转转的局面，还大学以宁静

记者：无论线上学习还是线下学习，营造优良学风都是学生成长成才的必要条件。2019年，高校学术不端和学风失范问题引发社会关注。您如何看待学术腐败的病因？对此，您有什么样的建议？

席酉民：学风归根到底首先是大学的定位和教育理念问题。如果忘了大学育人的根本使命，成天围绕着各种"工程"或"指标"或"排名"打转转，校园很难宁静，学风一定会浮躁和失范，教育回归本质很难落实到位。其次是教师的职业精神问题。其实大部分教师心里明白"传道、授业、解惑"的职业使命，但在异化的评估体系和资源配置逻辑面前，很多人难以坚守，学术真诚在被蚕食，在抱怨中做了很多有违使命和职业操守的事，如浮夸和弄虚作假等。第三是学生对待学习的态度和行为。当然，学生会受到上述两方面以及社会环境的影响，特别是在应试教育根深蒂固的中国，大家刷分、追文凭的学习定位在某种程度上也瓦解着学风，如考试作弊等。

例如，学术圈内过于看重论文数量和影响因子的风气，导致学校和很多科研人员把大量的精力及资源花费在这些指标的追逐上，甚至少数人不择手段，虽然获得了好看的指标甚或排名，但却误导学术偏离目标，造成了极大的智力和资源的浪费。各界的抱怨和呼声导致教育部联手科技部近日发布了《关于规范高等学校SCI论文相关指标使用 树立正确评价导向的若干意见》。然而，"头痛医头，脚痛医脚"无济于事，这一顽疾的根治需要系统性的方案。

"SCI至上"及相关的学风问题病因很多，但目前我国教育和科技资源配置体系是根本原因。尽管讨论和改革多年，但依然尚未摆脱以各种"项目""工程"为引导的资源配置方式，使得大学校园失去了应有的宁静，领导者和教授倾注大量时间和精力忙于各种"工程"和指标的追逐中，从而诱致教育与科研活动的扭曲，造成科技资源的浪费。

所以，良好学风的建设离不开国家教育资源配置体系的科学化和规范化、大学定位回归本质和相应评估体系的改变、老师职业精神的强化以及学校高质量的育人与支撑体系的建立。

要摆脱目前这种大学、老师、学生被锁死的无奈状况，国家及教育主管部门必须放弃以各种"项目"或"工程"配置资源的基本逻辑，针对研究型、教学型、职业教育等不同定位，根据其大学类型、性质、规模等，形成比较科学、规范、透明的资源配置体系，并根据学校运行情况持续修订完善。这样，没有了那些不合理的"指挥棒"，校领导和教授们无须再整天填表、"沟通""跑动"去争取

资源，假以时日，大学便可慢慢恢复应有的宁静，校领导和教授们便有可能静心专注于自己该做的事情。对那些国家重大工程问题，可通过竞投标方式吸引各种有潜质的科技资源合作攻关；对于企业所需解决的难题，可经由市场竞争吸引有积累的科技力量支持。这样，不仅不会因各类名堂扭曲大学和教授的行为，反而会激励大家静心和聚焦自己的研究，一旦有机会，便可大有用武之地，大学和科学家的活力也会得以充分释放，学风的回归也指日可待。

在西浦，我经常被问及你们怎么应付各种各样的评估问题？如何处理教学与科研关系？其实，我们从办学伊始，就努力排除各种影响，探索一种适合未来的教育，所以"以学生为中心"，专注和静心于教育探索是我们立校之本。对于教学与科研关系，非常简单，就是"教学为生，科研为升"。育人是学校和每位老师的核心业务，是决定其生计的大事。按着个人兴趣做好科研是其作为学者职业生涯的内在动力，因为他们需要用自己的成就征服国际学术圈子的认可，才方可能得以提升。另外，西浦还整合全球教育精髓、建立了符合世界教育发展趋势、独具特色的西浦办学理念和"五星育人模式"，初步形成了国际水准的学术服务和支撑系统，友好强大的学生学习支持系统，高效的网络化的学校运行支持系统，以及良好的校园环境和基础设施，坚持"以学生健康成长为目标、以兴趣为导向、以学习为中心"，通过帮助学生实现"三大转变"即"从孩子到年轻成人到世界公民，从被动学习到主动学习再到研究导向型学习，从盲目学习到兴趣导向再到关注人生规划"，将学生培养成具有知识、能力和素养体系的"世界公民"。在这种国际化的学习环境下，学生自主性和能动性得以释放，学风自然会得以改善。10 届西浦本科毕业生和数届硕博毕业生在全球的杰出表现初步证明了这种教育探索的效果。

记者：随着时代发展，在"互联网＋"的环境下，未来学校已成为全球教育领域的研究热点，引发越来越多的人对新的学校形态、学习空间、学习方式、课程体系和组织管理的探讨。那么，您眼中的未来大学教育是怎样的？

席酉民：因各种颠覆性技术不断涌现，我们已经进入了一个反思教育、重塑教学、再定义大学的时代。这也给我们了一个与世界一流大学站在同一起跑线上探索和重塑教育的千载难逢的机会。

西浦一直坚持以教育探索、服务社会、推进人类文明为使命，着眼未来发展趋势和需求、以持续创新影响中国甚或世界教育为战略。尽管西浦很年轻，但其发展及未来规划大致可以分为三个阶段。

2006—2016 年，西浦打造了教育模式 1.0 版本，包括国际化专业精英教育模式的创新、探索未来教育模式、知识组织（大学）运营体系、大学与社会的互动关系、影响中国和世界教育平台建设（ILEAD）等内容。

2017 年，针对互联网、人工智能、大数据、物联网、机器人等技术对人们认知方式和学习行为的挑战，以及数字智能时代对人才需求的变化，西浦提出了融合式教育（Syntegrative Education，SE），致力于培养具有极强整合能力和创业精神的行业精英培养体系，探索未来大学的新概念与校园的新形态，正式开启了"西浦 2.0"的新时代。

西浦于 2018 年 3 月与太仓市人民政府签订合作协议，共建西浦创业家学院（太仓校区），成为探索融合式教育的重要基地，在高校、企业和产业以及更广泛的社会间建立新的关系模式，培养能够站在人工智能和机器人等新技术的肩膀上，统领新行业的领军人才。在 2.0 版本中，西浦着重探索行业精英教育，针对未来大量技能型工作将被机器取代，人类工作会向创造性、融合式方向转移的特点，不再强调专业或职业导向，而是以能利用人工智能和机器人支持引领未来行业发展的创业家（entrepreneur）教育为导向，并将专业、行业、管理（领导）、创业、素养教育等相融合，与企业伙伴合作成立行业学院，以行业整合专业知识，形成一种校企融合的大学新形态，以支持未来日益流行的追随兴趣的终身学习、创新与创业的社会生活。

基于"西浦 1.0"与"西浦 2.0"成功积累的"高质量教育"、"中外国际化合作"、"产教融合"的经验和资源，我们将进一步通过"学校驱动、政府支持、产业联盟、市场运行"的机制，部署"西浦 3.0"的发展，即创造一种大学、产业、社会共享共生、互动互通互利共赢的创新生态。

根据这样的构想，西浦教育探索将形成三种形态：①苏州工业园区校园的国际化专业精英培养模式（西浦 1.0）；②西浦创业家学院（太仓）的国际化行业精英的培育模式（西浦 2.0）；③在一些地域与政府和企业合作，营造一种支持未来按兴趣终身学习和创新、创业的有主题的、生态化的卓越中心（西浦 3.0）。并基于这几种模式，对未来大学概念和校园模式进行探索，努力为未来教育提供一种西浦方案。例如，西浦 3.0 已开启西浦教创院（西安）——西安汇湖国际创新港、西浦教创院（大湾区）——西浦粤港澳大湾区国际创新港（筹建中）、西浦教创院（一带一路）（筹备中）等等。

在我看来，未来大学首先是一个品牌，其次是支撑这个品牌的教育哲学和教育理念，第三是一个能够整合全球的教育资源的机制和平台，第四是形成不同地域、不同主题、开放式、扁平化、网上与校园融合的终身学习和创新创业卓越中心，第五是喜欢该品牌加入这个平台上的所有参与者形成的创新生态。

三、教育只有扎根中国，才能更好地走向世界

记者：作为一所中外合作大学的校长，您认为中外合作办学存在什么样的办学误区？未来的发展趋势是什么样的呢？

席酉民： 随着中国不断扩大对外开放、中外合作办学的兴起，中国高等教育尤其是中外合作办学在取得巨大成就的同时，也确实出现了一些引发了社会担忧和值得关注的问题，如盲目办学、缺乏管理能力及办学水平、忽视外方资质、规模型增长模式遇到瓶颈等等。关于中外合作办学的误区，我曾经专门提出过"中外合作办学的负面清单"，这里罗列出几条：

1. 盲目跟风或追求政绩，对教育本质缺乏清晰认知。这是浮躁和缺乏独立思考环境下的一种流行病。

2. 无长期可持续发展的合作（商业）模式。有些因追求政绩和跟风促成的项目，由于缺乏从未来趋势、社会需求、教育本质、学校现状、长远发展等方面的深入、理性和系统的思考，发展定位和长期可持续发展模式设计缺位。

3. 无准确定位和明晰愿景。一些项目因办学参与方对自身长期生存没有清醒认知或缺乏动力考虑，在跟风、趋同、缺乏长期系统设计的助推下，办学定位不清，走一步看一步，很难实现预期发展目标。

4. 无合理有效的治理结构。治理结构是中外合作办学长期可持续发展的基础，一些项目从筹划到运行对此重视不足，甚或做法上不完全合法，无法给组织长期发展提供法治和制度性保证，也为长期发展埋下了隐患。

5. 无强有力和相对稳定的领导与管理团队。领导力是稀缺资源，如果缺乏有远见和执行力的领导，好的发展模式依然会失败。

6. 无长期发展的战略谋划和统筹。办教育不是一次短跑，而是像马拉松一样的漫长事业。一个事业如果本身不错，但因缺少长期战役及短期成功战斗的系统布局，缺乏长期资源的战略规划和财务预算分析，缺乏对战略运营的足够重视，在遇到各方参与者目标与意图发生变化或因外部因素发展受挫不断时，也会因看不到希望而被利益相关者放弃。

7. 缺乏有效的多校园管理模式。中国大学包括一些独立合作办学机构普遍采用多校园方式，在运行过程中普遍存在诸多困难，教师有效教学科研时间显著下降、运行成本大幅度提升、违背大学的本质和文化等。

8. 浮躁而无定力。由于对教育认知的肤浅，再加上社会的功利和浮躁，社会人才观念和文化趋于世俗，选拔制度逐渐标签化及僵化，导致不少教育资源配置依赖项目化和工程化，以及教育考核和排名异化。

9. 大学内部教育国际化与管理体系不成熟。问题表现为大学国际化教育氛围不够、教学管理体系不健全、符合国际化教育水准的教师资源不足、国际生招生质量参差不齐、为了减少管理压力在学术或课程要求上降低要求甚或放水等。

关于中外合作办学的未来趋势，我认为真正理解并践行教育国际化是必然要求。

教育国际化其实不只在于一些显性指标，更在于理念、机制、资源、管理、校园文化等内涵的提升。真正的国际化大学要走出一条符合发展趋势和社会需求、独具特色的路，需要远见、卓识、胆略，特别是定力！

大学"国际化"不是简单的"西方化"或"欧美化"，对于中国大学而言，实现国际化应当根据国际趋势与国际标准，通过整合国际资源、文化、智慧，探索出符合中国社会特色的国际合作与融入的模式，才可能取得国际化合作的实效，而这是一个持续反思和改进的过程。

通过十余年的探索，西浦已经形成了一整套大学持续发展的理念和做法，并构建了三个层次多维度的国际化战略体系，分别是要素层次、机制层次和组织层次。其中要素层次是高等教育国际化普遍关注的方面，主要指学生、教师、课程、教学和研究活动等要素的国际化与多元化，许多大学国际化考核和排名也通常考察这些要素。不是因为这些方面对西浦不是问题，而是从理念和逻辑上西浦认为真正的国际化更应关注机制和组织两个层次；机制层次是大学国际化的核心，以确保师生和大学融入国际化的学术生态。西浦在充分吸收整合国际最先进的理念与模式的基础上，创建了自由开放的多元文化环境，应用了符合网络时代学习特征的前沿教育技术，构建了符合知识组织特征和要求的网络化组织模式，打造科学共同体和构建创新生态系统；组织层次的国际化突出强调的是大学在世界舞台和国际事务中发挥的作用和影响，西浦在这一层面的国际化战略具体表现为，培养全球一流的国际玩家，建设国际知名的学术社区与创新群落，探索世界高等教育新模式，构建互动、共存、和谐的科学社区和生态系统，以影响中国和世界的教育。

扎根中国大地办高等教育同建设世界一流大学是统一的，只有扎根中国才能更好走向世界。

记者："钱学森之问"提出："为什么我们的学校总是培养不出杰出人才？"您认为该如何培养"杰出人才"？

席酉民： 学校培养不出杰出人才，问题在于并没有把"人才培养"放在教育的中心位置。另外，杰出人才大都是冒出来的，需要一个能够静心专研、刺激创新、包容多元的学术生态体系，而我们目前比较浮躁和功利的社会和教育环境不利于杰出人才的孕育。具体到大学，传统教育理念的人才培养目标也过于片面化，只强调知识学习和技能获得，忽视素养的培养和人的全面发展。学生习惯了背诵知识点和考试，毕业后除了一张文凭和几个证书，很难将所学的知识内化，以拥有跨文化的领导力和创新精神，来应对充满机遇和挑战的未来世界。

为了改变这种状况，西浦首先对传统的大学教育理念进行了挑战，提出面向未来的人才培养目标是知识、能力与素养兼备的具有国际视野和竞争力的世界公民，具体表现为西浦整合东西文化和最优教育实践的办学模式、面向未来发展趋势和需求的"五星育人模式"、帮助学生实现"三大转变"教育支撑体系。从而释放学生的创造性和潜力，许多取得杰出成就的校友感叹道，正是西浦自由的学术环境、国际化的学术氛围、全方位的支持成就了他们的梦想。

另外，为了刺激学生的好奇心、培养他们的批判性思维和创造性，西浦坚持研究导向型教育，不仅是建设研究导向型的大学，而且全面倡导研究导向型教学、研究导向型学习和研究导向型工作。其根本宗旨在于，通过营造研究导向型的教学和科研环境，帮助学生转变学习行为，全面提升解决问题的综合能力，释放其创造性和潜力，以适应未来更为复杂和不确定的竞争环境。

对于老师，西浦不以简单数字为推手，而是努力创造"多元、规则、创新、自由、合作"的校园文化，鼓励大家静心追随自己兴趣开展研究，特别是跨专业的合作研究，以发明和创造来促进人类文明的进步与提升。近些年，一些很有创意和影响的研究成果不断涌现。

为了使学生和老师真正实现上述学习和研究状态，大学需要营造持续创新的校园环境。在持续改变学生的学习方式和教师的教学模式的同时，为学生和老师提供可以融入国际学术圈的学习和研究支持体系以及校园氛围。所以，西浦提倡全体员工要研究导向型工作，即根据学校发展愿景、教学和研究方向、社会合作与服务需要，持续探索如何更好地创造性地扮演好各自的角色，相互配合，营造一个友好的高效的校园服务和支撑体系。

这样，当学生从被动学习迅速转型为围绕兴趣的主动和研究导向型学习，老师从教授知识的传统教师转型为会帮助学生成长的教育家、可以按照兴趣和社会需要静心研究的学者，大学从传授知识的学堂变成支持追随兴趣的个性化终身学习、研究、创新和创业的学术共同体和生态，各级政府和组织也从重视一些指标转变为真正支持有价值的创造，引导人们戒除浮躁，鼓励人们静心专研，假以时日，各种突破性创新和杰出人才就会如雨后春笋一般涌现。

（《教育家》2020 年第 4 期，刊登时略有删减）

5.2 国际学术社群的和谐与管理

一、跟着趋势与需求走，才会方向正确、道路自信

席酉民：欢迎来西浦指导工作，现在我们校园的各类活动比较多。

记者：看到了，现在好多都是来西浦学习经验的，以前可能多是互相联系交流。

席酉民：对。因为国家现在很重视本科教育，以"本"为本；再加上重视大学要回归本质。西浦在过去十几年一直在这方面践行着，所以当大家现在回过头来看时，才感慨："哦，你们踩在点上、行进在正确的路线上。"我们一直强调的是："方向正确，道路自信"，讲的是永远要跟着世界的趋势和需求走，这样不管环境怎样波动，摆过去了也好、摆回来也罢，最后会发现你总是走在一条正确的道路上，而且不彷徨、少摇摆。现在国内的学校有太多的摇摆，是因为它们缺乏独立思考，跟风的多。再加上现在很多政策、管理，大都是应急的，今天应付这个问题，明天回应那个挑战，而对背后本质性问题考虑得太少，所以不仅会导致波动，还会因关键问题未解决，引致更多其他问题，使人应接不暇，但发展效果较差。

记者：以前国家一直把高校往科研方向指，就造成了现在很多高校普遍"轻教学、重科研"。现在国家才明白过来，教学才是高校教育之本，比如学生的培养。光搞教师层面的科研却忽略了学生，这其实是丢了大头。

二、国际融合趋势难以逆转，但融入需要自信

席酉民：是的，大学存在之本，首先是育人。我们今天采访的话题是什么？

记者：国家现在也是有一些忧虑和担心，中国一直在开放，越来越多的国际元素融入中国。国家发现在高校层面上，很多学校对国际学生的管理有问题，所以这次来也是想学习一下西浦的经验。西浦对于国际学生有一套怎样的管理办法，使那么多国籍这么多数量的国际学生在学校里面能不出事故？

席酉民：我觉得全世界的融合是无法避免的，即使现在有特朗普的扰动，加上民族主义、民粹主义和反全球化的势力。但是全球化大趋势之下，特别是数字

时代的全球化，世界日益互联，交通越来越便利，国与国之间相互合作这个大方向是不会改变的，当下的状况充其量是该特殊时期的一个扰动吧，有量的变化，无质的改变，即一个国家融入世界和对世界的影响的势是不可逆转的。既然不可扭转，就必须面对，首先要选择一种正确的姿态去融入世界。中国通过"一带一路"的倡议，加上"人类命运共同体"的构想，实际上是希望和平地、友好地形成国际之间的交流和融合。这些举措既是这一大趋势的一种呼应，也是中国社会及他国发展的需要、人类社会进步的必然。其次，中国"人类命运共同体"的构想，或者这样一种世界观和价值观念，应该是更有利于世界发展的，目的也是要促进人类之间的互动和合作。从这个意义上来讲，中国必须学会怎样和别的民族和国家共处与合作，怎样吸引或支持更多的人融入中国社会。第三个就是怎样实现融合，我觉得这有一个文化自信的问题。要融合，首先需要文化自信、民族自信、包括政治社会体系的自信。如果没有自信，就成天在防，害怕外来的侵略、害怕文化的侵蚀、害怕有其他不好的东西进来。实际上，自信非常重要。防是防不尽的，捂是捂不住的，在当下的技术环境下，你要中国人不了解世界这是不可能的。自信有两个方面，一是对未来方向和趋势的把握，另一个是有没有实力来跟随和支持你对未来的理解。这两个有了，剩下的问题就在发展过程中解决遇到的问题。我觉得现在在有些做法上，我们显得自信不足。

　　以学校为例，我们会有越来越多的外国老师，越来越多的外国学生。去年公安局某部门到学校来，他们说你们外国人来了肯定会产生一些问题。我说当然，进来的外国人有优秀的，但也难防糟粕。一个国家的强大就是有足够好的生态，让优秀的更优秀，让糟粕的改变或淘汰，这才是真正的强大。所以，作为政府和社会，在外国人日益增多的情况下，涉外问题也会日益复杂，比如外国人的心理问题、宗教问题、生活问题、医疗问题，还包括敌对势力等问题，如何在国内构建新形势下的国际化社会治理和管理体系面临挑战和许多新问题。对于学校，有些事情没法或无力控制，比如当我们招聘某个教授时，虽也进行人事审查和学术判断，但依然无法知道这个人是不是有问题。就西浦来讲，现在外国留学生有一千来人，来自于五六十个国家和地区；外国老师有六七百人，也来自于五六十个国家。整个老师和学生的国籍加起来应该有近百个国家和地区。若朝未来看五年，我们的专任老师应该在一千五百人左右，按国籍来说将会有一千左右外国人；学生数大概是两万五千，若按20%到30%为国际学生，就应该有五六千外籍学生，他们大部分会是本科或硕士或博士学历生，会在这里学习较长时期。这还不算短期的访问学者和交流学生，每年大量的国际会议参与者及短期访问者。

三、营造国际化学术社区的和谐运行机制

记者：那么怎样自信地保障这样复杂的国际化学术社区的和谐运行？

席酉民：西浦及其周围社区已是一个完全国际化的社会，要实现健康、繁荣、稳定和安全的发展，最基础的任务是既能够坚持中国的文化自信、又能形成一个和谐的生存环境。为此，我们注意把握以下基本点：

第一是守法，这是基础。外国学生也好，外国老师也好，无论你的文化和宗教背景，到了中国就要遵循中国的法律，这是一个法治国家和守法人的最基本行为准则。各国各民族的文化是多元的，每一种文化都有它的优点、也都有缺点。真正的文化多元首先是共存，而共存的基础是相互尊重，在法律的基础上尊重各自的文化和民族习惯。其次是多元文化的相互学习和创新。不同文化的共处，一定会产生碰撞，合法的、相互尊重的交流碰撞一定会产生建设性的创新。这也是国际合作和交流的根本目标之一。

第二是建设共处规则。在法的限度内，文化多元的基础上，还需要这个国际化社群形成积极和健康的共处规则。共处规则不是法，是在法之下的次一级的东西，比如说西浦就有西浦比较独特的社群规则，表现为一种独特的校园文化，如积极向上、大胆探索、跨文化合作、职业精神等等。多元虽然有利于创新，但可能会产生混乱，所以形成法律基础上的共处规则，才会保持健康的发展秩序。

记者：这些规则是咱们自己定的吗？

席酉民：校园里面各种各样的规则，有的是有意识制定的，有的是慢慢孕育形成的。比如，外国人跟中国人怎样一起生活和学习，过去是不允许中国学生与国际学生一起住，我问为什么？中国学生出国学习也没有哪个大学把中国学生圈在一起住。但我们早些时候，专门建立留学生公寓，把外国学生封闭起来住。现在社会怎么可能封起来？招收留学生本身就是为了交流和学习，这样做是有违根本目标的，然而现实却是如此，这就是一种规则。早期我在西浦挑战这种规则，回答是派出所讲有政策规定，不许外国学生跟中国学生住一起。我说请把政策拿给我看，但拿不出来。实际上一些人是为了自己或管理方便。我说这个不合适，你们应该有自信，不会有大不了的事发生的，而且你越封闭越制造障碍，反倒会产生事。除这种上级或某权力部门设定的规则外，还有一些校园活动孕育的规则。如早期，中国学生俱乐部和一些活动很少有国际生参加，反之亦然。为加强交流，学校有意识地提倡校园国际化的学习环境和体验，通过安排和组织，打破国籍界限，促进真正的国际化社群生活，随时间推移，有些就演化成一些规则，有些已进化成了习惯和文化。总之，要促进多元文化的互相尊重和友好相处，必须要有健康

的相处规则，最后才能真正实现法律基础上的多元文化的相互尊重和友好共处。

第三是教育理念认同。不管老师也好、学生也好，来到这里，都要认同学校的理念，并且要帮学校实现它的使命。我们学校的使命是通过办一所优秀的中外合作办学，不仅使学生、老师得益，对社会有贡献，而且试图影响中国和世界的教育。你如果问我们一些外国老师，你为什么来西浦，一般回答是：一，喜欢中国文化，二，这个学校有一个好平台，可以去做他们过去不能做的事情。这种认同，会有助于秩序的形成，组织使命的履行。理念的落地还需要背后严格的质量和标准体系。如严格的标准体系保证了我们的招生质量，这与那些拼国外留学生数的一些国内大学大不一样。因为国家号召多招外国学生，于是国际生数就变成了一个大学排名指标，很多学校为此制定了各种优惠政策吸引国际生，而且放松录取标准，这样会让一些鱼龙混杂的人进来，加上校内又缺乏一套严格的质量控制体系，从而导致一些低水准的外国学生制造麻烦，一有压力，管理层就会松手，于是有学校不得不放水让一批学生出去。这种备受社会诟病的教育实践，一方面影响了中国国际形象，说重一点，使中国的国际化生态环境恶化，说轻点至少带来了负面影响；另一方面，糟蹋了中国的教育品牌。这些人即使拿到了学位，出去后也会骂你，说这就是中国的高水平大学，你看我都能入学，而且没好好学习也给我毕业了。我们对这种教育现象深感无奈和遗憾，坚守西浦较高的使命和要求，严格执行西浦的国际化高水平大学的学术标准和录取方式，而且既无国家学费减免，又无国家生活补贴，还需学生缴纳较高学费，只有那些合乎标准、真正想来中国学习的国际生才会选择西浦，但这也恰恰是教育和中国教育国际化的追求。

记者：我们了解到，有一些非洲国家的学生，已经成为"职业学生"了。学生是他的职业，读两年挣点钱回去再申请。

席酉民：这在我们这里很难存在，一是严格的学术标准会把这些人挡在门外。二是你如果满足西浦要求和学术标准，需要缴纳较高学费，轻易不能减免，但学生质量高，却因家庭经济困难，可申请缓缴。一位非洲某国大使曾多次给我和学校写信并访问学校，想免除一位学生的学费，我们都没有答应。当然，对优秀的国际生，我们设立有适度奖学金，目前我们的学费平均是年一万五千美金，吃住行自付。另外，进校后还有严格质量保证体系和筛选制度，学习不及格需复读，难以继续学习会终止学业，等等。虽然我们希望西浦的国际化程度越来越高，但我们并不简单在乎数字，也不会把不满足标准或学历达不到要求的留下来，更不会放水，这样既保证了我们探索教育的追求，也确保了西浦教育品牌的不断提升。因此，从录取制度和学费安排以及西浦严酷的学术质量保证体系，您不难理解那种"职业学生"在这里很难出现和生存。

记者：咱们学校在留学生上是没有国家计划之类的吗？

席酉民：没有。进入国家计划的招生有生均补贴，但获得政府补贴以后就不允许收取学生学费。我们是希望列入那个国家计划名单，以让更多潜在留学生知道我们是一个国家认可的好学校，但我们并不希望由于一些经济补偿就让我们放弃学费，因为补贴部分远小于我们的培养成本，放弃学费，我们运行会在财务上遇到困难。

记者：我采访过一些高校，他们有一些也在说，没有办法，国家指标摆在那儿，你必须……

席酉民：我不完全认同，国家号召固然要响应，但一定要能清楚该号召的根本目的是什么，然后以自己的实践为国家目标做贡献，而不是不顾一切地去拼指标，甚至为了这些指标牺牲了教育之本和学校声誉，进而背离了国家目标。这是中国目前教育界存在的大问题，发展中有时会颠倒了手段和目标。

第四是不断完善和提升服务。要帮国际师生融入中国社会，有效地在异国他乡学习和工作，我们建设比较完善的服务体系，为此西浦分别建设了无所不包的学生和老师一站式服务中心，从学习、工作签证，到子女的教育、社保和医保、心理支援、各种各样生活帮助应有尽有。各种服务既要高标准，还要贴近需求，以让这些国际师生真正地热爱这个地方、喜欢这个地方。国际化和多元化就是让到中国来的人士爱这个国家，愿意来学习、工作和生活，了解中国，了解和欣赏中国优秀的文化等，进而为中国和世界发展作出贡献。如果缺乏这样高水平的服务体系，我们很难实现合法共处、共生共赢，也谈不上让人家爱中国、学习中国、贡献中国了。值得强调的是，在西浦我们强调服务，多元和谐共处，虽然考虑了海外师生的独特性，有一些针对性的支持，但在服务观念和态度上，我们坚守海内外、师生一视同仁。

第五是营造独特教育生态。西浦建校不只是为了办好一所学校，而是希望通过国际合作影响教育变革，事业开拓上有极强的号召力；西浦位于具有悠久历史和教育传统、宁静而发达的苏州，又毗邻上海这个国际化大都市，地理位置上具有极强的国际吸引力；西浦应苏州工业园区和苏州的快速发展需要，有针对性地设立相关学科和专业，与企业和产业发展互动，与苏州先进的社会发展和国际化进程相呼应，在适应未来发展和教育融合创新上有极强的诱惑力；传统、创新、国际化的苏州，特别是苏州工业园区20多年的高速发展，企业、学校、金融、研发、海内外高端人才、政府服务、传统文化、社会服务体系等所有发展要素应有尽有，一个体系相对完备、服务经验丰富的国际化社会体系日渐形成，所以生存和工作环境上极具感染力。这些有利因素是西浦有可能打造一个独特的探索未来教育和社会发展的教育生态，不仅吸引全世界的人才聚集这里，而且有利于他们形成创新和突破。

所以，大体上说，我们就是通过以上五个方面，使外国学生和外国老师集聚西浦、安居乐业。简单概括，一是守法，二是建设多元尊重和共处的规则，三是西浦教育理念的认同，四是不断提升和完善服务体系，五是营造独特教育生态。

四、国际化学术社区管理体系有效运行还需要文化滋养

记者：受教了，的确是比较系统的一种国际化学术社区的运行体系。

席酉民：如果再深一层解读，这样一个国际化的教育和创新生态良好运行的背后，还有 10 多年来我们努力孕育的文化。

西浦文化背后五大核心要素简称 DRIFT，第一个叫 diversity，多元。多元不仅仅指的是外国人，包括我们国内也需要多元，一个真正健康的社会一定是多元的。自然生态为啥要拯救濒危动物，就是希望生物多样性。如果一个社会生物体系越来越单调的话，它一定是不稳定的，一定会走向灭亡。所以我们的文化强调多元，不仅包括尽可能的国际多元，也涵盖国内的多元。例如招生，因高标准和高学费，我们在有些地方招生比较困难，像西藏，但我们坚持每年安排招生指标，试图保持学生背景等方面的多元。

第二个是 regulation，即法律和规则，国际和国内的法律，校外和校内的规则，多元情况下如果规则缺位，一定会导致混乱。而有效和严格法规意识，会形成健康的、积极的、有价值的秩序。

第三个就是创新，innovation。多元有利于创新，有规则的、健康的多元，会产生积极的、建设性的创新。而创新是未来世界的基本驱动力。中国社会如果没有多元的创新生态，很难实现我们的强国梦和人类命运共同体的宏伟构想。

第四是大家有点担心的自由，freedom。具体讲是学术自由 academic freedom。学术自由是教育、科学研究和创新的基础，因为它是在法律、制度、规则、文化等体系下的自由。严肃地讲，我认为学术自由是无法回避的，不要一说自由，不认真思考，就惧怕、回避，或马上觉得不得了。坦率说，成天有各种各样的禁锢，怎样促进学术和社会进步？怎样让中国在竞争日益激烈甚至白热化的世界立足？

第五是信任，trust。日益互联的未来世界，无论实体还是虚拟合作成为基本发展方式，包括国内外合作、不同团队的合作、学校和社会的合作、人与人的合作、甚至人与机器的合作等等。但有效合作的基础是信任。现在，信任在国内外环境下已经成为稀罕物，因此造成社会很高的运行成本。这是人类需要解决的问题和必须面对的挑战。

五、国际学生也是学生

记者： 关于国际学生，我采访过一些公办的高校，他们大都有一个专门的部门，比如海外教育学院，统一管理这些外籍学生。在这些学校，学生分外籍和中国两条线，完全分开管理。

席酉民： 他们为什么这么做呢？我猜测有两个原因。一是这样好管，因为大部分学校管理体系是针对国内学生构建的，尚未达到可以自如服务和支持国外学生的程度，不只体现在授课的语言上，更重要的是缺乏与国际接轨的教育质量标准和支持服务体系，这些是客观的原因。第二个主观原因可能是好管。但西浦认为，无论国际生、海外生还是本土生，来到学校都是学生，一视同仁，坚持构建统一服务平台。考虑到国际学生的独特性，原来有一个专门团队负责国际学生招生，叫 XJTLU Global，现在也已被合并到学生服务中心，有意识地打造一个共同的生存和支撑体系。要这样做，一需要自信，因为西浦从立校之日起，就按照国际化大学的定位构建管理和服务体系，因此我们对所有学生一视同仁、平等对待。第二个是我们的教育体系和质量保证体系也是按照国际化大学定位和标准统一建设的，无论学生来自哪里，都可无障碍地融入其中。显然，西浦这样的基础使之相较两条线管理的国内大学更容易处理国际学生的问题。据我所知，到目前为止，大部分国内大学对外国学生的教育管理水平仍低于中国学生。

记者： 对，我也是深刻感觉到它们对外国学生的管理处于非常落后的水平，比如说一些我们印象中特别好的学校（席酉民：甚至 C9（九校联盟）的学校也是这样子）。我采访 ×× 大学（国内名校），我问他们外国留学生是不是平时上课等教学管理问题，他们的回答让人感觉非常"水"（席酉民：很多都是放养）。对，就是觉得，没有必要管理，上不上课也无所谓，反正最后也能得到一个不错的分数，特别是考试。一个外国人跟我说，他特别没想到的是，期末考试结束后他们老师还给他们额外一个小时继续写，他答不出来的题老师还在旁边帮着他。难以想象。

席酉民： 背后逻辑很简单，如果不放水让他们按时出去，一方面国家的补贴没了，另一方面这些人还会制造麻烦。

记者： 难以想象一个"985""211"高校会这样。

席酉民： 这真的是对中国教育声誉的糟践。这些被放水出去的人还不见得说你好，甚至会因学位拿得水回过头来骂你。几年前我去过一所 C9 的学校，我说你们这是在糟蹋中国的教育形象。人家会说，你看中国一流的大学都是这样。其实我们的教育并非如此不堪，他们并不知道这些大学对国内学生的管理并非如此。

记者： 是啊，他们出去肯定会传播，中国最好的高校都是这样，你们就不要去中国读书了，太水了。

席酉民：其实这样的宣传还会诱致一些本来就想混学位的人来华留学，但这违背了我们扩大招收国外留学生的初衷。在西浦首先很难混，因为入门和考核都很严格，更不会防水，但却有少量的投机主义。他们入学后，在与其他高校的同学慢慢的交流中，发现那边好混，而且不交钱，还能挣钱，也有极个别的会转到国立高校去学习。对我们来讲，虽然招生不容易，但我们更看重质量、看重品牌，不会因为个别转走而改变自己的基本要求。因为我们在探索未来教育，要塑造国际水准，而且我们也清楚国家国际化办学的政治意图和战略谋划，希望有更多的人了解中国、热爱中国、甚至贡献中国，以实现中国梦和人类命运共同体的构想。但是如果我们用了一种错误的办法，非但未给我们赢得朋友和盟军，实际上还在给自己制造敌人，这是一个很严肃的重大问题，你们新华社应该把这些声音发出去。

六、以法、理、情系统提升国际学生管理水平

记者：中央现在也发现了这种问题，因为关于高校国际学生的负面舆论越来越多了，中外学生的矛盾冲突已经引起了国家的重视。

席酉民：因为我们是要创造国际品牌，所以在这些方面是非常注意的。这十来年来，西浦国际学生数量逐步增加，特别是近几年增幅较大，自然也会发生一些问题，比如常见的学生心理问题、极个别的自杀行为、交通违规伤害，甚至还有国际老师酒后跟警察闹事被驱逐出境的，等等。有人的地方都可能发生人类普遍有的问题，但是极个别的。有了上述五个体系，违法的依法处理、违规的以规行事、心理等问题有服务体系、学习行为的有质量保证体系。坦率地讲，国际学生相关事件要比国内学生好处理，因为其法制概念强，知道责任界限。另外，有些问题如国际老师的心理问题，我们还与国际专业公司签约为老师提供常年咨询服务，有些还借助社群帮助。整体上说，我们已构建的国际社群管理体系还是比较健康有效的。

记者：也有其他高校海外学院的老师跟我们反映说，他们觉得国际学生的管理很难办。这些学生法制意识较强，而我们中国人讲究礼让或谦让，在平时的交流过程中，老师对他们退让，他们反而更进一步，就觉得你让的就是给予。

席酉民：这是一个有国际化的环境但没有按照国际化的规则去处理的问题。应该很清楚，国际规则、中国法律，大家都应是一视同仁的。中外管理中法、理、情的运用次序不同，外国人法是基础，在法的基础上按理以情为补充；我们中国人情是基础，然后说理，没办法时才借助法处理问题。在国际化社区管理中，应遵循法、理、情的顺序处理问题，我们的五个体系也基本体现了这种逻辑。我们的实

践中也有老师觉得系主任对他不好，也有学生在学校文件和公开资料中拿着显微镜寻找歧视信息，还有老师觉得一些外籍校领导心目中似乎有种族优先性等等，当然也有老师以霸凌或骚扰投诉，有人群的地方，无论中外，总会发生这些事。中国人重礼仪，远来的都是朋友，近的反倒严格要求，这本身没什么错，但一定要把握住规则，礼仪归礼仪，是非归是非，规则归规则，国际化社区管理必须强调法律意识、规则意识、理性原则，其次才是情感、礼让，否则很难处理好复杂的共处关系。

记者：对，我们前段时间去一个高校看国际学生的状况，发现有三五个韩国学生在操场上搭了帐篷，在里面喝酒、唱歌、喧闹，学校保安和老师没人能管他们，这个让我很惊讶。学校已经纵容这些国际学生到了这个地步？我觉得这反映出我们一些公办高校对国际学生纵容式的管理。

席酉民：大部分学校在学生管理上的首要目标是安全，只要不出事，怎么都行。

记者：这就是息事宁人，我感觉到他们就是这样想的，只要是不闹到太大的事，他们爱怎么样就怎么样，都是这种心态。

席酉民：我们不会这样，而是坚持一个国际化的社群环境中应有一种文明，所有入圈的人都应遵从其规则、认同其理念、对标其要求。教育应要求更高，你将来出去是要影响别人的，我们希望通过我们学生的教育，传递一种思想，然后让更多的人都能受到影响。真正的大学教育，最根本的价值是对人对社会产生积极健康的影响。不管是培养人、研究、还是提倡一种文明文化，都是一种影响。这种影响越大越远越深刻，这个大学的价值越大，而不是简单的排名或牌子，在这一点上西浦跟其他大学很是不同。刚才我接待农林科技大学党委书记等一行，我讲大学根本不是我们见面就要问的你们校园占地面积多大、有多少建筑面积，尽管我们的楼也不错，但是我们更看重的是通过办这个学校怎么影响社会，怎么影响世界，怎么影响中国的教育，所以我们做了很多传统大学不做的事情。比如我们组织全国教学创新大赛，组建全国大学教师发展中心联盟，给其他大学领导、老师、教辅人员提供大量培训等等。过去大部分培训在西浦做，现在需求大了，我们还走出去，建设区域性中心，形成很多联盟，大家一起合作起来，影响别的大学，影响别的学校的老师，影响整个教育生态，从而促进中国教育变革和转型。

七、坚守教育底线，构建国际化的教育服务体系

记者：站在您的角度，关于国际学生管理问题，您能给公办高校提些什么建议？

席酉民：实际上西浦的做法可作为一面镜子，对照一下，就可发现公办高校

应做些什么。第一，我觉得最最重要的是在办学思想上认识留学生教育的使命，应该坚守的教育底线和基本规则，不要简单地拿留学生数量作为一个标准，而放弃教育原则。现在比较普遍的追求指标、数量、排名而放弃教育本质的现象备受诟病，这等于没有了教育的底线。我觉得做任何事情，底线和规则是第一位的，其他的管理体系可以逐步建立完善，比如说留学生管理体系，学校要在争取数量的同时，真正重视留学生的教育，达不到要求的不能为了数量而迁就，该淘汰的就要淘汰。第二个是加快自己内部的教育体系、质量保证体系、管理体系、服务体系的建设。尽管反全球化思潮汹涌，但长期看国际化趋势不会改变，需要尽快建设。现在的挑战是大家天天都在看着问题的发生，而没有重视和及时行动。估计大学书记校长们的注意力仍被各种工程和指标牵绊着，还没放在这里，如果他们重视了，这些事还不容易解决吗？但这些问题不及时解决，中国教育的形象和学校的品牌都会受到影响。

记者：我们这次调研是为了一个内参专项，关注的核心问题是国际学生，前段时间无锡也有中外学生打架的事件，感觉在全国是个很普遍的问题。

席酉民：只有交流和融合才会解决这些问题，你越孤立越封闭越不行，所以西浦要求中外学生共同组建社团，增加交流与合作机会，并有统一服务平台。虽然外国学生有独特性，如签证、文化、语言、生活等问题，但独特问题可以独特处理。为了帮助外国学生尽快融入西浦教育生态和了解中国，每年中外学生一起有很多非课程活动，我们不断加强非正式（informal）沟通，还建立了学友计划（buddy system），鼓励中外学生相互学习和帮助。一些国立大学会讲，你们可以这样做，我们做不成，认为体制不同。我不完全同意，尽管公立大学在中国教育体系上构建适合国际化教育的环境和管理系统有一定挑战，但只要领导重视，并没有什么不可逾越的法律和制度障碍。

记者：有外国学生跟我说，我们有一节课，培养体系明明标的是英语授课，但这个老师还是全程用中文授课。就觉得中国有规则，就是不按规则来。甚至说，给他们的培养体系都是瞎写的。

席酉民：这并非言过其实，我也注意到，一些很好的学校，很多年前就接受了大量的外国留学生，主要是学医或语言的，当然基本上是来自周边国家，像尼泊尔、巴基斯坦等。那些老师上课，英文讲不清，就用英文资料，中文讲，说真的，论质量很水啊（**记者：就是糊弄过去**）。好在有些学生，来之前已经学了一点中文。像西浦学生，大多来时一点中文都不会，但我们英文教育环境和必要的支持服务系统，让他们可以顺利进入学习和融入社会，并切身体会到高质量的教育服务。在一个国际生入学报告会（induction）上，讲完后几个德国研究生跑过来，说咱们这么好的学校，德国学生还不够多。我说一个新学校让别人知道需要时间，你们恰恰是学校的大使（ambassador），可以利用你们的卓越体验和表现吸引更多人加盟。之后，又有一帮我国台湾的学生跑过来，按分类属海外学生，说他们英文不行。我说英文不行，这儿的英文学习环境恰恰给了你们改进的机会嘛，其实，中国大陆学生也会遇到英文的挑战。在西浦，不会因为你不行而迁就你，我们会促使各国学生积极、主动和努力，并通过各种安排帮助他们提高，如给予中国学生强化的英文训练、外国学生和老师的中文学习以及中国文化熏陶，最后由不行变成行。

记者：对了席酉民校长，你们怎么处理国际学生的宗教问题？

席酉民：理论上讲要符合中国法律，这是最基本的。中国宪法也提倡宗教自由，我们在这方面到目前为止没有太多的问题。我们认为，宗教信仰是个人问题，但在中国生活，你需要遵守中国法律上对宗教的有关规定就行，你不能违法地去做一些事情。

记者：有没有国际学生在校园里办宗教团体、宗教组织这种事？

席酉民：在西浦，学生有权去组织自己的社团，但在学生服务中心有一个申请制度。批准的原则首先是合法与不合法，如果不合法肯定不可设立，如果法律没有禁止，那么就应该可以。到目前为止应该还没有。有一些比较棘手的问题，就是如何处理法律没有禁止、但社会习俗或文化不够认同的事。比如说有些学生给我写信，说要成立同性恋俱乐部，问我可以不可以，我说如果法律上没有说不可以，当然就可以申请。其实，成立同性恋俱乐部的同学并非一定是同性恋者，他们可能觉得这是种社会现象，有生理问题，也有心理问题，还有社会问题，应该关注和研究。但有家长说，你看西浦的开放程度，居然有同性恋俱乐部。我觉得大学不同于其他社会组织，因其肩负的教育和研究责任，应该更包容和支持对未知的探索，这样才利于人才的成长和新知识、新技术的涌现。

记者：所以核心点依然是首先必须基于中国的法律。

席酉民：是。中国的法律和国际的规范，这是国际化社群运行的基础。每一个人都可以有自己的独特性、鹤立鸡群的理由，但不能逾越法律的界限，应遵从共处的规则。

（采访：睦黎曦，整理：杨一雪；新华社就国际学生管理问题的采访，2019年 3 月 13 日）

5.3　本科生做科研的西交利物浦样本 ➤

　　一群看似柔弱却格外吃苦耐劳的"95后"学生，一个本意为学生在假期找点事做，却意外成为在校本科生暑期"抢破头"的爆款实习项目，在西交利物浦大学碰撞出最绚丽的火花。

　　今年暑假之前，西交利物浦大学科研与研究生院院长马飞的邮箱里就收到了几十封学生的邮件。这些邮件的内容都是学生报名参加他今年主持的夏季本科生研究基金（Summer Undergraduate Research Fellowships，SURF）项目。

　　因为人数限制，马飞需要从中筛选出一部分学生，再进行面试，最终确定人选。"去年，我还有时间一一回复，感谢他们选择我的项目以及接受或者拒绝的原因，今年太忙了，报名的学生也比去年更多，连回复的时间都没有。"马飞对此有点苦恼。

　　更让他难以抉择的是，邮件或许还有拒绝的可能，而对于那些走进办公室报名的学生来说，他不忍心拒绝，"我只能再多加几个项目，让更多人参与进来。"

　　SURF在西交利物浦大学本科生心目中是"内外兼修"的存在，它既能丰富简历，让留学申请得到更多国外高校的青睐，又能让本科生的科研能力变得"货真价实"。

一、从懵懂到了解

　　SURF成立于2011年，初衷是期望学生利用三个月的暑期做些更有意义的事情。"起初，SURF本着以教师为主，提供适合在校本科生进行科研的项目；同时，学校为学生提供资金补助。"马飞告诉《中国科学报》。

　　马飞至今还记得，SURF开始第一年，他带领几名大二与大三的学生做舌象诊断的项目。项目是根据照片上舌象的特点，通过软件计算，进行中医诊断。三个月的时间，软件不仅被成功研发且准确率达到80%。那一年，马飞让项目中工作做得最好的一名大二学生参与了在外地举行的一场学术会议，对该项目进行介绍。"学生回来跟我说，他是演讲者中唯一的本科生，而与他同场演讲的都是来自全国知名院校的研究生。"这让马飞记忆尤深。

　　随着SURF慢慢在学生中建立口碑，参与人数也越来越多，原定每个项目只资助三人，也逐渐变为除三名可领补助的学生外，导师还可以招收志愿者，但后

特立独行

和谐教育之路

者不仅没有补助，还要自掏腰包。即便如此，SURF 依然火爆。西交利物浦城市规划系副教授陈冰认为，只有这样才能让学生更珍惜机会，认真完成每一次课题。

每年五月，导师们的 SURF 课题一上线就会立刻成为全校的焦点。西交利物浦大学建筑设计系的学生龚凌菲就是"拼了老命"才有了第一次参与 SURF 的机会。2017 年暑假，即将升入大三的龚凌菲看中了陈冰在苏州某地的养老社区项目。因为毫无经验，她将所有的优势摆在陈冰面前：全英文简历，能吃苦，会苏州话……

幸运入选的她，却一直对课题处于懵懂状态。项目时间过半时，她要求与学姐一起上台回答专家的提问。台上的龚凌菲因为紧张，"声音都在抖"。"当听到台下专家不认可我的工作时，我下了台就抱头痛哭。"龚凌菲回忆起当时的情形说道。

发泄过后，龚凌菲收起沮丧，认真反思问题、完善方案，在 SURF 课题研究成果海报展览会上，迎来高光时刻：当人们看到课题组从建筑装饰材料、色彩，甚至肌理、光影等多方位考量，并根据年纪和需求给出不同解决方案时，给出了赞许的目光，令她颇为自豪；而且，她面对质疑不再紧张到发抖，而在侃侃而谈。

2018 年，第二次进入陈冰 SURF 团队的龚凌菲已经成为队伍中的主力之一。那一年，陈冰选择在贵州镇远县报京侗寨进行乡村振兴的研究。

报京侗寨是贵州省黔东南苗族侗族自治州北部地区最大的侗寨，曾是中国保持最完整的侗族村寨之一，距今已有 300 多年历史，但同时也被列为全国贫困乡之一。因为担心学生"由奢入俭难"，所以在项目正式开始前，陈冰将组建的团队拉到情况较好的贵州省遵义市桐梓县中关村进行前期适应，同时讨论如何在乡村开展工作以及具体项目。

"我们曾进行过种种构想，例如用什么方式打开与村民沟通的路径，如何了解村民的想法并结合当地的文化做一些事情。"陈冰回忆说。然而，现实却超出了陈冰的想象。

首先，在他印象中以为地处偏僻而应该被保存良好的村落，因为 2014 年的一场大火被烧掉了三分之一的建筑，新建的建筑远不是传统民居的样貌。而且，过于闭塞的生活，让当地人受教育程度有限，语言难通，更无法理解乡村振兴的概念，这让前期订下的计划几乎难以开展。

而同样出乎陈冰意料的是，学生们并没有因为高温、蚊虫叮咬、睡条凳拼成的床铺等艰苦条件而抱怨，但面对村民的不理解却有些沮丧。尽管如此，项目组还是在村寨中完成了"触点疗法"与整体规划的项目。

报京侗寨包括上、中、下寨，整体规划时，小组成员针对下寨的房屋结构进行了创新与改良，在中寨的鼓楼附近，也是当地人口较为稠密的地区设计了博物馆，并期望未来引入艺术家或者侗族文化的研究人员。"我记得当时我们住在上寨，但是工作的地方在下寨，两者之间相差了 400 多级台阶，一天我们要往返多次。"龚凌菲说。

项目结束时，龚凌菲还意犹未尽，因为她看到了这个项目能够深入的可能性。更重要的是，龚凌菲找到了未来发展的方向，也发现自己适合走科研之路，尽管科研工作枯燥又辛苦。项目结束后龚凌菲与同学们发表了论文，而且，"SURF 让我掌握了做科研的方法，为我今年的论文提供了一些思路。"龚凌菲说。

与龚凌菲持有相同想法的学生不是少数。西交利物浦建筑设计系大三学生钱可歆也十分享受 SURF 的过程，"它最吸引人之处在于能够把行业前沿的研究方向带到本科生面前，允许我们从更专业的角度衡量学习成果。或许有些人会顾虑'本科生研究是否会因为参与者能力不够而流于表面，甚至浪费资源？'而项目完成后，这一顾虑被打消了。"钱可歆在接受《中国科学报》采访时说，"我们发现社会各个领域需要理论研究去带动的方面其实并不少，而理论的实验本身也可能并不难，一个设计周全的实验不仅可以以其成果分析理论体系本身，更加可以为实验场所带去益处，SURF 可以说做到了这一点。"

二、从理论到实践

西交利物浦规划系二年级的丁洋洋在今年暑假真正体会到了书本上提及的"环境改变行为"的概念。

7 月，丁洋洋跟随陈冰落地贵阳市花溪区附近的麦翁布依族古寨的乡村振兴项目。或许距离城市太近，古寨内 300 多户居民，几乎家家户户都是烧烤加住宿的组合，雷同得令人目瞪口呆，其本身的民俗与文化几乎被消磨殆尽，甚至出现了断代。当地人对于乡村振兴更是毫无概念。

SURF 项目组的到来对于村民来说与其他游客并无不同，以至于他们在村内住下，每天在村中穿梭，遇到当地人时还是会被问一句："你们吃烧烤吗？"

陈冰看出学生们情绪的波动，及时介入调整。经过讨论，他们选择寨口的党建长廊和村内的一条砖墙与石头墙之间的巷道，作为装置艺术的场地，其装饰材料则是当地多见的竹子，以及布依族常见的蜡染。

"我开始不理解，因为我们有很多想法都比老师的精致，但当真正动手操作起来，我才知道开始的想法多么难以实现。"丁洋洋说。

看似简单的材料，却需要一步步手工制作：从工厂将竹子拉回古寨，再到切竹子，加工每一个竹筒，1 200 多根竹子的改造，全部由课题组的学生手工完成。

党建长廊工作快要结束时，当地的一家三口走入长廊。当看到孩子被妈妈抱着去碰触悬挂的竹筒时，钱可歆被感动了："当时我竟然冒出了'我们是不是能够为乡村建设埋下这样的一颗种子'的想法。其实，以我们仅仅受训一两年的设计师的力量，能够为来到这里的人们创造出了一些'瞬间的美好记忆'，我已经非常满足了。"

丁洋洋也没有想到，这样的设计真的能够吸引人们前来观看。"我们在课堂上学习过环境行为学，即人们的行为会随着环境而改变。但当真的有人因为这些竹筒装饰放弃了常走的道路，特意绕道而来的时候，我才真正体会到环境行为学的含义。"丁洋洋激动地说。

最终，他们完成了巷道全部装置工作和党建长廊中一半的装饰工作。"我们希望这些装饰可以给村民一些启发，让他们发挥主人翁的意识，也许他们可以投票选择是否要继续装饰党建长廊。"丁洋洋说。

学生们希望通过暑假他们的一点点努力唤起当地人对当地文化建设的意识。陈冰也有同样的想法，但他渴望唤起的不仅是当地人，更是学生对于中国传统文化的自豪感。"设计师走入村民中间，了解他们的文化与需求才是乡村振兴最应该强调的内核。"陈冰认为。

在 SURF 项目期间，陈冰带领学生与黎平县肇兴侗寨鼓楼传承人陆文礼访谈，请他讲故事。当看到陆文礼因常年劳作而变形的双手，听着他从 16 岁学艺到 80 多岁依然坚持手工制作时，学生们对于"匠心"二字理解更为深刻。"这些是课堂永远无法带给学生的。"陈冰说。

三、从独立学科到交叉学科

SURF 成立之初，学校就鼓励多学科学生共同组建团队。马飞是数学系教师，但他的项目多与图像识别有关，所以除了数学系的学生之外，他在组建团队时还会选择计算机、软件信息，甚至英文等专业的学生。而他所带的数学系学生也会出现在环境系、计算机系等其他需要建模的团队中。

身为 SURF 的总负责人，马飞负责 SURF 课题的筛选以及评比工作。他清楚地记得 SURF 中有个与农业自动诊断相关的项目，即通过摄像头无死角不间断的监控，分析拍摄到的图片，得出庄稼是否长虫、长了什么虫子的结论，并给出是否需要喷药，以及喷什么药的建议。这个课题就是由数学系与环境系的学生共同完成，"这几个学生还因此写了一篇论文，并发表在影响因子 3.6 的期刊中。"马飞说。

在去年的 SURF 项目中，一名本科生也引起了马飞的注意，"他来到办公室直接向我请教数学建模的问题。"马飞说。之后，这名非数学系的学生主动要求进入马飞的项目，并在几个月的时间内学会了 Python、C 等编程语言。马飞曾经让他在专业学习之余参与过机器人导航的项目，谁想到在期末时，他就完成了编程工作，并申请了专利。

在陈冰的团队中同样"各路人马"齐聚，今年的 SURF 项目组中包括来自建筑设计系、城市规划系、土木工程系和经济与金融系的学生。陈冰表示，乡村振兴是个整体项目，除了建筑与规划，土木工程系的学生可以考虑整体项目管理环节，包括运营费用等，而经济与金融系的学生则要为长远计，探索村寨发展中的商业模型和方法。多学科融合，也让学生们体会到不同学科的思考方法，也会从其他角度思考方案或方法的可行性。

"我本人非常推荐这样一个项目，对于本科生来说是个非常好的锻炼机会，也符合我们学校的研究导向型教育理念。"马飞表示。

四、从梦想到现实

研究导向型教学是西交利物浦大学坚持多年的育人理念。在西交利物浦大学校长席酉民眼中，SURF 不过是研究导向型教学的一个侧面，而研究导向型教学则是西交利物浦大学不断尝试教育创新，扭转教育理念，建立教育哲学整个战略过程中的战术手段。

"因为在信息技术与网络技术高速发展的今天，知识的传播与获取变得更容易，所以如果大学只是承担简单的知识传输功能，恐怕有些过时了。"席酉民在接受《中国科学报》采访时表示。

在研究导向型教育中，教师的任务是帮助学生产生好奇心，学会探究与研究，并在课上课下为学生提供足够的科研空间，以问题和现象引导学生通过研究而学习。在西交利物浦，教师更欢迎学生从被动参与到主动提出问题的角色转换。马飞就遇到过这样的学生，他主动向导师提出想法，并找到资金支持，渴望与老师一起参与研究。

马飞认为，本科生参与科研活动与导师的时间有关。"目前，西交利物浦大学研究生阶段的学习时间只有一年半，且每位教师所带研究生数量不多，因此教师有时间也有意愿带领本科生做研究"。就能力而言，经过高考后的学生正处于知识巅峰期，完全有能力从事科研工作。而且，本科期间跨院系与导师进行长期研究的学生在西交利物浦也比比皆是。

席酉民认为，虽然西交利物浦大学的教师与学生有数量以及国际化视野等优势，但其他高校只要下定决心，走出一条教育的创新之路并非不可能。回忆西交利物浦成立之初，席酉民提出的教育理念也曾被人质疑，但是十几年后的今天，国内各大高校将教师的岗位培训放在这里，国外高校的学者也对西交利物浦坚守的育人模式赞不绝口。

2016 年，席酉民就曾在《光明日报》撰文中提到，大学应成为人们更智慧生存的终身伴侣，为人们提供超越网上虚拟环境、更有价值的体验和学习，证书和学位等阶段性证明将成为人生学习之旅的副产品，而非追求之目标。

若要实现这一目标，需要调整教育模式、教育理念、教育工具、教育大纲甚至教育场景。席酉民认为，首先，要认清未来社会的人才需具备的素养、能力及知识体系，才能更好地调整教育模式；其次，学校不仅需要好老师，更需要好的教育学者，找对了路径方能培养出高水平的人才，换句话说，擅长教知识的老师急需转型为懂育人的教育家；第三，教育工具要与时俱进，让前沿科技手段走入课堂，成为教学手段；第四，在前三者基础上，教育大纲应作出相应调整；最后，大学校园内建筑、教室与实验室的布置和构成，更要为新的教育理念和教学服务。

"学生和家长也要调整，考入大学不是学习的终点，而是另一个起点。"席酉民继续强调。高校是帮助学生在最重要的阶段快速成长，包括帮助他们发展健全的人格，养成积极向上的生活态度、永不满足的学习精神，培养终身探索和学习的能力，"这样也许学生在高考中成不了状元，但他们养成的素养、习惯和能力可以帮助他们拥有健康快乐的人生，甚或发展为成就一番事业的'状元'。"

"如果以此作为目标，研究导向型教育也只是手段，我们期望让年轻人在大学期间对自己和未来形成更准确的定位、远大的抱负、有格局的梦想或理想，我们也会帮助他们塑造实现梦想的素养和能力体系。我认为，现在大学的意义就是影响一代代人、帮人类提升生存能力、甚至改变社会文明。"席酉民说。

（袁一雪，《中国科学报》，2019 年 9 月 18 日第 1 版）

5.4 在线教育"疫"外爆发 狂飙之下路在何方

2020 年伊始，受新冠肺炎疫情影响，上亿师生涌向线上，一场史无前例的在线教学席卷全球。屏幕变黑板、老师成主播，几乎一夜之间传统的线下教育完成了线上迁徙。一时间在线教育成为全社会关注的焦点。

3月2日，西交利物浦大学领导与教育前沿院（ILEAD）在直播平台 Bilibili 上进行了一场题为"未来教育及在线教育角色"的公开课。ILEAD 这场直播首秀吸引了 8 000 多人同时观看，其间弹幕不断，足见其话题的热度。

一、在线教育要达到好效果，其实对老师和学生的要求都更高。

圆桌嘉宾西浦数学科学系的于昊老师谈到，他原本对于网络课程的印象就是把线下的课程搬到线上，直到自己亲自去体验了一门课。

几年前，出于好奇和教学创新的需要，于昊决定亲自体验一下慕课，于是在英国知名的慕课平台 Future Learn 上选了门课。

全程他几乎没有看到老师的模样，可谓只闻其声未得谋面，但这段被他形容为"大出所料"的学习体验颠覆了他对网课的刻板印象。

"整个课程就是在讲故事，跟游戏闯关一样。每一步你需要完成任务才能晋级，最终的效果是达成了课程设定的教学任务。"于昊形容说。

"学习者高度的自学能力、优秀的课程设计和优质的在线学习资源以及论坛提供的讨论空间是 Future Learn 课程给我印象最深的三个特征。"

这段经历引发了他对教师角色的反思。"目前我们大多数老师的角色定位还停留在以知识传授为主，一些老师能做到及时反馈。但我认为未来，更多教师需要从这种单向的知识传授转变为注重引导、运用有效的监督和及时反馈来推动学生发挥自主性，从而有效地完成学习过程。"

但同时他也表示，在线教学和线下教学在教学设计、支持系统和学习模式等方面都有很大不同。他以 Future Learn 为例，其创立者英国公开大学（The Open University）是世界上发展最为成熟的远程教育大学之一，拥有 40 年的远程教育经验，"它对于屏幕那一端学生的心态把握是极富经验的，而我们 90% 以上的老师缺乏这种线上经验。"

"专业的事让专业的人来做，优质的在线教育内容并不缺乏，"于昊评论说，"但要达到好的效果，其实对教师和学生的要求都会更高。"

二、教师要引导学生学会学习，学生要有较强的自学能力和学习自主性。

于昊认为，大学最重要的是教会学生学会学习，授人以渔，指导学生用好线上、线下的各种教育资源，服务于自身个性化的需求；同时，理想情况下大学能够提供给学生丰富而优质的学习资源、教师能依据学生的需求给予个性化的推荐；此外，在教师的适当引导下创建同伴学习的环境也应受到重视。

经过两周的在线教学实践，于老师将自身的体验打了个比方，"理想与现实的差别就像淘宝的卖家秀和买家秀。"

"一方面，要提升网课的学习体验需要教师花费大量的时间和精力并不断更新自身的技能包；另一方面，从学生的反应来看，尤其是大一学生不适应这种较为自主的学习方式，特别是从中国的应试系统训练出的大多数学生还停留在非常熟悉的惯性等待和被动接受的模式中。"

"高年级的学生对自学的认识和接受度相对要更好一些，有不少同学表示喜欢在规定动作外，自己有更大的自由度来决定自己学什么、怎么学，老师只在需要的时候提供指导。"

"这令我们感到欣慰，学生不同程度的学习行为的改变，说明西浦的教学模式和实践在一定程度上有效地实现了它的教育理念和育人目标。"他说。

三、只有能把现代技术附加价值充分体现出来的教育才可能继续存在下去。

对帮助学生"学会学习"的强调是西浦一直以来的育人特色。圆桌嘉宾西浦执行校长席酉民教授始终强调："大学不是教知识的地方，大学是帮助学生实现转变和成长的地方。"

西浦倡导帮助学生实现三个维度的转变，其中对于学习行为，西浦强调要帮助学生学会学习，实现从被动学习到主动学习再到研究导向型学习，进而成为一个高效的终身学习者。

席校长表示，这背后的逻辑源自互联网技术对人类学习行为和社会提供知识信息的方式所带来的深刻变革。另外，大数据、人工智能、机器人技术的日益成熟则更加剧了这种变革，从而对人才本身和培养人才的教育，都提出了更高的要求。

"在互联网时代以前的教育以'教'为主，由教师和学校主导着知识和信息的传播体系。互联网技术的广泛应用使知识和信息传播的重要性不断下降，在知识的广度层面，传授知识已有网络、云端资源、搜索引擎等替代方案。现在的挑战是在这种新的环境下，人们如何形成更有系统性的知识体系、变得更有造诣，特别是考虑到人工智能和机器人会改变人类的很多生活方式和习惯、形成新的社会存在形态，人们更需要智慧，要能甄别杂乱和似是而非的信息，能把碎片化的知识整合成一个整体，要有创造性，因为没有创造性基本就没有未来。"

2017 年，西浦根据数字智能时代对人才需求的变化，提出了融合式教育，将面向未来新行业的需求，培养具有极强整合能力和创新创业精神的行业精英。

"这种模式必然要求与行业和社会更为紧密的结合，在线教育在这种分布式的协同中扮演着独特的角色。"席校长说。

受疫情影响，西浦于 2 月底全面启动在线教学，并对外宣布加速在线教育布局。作为西浦在线教育战略升级的标志——学习超市将加速面世。

学习超市将引入世界范围内优质的在线教育资源和外部教育品牌及研究成果，并与西浦有特色的实体校园相结合，探索线上线下相融合的未来大学新形态，以支持人们在未来社会中学习成长和创新生活的需要。西浦学习超市的启用，首先会为融合式教育人才的培养提供强有力的支撑，其次会强化网上教学和校园教育的互动融合以及价值提升，第三会加速西浦向社会的开放，不仅开启西浦对外的网络教育，还会向社会开放西浦校园学习，使西浦成为服务社会的终身学习和创新的学术社区。

"结合现代技术进步的在线教育在未来一定能发挥很大作用，但它不构成一个完整的教育体系。"席酉民校长说，"可以预见，当疫情过后，绝大多数网课都会迅速降温，大部分人还是会回到往常的教育环境中。但传统教育的弊端经过此次网络教育的洗礼会更充分暴露，教育和大学只有真正具有吸引力、能把现代技术的附加价值充分体现出来，才可能继续存在下去。为此，学生要从被动学习迅速转型为围绕兴趣的主动和研究导向型学习，老师要从教授知识的传统教师转型为会帮助学生成长的教育家，大学急需从传授知识的学堂变成支持追随兴趣的个性化终身学习和创新创业的学术共同体和教育生态。"

（西浦记者：寇博）

5.5　新冠肺炎疫情推动西浦在线教育布局加速

受新冠肺炎疫情影响，西交利物浦大学将于 2 月 24 日全面开启在线教育，90% 以上的课程将采用在线方式进行。

一、在线教育绝非权宜之计或对实体教育的简单替代

西浦执行校长席酉民教授强调："为了保障学生和校园安全，西浦于下周线上开学尽管是不得不做，但西浦的在线教育绝非权宜之计，也不单纯是实体教育的替代方案。"

据悉，届时西浦将在线开设450门课程，专属的在线学习系统可同时满足万人在线学习的需求。

席校长表示，在短短一个月时间里，为应对疫情变化，将其对大学正常教学工作的影响降至最低，各部门团结协作，克服巨大困难，完成了在线教育平台的完善和升级。"如果没有这次事件，西浦可能需要一到两年来完成如此大规模的基础设施和技术升级。"

他表示，这次突发事件的积极影响在于加速了西浦在线教育布局的进程，训练了老师和团队，也给予了西浦学生一次难得的机会，即在抗疫的实战中，不仅提高他们面对危机的责任意识，还进一步锻炼和提升他们原本比较强的利用网络资源学习的能力。

同时，他指出，最大的挑战即在全面开展在线教学的过程中，如何充分实现西浦的教育理念和追求。"我们要利用好这次契机，探索如何通过线上线下教育的结合来让每一个学习者获得最大限度的提升，而不是仅将其作为实体教育的一个替代品。另外，加速西浦在线教育布局和未来大学探索进程。"

2月10日，西浦上线为期两周的"世界公民素养"短期网络课程，1 400余人注册报名。该通识课程原计划于2020年9月面向学生推出，此番虽不是为线上教育专门设计，但提前推出亦可视为接下来全面线上开学的前奏。

"世界公民素养"课程依托于西浦网络教学平台ICE系统开设，课程内容包括线上授课与互动、小组线上研讨和策划、指导教师远程指导、线上提交作业等。

负责开发该课程的沈鞠明博士表示："为引导学生开展研究导向型学习，我们倡导学生自愿报名、自由组队，鼓励小组合作模式；同时为学生提供多模态的、充分的学习资源，并采取导师制，给予学生指导。"

据悉，西浦还将于近期推出系列讲座和论坛，以支持学生和老师进一步有效开展在线教育，并加深对西浦教育理念的理解以及在线教育在其中扮演的角色，以更好地利用教育技术达成育人目标。

二、西浦在线教育战略的三阶段

席校长表示，西浦一直重视在线教育的发展，并保有持续性的投入。按照西浦在线教育战略的三阶段，在线教育的作用正在逐步转型。

前十年，西浦的在线教育可以总结为"线下为主，线上为辅"，且主要服务于提升西浦学生的学习体验。例如，西浦投入大量资金持续升级信息技术基础设施、在全球范围内大量采购与教学相关的在线教育资源、升级校园和教室的相关硬件设施，以及由西浦主导开发的 ICE 虚拟学习平台、e-Bridage，推广多种教育技术工具，建设西浦数字资源实验室等，都是在线教育的重要组成部分，主要功能是利用网络资源和线上线下结合支持校内实体教育更有效地开展。

席校长表示，这一战略背后的逻辑，一方面取决于西浦在彼时背景下的资源禀赋，"之所以没有选择对外开放线上教育，是因为如果做公益线上教育，我们没有国家投入；做营利性线上教育，我们虽然有实体校园支撑，但缺乏市场资源和灵活性。所以，只专注于利用网络技术和线上资源支持内部教育。""另一方面，这一战略也与西浦的定位有密切关系。西浦定位精英教育，尤其是理、工、技、管类的精英教育，其有效实施对包括实验室在内的实体教育环境依赖性很重。而且，西浦还试图探索未来的精英教育和办学模式，以影响中国甚或世界的精英教育转型，所以该阶段我们将精力集中在利用现代教育技术变革和升级现有教育模式和实践上。"

在基于 1.0 发展基础开启其 2.0 探索之际，西浦在线教育战略将转向新的阶段，而此次突发性的疫情加快了我们转型的进程。

2017 年，西浦根据数字智能时代对人才需求的变化，提出了融合式教育，将面向未来新行业的需求，培养具有极强整合能力和创业精神的行业精英。这种教育模式要求大学必须张开怀抱，拥抱各类合作者和社会，校园开放性和资源整合能力需极速提升，校内校外合作、线上线下融合成为必然趋势。

席校长强调"融合"是大趋势。"教育不等同于教学，从技术上看，传统单向输入式的教学已经可以被在线教学所替代；但技术无法替代教育，在线教学在实现'改变人、提升人'这一教育目标上与实体环境下的教育还有很大差距。"

西浦的"线上线下融合"强调其整体性。席校长进一步解释说，两者的融合将进一步提升西浦对内和对外教育的支持能力。对内部的支持主要体现为利用在线资源和技术放大实体教育环境的价值；对外部的支持体现在整合全球在线教育资源、结合西浦的实体教育环境优势放大在线教育的价值。

为使该战略有效实施，西浦将在苏州校园持续深化其专业精英教育特色，在太仓校区建设适宜于行业精英的融合型培养环境，并投资建设西浦学习超市（learning mall）。席校长表示，学习超市的建立标志着西浦在线教育战略第二阶段的开启。

学习超市是利用西浦有特色的实体校园环境，利用现代网络技术，将全世界优秀的网上资源和提供者整合到西浦，支持他们在学习超市"开店"提供学习服务，再通过西浦实体校园支持放大其价值。据悉，学习超市将在世界范围内征集优质的在线教育资源，引进外部教育品牌和研究资源，已经有不少国内外一流教育资源提供商或机构签约。

这不仅利于西浦学生校园学习的体验，也可以服务于社会上的各种各样的学习者，从而实现真正的"线上线下融合"的新型教育模式，也展现大学作为开放式的服务于未来社会终身学习、创新和创业学术共同体的新形态，更好地承载西浦社会服务的职能。

西浦在线教育战略的转型源于西浦对技术发展趋势和未来教育形态的积极思考和敏锐洞察。席校长表示："西浦从 1.0 升级到 2.0，大学的教育使命和发展目标会升级，西浦在强化培养专业精英的基础上，主动前瞻人工智能时代对新行业人才的需求，积极探索培养具有行业整合能力和创新精神的行业精英，而这种模式必然要求与行业和社会更为紧密的结合，在线教育在这种分布式的协同中扮演着独特的角色。"

他补充说，"此外，还会有大量的行业在职人员加入我们的教育中来，在线教育就能够给他们提供很多便利的条件。"

席校长总结说，利用实体校园优势，形成对线上教育的升级，同时整合外部线上教育资源，以提升教育随时随地廉价的便捷性和充分放大网络数字智能时代教育的价值。在考虑到这种发展趋势，大学的形态也会更开放和分布式，以自己的教育理念和哲学形成品牌，以自己的专长和企业及社会合作形成一些分布于需求地的有特色的卓越中心，以线上线下融合方式整合全球优质资源，从而形成一个庞大的学习生态，这是西浦 3.0 的雏形，而该理念实现和这种教育生态运行的线上支持系统即是西浦线上教育战略的第三阶段。

"我们期望西浦的教育布局能推动未来教育的探索和教育生态的形成，以支持人们依据兴趣进行终身学习、实现创意创新创业的生活方式。"他说。

（西浦记者：寇博）

5.6 COVID-19疫情加速信息化建设和教育的升级迭代

疫情既是危机，又是机遇。为避免或减缓COVID-19疫情对教育的冲击，特别是考虑到时代和新技术对教育的挑战，我们趁机加速了西浦信息化建设和教育的升级迭代。

一、信息化技术助力停课不停学

西浦自2006年成立之初，就非常重视信息化建设。可以说，高度的信息化就是西浦的基因特征之一。西浦教育教学技术方面建立了完善的自有体系和平台，并进行持续的资金投入和技术升级，这些技术包括学生端和教师端两个维度，由西浦技术团队基于开源Moodle软件系统二次开发完成，如图5.1所示。

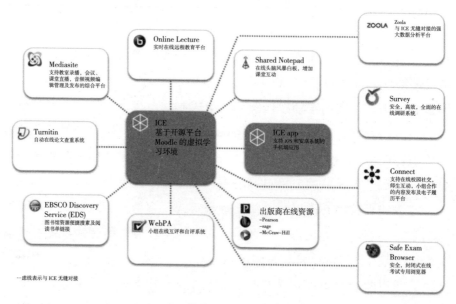

图 5.1　西浦 ICE 虚拟教育环境

在传统的课堂学习和实验室研究模式之外，西浦的学生在入校的第一天就开始使用西浦自有的学习平台系统（ICE）获取所有各门课程的教学通知、老师所提

特立独行

和谐教育之路

230

供的讲义、课件等,图书馆提供的可以无缝连接到各门课程界面的数字化学习资料,获取作业要求并在完成后在线提交作业,参与学习测试和讨论等等。而教师可以通过 ICE 进行教学的组织、管理、学习内容的发布、收作业并进行批改、分数登记等。ICE 平台上丰富的教学互动功能和学习资源,极大地提高了教师的教学内容和过程管理。

受新冠肺炎疫情影响,在教育部通知高校 2020 年春季学期延期开学后,基于保障国内国际师生员工安全的充分考虑和预案评估,西浦即刻发布在线学习课程表。因疫情而滞留在世界及国内各地不能返校的教师和学生,从 2 月 24 日起,正式开展在线教学和学习。基于西浦已有的扎实的技术基础和实践经验,从确定并启动疫情防控校园一级响应措施到全面推出大规模在线教育模式,西浦只用了三周时间。除了部分只能通过线下(例如实验室)进行的课程以外,本次开设在线教学的课程数量达到了 450 门,占春季学期原计划开设课程的 91.8%。

本次在线教育的全面实施,既是西浦应对突发疫情的应急举措之一,更是西浦以危机为契机,加速完善在线教育技术部署,快速迭代升级教育模式的战略举措。在"线下为主,线上为辅"的基础上,快速启动西浦 2.0 时代以融合式教育理念为核心,以学习超市(learning mall)为抓手,以校内校外合作、线上线下融合为特点的新阶段。

二、主要应用了哪些技术或平台,做好教育管理,疫情防控工作?

在教育和教学管理方面,开启教学直播和录播两个典型场景,并着重解决线下教学转线上教学出现的问题。

从技术层面,西浦早在数年前就开始建设教学直播软硬件系统和录播视频媒体库系统。在线教学直播软件采用 BigBlueButton(BBB)软件,并进行了云部署,教师可以在任何有网络接入的条件下开展实时教学。另外,西浦的在线教学体系中包括可以部署在教室中进行实时教学直播的软硬件系统,可以让一个教室中的教学活动,通过网络同时分享发布出去,满足远程实时学习和互动的需要,例如与异地或国外的大学合作伙伴互动。录播系统以 MediaSite 为基础,经过校内开发和部署,可以满足教师随时随地进行课程录制、剪辑、存储和管理的需要。多个平台和应用程序协同工作,为师生带来直观的在线学习和教学体验。具体涵盖以下三大在线使用平台:

1. ICE 是 XJTLU(西交利物浦大学)的在线学习管理平台。它可用于促进各种在线学习活动。

2. BigBlueButton 是 XJTLU 的虚拟教室平台。它用于向远程学习者提供实时在线教学。

3. Mediasite 是 XJTLU 的内部流媒体视频平台，用于支持远程在线学习和教学活动。

西浦的教学教育技术软件集群还包括教务信息系统 EBridge、西浦数字实验室等。值得一提的是，西浦的直播和录播教学平台都是和学生端的 ICE 系统无缝集成在一起，相关功能按钮和 ICE 自有的功能菜单一起出现在学生的用户界面上，构成了自己的技术生态闭环，确保了在西浦自有技术平台上开展所有教学活动，并且有充分的带宽保证。

在组织保障方面，以知识与信息中心主任牵头，跨部门组建了在线教学技术工作组，统一协调、计划和部署。为了支持全校近 1 000 位老师、14 000 多学生的学习，工作组首先在春节大年初一就评估了技术现状和系统的性能表现，提出了大规模在线教学解决方案。其中首先要解决的就是系统扩容，将系统可以支持的同时并发人数从数百人提升到可以满足全校师生高峰期同时在线的技术标准。为了确保学生学习体验是一致的，不会由于不同地区宽带质量的不同造成在线学习的不公平性，本次升级同时采用了云技术方案，大批量购置阿里云 CDN，确保在线教学的流畅性，满足西浦遍布世界的学生的学习场景要求。

在服务方面，为了让西浦的授课老师更有效使用这些平台，技术支持部门在开学前为教师提供了为期两周、数十场的相关培训，考虑到老师的时间安排以及时差等因素，每天滚动进行。同时，在 ICE 学习平台创建了培训课程，专门采用了老师们将要使用的在线教学技术来开展培训，还提供了包括直播课、录播教学视频、文字图片资料等各类富媒体资源，发布了用户指南和常见问题，提供了服务邮箱，特别受到老师们欢迎的是数百位老师和技术团队组成的微信群，保证了老师们提出问题可以得到快速应答。

另外，学校技术部门紧密配合西浦疫情防控部署，在疫情防控工作组的统一组织和协调下，采用线上和线下结合的立体防御措施，以有效保障校园的安全和教学秩序。

具体到疫情防控方面，首先解决的是信息收集和问题分析，每日完成对于上级政府部门的信息上报任务。同时，进一步完善系统，解决了员工返校工作的信息登记和核查功能。员工自返校之日起，可以每日在线完成健康日报并获取西浦健康通行码，作为每日出入校园的检查凭证。西浦健康码支持 3 种扫码方式：手机微信端扫码，手持式扫码枪，固定式扫码器，如图 5.2 所示。

图 5.2 西浦疫情防控和校园管理

具体步骤包括返校前 24 小时内通过微信小程序填写《返校前健康自查防疫承诺书》，返校工作时每天完成当天的健康日报，点击通行码获取当天的个人健康通行码，根据所填的健康日报信息获得绿码或红码。

因西浦开放式校园，校园防疫管理难度更大，必须以楼为单位。作为员工返校工作的安全防控措施之一，西浦在校园的主要楼群出入口的现场，部署了 8 套热成像自动测温设备和系统，严格把关的同时，方便师生无感知地快速通过体温检测。

三、学校在信息化建设或应用中存在的瓶颈或有待提高的空间是什么？

作为一所相对建校时间不长的新型国际大学，借助没有历史包袱和便于统一部署等条件，我校的信息化建设处于快速发展过程中。目前，主要以数据为中心，借助人工智能，从纵向和横向两个维度进行规划和建设。

纵向是以时间为维度，不断梳理西浦在过去 14 年发展历程中伴随着各个发展阶段所建立起来的信息和技术系统，进行功能的整合或者优化，甚至淘汰，让整体的信息系统和技术体系效能更高，在这方面进行的工作包括 Intranet、统一身份认证平台，全校 OA 办公和工作流系统，通过智能问答机器人不断提升行政部门的服务效率等。

横向是以西浦的校园物理维度，支持未来西浦位于不同地理位置的校园和卓越中心相互之间的资源共享和协同机制，在这方面目前进行的工作包括跨部门协作功能、智能高效的通信平台，以及智慧化校园等项目。

数据作为现代经济和社会发展中的重要生产要素，在西浦的信息化建设中处于中心地位。基于大数据和人工智能技术，通过建设全校的数据收集、管理、共享和分析系统，能够提升学校信息流动的速度，扩大信息到达的范围，提升系统工作的效率，同时能够通过数据挖掘和智能分析，揭示运行潜力和发现战略方向，以助力学校整体的运营效能。

（《中国工业信息化》周报采访，2020 年 4 月 27 日，15 页）

5.7　世界需要来自中国的管理智慧

"这是最好的时代，这是最坏的时代……人们面前有着各样事物，人们面前一无所有。"这句两个世纪前狄更斯在《双城记》中写下的经典语录，被西交利物浦大学校长席酉民教授援引作为当前中国高等管理教育研究现状的贴切注解。

作为一名管理学者、教育家与实践家，席教授对中国高等教育正在发生的变革有着与生俱来的敏锐嗅觉。2006 年，作为中国经济全球化和教育国际化充分融合的产物，西交利物浦大学在苏州工业园区正式成立。席教授作为执行校长，在烟雨相迎的美丽江南探索并搭建起了一座联结中西、跨越现代与梦想的舞台。在上财商学论坛暨第七届中国管理学者交流营年会的间隙，我们有幸采访到了席教授。席教授为我们铺展开了一幅将管理理论与实践相缔结的画卷，带我们领略了中国管理学界立足于时代前沿的机遇与挑战，以及全球化格局下商学教育的未来展望。

一、如果有人说中国管理学不会被世界认可，那真是杞人忧天。

席教授认为，得益于西方管理学自第二次世界大战后的蓬勃发展和中国走向世界越来越快的步伐，大量丰富多彩、生动有趣的管理实践和百花齐放的管理理论不断涌现，正在帮助中国管理学者站在更高维度进行有思想和创造性的研究。为了更好追赶甚至超越西方，中国管理学者应当铭记，管理研究与管理人才培养的重中之重是塑造中国本土的管理文化、管理方法与理论知识，用于支持中国的管理实践。"有人担心中国的管理学理论不会被世界所认可，那是杞人忧天。因为**管理学最大的特征在于它是由人类自己所构建起来的，所以其理论体系的发展和人类的实践活动有着密切联系**。不可否认的是，当全球范围内的学界和业界正面临诸多管理难题时，中国本土的管理实践依旧处于稳步向前的发展状态。这其中不乏管理学教育、管理学研究的功劳，而更多的是时代赋予的机遇。"如何把握时代机遇，顺势而为？席教授认为关键在于文化融合，他期待着中国管理学者们能够借助中国整体哲学和祖先赋予的东方智慧在理论和实践上形成双重突破。**"如果我们以此为基础，融入更多西方在制度、逻辑和科学上的长处，做到与未来商业社会发展趋势相协同，相信无论是在理论界还是实践界，中国都能引领世界管理科学的前沿。"**

机遇往往伴随着挑战，挑战本身并不可怕，关键在于认清和面对。"目前，因各类工程和指标导向型资源配置体系的诱导，各高校过分追求论文指标的现象蔚然成风。"在席教授看来，现代管理学面临的复杂难题不是通过一篇两篇论文就能简单解决的，过多关注论文指标可谓是背离了研究的本质。**面对愈加深刻和多元的商业环境和国际竞争格局，席教授期望中国管理学者能在挑战与机遇并行、压力与动力同在的现状中，敏锐捕捉发展趋势，坦诚直面管理问题，拿出突破现状的魄力与远见，挣脱桎梏，**就可能发展出有价值的理论，培养出更多有远见、有格局、有能力的企业家和管理者，以中国智慧立足于竞争日益激烈的世界舞台中央。

二、MBA 同学是未来的行业栋梁和商界领袖，承载着传承创新中国商业文明的重任。

面对全球秩序的重塑，新技术带来的产业变革和复杂、快变的商业环境，如何培养出能够立足行业前沿、引领行业发展的卓越商界精英？这也是本届年会的热议话题。**席教授认为应从提升素养、能力和知识"三位一体"造诣的角度出发，重视东西方文化融合，培养具有全球视野和竞争力的国际化人才。**针对商学院的国际化发展与人才培养，他提出首先要帮助学生全面提升素养，包括高远的人生理念和有抱负的人生定位、练达的世界观、积极的价值观、和谐的伦理观；其次是具备参与国际竞争的综合能力体系，包括终身学习的能力，沟通、合作、边缘创新的能力和跨文化领导力等；最终，能针对愿景和使命来构筑整合性知识体系，不断升级的心智模式，从而形成融合的智慧和不断扩充的格局。"未来的商业环境将离不开由这三方面共同缔造出的高水平国际化管理人才。"

如何培养出具有竞争能力的高水平国际化管理人才呢？"教育要以学生成长为目标，以兴趣为导向，以学习为中心，帮学生学会学习和成长，让学生更有智慧。"席教授曾在多个公开场合表达过自己的治学理念，他认为想要成为一个优秀的社会人，成熟的心智、终身学习能力和正确的行为规范三者不可或缺。"关键在于要站在学生的角度理解未来，理解他们在未来生存所必备的素养和技能，然后尽教育者之所能为学生提供他们所需要的一切。"由此引申到 MBA（工商管理硕士）教育，席教授也有一套自己独到的见解：**MBA 教育与传统高等教育截然不同，它更具实践导向，因此 MBA 教育的出发点和归宿旨在帮助学生塑造管理知识系统的同时，形成自己的管理世界观和实践智慧。**"MBA 同学是未来的行业栋梁和商界领袖，他们承载着传承创新中国商业文明的重任。作为商学院，首要需要了解 MBA 学生欠缺的是什么，真正想要的又是什么。有了这些答案后再设计培养体系和对应教学活动，帮助他们迅速成长，明晰个人定位和职业理想，打造职场核心竞争力。我觉得，**如今的 MBA 教育更应突破对学生进行知识教育的局限，帮助学生更新心智，让他们立足于比现在更高的格局去思考与审视自身与外在世界，从而精准培养学生所需的能力与素养。**同样的，MBA 学生也应该更多地去利用大学中团队和社群的平台，与来自不同行业、职能部门的同学交流，拓宽视野、淬炼思维，从哲学观、方法论、心智、能力，特别是行为方式的改变等方面得到系统提升，历练出一番新境界。这样才能在毕业走出校门后，面对未来成竹在胸。"

我国著名语言学家、"汉语拼音之父"周有光先生曾说过："全球化时代，需要从世界看中国，而不是从中国看世界。"作为一名资深的管理学理论学者和不断突破创新的管理学实践家，席酉民教授敏锐地意识到了在这个颠覆的时代，中国管理学者理应也有能力让中国管理科学在世界舞台上熠熠发光。智慧的贡献离不开管理理论和管理实践的知行合一，席酉民教授自己也始终践行"做有实践的理论，做有理论的实践"，也唯有这样，才能在商学教育中培植出以 MBA 学生为代表的，立足行业前沿、引领行业发展的卓越商界英才，帮助中国企业在愈来愈激烈的全球竞争中脱颖而出。而他，也正在和一大批与他怀有相同理想的教育志士一样，不断为此默默地努力着。

（CMSW（中国管理学者交流营年会）2019 人物专访，2019 年 7 月 23 日）

5.8 在江苏打造未来教育的范本

出生于陕西农村的席酉民，在农业大会战的工地上收到了大学录取通知书，成为恢复高考后的首届大学生，随后和中外合作办学结下了不解之缘。40 年来，席酉民亲身经历和见证了中国高等教育事业的大变革、大发展。

其中的 10 多年，他在苏州工业园区参与创办西交利物浦大学，并于 2008 年起担任执行校长，深深地融入江苏高等教育的发展探索之中。

一、恢复高考开启了新的人生轨迹

1974 年 3 月 2 日，17 岁的席酉民高中毕业返乡劳动，从学校推着自行车，驮着个竹皮箱子回家，这一劳动就是 4 年。4 年间，他在生产队当过会计、队长、团支书、公社团委委员……席酉民充满激情和年轻人的向往！

1977 年秋季，国家恢复高考。一直痴迷学习的席酉民很振奋。离高考不到两个月，他边会战边复习，煤油灯下度过了不少难眠的夜晚。当年 12 月 9 日，满怀热情和希望的席酉民在寒冬中踏入高考考场，开始了他人生的一个重要转折。

当年全国有 570 万青年学子参加考试，有的已到而立之年，有的才十六七岁，当年录取了 27.3 万人，录取率只有 4.8%。"77 级的考试竞争非常激烈，快到春节了，我还未接到通知书，想着可能没戏了。"席酉民回忆说，他当时是生产队的打井队队长。一天傍晚，往井场走，半路有人叫他，说有个通知寄到家里，"我猜想一定是录取通知书。"

1978 年 3 月 2 日，席酉民推着同样的自行车，驮着同样的一个箱子，走进了陕西机械学院物理师资班念书。4 年后，又一个 3 月 2 日，席酉民进入西安交通大学开启系统工程（管理）专业的硕士研究生学习。1984 年获得硕士学位的他留校工作，并在"把学上到顶"理念的促使下，他在职一口气读完博士，成为我国第一位管理工程博士。博士生阶段即破格升讲师，随后一路破格，从副教授到教授，36 岁经国务院学位委员会评定成为我国当时最年轻的博士生导师。

"是高考给我开启了新的人生轨迹。"席酉民感慨道，"我经历了从吃不饱穿不暖，到发展成物质丰饶社会的过程；我也亲身经历和见证了中国高等教育事业 40 年来的大变革、大发展。"

席酉民在 40 岁时就出任西安交通大学副校长,此间经历了高校后勤社会化改革、大学并校热,也参与和领导了中加教育合作项目运行、独立学院创办、中外合作大学的创建和运营等重大教育实践,这让他对于中国高等教育发展有了更深的思考。

二、探索中外合作办学的独特样本

2003 年,我国颁布了《中外合作办学条例》,鼓励中国高等教育机构与外国知名高等教育机构合作办学。短短几年时间,一大批中外合作办学项目和数个中外合作办学独立法人机构在中国落地生根。

苏州工业园区是我国改革开放的试验田,对具有国际化视野的人才有着强烈的渴求。西安交通大学希望利用苏州独特的区位优势,开展国际化的教育探索;而英国利物浦大学也有它的国际化战略。三方一拍即合,决定筹建一所具有独立法人资格的大学——西浦。

但当时,谁也说不清楚究竟要办一所怎样的大学。"只说要在中国办一所国际化高校,但当时对何为'国际化',理解也并不深刻。"作为主要推动者之一,席酉民经历了 2004 年三方签协议、2005 年批准筹办、2006 年正式拿到办学许可……一波三折的整个过程。

在席酉民看来,合作之所以能够成功,是因为苏州工业园区内有众多中外企业,需要研发人才;而苏州本地缺乏理工科较强的院校,西安交通大学和英国利物浦大学都是理工立校,而且西安交通大学的管理学科也很强。"西浦正是从理科、工科、管理三个学科起步立校的。"他说。2006 年 9 月,首届 163 名本科生入学西浦。

2008 年,席酉民选择了拥抱改变——他从西安奔赴苏州,当起了西浦的执行校长。按合作协议这个职位由英国利物浦大学提名、董事会聘任,"代价"是从西安交通大学党委常委、副校长的岗位上辞职,由"体制人"变成"市场人"。席酉民果断决策,接受聘任,决心在这个全球重塑教育的时代,和这所年轻的国际大学共同前行。

从"体制人"到"市场人",关于后不后悔之类的问题,席酉民回答过多次:"首先,西浦当时看来还很小,还有很多问题,但它是一座国际化的学校,按照国际化的标准来办学,拥有很大的空间;其次,它可以全球整合资源;第三,也是最重要的,这是一个全球重塑教育的时代,给了新学校一次千载难逢的机会,可以让这所年轻的国际大学与全世界最好的学校站在同一起跑线上去实践、探索未来教育。"

三、为江苏发展培养前瞻性的人才

到去年，西浦走出了9届毕业生，培养了全日制本科毕业生12 000余人。"我们学校的老师和学生，来自93个国家，多种文化背景下，只有持续创新才能够让一个学校充满活力。加上今年毕业的学生，这一人数将达到14 000到15 000人左右。"席酉民说，这些毕业生的第一大工作地就在江苏，高等教育为江苏转型发展注入了人才支撑。

席酉民将西浦的发展阶段划分为1.0、2.0和3.0。"我们整合美国教育的灵活性、英国教育质量控制体系和中国教育重基础的特点，形成了我们自己的国际化教育体系，这算是西浦的1.0版本。"他说，西浦1.0已经在教育上初步形成了创新型的'国际化专业精英'的培养模式。在大学运行上形成一种网络化、平台式的大学组织管理体系。在大学与社会互动和服务层面，初步形成了开放式的校园和大学与社会互动的机制以及共生共享的生态体系。在影响中国和世界教育发展上，创建了以西浦为平台的"领导与教育前沿院"（ILEAD），在国内掀起了教育变革和创新的一阵阵清风。

"展望未来，我们需要在专业精英体系继续深化和完善的基础上，培养出能够站在人工智能和机器人的肩膀上，驾驭未来新行业的高度复合型人才、具有跨文化领导力的世界公民。"席酉民说，"这种人才不是专业精英，而是行业精英。所谓行业精英，就是他们既要有专业知识，又要有行业知识，还要有整合能力、创造性以及管理和驾驭能力。"

滋生于江苏土地上的这场教育改革，也与江苏的发展不谋而合。今年，西浦太仓校区开工建设，西浦创业家学院（太仓）正式启动，首批将设立人工智能与先进计算、智能机器人、物联网、智造生态、产金融合、文化科技等六个行业学院、对应六个本科专业。"目前跟我们进行合作的中外一流企业大约有20家，这些都是引领未来的行业，我们要为江苏发展培养前瞻性的人才、探索未来新行业发展的商业模式以及支撑技术。"席酉民说，这不仅仅是教育，更是产学研训创的结合，将全球优质资源在江苏、在西交利物浦进行汇聚，以实现西浦2.0的发展战略，即创建融合式教育模式、探索未来大学概念和校园新形态、形成与社会共享互动共生的创新生态、进一步促进中国和世界教育的转型升级。

"面向未来、持续创新是西浦发展的基因。我们未来大学概念、教育模式、与社会共生关系的理念和探索，至少能领先世界十年。"在江苏持续打造未来教育的范本之时，席酉民脑中的西浦3.0已经形成和布局——到时候，大学就是一个品牌，一套理念，一个全球知识和资源网络，一批布局在全球不同地域开放式的终身学习、创新和创业卓越中心，以及在此基础上孕育的一个个创新生态。

（王拓，《新华日报》专访稿，2019年5月13日）

5.9 国际教育圈的拓荒者

新中国培养的第一位管理工程博士，1993年成为中国管理工程领域最年轻的博士生导师。在毕业留校任教的几十年教学中，他指导、培养了一批又一批管理人才。如今，作为西交利物浦大学的执行校长，席酉民更愿意被人称作"教育拓荒者"。他想做的，就是带领西交利物浦大学在高等教育领域破解备受大家关注的教育模式创新问题。他认为，大学要为中国培养更多的优秀人才，来实现中国的强国梦。

一、年少成名，出国看世界

1977年恢复高考这一重大事件改变了很多人的命运，也改变了家住陕西省长安县的农民子弟席酉民的命运。在激烈的高考竞争中，席酉民脱颖而出，成为一名大学生。这是他个人发展和新中国历史进程的一次交汇，也是国家发展带给他命运的第一次机会。

博士毕业留校后席酉民又迎来了第二次重大机会——作为学者公派赴欧美留学访问。席酉民说："在当时比较封闭的环境下，只有出国才有机会让自己真正了解世界其他地方以及更好地理解整个世界局势，才能站得更高，去定位自己的人生，看待自己的事业，认知社会的发展，也才有可能以更好的知识体系和能力为这个社会多做一些事情。国家的发展恰恰给我们这代人提供了一个非常好的平台和体验机会。我们经历了从贫困到富裕、从计划到市场、从僵化封闭到改革开放，一直到中国取得举世瞩目的成就。所以我们是随着国家的发展和社会的进步一块儿成长的，应该算是见证历史和参与历史变革的一代。除了学习以外，我们把学习收获到的东西用到了中国的改革开放中去。"

在国外的席酉民与其他留学人员不同，他一直过着一种"银行家的生活"，经常是早上简单吃点饭，9点到办公室，学习研究到下午4点多钟。接下来的时间他通常是去参加社区活动、爬山、骑车。到了晚上，端一杯红酒，根据当天的电视节目，席酉民会与朋友讨论西方社会发展的很多现象，他关注更多的是当时的西方社会的制度，以及这种制度背后的逻辑。

二、黄金时代，为教育拓荒

1993年结束访问学者生活的席酉民，迎来了一个属于管理学的黄金时代。21世纪初，我国GDP增速逐年攀升，首次进入了世界前五的行列。迅速发展的国内企业，期盼着更多的管理人才。随着经济环境的改善，教育领域的对外开放也逐渐活跃。2003年，中国颁布了《中外合作办学条例》，鼓励中国高等教育机构与外国知名高等教育机构合作办学。当时英国利物浦大学和西安交通大学希望凭借苏州的地理条件和工业园区合资企业云集的环境进行国际化教育探索。

2006年5月，西交利物浦大学正式揭牌成立，9月，迎来首届本科学生160余名。学校虽然创办了，但究竟该往哪里走？学校到底该怎么办？其实大家并不是很清楚，已经是西安交大副校长的席酉民却毅然选择了这条教育拓荒之路。2008年8月，席酉民教授出任西交利物浦大学执行校长。在席酉民的带领下，西浦选择的办学模式既不拷贝外国大学，也不简单拷贝中国大学，而是根据未来的发展，把全世界最优秀的教育实践整合起来，形成一个新的教育模式。西浦的愿景是以研究为导向，建设独具特色、世界认可的中国大学和中国土地上的国际大学。大学的使命是：培养具有国际视野和竞争力的高级技术和管理人才；积极为经济和社会发展提供科技和管理服务；在人类面临严重生存挑战的领域有特色地开展研究；探索高等教育新模式，影响中国甚至世界的教育发展。

席酉民提出："我们将研究与育人相结合，以改善人类生活质量为研究己任；以学生素养、能力和竞争力的提升为核心任务，使我们的学生通过几年学习和训练，形成国际化的视野和参与国际竞争的实力，扎实和整合性的知识体系，积极的探索和创新精神，互动与合作的行为方式，主动的态度和坚实的执行力，使他们成为精通英语，诚信为人，富有创造性，具有强烈的个性和良好的团队精神，集学术知识、职业知识和职业道德伦理为一体的国际化高级管理和技术人才。"

带着为我国高等教育拓荒的决心，席酉民的大胆探索和执着追求得到了回报。这所创办时只有一座教学楼的大学，目前已经拥有两个校区，开设了14个院系，共有1万多名来自世界各地的学生和教师在这里工作和学习，承载着席酉民他们教育创新之梦的大学已经进入了发展的快车道。

在谈到西浦的探索对于中国教育领域的意义时，席酉民说："最重要的就是我们国家现在处于一个非常关键的时刻，中国经济发展取得了举世瞩目的成就，在这种环境下，要生存下去、要发展得更好，一定是靠创新。那创新的背后一定是人才，而人才的背后一定是新的适应这个时代的教育体系。这就是我们教育探索的一个很重要的目标——我们试图通过这种教育探索，从而为我们国家和社会培养更多的人才。"

注：完整视频可见《席酉民：国际教育圈的拓荒者》，中央教育电视台专题报道，2019年10月15日。http：//www.centv.cn/p/341019.html

（文字整理，张静，《神州学人》"归国情·报国心"专辑，2019年12月9日）

5.10 男神校长与他的梦想大学

从第一届160余名学生到如今17 000余名注册学生的规模，转眼，西交利物浦已经在苏州工业园区这片土地上，走过了13个年头。

不少家长和企业都会用"玻璃进来，金子出去"来评价西浦的学生。确实这些年来，西浦培养出了一批又一批适应国际竞争的优秀人才。

其实，除了西浦这所学校一直被人津津乐道，"掌门人"席酉民也是西浦的"招牌"，很多人称他为"男神"，甚至还有学生形容他是西浦的"邓布利多"，总之是一位很受学生喜爱的校长。

那么，这位神奇的校长和优秀的学校，有着什么样的故事呢？本期杂志记者就为大家一探究竟。

一、一位有亲和力的校长

每次采访执行校长席酉民，"画风"都很轻松，不会被要求列采访提纲，不会有太多的流程，与学校宣传部同事沟通好时间就行。采访当天，学校工作人员领着记者进入校长办公室，他停下了手头工作，开始了本次采访。

席酉民，西交利物浦大学执行校长，英国利物浦大学副校长。从40多年前收到大学录取通知书，成为恢复高考后的首届大学生开始，40余年来，亲身经历和见证了中国高等教育事业的大变革、大发展。

建设西浦之初，席酉民就强调，这一定要是一所不一样的大学。确实，没有围墙的校园、英式的长廊阶梯、一群悠闲散步的灰天鹅；没有大规模的辅导员、班主任队伍，学生完全自治；全英文授课、一所高校两张文凭……这的确不像中国的大学。

而席酉民，也是一位不一样的校长。据说，有学生曾在期末考试前把微信头像换成了席酉民的照片，还被发现了，结果席酉民也没说什么，只开玩笑说了句，"你这可是侵犯肖像权啊"。

很多学生和家长都有您微信吗？

面对记者这个问题，席酉民很坦然地点点头。"我的邮箱和微信是公开的，一般来说只要学生或者家长有与学业、教育相关的问题来找我沟通，我都会认真回复他们。"席酉民回答这个问题的时候，记者正好瞥见他的名片上，赫然写着自己的微信号，印象中，他也是所有采访过的校长中，第一位会将微信号印在名片上的。

"西浦一直坚持，教育应该是共享与沟通"，席酉民说西浦还要开设"家长培训班"，"主要就教育理解、隔代传承和亲子沟通与家长进行交流，我们将西浦的教育理念传递给家长，通过家长帮助学生成长，并逐步影响社会对教育的理解。"

一个有意思的小故事，每年西浦去各地校招的时候，都会有一群自称"浦爸浦妈"的人为学校宣传。席酉民告诉记者，他们是西浦"家长联合会"的成员，孩子都是西浦的学生，正是因为看到了孩子在西浦的变化，他们自发地成为西浦教育的传播者。

二、一所培养"世界公民"的大学

相比中国大部分的高等院校，西浦的面积应该算比较小的。但学校虽小，舞台够大啊。如今的西浦，早已成为了国际舞台，能融入国际体系，能整合全球资源。

其实，很多知道西浦，但又不熟悉西浦的人都会问，这所大学有什么不一样的地方呢？

"最明显的不同，是对培育学生的态度"，席酉民坦言，体制内的一些大学，会把主要精力放在提升某些指标上，因为在这些指标上的表现会影响学校所能获得的资源。但我们不一样。"从一开始，西浦就强调以学生为中心，就告诉家长和学生，大学是帮助学生成长的地方。"

他告诉记者，目前大学的管理体系还是沿用19世纪末20世纪初的层级结构，这种体系更适合传统制造业而非如今的知识组织和知识工作者。"我们传统的教育基本是一门课、一本教材，老师把书本上的知识分成多少个知识点，每堂课教授给学生。这种学习状况，学生摄入知识点，考前划重点，考试得高分，考完忘重点。当学生遗忘了这些知识点之后，就只剩下分数了。"

席酉民认为，21 世纪有很多办法可以替代这样的教学方式，"如果不改变，不能为学生带去更多附加价值，那学校就会变成一个刷分、考证的地方。我们都在谈国际化，那我希望西浦的学生都应该有全球化的责任感和公民意识，能练就闯荡世界的能力，所以我们旨在培育'世界公民'和'国际玩家'。"

据介绍，西浦坚持以学生成长为目标、以兴趣为导向、以学习为中心的办学理念，旨在全球背景下，培养学生成为独立、自我激励、具有团队精神的人。同时，构架形成了知识体系、素养体系、能力体系、综合教育策略和支持系统的"五星模式"，引导学生从盲目学习到兴趣导向再到关注人生规划，从根本上扭转学生的不良习惯，帮学生训练独立精神、树立责任意识，以充分释放潜能。

"教育已经从过去重学历学位的知识灌输，变成人们重视素养的提升、能力的培养与价值观的建立。我们认为在大学里获取知识只是一个过程，帮学生健康成长，树立正确的人生观、价值观、世界观，找寻人生方向才是关键。"席酉民强调，西浦将学生视作"年轻的成人"，由学术导师、成长顾问、校外导师、学友组成四大导师体系，从各方面全方位协助学生成长，以实现生理成熟向心理成熟的飞跃。

三、一个更适应未来竞争的榜样

10 多年前，席酉民从西安交通大学副校长位置上离开，到西浦开疆拓土。他见证了中外合办大学的发展历程，也试图在西浦打造未来教育的范本。

席酉民曾将西浦的发展阶段分为 1.0、2.0 和 3.0 三个版本。"13 年前，我们整合美国教育的灵活性、英国教育质量控制体系和中国教育重基础的特点，形成自己的国际化教育体系，这是西浦的 1.0 版本。"

西浦开启的 2.0 版本，席酉民认为他们需要培养能够站在人工智能和机器人的肩膀上，驾驭未来新行业的高度复合型人才、具有跨文化领导力的世界公民。因此，他们创建了融合式教育模式，创建了西浦创业家学院（太仓），孕育学校与社会共享互动共生的创新生态，还试图以此探索未来大学概念和校园新形态，进一步促进中国教育和世界教育的转型升级。在西浦 2.0 一步一步稳步推进的脚步声中，席酉民想得更远，西浦 3.0 在他脑中慢慢生长，已成雏形，并开始布局——

大学将是一个品牌，一套理念，一个全球知识和资源网络，一批布局在全球不同地域开放式的支持终身学习、创新和创业的卓越中心，一系列由喜欢该品牌、认同其理念的人和组织围绕这些中心营造的社会创新生态。

采访的尾声，席酉民强调，建好西浦不是他们的目的，只是手段。"我们想通过西浦的探索和实践，推动中国教育的改革、影响世界教育的发展，给未来世界提供一个教育的新方案。"

5.11 时代赋予了教育国际化探索的机遇

为庆祝新中国成立 70 周年，中国教育电视台"留学为你来"于近期播出特别节目"归国情，报国心"系列专题。在专题片《席酉民：国际教育圈的拓荒者》中，西交利物浦大学执行校长席酉民教授分享了自己的成长之路，以及带领西交利物浦大学在高等教育领域所做的探索。他表示，大学要为中国培养更多的优秀人才，来实现中国的强国梦。

主持人：您这一代人在形容自己的成长经历时，会用一句话叫作"生在新中国，长在红旗下"，基本上是跟共和国同步成长的。

席酉民教授：国家的发展恰恰给我们这代人提供了一个非常好的平台和体验机会。我们经历了从贫困到富裕、计划经济到市场经济，封闭到开放，一直到中国取得举世瞩目的成就。所以我们是随着国家的经济发展和社会进步一块儿成长的，应该说我们算是见证历史和参与历史变革的一代。

主持人：您觉得您受益的部分和参与到其中的部分分别是什么？

席酉民教授：就受益来讲，因为这是一个充满变化的时代，所以我们充分体验到人生的丰富性。在参与方面，我在农村生活过，我在生产队当过队长，也当过会计；后来改革开放，77 年恢复高考后考上大学，除了学习以外，我们把学习收获到的东西用到了中国的改革开放中去。

主持人：当年的您可以说是年少成名，35 岁成为正教授，两次被破格提拔，在这个时候为什么要选择去留学？

席酉民教授：在当时的中国，特别是比较封闭、缺乏信息的环境下，你理解的只是一个你可以看到和体验的社会和国家，只有出国才可能有机会让你真正理解其他地方或国家是什么样子，世界整个局势是什么样子，这样你才能站得更高，去看待自己的人生，看待自己的事业，也才有可能以更好的知识体系和能力为这个社会多做一些事情。

主持人： 您在国外的时候，过上了有"三转一响"、几大件的生活，没有心动过吗？没有想要留下来吗？

席酉民教授： 我出去的时候就没有想过留在那儿。当时，每次朋友聚会的时候，大家都会谈到对中国未来的判断。因为当时中国确实很穷，很多人（对未来中国的发展）持有悲观的态度。但是我一直持有比较积极的观点。中国作为一个具有几千年历史的国家，它的文明发展源远流长。由于我在中国农村最底层生活过，我知道中国一旦把这部分能量释放出来，特别是各阶层人的能量释放出来，它的潜力巨大。

其实，这也是我出国最重要的追求：并不是看了世界的好，就觉得我们不行，而是看了世界的好，来思考和探索我们的机会是什么，我们的可能性是什么，我们这代人能不能利用我们的能力来实现这种可能性，让这个国家从穷变富、从弱变强、从不合理变得合理，形成我们自己的发展体系。

主持人： 您当时决定加入西浦担任执行校长，有没有人反对？

席酉民教授： 我周围人都是反对的。但我认为，在当下人工智能和互联网的时代，全球面临教育重塑，这个时代给了你一个契机，让西交利物浦大学有机会跟全球的大学，包括一流的大学站在同一起跑线上，利用你一张白纸和没有历史包袱的后发优势去创造一种新的教育模式——我相信我的能力，如果有这样一个机会，谁不抓住呢？

主持人： 您说过其实想办的不是另一个西安交大或利物浦大学，也不是简单的1+1等于2，而是要大于2。西交利物浦是一所独特的大学，这条路蹚出来并不容易，到现在13年了，您这个理念算是实现了吗？

席酉民教授： 我当初提出要走突破的道路就是不拷贝外国大学，也不简单拷贝中国大学，而是根据未来的发展把全世界最优秀的教育实践整合起来，形成一个新的教育模式。我们要进行四个方面的探索：未来的教育模式是什么？未来的大学运行体系是什么？未来大学和社会的互动关系是怎样的？然后再如何根据这三个方面的探索和实践总结去影响中国甚至是世界的教育？

这四个探索在当时来看是天方夜谭，但现在我们一步步在到位。比如，每年有上百所大学来西交利物浦大学参加各种各样的研讨和培训，包括高等教育也包括基础教育，所以这些目标正在逐一实现的过程中。

主持人： 有人说西交利物浦大学是"留学生加工厂"，因为很多毕业生毕业之后都直接出国，这点您怎么回应？

席酉民教授： 其实经常有人说这个事，不仅仅是批评西交利物浦大学，清华、北大不也被批评了嘛，说你们不是成了外国大学的留学生培养基地了吗？

其实，我们的学生因学业和家庭期待等原因，不满足于本科毕业直接就业，他们都希望有更高的平台，他们选择去国外的原因就是想要站在一个更大的国际舞台上看看这个世界、理解这个世界，去体验不同的文化。然后他们大部分都会回国。比如说三年前我们大概有一万个毕业生的时候，光在上海工作的人就有3500人，而且10%以上已达到一定的管理和领导级别，尽管他们只是20多岁或刚到30岁。西交利物浦大学定位培养世界公民，校友可以全球就业，但是绝大部分人会回到中国。即使他们在国外就业，我认为也没有什么不好，在全世界，中国不是已构建了人类命运共同体的愿景，希望成为世界强国，促进人类发展吗？而且，这些学生终究会回国。原因是，在他们的事业做得更大、有更多基础的时候，再回到中国工作。我相信在21世纪，中国一定是世界上最具有吸引力的地方。

主持人：西浦的探索对于中国的教育领域来说意义是什么？

席酉民教授：我们国家现在处于一个非常关键的发展，经济社会发展取得了举世瞩目的成就，但却遇到了非一般的全球化发展环境的挑战，在这种条件下，要生存下去、要发展得更好，一定是靠创新。那创新的背后一定是人才，而人才的背后一定是新的适应这个时代的教育体系。这就是我们教育探索的一个很重要的目标——试图通过我们的教育探索，一方面为我们国家和社会培养更多的人才，另一方面影响中国教育转型，从而助力中国实现强国梦。

（文字整理，陶韵吉；编辑，石露芸；新媒体，袁小婉；监制，王婧，中国教育电视台专题报道：《席酉民：国际教育圈的拓荒者》）

5.12 AI 时代的竞争规则是将兴趣开发到极致

一、出国留学、上国内"985"还是去中外合作办学高校？

从2003年9月1日《中外合作办学条例》实施至今，越来越多的中外合作办学高校，为考生们在中国本土接受大学教育提供了更多的选择。

6月23日，21世纪经济报道记者在北京的一场西交利物浦大学的招生说明会上，看到很多为孩子填志愿发愁的家长。家长的问题包括：今年的分数线会不会继续拉高，没有"211、985"标签的中外合作办学大学是否影响学生就业……

西交利物浦大学由西安交通大学和英国利物浦大学于 2006 年在苏州合作创立，至今已走过 12 年，是中国最早的一批中外合作办学学校。其发展路径颇具样本意义。英国利物浦大学副校长、西交利物浦大学执行校长席酉民接受了 21 世纪经济报道记者的专访。席酉民今年 61 岁，数十年的高等教育从业履历，让其对中国高等教育理解深刻。在专访中，他对中外合作办学经费、师资，以及人工智能时代的教育和未来大学的模式一一作答。

二、中外合作办学高校的师资经费

《21 世纪经济报道》：西交利物浦大学以什么标准招聘教师？

席酉民：我们招聘老师主要看的指标，第一是科研，第二是教学，第三是科研和教学相关的管理工作。老师过去有没有科研经验和记录，有哪些有贡献的研究，这些都是可以查到的。至于应聘者是哈佛、牛津、剑桥还是哪个学校毕业的，这也是一种参考，但我们更多的是关注研究表现，有没有研究潜质，还关注同行评价，也就是教授对教授的评价。教学方面，要看老师有没有教过书，国际上的学校都有相关的教学评价体系，包括学生评价、老师的评价等。

《21 世纪经济报道》：2012 年你提到，西交利物浦大学以世界知名大学标准面向全球选聘师资，目前 80% 的老师是外籍教师。优秀的师资在全球都是稀缺资源，你们如何跟国内名校乃至全球名校竞争师资资源？

席酉民：待遇是一个方面，我们能提供在全球具有竞争力的薪酬。我们需要在全球招聘优秀师资，所以必须要有竞争力的薪酬；跟国内相比，我们给老师的经费是透明的和可持续性的，不会今年有，明年就没有了。另外一方面，我们的教师大部分是外籍教师，而中国的国际竞争力在提高，中国对国外老师的吸引力也在增强，而且我们位于苏州这样有吸引力的城市；其三，我们有以育人为本的校园文化和比较宽松的科研创新氛围，让老师可以按照他们的创新思路去发展；第四，我们有探索未来教育，影响中国甚或世界教育重塑的远大理想，这会吸引那些有抱负的学者和教育工作者加盟。

《21 世纪经济报道》：在学校财务的可持续性上，西交利物浦大学正在打造"五根支柱"的财务支撑体系：学费收入、研究经费、教育发展基金会、地方政府支持和国家支持。目前五根支柱各占多大比例？

席酉民：具体五大板块各占多少不方便透露。至于目前哪个板块占大头可以说，第一位的是学生学费，另外还有其他财务运作，捐赠、合作、研究经费等。第二应该是地方政府的投入，比如我们首批的校园建设，十多个亿是地方政府投入的，我们在太仓建设教育实验基地，基础设施建设数十亿，基本上都属于地方政府投入。至于国家支持方面，有贫困学生的奖学金，还有研究项目资金，我们希望争取国家的生均拨款。

三、AI 时代的人才竞争力

《21 世纪经济报道》：在人工智能的背景下，如何理解未来教育？

席酉民：能力和知识是一个硬币的两面。通过学习基础知识，人的能力也在提升。当你具备自我持续学习的能力，又有扩充知识的需要，就形成了一个螺旋式上升的过程。现在有互联网和丰富的云端资源，人们很容易找到自己想要的知识。传统的传授知识的教育已经逐渐丧失了其消灭无知的功能。

但是人们即便拥有知识，认知也可能是很肤浅的，这时候需要人有能力去判断，需要有能力去整合知识，然后上升为智慧。人工智能时代，能力就会变得日益重要。我觉得未来，人在从幼儿园到中学的学习过程中，可能已学到了生存的基本知识，学会了学习，学会了批判性思维，发展出了自己的兴趣。这时，你可以进大学念书，也可以不进大学念书，在你具备了基本的学习能力以后，就可跟随兴趣进行有针对性的学习。这时候大学的存在，可能不是简单提供一个学位学历，而是提供学习的空间和科学或创新包括创业支持的生态。

人工智能时代，对于学生来说，最重要的是要在学习构建了生存的基础知识和学习能力之后，按照自己的兴趣和追求去学习和工作。到那时，机器可以做很多事，人可以利用之追寻自己人生的兴趣。未来社会的竞争规则不是你什么都会，而是你在你感兴趣的领域里做到极致、有超人的地方，哪怕是很小的领域，只要你把它做到极致，再利用网络放大出去，就会产生巨大的效益。未来的教育是让每个人的兴趣变成他的"绝招"，让他的绝招再通过互联网、物联网放大到全世界，你对社会就有可能贡献无限的价值。当然，这也是未来人才的竞争机制，不是什么都懂，而是有能力把自己感兴趣的东西做到极致。

人工智能会不会影响教育，当然会。除上述对整个教育形态的影响外，还会改变学习和教育过程，如在人工智能支持下学习和积累知识效率更高。于是，人工智能时代的教育，不应是简单地在学校里开设几门人工智能的课程或专业，而是要考虑人工智能将对世界的改变，基此再考虑教育应该怎样适应人工智能化后的社会和人类生活。

《21 世纪经济报道》：在发展学生兴趣方面，我们现在可以做到什么程度？

席酉民：第一，在现有考试录取制度下，我们尽力按第一志愿录取学生，目前已可以做到接近 90% 以第一志愿入学。进校后，很多学生也会改变自己原始的想法，我们还会给学生一年时间去认识自己，然后可以再度调整专业。

第二，西交利物浦大学的教学，不是简单教知识，而是通过学知识帮学生成长，首先，老师上课一定要带着问题来，引导学生通过研究学会问题意识和研究。其次，就是学会搜寻知识。然后，学会自己整合知识，探讨问题解决方案，再学会解决问题。最后达到在解决问题的过程中提升学习和其他各种能力。这种研究导向型的学习方法可以帮学生学到问题意识，搜寻和整合知识的能力，解决问题的能力，表达的能力，跟别人合作的能力，还有执行力。我们每年要花很多的钱买相关材料，让学生自己折腾。素养、能力和智慧等是教不出来的，素养靠熏陶，能力靠训练，智慧靠悟。大学校园要成为让学生熏陶素养、训练能力、体悟智慧的场所。

到西交利物浦大学会看到大学不是简单上课。很多家长抱怨，一年 8.8 万的学费，上课时数少，有的学生还不去上课，认为很亏。我问他们，谁告诉你上大学就是上课？上课只是大学教育的一小部分，是引导学生学会学习，形成一种积极的人生态度，正确的行为方式。这些东西有了，上没上课不重要，万一错过课程或没去后悔了，学生还可以在网上重新学课堂上的东西。以学生为中心，帮学生形成兴趣和孕育梦想，学会学习，健康成长，是教育最本质的东西。

（记者，周慧；编辑，王峰，《21 世纪经济报道》专访，2018 年 6 月 29 日）

5.13　充分的国际交流，为西浦带来更多空间

江苏自由贸易试验区苏州片区挂牌成立，对于西浦来说，算不算是一种机遇？

西交利物浦大学执行校长席酉民在接受记者采访时称，苏州一直都是改革开放的先锋，苏州工业园区在国际上也树立了良好的形象。自贸区在某种意义上来讲解决了两个问题，首先打通了国与国之间的某些壁垒，形成更自由充分的互动；其次政府逐步释放权力，促进市场机制有效发挥作用。

在他眼中，人类社会包括中国经济走到今天，真正的发展来自全球的互动和交流。而自贸区让这种互动变得更加充分，作为一所国际化大学，西浦也势必会迎来更多的空间。

一、探索未来教育，助力形成新型社会形态和文明

"自贸区最直观的聚焦点是经济和贸易，但贸易的背后一定是企业、人才与社会更广泛的交流，经贸只是经济形态的表现形式，更深层次的是社会形态和文明的进步。虽然教育不直接涉及贸易，但它在其中却扮演了非常重要的角色。"

席酉民表示，西浦不仅扎根本科教育，也在进行未来教育的探索，希望通过教育创新，影响经济社会的变化，甚至助力形成新型社会形态和文明。

例如，除高等教育的人才培养和研发对经济社会的直接影响外，西浦还关注基础教育变革，"在新兴技术不断涌现的社会环境下，基础教育如何让孩子健康成长？目前中国的教育体系还停留在传统的以知识为导向、被动式教育阶段，其实对社会文明的进步影响很大。西浦为此专门建设了附属学校进行实验，然后成立了基础教育研发平台，希望通过教育引领，让中国的孩子能够轻松成长，并按照自己的兴趣去学习。"

他认为大学还扮演了一个智库的角色，通过和社会的互动，为挑战和问题提供解决方案，并传播新的价值观念。"自贸区会有很多东西需要研究，我们的一系列研究所和中心如智慧城市研究院、水文明研究中心、人工智能研究院等可为社会和产业发展提供支持，我们的老师和学生已经走进社区，关注老百姓生活，研究未来社会治理甚至城市化建设相关问题。"

未来需要什么样的人才？未来大学是什么样子？还需不需要校园？西浦也正在进行探索。席酉民说："瞄准人工智能机器人时代，我们大胆做一场实验，以学校、企业、社会'联姻'孕育未来教育生态，打造西浦创业家学院（太仓），通过建立不同的未来行业学院，从而形成产业创新生态，带动社会经济发展。"

他直言，如果这个实验能够完成，西浦能为世界创造新的人才培养模式，给未来大学提供样板。

二、有行业整合能力的人才，或将引领未来新型行业甚或产业集群

相较于西浦创业家学院（太仓），西浦位于苏州工业园区的校园更偏向基础研究和专家型人才培养，两者相互促进，形成一个共同的教育、研究和社会服务平台。

席酉民对此满怀信心，他说："未来社会一定会出现许多现在很难想象的新行业，如现在的'外卖''网红''带货'，以后机器人可能送外卖，所以我们不仅需要研究机器人的专家型人才，也需要培养更多的能够利用机器人拓展新产

业发展的行业整合型人才，而且后者更稀缺。所以，西浦苏州工业园区的校园将重点培养有造诣的专家，为人类研究更先进的技术，创业家学院（太仓）则有针对性地培养行业精英，两个校园相辅相成。"

在席酉民看来，人要在新型的社会里活得好，就要跟着变化跑，甚至跑在变化的前边，传统的人才结构将面临转型和升级。"未来，除了专家和行家外，大部分人为了更好地生存，只有持续学习和不断调整知识结构，才能更好地胜任工作。因此，终身学习和持续创新日益重要，西浦校园将对全社会开放，打造西浦学习超市，人人都可以根据自己的兴趣和职业需求，选择相应的课程，得到相应的创新支持。"

未来，西浦通过和当地政府、企业的合作，或将引领新型行业的兴起或产业集群的发展，以促进经济社会的不断文明。

三、改变思维方式，进一步厘清政府和市场的关系

对于如何看待自贸区红利这个问题，席酉民表示，中国很多地方都习惯于怎样问上级政府要更多政策，以获取政策红利。这在中国市场净初期确实管用。但在市场经济快速发展的今天，真正的红利应是如何通过政府的干预，让市场机制更充分地发挥作用，从而形成全球市场一体化和利于创新的生态机制。

他认为，这无疑需要思维方式的改变。

"自贸区是市场经济的进一步升级，从计划经济到市场经济，政府逐渐释放权力，自贸区时代，地方政府如何进一步调整工作和服务方式，理顺向上向下政府间的关系，争取必要条件，让企业更有活力，让区域能汇聚全球资源，让社会变得更加富有和文明，是值得进一步探讨的话题。"

在席酉民看来，苏州工业园区政府一直扮演着"小政府，大服务"的角色，某种意义上顺应了自贸区的逻辑，充分发挥市场机制，让市场中的个体充分释放潜力。

他直言，对于整个社会的升级来说，自贸区只是一个抓手，其他问题也可能限制经济的发展，"眼睛不要总是向上看，现在更多地应该瞄向市场，特别是利用自贸区机制重视国际资源和市场的整合"。

四、加强大学和社会的融合，更看重服务贸易和文体领域

席酉民坦言，作为一所国家化大学，肯定希望其所处地能够吸引更多的国际

企业落户，加强国际交流，但也应该更多地关注新兴领域的培育和发展，诸如教育、养老、娱乐、文化、体育、健康都将是未来社会发展的重要领域。

但是，新技术如数字化和智能化在促进经济社会发展的同时，必然会产生新的社会问题。

诸如贫富差距会越来越大，社会如何消除贫困，处理贫富差距问题？人类活动在日益方便的同时，又会陷入"技术"和"知识"桎梏中，人怎样才能活得更有趣呢？

随着人工智能和机器人等技术的发展，人类寿命不断增长，大量工作被机器人替代，在未来老龄化社会，人类生活如何更幸福？养老问题如何解决？如何利用机器人更好地拓展人类生活空间和方式，让人活得更有意义和价值呢？

基于此，席酉民给出了一系列个人见解。

苏州正在步入老龄化社会，大健康和养老行业会催生出新的技术和商业模式，未来会出现抱团养老、居家养老、养老机器人、人工智能辅助养老等新的现象。

机器人的诞生，使得人的闲暇时间越来越多，如绘画、品茶、瑜伽、音乐等艺术行业会促进文化的进一步繁荣。西浦成立影视艺术学院和文化科技学院，与国内外影视机构合作，用现代技术促进文化、艺术、科技的发展。为此，在设计领域，西浦将工业设计、建筑、城市规划与设计等系科重组成立设计学院，吸引艺术家入驻；在体育方面，与联合国国际组织探索打造体育学院，引领健康的运动和生活方式。

另外，在这些新兴学科或学院发展过程中，可能需要巨资购买一些大型设备和仪器，现在可以利用自贸区优势，通过服务贸易手段进行租用，即可大幅度减少投资，进而促进这些新兴事业的繁荣。

考虑到大学会进一步融入未来社会的终身学习和创新创业生态中，西浦正在筹划在世界不同区域设立西浦教创院，打造国际创新生态港，像八爪鱼一样，利用各个触角汇集五湖四海的智慧，再将先进的研究和人才传递到世界的各个角落。

西浦已经是而且进一步成为一个遍布全球的知识和创新网络，会跟自贸区形成某种互动，最终营造共同市场机制，使世界不均匀的资源、能力和需求互补，创造生态红利，为人类文明和进步出力。

第6部分

持之有故

6.1 "SCI 至上"局面的扭转需要系统性方案

　　近年来，学术圈内过于看重论文数量和影响因子的风气，导致学校和很多科研人员把大量的精力及资源花费在这些指标的追逐上，虽然获得了好看的指标甚或排名，但却误导学术偏离目标，造成了极大的智力和资源的浪费。各界的抱怨和呼声导致教育部联手科技部近日发布了《关于规范高等学校 SCI 论文相关指标使用 树立正确评价导向的若干意见》（简称《意见》）。然而，要想遏制或扭转"SCI（科学引文索引）至上"的局面，"头痛医头，脚痛医脚"无济于事，这一顽疾的根治需要系统性的方案。

　　"SCI 至上"的病因虽很多，但目前我国教育和科技资源配置体系是根本原因。尽管已经讨论和改革多年，但到目前为止，我们依然没有摆脱以各种"项目""工程"为引导的资源配置方式，使得大学校园失去了应有的宁静，造成其领导者和教授很难静心于教学和研究，而倾注大量时间和精力忙于各种"工程"和像 SCI 类的指标的追逐中。

　　因资源配置过分倚重名目繁多的工程和项目，而其筛选又赖于那些容易操作的简单指标，从而诱致教育与科研活动的扭曲，造成科技资源的巨大浪费。甚至连"以本为本""回归教育本质"等天经地义的事情都不得不由国家最高领导人、教育部等号召和推动，而且效果不佳。

　　认真观察当下的高校状况，在全球教育重塑的大好时机面前，各高校本应不失时机地深入探索适应未来需求和社会环境的教育模式，帮助学生和社会创造终身学习及搭建线上线下结合的更有效的教育环境，为提升人们生活乐趣和生存价值而营造一种更有吸引力的人生体验新生态。然而，由于资源配置和评价体系驱使，大家却在不遗余力地制造甚至包装那些指标，以为学校争取资源或获得某种名头或更好的排名。坦率地讲，因陷入这种竞赛机制中，80% 以上的大学领导和教授们在努力地做着他们明知道不对的事情。

　　要改变这种被锁死的无奈状况，国家及教育主管部门必须放弃以各种"项目"或"工程"配置资源的基本逻辑，针对研究型、教学型、职业教育等不同定位，根据其大学类型、性质、规模等，形成比较科学、规范、透明的资源配置体系，并根据学校运行情况持续修订完善。这样，没有了那些不合理的"指挥棒"，校领导和教授们无须再整天填表、"沟通"、"跑动"去争取资源，假以时日，大学便可慢慢恢复应有的宁静，校领导和教授们便有可能精心专注于自己该做的事情。对那些国家重大工程问题，可通过竞投标方式吸引各种有潜质的科技资源合作攻关；对于企业所需解决的难题，可经由市场竞争吸引有积累的科技力量支持。这样，不仅不会因各类名堂扭曲大学和教授的行为，反而会激励大家精心和聚焦自己的研究，一旦有机会，便可大有用武之地，大学和科学家的活力也会得以充分释放。

论文确实是大学教师科研成果的重要体现，SCI、论文数量等指标在一定程度上虽能体现科研产出，但其质量却无法简单靠指标度量，同行评审可能是一个绕不过的基本评价方式。但就我个人观察和经验来看，在过度的指标追随环境下，我们科学家的职业精神也被侵蚀，在同行评议过程中也过分关注数"数"（各种指标），或寥寥数语敷衍了事，更有甚者还找关系以影响评审，从而使同行的专家判断价值大打折扣。观察国际同行评审经验，我发现最大的差异是职业精神，绝大多数国际知名学者在同行评议时都会认真对待，并可以给出比较客观、合理、严肃的评价结果，如就教授晋升而言，不仅会关注被评审人的论文数量和质量，更会关注其研究问题的重要性、学术成就、未来潜力，学术领导力，指导博士生的经验，国际学术圈的地位等等。

在西交利物浦大学，我经常被问及你们怎么应付各种各样的评估问题？如何处理教学与科研关系？其实，我们从办学伊始，就努力排除各种影响，探索一种适合未来的教育，所以"以学生为中心"，专注和静心于教育探索是我们立校之本。对于教学与科研关系，非常简单，就是"教学为生，科研为升"。育人是学校和每位老师的核心业务，是决定其生计的大事。按照个人兴趣做好科研是其作为学者职业生涯的内在动力，因为他们需要用自己的成就获得国际学术圈子的认可，方可能得以提升。

最后，我想特别强调一下学者的职业精神问题。当前我们的学术生态确实有不尽如人意的地方，会助长浮躁。但放眼未来，如果我们真想拥有一个有意义和价值、受人尊重的学术人生，此时更要求我们每位高校教师力戒急功近利、围绕数字指标打转，而需要遵从自己的内心，崇尚科学精神，回归教育本质，坚守学者原则，享受尊严人生。

在目前的情况下，要想系统性地扭转"SCI至上"的局面，需要从资源配置体系上动大手术。当然，校领导和教授们不能等待手术结束后再行动，因为即使在当下学术环境下，仍有很大改进空间。但这需要大家拿出一点勇气，听从内心，无问西东，敢于独立思考、大胆突破，智慧地走出一些前人没有走过的探索道路。

（作者，席酉民；采访整理，计红梅，《中国科学报》2020 年 2 月 29 日）

6.2 凤凰涅槃

——危机面前中小企业的出路

"疫情面前，中小企业老板们要集体失眠了"的说法网上蹿热。与疫情相似，病毒袭来，也是幼小者和脆弱者容易中招。中小企业往往实力不足、资源匮乏、人才紧缺、经验有限、市场不稳固，而且资金紧张且融资渠道不畅，常使资金、人才、资源等绷得很紧，运行捉襟见肘。正常时期，企业家都需战战兢兢、如履薄冰，疫情袭来，市场、资金、人才、成本等集中式恶化，会使缺乏鲁棒性和回旋空间、本来就疲于奔命的中小企业家雪上加霜，不少可能熬不过疫情的寒冬。

直面挑战，很容易提出一些建议，如与员工齐心协力共渡难关、保卫现金流跑赢竞争、围绕客户价值增强在线业务、趁机创新以升级商业模式、调整战略以控制风险、强化管理提高效率等。诚然，这些建议是美好的，但对处于危机的企业来说，处境是残酷的，因资源和条件限制，往往较难有效实施。

好消息是，有责任和担当的政府及时出手，如苏州市政府首家迅速出台了应对疫情支持中小企业共渡难关的 10 条政策意见，包括金融支持、稳定职工和减少负担三大方面，因其实际而有针对性受到广泛好评。现在从中央到地方都纷纷发布支持中小企业渡过难关的各种政策和措施，学者、各种行业协会和组织也纷纷发声，献计献策。

坦率讲，疫情或类似的危机是企业领导力的试金石，它不仅检验企业家应对危机的能力，也在考核其对企业发展的布局，有战略眼光和长远思考的企业家，一定会从商业模式、资源的柔性、发展的可持续性上有较好安排，从而利于在危机来临时轻松应对，甚或能够非常机敏地抓住危机带来的契机，赢得更大发展。而那些本来就岌岌可危的中小企业，即使没有危机，也难以继续生存，危机只不过加快了其被淘汰的速度。但对于那些有发展空间但因种种原因在苦苦挣扎中的企业来说，疫情爆发将是雪上加霜，此时既需自身调整和努力，更需要各种援手。对于那些被疫情正面冲击的行业如餐饮、零售商店等服务性企业，一定要分清哪些冲击是暂时的，疫情过后会恢复；哪些是商业模式转型导致的，即使疫情过去，也不会回来；特别应关注，因疫情诱发的许多新的商业模式的涌现，如网络教育对小型培训机构的冲击、更强大的网上零售和无缝连接的配送服务会挤压很多小型商业的空间、网络办公和远程虚拟协作会威胁小型酒店和相关服务企业等，这种商业模式的重塑可能使很多中小企业永远失去了生存空间。

危急关头，当然真心希望更多的政府快速出手，施援同样面临危难的中小企业，帮它们迈过疫情这个坎。但更希望企业家在危机面前，准确判断，果断和智慧前行，反思、学习和不断升级自己及企业！具体讲，有以下建议。

（1）政府在制定各种政策时不要只是根据自己手中的权力和资源思考支持措施，而应换位思考，加强与中小企业的沟通，甚至请中小企业家、商会提出要求，分门别类制定更有针对性、更救急的支持措施和政策。

（2）中小企业家一定要清醒，认准自己的问题，人常说，退潮时会发现谁没穿底裤。危机中最容易发现问题，客观准确地判断问题的性质，是渡过难关的基础。所以要审慎和有远见地判断自己面临问题的性质，是本来就没有发展空间的固有问题，还是因疫情市场暂时停摆的临时性问题，或是平时积累的管理问题如资金链、人力资源、内部管理效率在危机面前的释放，更重要地要预见危机过后因商业模式和行业结构调整带来压力。对于第一种问题，需要痛定思痛，早日放手为好，不要再浪费可用于重新创业的有限资源去处理这些不可救药的问题；对第二种问题，利用援手和与员工一道，齐心协力，共渡难关，甚或通过联盟、重组抱团取暖，利用创新增效提力，一方面帮企业应对挑战，另一方面促进企业升级；对第三种问题，企业确实需要借助危机的压力动手术，如提升管理、压缩成本、舍弃没有未来的业务、消除冗员等，常态下企业变革会遇到巨大阻力或没有动力解决那些早该处理的问题，但在危机面前，已经没有退路，置之死地而后生，并设法借助外部援手，使企业从战略和管理上真正提升，实现凤凰涅槃；对于最后一种问题，危机中往往不够明显，商业模式转型、行业结构调整的后果常是危机后逐步显现，需要前瞻和果毅，如果不够敏锐，即使渡过危机，也会在疫情过后重陷危机。

（3）对于企业家来说，疫情不仅是试金石，也是磨刀石。有抱负和远见、善于学习的企业家，危机会淬炼他们的领导力，帮他们站得更高。人常说，暴雨过后必见彩虹，优秀的企业家会敏锐地把握危机诱发的契机，以新姿态、新模式引领未来。所以建议中小企业家保持自己的探索精神和灵活性，做预见彩虹的先行者，而不是凑热闹的看客。

（4）迎难而上，发挥企业家精神，敢于突破和创新。企业发展离不开企业家和管理者，换句话说，领导和管理是发展这枚硬币的两个侧面。危机中，领导角色会更加凸显，也就是说企业家精神的作用和价值更为关键。很遗憾，同时拥有领导与管理才能的中小企业家很有限，大部分只拥有一个侧面或二者都不强。所以，面对危机，中小企业家应关注自己企业家精神的释放和磨炼，如果缺乏管理能力，可以通过团队合作补充之，但如果领导力和企业家精神都缺失，即使没有危机，恐怕也难以应对长远发展的挑战。

6.3 化疫情为突破性创新的跳板

——危机应对中的创新思考和行动

世事无常，无论政府、企业、各类组织和个人，一定要学会给自己留有余地以应对不测事件。此次疫情首先直接影响每个人的生活，许多企业、组织的正常经营，甚或摧毁那些资金和资源上绷得太紧的企业和组织，摧残那些疫情正面冲击或潜藏问题严重的企业和组织，给中国社会甚至世界经济产生巨大压力，挑战着国家和各级政府的应对危机的能力。其次，疫情的巨大影响和抗疫压力会迫使人们改变很多陈规陋习、传统的生活方式、政府和机构的运行模式，从而诱发商业模式、行业结构、政府管理、社会治理的调整。第三，病毒超越国家边界的蔓延，还会影响国际的共处关系，进而改变中国人、组织、企业和中国及其经济社会的国际生存和经营环境。然而，危机往往是孕育创新和变不可能为可能的机会。所以，当下也是个人、各类组织和企业、各级政府和国家面对危机和新形势，大胆创新和部署未来变革的难得机遇。

创新可分为渐进式创新和突破性创新。前者通过不断的、渐进的、连续的改进，最后实现创新的目的。后者常需要打破陈规、改变传统、升级范式、大步跃进，最后实现创新和升级的目的。在常态情况下，一般会采取渐进式创新。但在危机面前，因为前所未有的影响、崭新的对手、独特的生存环境、结构性的改变，往往需要、也会刺激突破性创新，因迫在眉睫的压力和众志成城，也相对容易克服惯性和各种阻力，较易实现行为、规则和范式的升级。谁都不想遭遇危机，但当不得不面对危机的时候，惊慌失措、焦虑不安无助于问题的解决，反而冷静、理性、智慧行动，可帮我们借机经由突破性创新而成长和升级。具体讲，国家和政府、企业和组织、各级领导和个人都有突破性创新的机遇和空间。

首先，从国家和政府层面讲，可以在如下几方面进行突破性创新。

（1）通过治理体系的突破性创新，助推我国危机应对协同体系的构建。具体讲就是在我国法治体系的治理结构建设时，注意权力、市场、网络三种治理机制的协同，特别是重视市场和网络治理，以释放各种社会力量的活力和能动性。

（2）利用大数据、AI 和区块链等技术，突破性创新适应公众社会环境的新型社会舆论体系，增强其透明度，重建社会信任，激发社会动能的涌现和协同。

（3）利用生态和网络组织技术，突破性创新和升级民主集中制，在发挥集中领导的效率的同时，营造包容和宽松的社会环境和行政体系，赋能各级决策者，释放他们的能动性和应变力，升级社会应对危机的快速响应能力。

其次，从企业和组织角度讲，也可尝试进行如下突破性创新。

（1）面向未来社会趋势和需求，关注范式转移和新业态的涌现，大胆构想未来社会新形态，如危机过后行业结构的调整、老龄化社会新的产业机会的萌生等，主动推进产业转型和升级，孕育和引领新的行业和产业发展。

（2）数字与智能技术正在颠覆不少传统的商业模式、刺激和孕育许多奇特行业和业态的涌现，在这样的环境下，各类企业和组织商业模式的突破性创新能力就成为应急和未来社会的制胜法宝之一。

（3）创造性地以网络、数字、智能和 5G 等技术为基础，突破传统和陋习的约束，创新性地构建新商业模式运行的支撑体系，包括平台、生态、网络组织等。

最后，对于各级领导和个人来讲，也可通过突破性创新持续升级。

（1）从当下心智模式升级为复杂心智模式。疫情对于每个人来说不仅是试金石也是磨刀石，抗疫过程可以淬炼各类管理者的领导力，特别是改变他们的心智模式，人们要积极主动地将习惯于常态的心智模式转换为适应高度复杂性和不确定性的心智模式，这会有利于领导各级组织或帮助自己在未来日益全球化的复杂不确定环境下更有竞争力和生存能力。

（2）强化企业家精神的培养，养成敢于突破和创新的习惯。越是动荡不安的世界、复杂和不确定性的环境，越需要敢于创新和担当的企业家精神，能够组织和带领大家在摸索中前行的领导力。尽管事业发展同时需要领导的企业家精神和管理才能，但在危机中，企业家精神的作用和价值更为关键。只有敢于突破和创新，不断提升自己的领导力，才能应对日益复杂和不确定的世界和事业长远发展的挑战。

（3）不断提升自身的终身学习、创新和创业的能力。在快速涌现的新技术的催生下，所有国家、政府、企业、组织和个人似乎都在寻求突破性创新，这虽然会促进社会发展，更新技术的涌现，但也使我们的生存环境更加快变和不确定、处于不断的迭代和升级中，这极大地增加了我们的生存难度，这次危机就是一次警钟，因此我们只有利用强大的终身学习和持续创新能力才能赢得更好的生活。

暴雨过后，终见彩虹。无论是国家、政府、企业和组织还是个人，赶快行动起来吧，让我们做能预见彩虹的先行者，而不是凑热闹的看客，适时地大胆地突破性创新，渡过难关、赢得未来。如尼采所言：那些杀不死你的，会把你锻造得更强大！

6.4 危机应对协同体系的升级

——政府的角色和作用

疫情爆发，各级政府启动应急响应。因病毒看不见、摸不着，人群快速移动，防不胜防，人们危机感、焦虑感不断发酵。各种杂乱信息借助网络铺天盖地，更加剧了人们对（小概率）感染的恐慌。因此对政府的依赖感（包括平时抱怨政府的人）快速上升。政府一系列甚至极端的措施正在控制和阻断病毒的蔓延，但因恐慌情绪哄抢口罩、相关药品、防护物资和食品，不法分子趁火打劫，造假、哄抬物价，极少数人隐瞒信息、不配合隔离、形成散布传播等现象也随处可见。诚然，像关闭国门、切断航线、封城、封村、封楼、全面隔离、减少人群聚集、控制大型活动、集中资源保障供给等决策和措施确实离不开政府，但如何众志成城、打赢抗疫这样的人民战争更需要所有人和组织的积极行动和协同配合。换句话说，一种有效的危机应对协同体系需要权力控制和社会自治同时作用。

遗憾的是，尽管经历了 2002—2003 年 SARS 疫情，我们似乎仍缺乏一套各级政府和组织应对重大突发疫情应具备的心智模式及系统框架。其实，对于如此复杂和不确定的危机，很难形成一套事无巨细的行动清单，而需要一种快速行动的心智模式和系统框架，然后视情况在实施中完善和充实。这套方案需要确定行动方向，如习总书记近期多次明确的人民群众生命安全和身体健康始终是第一位的定位，界定各类主体在应对疫情中的角色和参考性的决策依据，联动联防的机制、策略、方法工具，由常态切换到应对突发事件状态的有序机制，以及在常态期进行危机应对有关的教育和训练等。

不是有了一套体系就一定能成功阻击疫情，而是在它的指导下会更有效地应对危机。各级政府在集中部署和统筹安排下，可以明确方向、集中资源、协同行动，更科学和有效地抵御灾害；各类组织和个人在大方向的指引下运用正确的心智模式主动相机行事，从而提升响应速度，极大地减少危机时刻人为制造的错误、混乱、浪费和对生活及社会经济活动的冲击。世界各地许多应对灾情、疫情以及重大医疗事件的经验显示，正确的心智模式和系统的协同体系对成功应对危机十分有效。

这里我们结合多年复杂决策问题的研究和经验，特别以和谐管理理论的"系统观＋演化观、方向感、构建生态系统、融合力＋平衡力＋边缘创新力"的心智模式和"愿景使命＋和谐主题＋（谐则＋和则）＋和谐耦合"的体系为指导，从政府角色和作用角度对疫情防控协同体系的构建分析对策建议。

在疫情突发期，人类追求健康、幸福、美好的生活与富饶繁荣的经济社会的愿景和使命不会变，但所面临的特定主题（亟须解决的关键问题和有待完成的主要任务）却会有别于常态时期，而且会随疫情演化不断调整。例如，由于疫情来势凶猛，保护人民群众生命安全和身体健康就成为当下防疫的主题，围绕之会采取各种甚至极端的措施，以尽快控制住疫情的扩散。此时经济发展等其他重要活动均须为主题让路。为了实现这一主题或目标，政府及各类组织的决策者有两种基本策略，一是通过科学研究和优化设计的应对体系，需通过行政权力体系施行，如采取严加控制的策略和措施，竭力攻克治疗难题、加速应急医院的建设、医疗物资的生产和更集中的配送、严格控制和禁止聚集活动、采取严厉的隔离和封锁手段等。二是通过动员体系和舆论引导，让笼罩在疫情阴霾下的各类主体积极、主动、正确地行动，从而保证主题的顺利实施，如利用人们人人自危的情绪，迅速养成戴口罩、勤洗手、多通风的行为方式，在减少聚会的思考下提倡网上会议和活动的新生活方式，鼓励社会创新以发挥各主体的自主力量和创造精神，像大量新商业模式和工作方式的涌现、自发自主的捐赠、民众自主组织的联防监督等，从而构成了抗疫主题实现不可或缺的另一方面军，也是人民战争靠人民的使然。因此不应惧怕和抑制这股力量，而应通过政府出台政策、营造包容的环境、形成透明的舆论赋能其施展才干，从而更有效地发挥这些自发自主力量和资源的作用。

因疫情高度复杂和演化的特征，在上述两种机制发挥作用的同时，政府和各级组织领导的另一项重要职责就是及时发现问题和新动向，协调和耦合两方面的行动，使其互动和互补，弥补缺陷、防止漏洞、相互促进。

随着疫情防控进程，政府及各级组织决策者还应视情况及时调整主题。比如，当疫情蔓延势头被遏制之后，就需要适度关注经济社会的发展，此时的主题可能会演变为不放松防控基础上恢复经济社会发展的相对均衡的主题，如保证人们生活物资生产与供给，扶持中小企业渡过危机，帮助教育、企业和社会各界稳步恢复生产经营等。对于这一新的主题，上述两种机制及其策略和方法也需要相应调整。例如依靠政府高度权力的战时模式会视情况逐步减少，而靠市场和社会自组织的活动会加强，政府刺激市场和社会活力的政策应迅速出台。与此同时，还需要协调耦合两方面策略以放大其协同作用，总结经验和教训，促进社会秩序的恢复和升级。

以上从愿景使命到主题再到两种不同机制及其互动耦合、螺旋式升级就是和谐管理理论解决复杂问题的基本体系，对于世界、国家、省市、组织和个人不同层次，虽会因各自情景不同略有差别，但均可使其决策者在突发重大复杂事件面前更系统、更有条理、更有节奏地决策和行动，从而形成一套高度能动和协同的危机应对体系。

改革开放以来，我国经济高速增长、市场力量不断崛起；中国共产党第十八次全国代表大会后，随着反腐和改革，行政集权和力量也同时增强；与此同时，因开放和世界互联，社会自组织力量也日益壮大。**要构建有效的危机应对体系，中央领导在危急关头迅速明确使命和主题是前提；从国家治理、政府管理和政策上同时激活两种机制、释放它们的潜力和价值是基础；密切关注局势和演化进程，耦合两种机制和策略以确保其协同互动是核心；在这种演化中保持敏锐性和洞察力，及时调整主题是关键。**具体讲，首先，在国家治理上需完善我国法治体系的权力、市场、网络三种治理机制，特别是进一步促进市场和网络治理，给各种社会力量营造创新空间，释放它们的活力和能动性；其次，增强舆论体系的透明度，重建社会信任，激发社会动能的涌现和协同；第三，要特别注意在发挥集中领导的有效性的同时，营造包容的政治社会环境和较为宽松的行政管理体系，给各级政府的能动性和创造性以及各类组织和个人自组织力量的活力和创新留有空间，赋能各级决策者、社会和市场力量，以提升社会活力和快速反应能力，升级社会对不测事件的快速应对能力；第四，积极刺激和促进数字、互联、智能时代的各种技术运用，升级政府管理，以适应和主动引导已经出现的公众社会以及与之相适应的透明的舆论体系，重塑社会信任和新型社会形态；第五，针对疫情中和过后可能涌现的突出社会经济问题，从政府角度快速伸出援手，如帮中小企业渡过难关的支持政策等。

6.5 在迭代中升级

——高校特别是国际大学的挑战和对策

当抗疫进入攻坚之际，各行各业必须面对防疫与发展如何兼顾的挑战。

就大学而言，因其师生分布广、活动比较聚集，恢复正常教学会遇到更多问题。

在各级主管部门的指导下，各校纷纷出台应对方案，基本上是推迟开学、开启网络教育、加强校园和宿舍管理等。对于偏文类院校，尽管也有时间仓促、准备不足等问题，但困难相对小一些。对偏重理工科的大学，大量课程的实验、实践和研究等需求会给教学组织、教学质量和效果带来挑战。

对于像西浦这样的国际大学，挑战则会更大。除上述网络教育需要应对的问题外，还有如下特殊困难：①校园的开放性（如西浦校园没有围墙），会使开学后校园管理挑战更大；②师生的国际性（西浦目前师生来自100个左右的国家和地区，老师100%全球招聘，外籍教师70%左右），当世界卫生组织（WHO）2020年1月30日宣布新型冠状病毒感染的肺炎疫情构成"国际关注的突发公共卫生事件"（PHEIC）后，美国暂时禁止过去14天内到过中国的外国人入境，意大利宣布进入国家紧急状态等，许多国家和航空公司中断往来中国的航线，直接影响了国际师生的出行，更为严重的是，美国等国家将中国旅行预警级别升至最高的四级，即警告其公民不要前往中国，如果在中国的最好离开，否则其领事服务和国内健康和养老会受到影响，这造成来自这些国家和地区的大量师生处于两难境地，不听取可能遭受巨大风险，听取则工作和学习难以持续，甚至会考虑放弃在中国的岗位和学习机会，这对国际合作办学和中国国际化构成严重威胁；③国际合作关系的复杂化，疫情虽然是暂时的，但因疫情导致的排华、种族歧视等加剧了因特朗普、英国脱欧等弥漫在人类上空的逆全球化、单边主义和民粹主义的阴霾，具体表现在签证、交通、贸易、交流等方面的不确定性，可能会对国际合作带来较长远的影响，对国际大学来说直接涉及师资队伍的稳定性和招聘、留学生的招生、科研的国际合作、学术的国际交流等。

危机往往是孕育创新和变不可能为可能的机会，当下也是每个人、组织面对危机和新形势，大胆创新和部署未来变革的难得机遇。针对这一系列挑战，大学除常规的加强校园管理和防疫措施以外，还可通过创新化危为机。例如：①迅速拓展网络教育和提升其技术和效果，包括采用一系列新的技术和教育理念，如虚拟现实（VR）、增强现实（AR）和混合现实（MR）技术、5G等技术支持的远程协作技术，翻转课堂、基于项目或问题的学习、研究导向型的教育等。②研究利用网络重组管理和提升效率，创新往往会遇到惰性和传统习惯的阻击，危机期常常更容易突破这些障碍，重新审视组织管理体系和运作流程，加大网络化改造，重塑大学仍然普遍使用但已经不适应知识组织的传统的科层组织体系，创建网络化组织和运行模式，释放知识工作者和知识组织的效率。③趁机加速数字化和智能化时代的教育转型和升级，如转化大学和老师主导的教学为真正以学生为中心的学习，探索网上网下有机结合的教育模式，探索分布式支持的终身学习、创新和创业的新型大学教育和服务体系等。④对国际大学来说，急需探讨危机情况下稳定和支持师资的服务体系，站在老师的需求方面提供帮他们度过危机的各种支持，还要通过事业创新和发展提振他们信心，帮学校进一步提升国际品牌和吸引力。⑤对教育来说，危机虽然不幸，但积极面对却是一种难得的教育机会和资源。例如，西浦利用这一特殊时期，推进教育创新、探索教育变革，在开学前推出两周的"世界公民素养"线上课程，将防疫作为一场实战演练，帮助西浦学子提升应对危机的能力和世界公民的责任，同时也作为新型网络课程与学习观的一次尝试。课程以疫情为主题，将引导学生从社会责任、数字公民、可持续发展以及社会创新四个维度，探讨重大事件和问题的解决方案。鼓励学生甚至家长和亲朋一起参加，与其在无聊中发牢骚和抱怨，不如利用这突如其来的挑战磨炼自己，在学习和演练中成长，在思考和研究中创新，既丰富自己的生活，提高自身素养和能力，还助力教育的创新发展，促进社会的持续进步。

当然，大学努力做好自己的工作就是对抗疫的最大贡献，但大学还肩负着探究和引领未来及社会服务的重任，所以还需要利用自己的研究和知识传播能力引导社会舆论，传播正能量，消除人们恐慌和焦虑的心态，扮演好影响人类文明和社会进步的重要角色。

为了帮助大学渡过难关，更健康地发展，在危机时期，各级政府除给予大学防疫的必要指导外，还需要积极帮助学校解决因疫情带来的各种操作困难。对教育的国际化来说，国家需充分利用我国的国际地位和外交能力，维护中国形象、营造良好国际环境、对境外专家特殊问题提供及时政策支持，这也会给予大学特别是国际大学极大的帮助。

6.6 复杂世界管理之心智与领导

——罗家德《治道》和《商道》序

我一般不写序，但在收到罗家德教授邀请后欣然允诺。原因是我们的交情，但更多的是我们在学术观点上的共鸣。

动笔之时，与罗家德教授交往的几幅场景浮现脑际。一次受管理大师吉姆斯·马奇的邀请，在斯坦福大学参加一个跨专业的小型研讨会，探讨如何应对当代日益增强的不确定性和模糊性，其间我与家德、韩巍教授驱车到 Peter 李平教授家，结果东方智慧、整体思维、顿悟以及其与西方智慧、解析思维、规范的互动与互补成为我们整天的话题。还有一次在清华大学参加中加管理合作 20 年庆典，家德邀请我们清华园餐厅小坐，分享了其在四川等地开展的社区实验，利用其理论特别是自组织原理进行社会发展和治理的探索，令我耳目一新，因为我也在通过自己的研究和实践试图推动一些社会实验。另外，在我主政西交利物浦大学发展时，深感大数据、世界互联会引致社会活动组织方式和治理模式发生重大改变，我知道家德不只在研究社会中的关系范式，而且试图通过与复杂系统研究的结合、利用大数据挖掘，更深入地解读经济运行和社会发展背后的机理，于是动员他加盟西交利物浦大学，共同建设数字社会科学学科，并初步做了发展规划，但很遗憾他后来未能成行。再后来，他举行过社会网络国际会议，我也曾接受邀请，从管理角度谈了未来社会复杂网络的组织架构、自组织和网络治理等问题。还有我 20 世纪 90 年代多次访问宝岛，曾是经批准在台湾给博士生开学分课的第一位大陆教授，因他的台湾背景和我在台湾的生活体验，我们每次相见都不免讨论海峡两岸有关话题。此外，我们还在中国管理现代化学会组织与战略专业委员会共事，他作为副主任委员协助我负责组织学会的年会，我们经常一起探讨会议主题，他每每认真邀请靶子论文，协助承办单位使会议更有"攻击性"（激烈的学术争论），我们的会议主题也逐步从管理与关系、圈子、社会网络、自组织、社会治理等过渡到今年的"共生、演化、长期主义与系统转型"。我们俩长期相近学科（社会学与管理学）学术生涯的相互碰撞和启示，学术研究的交集（复杂系统、网络组织、社会网络、关系、圈子、自组织、演化、干预、社会实验等），学术活动上长期的合作与交流，便促成了这段文字！

然而，作为序，一定需要介绍书的精髓和读感。但当我看到衔接于《复杂——信息时代的连接、机会与布局》的系列新著《治道——复杂系统管理学》和《商道——中国人的复杂系统治理智慧》（以下分别简称《治道》和《商道》）后，我觉得这样做的努力是徒劳的，因为其涉猎的浩瀚和研究跨度的宏大，将是我能力所不及的。另外，学术观点，每个人可有各自的判断，特别是这种具有思考和洞见的学术著作，读者畅游其中，都会有自己的学术对话和思想体验。故放弃了这样的打算。

阅读家德复杂系列著作，可以发现其发展的基本脉络或逻辑框架是，世界因现代技术而日益复杂，复杂世界需要复杂思维和复杂系统管理，从而演绎出了其《治道》；然后，从复杂系统视角分析了当代领导者应有的思维，借鉴了中国人的复杂系统治理智慧，解读了当代的《商道》。书中精髓和阐述留给读者仔细去品味，这里仅从我的学术感应角度聊说几句，也供大家多一个视角研判书中观点。

一、复杂世界

按家德的话，"AI、大数据、物联网、5G，种种现象都让我们看到，好像一个科技大变局的新时代来临了。""过去整个科学范式是化约主义的，或分析式思维的。其实，另一个复杂的、整体性思维的范式大约100年前就在物理学界发生了，大概在70年前类似的思维也出现在社会学界。1978年还诞生了跨物理、工程、生物和社会科学的专门研究复杂系统的研究机构，叫圣塔菲研究所（Institute of Santa Fe）。这种范式相信个体的加总不再等于总体，你也无法把总体分解为个体去理解整个系统。"

复杂系统管理学就是研究复杂性，尤其是与组织治理有关的理论。罗教授指出，"现在管理学中常听到的概念如平台、共生、生态系，都是在谈复杂系统。在不确定性的年代，黑天鹅乱飞，灰犀牛到处跑，管理者如何应对？按复杂系统理论观点，每一个个体都是脆弱的，但系统可以是强健的（robust）。那么，许多中大型公司，都可能演变成为一个平台或网络式的组织，自然也是一个复杂系统，我们如何使之更强健呢？"这也许是罗教授复杂系列专著的逻辑起点，针对当代组织和社会的复杂性，从复杂系统视角，探索其更强健的机理以及治理之道和商道。

现在，无论是个人，还是企业或其他组织，社会、国家甚或世界，都生活于一个变幻莫测的时代，20世纪90年代，美国军方用"乌卡"（volatility, uncertainty, complexity, ambiguity, VUCA）作为其代名词。其实，我在20世纪80年代，就提出了UACC（uncertainty, ambiguity, complexity, changeability）的概念，即不确定性、模糊性、复杂性和多变性世界正在来临。不确定性使我们不知道明天什么会发生，模糊性使我们对已经发生的事认识不清，复杂性由于因果链太复杂或太长令我们无法知道结果产生的原因或一个行动会导致的可能结果，易变性使人们的生存状态常受到威胁或遭受各种变革的扰动或颠覆。我当时分析了UACC时代可能出现的管理挑战和应对策略，并提出了UACC环境下复杂系统问题的解决学——和谐管理理论。

当今世界，无论是个体、组织、国家还是世界，都面临巨大转型。既有中、美、俄、欧等大国和地区间深不可测的博弈，还是扑朔迷离的英国脱欧，捉摸不定的中美贸易战，还有中东不断升级的摩擦，亚洲韩日持续升级的争端……加上数字、互联、智能等领域大量颠覆性技术的持续涌现，不断颠覆着人类已经习惯甚至依赖的各类范式。可以断言，全球政治、经济、社会、科技进入了一个剧烈的动荡期，世界日益UACC，我们迫切需要升级我们的世界观，去理解这个世界和寻求立足于这个世界的生存之道。例如，数字化、世界互联使不同民族的命运紧密相连、各国利益休戚相关、你中有我我中有你的共生成为常态，然而我们也面临民粹主义的喧嚣、反全球化思潮的涌起。再如，如何能够营造一个国家的法治环境，让个体、组织有创新的自由和空间；如何在组织、社会复杂的演变过程中回避灾难，逼近富饶的明天。充满 UACC 的世界挑战着人类的管理智慧，可能需要人的心智、组织的模式、社会的形态、不同民族的共处原则、国与国间的竞合机制、世界在数字互联时代的治理模式等的升级和重建，这可能需要几代人来完成。

　　家德的复杂系著作就是一种努力，试图帮助人们更深入地认识这个复杂世界，理解其治理和管理问题，进而提升组织和社会的生存能力。他从复杂系统视角揭示了面对复杂社会时如何构建一套治理机制的思维方式。它区别于传统思维方式的关键在于四个概念：关系、圈子（小团体）、自组织与复杂系统的演化。按其观点，复杂系统可从以下几方面展开分析和认识：

　　（1）关系，就是你看到了一个事件，不能只看到与它相关的动机和其行为。你不只是看到这个事件的前因后果，也不只是看到这些人的行为与动机，你还要看到你和他们是什么关系，他们背后有什么样的关系，这就是圈子。

　　（2）圈子，你需要思考你和他们共处于一个什么样的庞大社会关系网络中，这个网络分隔出了多少圈子，你和他们共处在多少个圈子中，又和他们分别处在多少个对立的或敌对的圈子中。

　　（3）自组织，这些圈子中哪些已经形成了组织化（网络的结构）的力量，可以推动整个系统中间的某些改变。

　　（4）网络结构，需要分析在这张关系网络中，你的圈子的枢纽点是哪里，整个系统结构的枢纽点是哪里，以及你跟这些枢纽点之间有些什么样的关系。

　　（5）演化，还要看这张网络的结构变化。哪些圈子形成了？哪些圈子消散了？哪些圈子正在自组织出比较强大的力量？哪些枢纽点在消失？哪些枢纽点在崛起？在这个过程中你和他们之间的关系是什么？

　　（6）布局，理解了这些动态变化过程，就可以开始思考如何提前布局了，如果你是一个复杂系统的领导者，就要想着如何在系统动态演化过程中进行调控。

二、复杂思维与复杂系统管理

　　罗教授认为，复杂系统视角不只可以形成一个认识问题的体系，也可孕育解决问题的思维方式和方法，同时还是指导科学研究的一个新范式。它不只是一堆解释概念，也可以通过社会科学理论，和大数据结合，发展算法，构建模型，完成理论验证，发展出可以预测未来的动态演化模型。其实，他的复杂系著作正是这种认知和研究行动结果的一次展现。

复杂系统问题往往令人望而生畏，更不用说在与 UACC 环境的交互后会使问题的复杂性更加升级。所以，面对复杂系统，在对系统复杂性的认识之外，更需要构建处理复杂系统的思维模式，以利于更有效地管理复杂系统。经过大量交叉研究，罗教授在书中呈现了他所构建的复杂思维体系：

第一，系统观，就是演化的、动态的观点。

第二，网络观，看到系统背后的人际关系、圈子、网络结构与由下而上的自组织。

第三，整体观，在看系统的时候，要同时看个体行为和网络结构，关注行为与结构的共同演化。

第四，阴阳相融，看到系统中的多元力量，机器相生与相克关系，促进相生，避免相克。防止以二元对立的分析思维看世界。

第五，重视自组织，建立平台、生态系统，给自组织空间，让系统自然成长，刺激边缘创新，培育多元力量，促进生态系统丰富。

第六，关注系统转型，要懂得判断系统的常态与非常态。常态系统要注重平衡多元力量，使之相生，并进共荣。非常态系统则预示着原来的平衡已被打破，系统必须转型。

第七，懂得动态平衡，中国人叫中庸之道，娴熟运用"先放后收（或先收后放），左手收右手放（或右手收左手放）"的道理。

第八，在收放之间掌握势与拐点。多元力量相生时，则系统成长欣欣向荣，相克时则系统震荡和寻求转型，这时要注意系统中势和拐点，因为拐点预示着系统中涌现出新生的力量。

第九，驾驭边缘创新，要在多元势力的纠结中看出最有前景的边缘创新，看到涌现出来的系统转型。

其实，复杂世界呼唤的复杂思维也在恰恰改变着人们的心智模式（mindset）。心智模式"是深植我们心中关于自己、别人、组织及周围世界每个层面的假设、形象和故事，并深受习惯、定式思维、已有知识的局限。心智模式对每个人的行为方式、观察事情的角度和看法、思维模式有深刻影响，而且随环境巨变需不断升级。例如，面对 UACC 环境的巨大冲击，我们需要从传统的关注个体转向关联互动、从强调控制转向学会适应、从重视相对确定的设计优化到关注动态的系统演化、从相对稳定到习惯变化、从客观的观察者到卷入其中的参与者，等等。因此，人们亟待构建 UACC 时代的复杂心智（complexity mindset）。2012 年，美国西点军校面对"VUCA"或"UACC"，就呼吁人们从当下的心智模式（current mindset）转型到复杂心智。并提出了在这一转型过程中，需要强化四种能力，即：

①动态注意力（dynamic attention）；②全人能力（Whole Person capacity）；③战略清醒（strategic clarity）；④真诚合作（authentic collaboration）。在我看来，其建议仍有解析思维的嫌疑，即缺什么补什么，尚缺乏复杂系统的整体思维分析。

我自己这些年也极力推进心智升级和复杂心智的构建，并以和谐管理理论为支撑，提出了和谐心智（hexie mindset）的概念。和谐管理的世界观是：人类的社会组织活动是不确定的、多样的，从而是演化的；在认识论意义上，我们有可能找到某些规律，即适应演化的特定"结构和机制"，发现人为干预的可能性、必要性；在方法论意义上，需要多元范式去"描述、呈现、诠释、反思"，而不是任何"决定论—真理论"的猜想。简言之，和谐管理的复杂思维是：演化观—系统观，方向感，建构共生系统，融合力—平衡力—边缘创新力。和谐管理理论框架包括愿景和使命、和谐主题、和则、谐则及和谐耦合五个核心概念。其基本逻辑是在 UACC 环境中，当面对特定问题时，应在遵从愿景和使命的基础上，分析特定阶段的和谐主题，并根据和谐主题来构建适当的和则与谐则体系以及耦合方式，并在发展中根据环境和运行情况不断进行动态调整，直到进入下一个发展主题的"愿景和使命—和谐主题—和则与谐则体系—和谐耦合"的循环。我们借此构筑的"和谐心智"基本点是：①愿景使命导向的系统观和动态演化。即系统地、动态地看待事物及其环境和发展，捕捉有意义的变化、有价值的趋势，形成发展定位、基本的商业模式和长期目标。②和谐主题思维的方向感。UACC 时代，拥有长期稳定的战略已经很奢侈，往往需要通过一系列阶段性核心任务或关键议题（和谐主题）引导演化，以实现愿景和使命。然而，面对 UACC，人们极易被各种杂乱无章、似是而非的信息、眼花缭乱的时尚所左右和吸引，失去方向和自我。所以，围绕愿景和使命的和谐主题思维会确保演化过程中路线和方向的正确。③谐则与和则互动式的共生系统构建。网络时代的逻辑是共享和共生，发展途径是营造可以促进共生的生态系统。在 UACC 世界，片面追求"科学"或"人性"都会沦为幼稚甚或陷入死胡同，既见树木又见森林的立体思维习惯以及人文（和则）与科学（谐则）互动的分析能力会帮人们看到"真谛"，整合西方重制度、逻辑、科学的心智特点和东方擅长艺术及模糊和不确定性应对的优势，并根据未来世界趋势加以融合和再造。④支撑和谐耦合的融合力与平衡力。和谐耦合需要随时保持战略的清晰（愿景使命导向），工作重心的聚焦（和谐主题思维），对趋势的洞见和对突变或转向的敏锐（和谐主题的调整和漂移），共生系统的营造（根据和谐主题对和则与谐则体系的恰当运用），这种有机融合的实现需要强大的围绕和谐主题利用网络的融合能力，以及文化、目标、行为多元之间的尊重与和谐共处的平衡能力。⑤突破现状、升级和谐的边缘创新力，生态系统的和谐随环境变化与发展阶段需要不断升级，因此孕育、保护和促进边缘或颠覆性创新（edge or disruptive innovation）的能力，适时促进生态系统不断升级即成为持续发展的最高智慧。

罗教授构建的复杂思维与和谐心智相互呼应，为复杂系统的治理和管理提供了一种分析框架和支持体系。

三、复杂系统视角的系统领导思维

在复杂系统演化过程中，领导者如何干预演化？怎样辨别势和拐点？如何布局？如何实现四两拨千斤？这就需要复杂视角下的系统领导思维，罗教授在书中罗列了系统领导者要做的事情：

第一，要看到一张网，而不是看到一个一个人。

第二，要看到网络的整个结构，并在结构和网络中做出判断。结构中的"风吹草动"正是我们如何掌握势的关键，比如一些人、一些事正在迅速崛起成为枢纽——大家都想联结的对象，这就预示着"起风了"，你在风口上吗？

第三，要思考这个"势"什么时候出现拐点。现在最流行的说法是台风来了猪都能飞，大家都想当"飞猪"。但如果你没有办法预测什么时候风停，跌下来的猪比没飞起来的猪还惨，这就是拐点。系统领导者最厉害的就是四两拨千斤，像中国太极拳，顺势一摆，力道消减，转个方向，系统重归稳定而又生机勃勃。

第四，要判断当下是常态系统还是非常态系统，比如大数据是真的未来大势还是昙花一现。大的转变使系统进入非常态，势不可挡，这时系统领导者要懂得审时度势，加速旧系统瓦解，促进新系统诞生，实现系统演化升级。

第五，必须是心胸宽广和心态开放的精英。

第六，会做顶层设计，尽管需要系统内成员都创新，但若大家跑向不同方向，可能会五马分尸；若愿景明晰、价值观一致，跑向相同方向，则可能形成健康的竞合。此外，还需底线设计，创新时不背离企业哲学。

第七，要知道激发边缘创新力。系统需要自组织，但并不是放权就有了自组织，而是需要培育、培训以及顶层设计和行为标准，要兼听则明，正确选择，让每一个自组织能够边缘创新。

第八，拥有良好的战略定力。任何自组织的发展早期都是脆弱的，系统僵化可能使其窒息，无底线会使其混乱，因此需要度；当创新热潮促使系统狂飙时，核心又要稳，即需坚守价值观念，保持战略定力。

第九，要能够创造良好的网络结构。创新成长茁壮到一定的时候，需要把这些创新连接回整个系统的网络。所以网络结构非常重要，既需集权，又需放权；

既需网络密度，又不能太密；既需圈子，又需在各圈子之间建立桥。

第十，要能够促成内部的竞合机制，保持动态平衡。将边缘创新融入整体网络的过程中，会产生正负反馈。正反馈像滚雪球一样会使边缘创新逐渐发展成枢纽，但即便其对未来发展很重要，也需要适度的负反馈，形成网络结构中健康的竞合机制，实现阴阳相融、相生相克、动态平衡，从而不断地自我修炼和改善，长期持续发展。

基于 UACC 下复杂系统的演化，我也提出了和谐领导的概念，可概括为：①方向感，即围绕愿景和使命，永远需要清醒当下的工作重心与核心任务，即和谐主题，这叫主题意识；②双元理性，坚守普世理性（谐则）与情景理性（和则）的互动与融合；③动态优化，通过理性设计（谐则）与诱导演化（和则），螺旋式推进，以实现动态演化过程上述两种机制的持续耦合与优化。不难发现，罗教授的系统领导思维与和谐领导形成了共鸣与互补。

四、整体思维与未来世界管理智慧

在《治道》中，作者提出了"是时势造英雄，还是英雄造时势？"的家德之问，阐述了复杂系统管理学，但他认为这些源自复杂科学的概念却特别适合用中国话语来阐释，原因是中国文化背后的整体哲学和思维是复杂科学的逻辑基础。基于此，中国人发展出了长于应付不确定性、善于面对模糊性、智于处理复杂性的行为特点，常使他们在多变的环境中如鱼得水。

因此，家德试图通过《商道》一书，引入中国文化，更深入地丰富复杂系统管理学的实践智慧，并与西方管理哲学进行理论上的对话，以明晰其间的差异和互补提升的途径。这种尝试在现代 UACC 环境下尤为重要，因为东西方各自的智慧无论如何强大，都难以应对当代人类面临的艰巨挑战，只有相互学习和融合，并创造性地形成新的融合智慧，才可能走得更远。而就我个人的理论研究和实践经验，我认为在这场竞合比赛中，东方整体哲学和包容智慧也许会更胜一筹。

按照家德的总结分析，中国管理哲学的核心是重视关系管理、长于动态平衡，且惟妙惟肖地阐述了关系管理和动态平衡的精髓，如动态平衡关系中的情感性与工具性动机，在实现工具性目的同时，又能不断增强人际信任；动态平衡圈子边界的开与合，既借助圈子的力量又不断形成自己的圈子，即平衡好脱耦与耦合；动态平衡圈子内的特殊照顾与圈子外的公平分配，兼顾圈内的紧密合作以及圈内圈外的和谐；动态平衡集权与分权或收与放的度，过于分散或一方独大对系统都会造成伤害；动态平衡非正式规范的"礼"以及正式制度规章的"法"，法礼并治，相辅相成，方可能实现中国传统智慧强调的恩威德并济。

他认为复杂系统演化管理的关键用中国话讲就是"四两拨千斤"的太极功夫。"简单来讲就是一块大石头在乱滚的时候，你和你的团队有没有办法站在适当的坡道分叉点，这就是精准地把握大势又能预先做好布局，在最正确的地方用恰当的力量干预，这块大石就从分叉点的这个坡道滚到那个坡道，最后在良好的顶层设计之下，大石在山脚下各就各位，构成一个你设计的或想要的八阵图。""大势不可逆，但英雄顺势而为，趁势而起，造势成事，在分叉的路上作出正确的选择和行动。"

《商道》从关系、圈子、人脉关系网、自组织、治理、观势取势、动态平衡、布局、造势成事等方面，系统地论述了 UACC 时代复杂系统视角下系统领导者应有的思维。

回顾近几十年管理界的研究，我们可以发现组织中的两元性（ambidexterity）很热门，原因是传统的科学管理强调的范式和工具如正式组织、层级控制、精心设计的战略等在 UACC 的冲击下面临挑战，于是非正式组织、宗群控制、涌现的战略等越来越受到人们的关注，然而理论界并没有很好地解决双元之间的耦合问题。2014 年，美国前管理学会主席陈明哲教授在 *Academy of Management Review*（Vol. 39，No.2，119-137）撰文提出"文化双融——中国管理者和企业家必须融贯中西文化管理"。今年夏天，他在上海组织了知行合一训练营，我受邀作主旨演讲，发现他在以太极图的旋转示意二者的耦合，我意识到他仍尚未找到耦合的有效途径。和谐管理是针对 UACC 环境下复杂系统演化而构建的理论，它在愿景和使命导向下围绕和谐主题的谐则（强调西方设计优化逻辑）与和则（强调东方诱导演化释放个人创造性的逻辑）的和谐耦合已搭建了一种东西方文化和智慧的耦合框架，并强调在耦合过程中和谐领导的核心作用，形成了应对未来世界复杂管理的一套理论体系。

UACC 和和谐管理理论诞生于 20 世纪 80 年代，近 30 多年科技、经济、社会的飞速发展，升级了 UACC，特别是数字化、物联网、人工智能、机器人、全球化使世界的复杂性呈指数型增长，社会组织管理从早期的科学管理转向有机管理（仿生管理学），再走向复杂系统管理（复杂适应系统），然后上升为管理的生态研究（组织生态学），现在随着组织和社会的日益生态化，生态管理研究迫在眉睫，也许到了发展"生态管理学"这门新学问的时候了。因为复杂生态系统运行离不开博弈、策略、演化，所以人类对其的驾驭重在治理，管理则表现为有限干预，在这样的场景下，我们耳熟能详的战略、领导、组织等概念需要重新定义。

家德的复杂系列著作构建在整体哲学的基础上，《治道》和《商道》让复杂思维和系统领导思维活生生地矗立在我们的面前，帮我们嗅到了通过跨学科融合和东西方对话应对 UACC 环境下复杂系统演化和管理的智慧。

以上的聊叙挂一漏万，非试图全面介绍家德著作，而是想通过对话，引起阅读时更多思考，加深对复杂世界的认识，增强对复杂系统演化的更有效干预。

复杂世界的生态管理时代已来，我们需要转换心智、升级治理、重塑管理，家德复杂系著作，开了新管理探索时代的先河！

2019 年 9 月 24 日

6.7　年轮：成长的记录还是目标？　

一早，看到不少关于作弊、造假的信息和讨论，突然意识到今天是愚人节。但愚人节是用虚假甚至荒诞的手段逗乐，但作弊却是用违规和不合法手段牟利。在特定环境下我不反对愚人，但坚决反对作弊。

虽尚未考证，但我坚信作弊历史悠久，可能与人类欲望发展同步。

可以肯定的是，提到作弊，必然人人喊打，因为虚假或违规获利，不仅破坏公平性，也玷污人类生存的基本道德底线。然而，因欲望的驱使，作弊却从来禁而不止，不断翻新花样，而且随着网络化、数字化、智能化，还不断技术升级。

我最熟悉的作弊现象自然是教育，很久以前曾研究策略设法杜绝和防范，但发现道高一尺魔高一丈，从开始偷看别人，到考场内合谋，再到安排人提前出场偷走试卷然后组织外部人员利用通信技术合谋，更严重者在当时 BB 机刚兴起时为实现合谋专门架设无线发射台，当然还有事先非法获得试卷内容，利用无线耳机、手机、智能手表、眼镜等现代工具作弊，这些现象基本上还是隐蔽地、偷偷摸摸地进行。现在更有甚者完全公开化，网上开公司，明码标价，代写论文和报告、剽窃他人成果等，不胜枚举，更有讽刺意义的是，诸如强调行为和道德、需要社会担当和政治觉悟的一些领域（如公务员）的考试或考核，也可以公开找到枪手。

其实，作弊更宽泛地讲远不止于考试，还包括各种评审、荣誉和利益的争取，如论文和研究造假、网上学位和证书的兜售等。而且不只是个人所为，甚至延伸到组织行为，如最近讨论得比较热闹的如何破除"SCI（科学引文索引）至上"，SCI 论文本身没错，但为了追求这类指标，一些人和单位采取非正常手段制造数字就大错特错，如不少因造假被国际期刊撤销的论文。一些单位为获得某种名头（如××类大学）或帮其成员获得某种帽子（如×士），有组织地围绕指标制造数据，集体包装（有时候是造假或作弊的代名词），甚至把某些东西的追求组织化和工程化，如某某工程。对此大家心知肚明，为了不给我们美好的社会添堵，这里不再继续罗列。

我相信大家百分之百都明白造假作弊是错误的，是重大原则问题，也是道德问题。作弊既是对自己的不尊重，也是对别人的不尊敬，更对别人不公平。但似乎陷入了一种被锁死的无奈，不少人一边抱怨，一边在努力追求。原因可能有：①偶尔得逞，有可能会为作弊者带来极大的精神和物质上的好处，从而激励和坚定了一些人侥幸地赌一把的信仰和决心。然而当你享受以这种不当甚至违规方式获得的"成果"时内心能平静安稳吗？②作弊风险小甚或会受到激励。例如很多组织明知道各类包装和不顾未来持续发展的作秀不对，但别人做，也跟风，而且明白得到好处后也没人再追究，若因此留下巨额窟窿最后政府总会出手，过去也确实出现过不少不追究决策责任的政府救火，如减免或用财政还款，进而诱导了不顾目标和长期可持续发展的投机行为，给纳税人和社会带来损失或浪费。③管理体系漏洞多，监督不严，惩罚不重，也会纵容侥幸心理。其实，在真实的世界里，用作弊、造假等投机方式虽可获得一时的好处或虚名，甚至会认为这些获得有利于其长期发展，行为者却忽视了将手段当目标最后背离目标的巨大损失。

尽管人生或事业发展的过程和结果是一个整体，但过程中的一些痕迹绝不等于发展目标和追求的结果。犹如树木的年轮，它是参天大树成长的痕迹，绝不是成长的目标。现在不少人常常颠倒手段和目标。例如就学生来讲，教育的真正目的是健康成长及各种素养和能力的提升，学知识只是手段。但不少学生学习就是为了刷分，上更好的学校，然后再刷分，再上更有名学校的研究生。等研究生毕业了，手上拿了一堆证书和学位，问起想干什么，却说不出来，这不是白白浪费了最宝贵的青春年华！而且一旦失去目标，把成绩（类似于年轮的证书和学位等副产品）当成目标，在激烈的竞争和强烈的诱惑下，就可能失去底线，不择手段达到（虚幻和错误的）目的，使自己失去了真正成长的机会。长期来看，还在给自己人生旅途挖坑，因为即使身上贴满了漂亮的标签，而内在的素养和能力缺失，三个月的试用期会把你打倒。把手段当目标，如果再不择手段，恰恰会背离人生长河或事业发展中的目标，最后会适得其反、事与愿违。

目前技术和社会环境可能会给投机者更多样的生存缝隙和机会，但也会使之难逃法网，因为网络和数字时代，每个人都会从你遗留在这个世界上的各种痕迹里"挖掘"你，一旦你被关注，连你底裤的颜色和品牌都会被暴露出来。所以，尽管社会存在一些作弊的技术、机会和缝隙，但恢恢"数"网会使劣迹难逃法眼，用流行语讲就是出来混迟早要还的，这会影响甚至颠覆长期的发展。这是一个很精彩的时代，也是一个很无奈的时代，更是一个需要真本事和创造性方能智慧生存的时代，特别是一个需要自律、避免瑕疵，才可能保护名誉和品牌从而获得长期健康发展的时代。

最近在接受光明教育家采访时，我对教育做了如下描述："未来社会，丰富与便捷的学习渠道、先进与强大的人机智能互动，会引发传统意义上的学习前移和缩短。在未来小学和中学的教育中，人们可以学到人类生存的基本知识，而且学会了学习。更多人将有机会在大学年龄时，遵从自己的内心，有针对性地学习，追求兴趣和梦想。这时，学士、硕士和博士等帽子只是终身学习、创新和创业路上的副产品。"所以，面对未来，永远要保持清醒，明白真正的目标以及怎样才能实现目标，拒绝投机和耍小聪明，不要把精力浪费在那些副产品上，更不要以错误的方式和未来的代价追求那些本来就可以得到的副产品。

看到一些学生、家长和朋友对这些作弊及社会上不良商家引诱和支持作弊的不满，我告诉他们，真正以人为本、重视教育的机构，一定会瞄准帮学生健康成长这个根本目标，一定会努力提供高质量的教育服务，一定会建设促进教育目标实现的严格考评策略，也一定会营造学术真诚和人品正直、防止和严肃处理作弊的文化。其实，教育最重要的还是让学生明白学习到底为什么，应该怎样做，从而释放他们内在追求人生目标的动力，形成健康的价值观、伦理观和世界观，帮他们真正成长和成熟，最后拥有开心生活和成功事业的人生。而不是简单防，面对复杂社会犹如当前，即使你防备很严格，也会有病毒侵袭，如果一些人乐于把自己暴露在病毒面前，他们是在拿自己的健康和未来开玩笑，无视风险和规则的侥幸，必然需要承担相应的代价！

2020 年 4 月 1 日

6.8 破除"SCI 至上"的道与术

——西交利物浦大学实践的启示

最近，全国针对疫情防控暴露出的问题不断出台应对举措，教育和科技领域也动作不断。教育部、科技部印发《关于规范高等学校 SCI 论文相关指标使用 树立正确评价导向的若干意见》（以下简称《意见》）之后引起热议。有人认为应该一并破除"SSCI、CSSCI 崇拜"，但也有分析认为，"对于矫正过去 SCI（Scientific Citation Index）至上所带来的问题无疑会起到较大推动作用，……但《意见》整体给人的感觉是从一个极端走到了另一个极端"。然而，更为重要的问题是，很多圈内人心知肚明，一边喊破的雷声滚滚，一边还在变本加厉地追求这些类似的指标。是因为无路可走，还是新路不对？其实路总是有的，之所以要破是因为已有体系负面影响太大，需要重大改进。那么，怎样走出一条可行的路？

要回答这些问题，简单就事论事一定会雷声大雨点小，必须历史地、系统地、演化地分析科研的特性及其运行过程和评价，并借鉴国内外成功的体系和经验，方可形成有利于促进科技活动真正繁荣的新的机制（道）和评价体系（术）。所以，纠缠于"是否把 SCI 论文相关指标作为科研评价指标"是远远不够的，而是需要从制度和机制上把科研人员导向静心、专注、创新的生态环境之道，使他们的努力和成就得到相对合理的认可和尊重之术。因制度体系的盘根错节及组织和科研人员行为惯性，很难用休克疗法一夜间改变现状，可能需要走一条"边立边破"的演进之路。

一、科教资源配置机制的立是"SCI 至上"破的道

"SCI 至上"制造的"异化"问题已经非常严重，积重难返。有文章指出，中国在 SCI 发论文上每年花费相当于送一条半航空母舰给美国。但是，在高水平 SCI 期刊"发文方面与美国存在巨大差距，科学原创性能力提升还任重道远"。还有文章指出，我国从 2000 年至 2019 年 SCI 发文数量在增长率上是美国和日本的几十倍，同期，日本获得诺奖人数是中国的 19 倍（不包括文学）。因此认为大破才能大立！《意见》提出很多领域"不把 SCI 论文相关指标作为评价的直接依据"，可以说是：迟到总比不到好！但这种只在指标上兜圈子依然无法解决根本的机制问题，最后可能搞出一些新指标，大家很快又会陷入新的数据制造运动，依然无法静心专注于科研的根本目标。

"SCI 至上"的病因虽很多，但目前我国科技和教育资源配置体系是根本。过分依赖各种"项目""工程"配置资源，必然导致学术机构领导、教授和研究者倾注大量时间和精力忙于各种"工程"及诸如 SCI 类指标的追逐中。虽然短期内似乎成果累累，但因浮躁和一波一波的申报和评估运动，涌现出的高质量、突破性的大成果有限。而且破坏了科技活动应有的围绕未知或重大需求专注探索的

学术环境，浪费了宝贵的和有限的资源，不仅是纳税人的金钱，而且包括大学和科研机构领导以及一线教师和科技人员大量的时间和精力。

皮之不存，毛将焉附。因此，新旧体系的边立边破，要走釜底抽薪之路，首先需立科教资源配置机制，这个根本问题不解决，提出再多新指标（其实SCI论文本身没错，也是一个很好的国际认同的指标）也难改变现状。作者专门在《中国科学报》撰文提出"扭转'SCI至上'局面需要系统性方案"（席酉民）（https://mp.weixin.qq.com/s/zbRF0es32HO6xl8XBTFkNw），并指出，"要改变这种被锁死的无奈（大家一边抱怨，一边在努力追求）状况，国家及教育主管部门必须痛下决心，尽快放弃以各种'项目'或'工程'配置资源的基本逻辑，针对研究型、教学型、职业教育等不同定位，根据其大学类型、性质、规模等，形成比较科学、规范、透明的资源配置体系，并根据学校运行情况持续修订完善。"

二、恰当学术评价体系的立是"SCI至上"破的术

机制的立可以帮助科技活动创造良好的学术生态环境，打破浮躁和片面指标追求的扭曲行为。但"SCI至上"等行为的彻底破除还需要相对公平、合理和科学的科技活动评价体系的立。而这是一个技术问题，可通过以下几种手段解决：一、系统地梳理现有科研评价的问题和经验进行改进；二、系统地进行国际比较，借鉴先进经验；三、深入发掘典型案例，基于符合国情和国际规则的成功模式，构建新的评价体系。

其实，论文的确是大学老师或研究机构科研成果的重要体现，论文数指标在一定程度上无疑能体现科研产出数量，但为了进一步考察论文质量，人们发明了刊物的影响因子，美国科学信息研究所（ISI）编辑出版了引文索引类SCI刊物，于是人们试图以SCI论文说明研究论文的质量和影响力。但实际上研究质量却无法简单仅靠指标度量，同行评审可能是一个绕不过的基本评价方式。所以，有效的学术评价无法依赖显性指标的数数完成，一定是借助和参考一些指标的同行评估。目前"SCI至上"之所以备受批评，实际上是许多评审过程已经堕落到数数地步，进而好的学术指标也连带遭殃。所以，合理的学术评价需要科学的指标体系、公平的过程、公正的同行。前两者虽然很难保证，但相对容易确立，而公正的同行则既需要造诣，又需要高尚的职业精神。目前，资源配置机制扭曲了学术环境，污染了其中的参与者，使造诣和职业精神受到损伤，从而加剧了"SCI至上"的悲剧。

然而，十步之内必有芳草，即使在当前SCI论文等相关指标片面和过度喧嚣的扭曲环境中，仍不乏科学合理地进行科研评价并取得成效的例子，如国家层面

的核技术、航天等领域，企业界的华为公司，教育、科研机构也有，如笔者所在的西交利物浦大学（以下简称"西浦"），从建校伊始就专注回归育人本质，营造宁静学术生态，探索和影响未来教育。

三、愿景确立和智慧坚守使"SCI 至上"破成为可能：西浦实践

下面，我们将结合西浦的实践，试图为学术评价体系的构建带来一些启发。西浦是一所研究导向、独具特色、世界认可的中国大学和中国土地上的国际大学，位于江苏省苏州市。除深入探索数字智能时代的国际化教育外，西浦在科研方面的基本理念是根据大学学科齐全、探索未知、大胆创新、敢于突破等特点，鼓励教师追求个人兴趣，遵循科研规律，一方面不急功近利用数字拔苗助长，因为有些研究需要积累多年才会有大成果，如果每年用数字督促，会助长浮躁情绪；另一方面也不为追求各种工程而扭曲自己，因为根据好奇和兴趣持续探索才会专注和宁静，才有可能慢慢涌现出大的突破。

在该理念的指导下，西浦在科研管理和评价体系设计上，主要体现如下原则：1. 大学科研战略瞄准未来和产业布局，但教师、研究人员按兴趣参与；2. 强调同行评估，特别是国际同行；3. 支持跨学科交叉，西浦的研究中心或研究院大都是在学校层面跨学科组成；4. 鼓励校企合作、科研与产业融合，即使是基础研究也要有极有价值的问题或现象针对性；5. 尽可能"隔离"各类外界指挥棒的干扰，营造宁静的大学教育和科研氛围，以形成充满活力的创新生态。

根据这些理念和原则，西浦老师都有一年一度的职业生涯评估和发展规划，由自评和部门领导互动完成，主要考评教学、科研、服务三方面的工作和成效，该过程虽因个人能力和定位差异会有所侧重，但不会一刀切地只考评某一方面，更不会把科研发表的成果数量摆在第一位。而且更关注其来年和未来发展的规划，如需要的研修、学术假期、资源、机会和支持等。另外，为了使老师静心于教学和研究，学校为教师提供具有国际竞争力的薪酬；为新加盟教师提供研究发展基金（RDF），帮他们在新环境下启动研究；为鼓励吸引学生加入研究，还专门设立了夏季本科生研究基金（SURF），鼓励师生合作探究感兴趣的科学问题等。另外，薪酬不跟发表文章、申请项目挂钩，对于发表文章、申请到项目也没有额外的单独奖励，鼓励教师按照自己兴趣和听从内心呼唤开展"研究导向型教学"和感兴趣的科研工作。这既满足了教师的基本生活要求，也避免制造出教师之间攀比发表数量、不愿合作的障碍。在职位晋升上，特别是教学与科研的平衡上，西浦的机制是"教学为生、科研为升"，意即在西浦高质量教学是你的天职，是你生计

的保证；研究则是你学者职业生涯的重要部分，要靠自身高水平的研究赢得国际学术圈子的认同，因此研究是由老师们学者职业精神和内在驱动力推进的，绝非靠各种奖励刺激，评价也不单纯靠数量，而是国际同行评价。在西浦，教授级的升迁比较简单，即教师申请、院系出具推荐意见、学校晋升评估专家组（promotion panel）成员单独打分，初选出可送国际同行评估人选，然后学校选择其领域内3~5名国际知名专家进行同行评估，获得国际同行高度认同的即可提升（副教授及以下职务校内自己评审，程序与教授接近）。值得强调的是，国际同行评审时除学术成就的贡献和影响力外，很重视学术领导力；另外就是国际同行的职业精神，不敢说绝对公平（同行评议本身就是依靠专家的主观判断），但绝大部分评议得很认真、不敷衍，充分体现了他们学者的职业精神（这和国内一些评审中出现的不够职业、应付、跑关系、找熟人等形成明显区别）。

在组织结构和运行体系上，这些理念和原则体现于西浦的服务理念和网络化协同。西浦为了充分释放知识工作者和知识组织的效率，采用了扁平的网络化组织架构，以学术、学生、行政、信息与知识四个服务中心无缝连接形成学术支撑平台，尽可能减少组织的行政层级及其对教学、科研等工作的干扰。学校管理和专业支持人员与学术教师的角色职责清晰，前者以服务为理念构筑支撑环境，后者和学生打破组织疆界，自由协作开展各种学术活动。此外，西浦的科研导向强调校企合作、科研与产业融合，强调科研跟经济社会发展的需求和实际问题结合，鼓励校内研究机构和教师积极跟外部的研究机构、企业、地方政府有关部门开展合作研究，不是只为一些指标或国家和省部级项目进行科研部署。

而且，这些理念和规则会融入西浦发展的制度环境和学术文化中。西浦提倡"多元、规则、创新、自由、信任"的文化理念，鼓励来自世界不同文化背景的老师相互尊重和友好共处，这就必然需要清晰和完善的各类政策及规则，西浦包括科研活动在内的各类政策和规则比较明确且执行力较强，使各项科研活动"有法可依"，并随实践不断改进、丰富和完善；不同背景的老师互动与合作必然利于创新，但突破和创造性需要学术自由的滋养和学校支撑体系的服务和支持，所以西浦营造了非常宽松的学术环境和强有力的服务意识及体系；网络化数字时代，大的创新离不开研究人员的品格和学术担当，更依赖相互信任和真诚合作，为此西浦特别强调学术道德和研究伦理，很早就设立了科研伦理委员会，去年升级为大学伦理委员会。

概括而言，西浦自2006年建校以来，经过十多年的探索和持续改进，已经基本建立了符合大学特性和科学规律、战略定位清晰、对标国际水准、倡导学术自由、支持服务有力的科研运作和评估体系。

当然，每一个科学合理的评价体系都不是一朝一夕就能形成的，需要在实践中不断改进完善。健康的学术生态更需要多元主体们长期协同共创。更为重要的是，科研评价不能把手段当目的，评价不是为了攀比竞赛，而是为了作出区分（包括能力、成果的创新性贡献程度，也包括信誉度），这些区分不是为了激发攀比和固化等级，而是为了避免鱼龙混杂，中、低层次重复，甚至"劣币驱逐良币"，是为了促进科研质量的不断提升以便产生更大更好的创新性贡献。

真心期待国家科教资源配置体系迅速转型，从而营造百花齐放的学术生态，再逐步孕育出适合不同情景和目标的各有特色的学术评估体系，以促进中国学术健康有序的茁壮发展。

（合作者：钱力显，刘鹏）

6.9　突发性、高风险、蔓延快疫情防范与应对

——以新冠肺炎疫情为例

"你会发现，那些最浅显、最简单、最明确的结论总是小部分实践者提出的。你还会发现，其实就是那些最明显的东西，人们却根本没有看到。或许这就说明，只要我们理所当然地接受一切，我们就永远都会对哪怕是最明显的东西视而不见。"

——彼得·德鲁克

当前，新冠肺炎疫情在人们不断加剧的焦虑中继续蔓延，人们正在以各种方式竭尽所能地阻击疫情。疫情不仅产生了危及生命的医疗问题，还引发了一系列社会经济甚至政治有关的管理问题。

一、疫情危机的特征及抗疫面临的挑战

这些问题呈现出一些典型特征：

（1）突发且后果的严重性，根据国家卫健委的信息，从 2020 年 1 月中旬开始通报，截至 2 月 5 日，确诊病例 24 363 例，累计死亡病例 491 例，新型冠状病毒的传染性、致死的恶性程度、病毒感染的快速蔓延程度似乎远远超过 SARS 冠状病毒。

（2）蔓延且感染的不确定性，病毒和传播源在哪儿？谁会被感染？怎样被感

染？没人知道，高度不确定，目前受感染病例已波及 24 个国家。

（3）涌现且防控的盲目性，病毒和防控对象"看不见、摸不着"又无处不在，新型冠状病毒的感染源和途径尚未准确界定，病毒感染有一定的潜伏期，使人很难判断感染源，防不胜防，甚至感染了在一定时间内难以察觉，并接力传播。

（4）互联且人群高密度快速移动，当代经济社会深度互联，人们高密度聚集且高强度快速流动，这给疫情快速蔓延制造了条件，也加大加剧了应对疫情扩散的难度。

这些问题给每个人制造了危机感、焦虑感，冲击了现有的社会经济管理体系，搅乱了人们的生活和社会经济的正常运转。病毒看不见、摸不着、肆虐传播、危害严重，其以隔离、封锁为基础的抗击策略必然与人类世界发展所需的互联、合作、人群高密度快移动的逻辑相违，于是人们不得不权衡选择。

从情感和心理上为了防止小概率感染，不同主体会做出极端的防护措施，如关闭国门、切断航线、封城、封村、封楼，全面隔离……但因此会严重影响社会经济发展和人类福祉，如何在防疫和民生幸福、经济发展等主题之间权衡与兼顾，挑战着人类管理智慧，特别挑战着不同领域、各层面决策者的领导与管理智慧。

现在，各级政府、各类社会经济组织及个人都在极尽所能，加强防范，不惜采取极端措施进行应对，如世界不少国家封关，很多航空公司停止来往中国的航班，我国武汉等城市封城，各地严密管制交通出行、大型聚集活动，对疑似感染或感染者隔离，对出现感染者的楼宇或社区进行封锁等；个人因恐慌情绪哄抢口罩、相关药品和防护物资、食品等，不法分子趁火打劫，造假、哄抬物价等等。

现在疫情防控正在进行中，尚未到全面总结这些乱象的时候，但却迫切需要思考研究，现有的抗疫举措是否存在遗漏？哪些做法是人为地制造或扩大了恐慌和混乱？哪些措施是无用的甚至浪费紧缺资源？怎样部署和行动会更有效地抗击疫情？当然，事后我们还需要反思，这些极端举措的决策依据是什么？用什么标准评判其科学和合理性？怎样完善类似重大突发公共卫生事件的应对体系和机制？国家治理和管理体系以及网络互联和数字智能时代对舆论的干预需要哪些改进等？

二、危机应对协同体系及其构建思路

令人遗憾的是，尽管经历了 2002—2003 年 SARS 疫情，似乎依然缺少科学系统地回应上述问题的体系和行动框架（包括一些基本行动清单和程序），换句话说，我们仍缺乏一套应对重大突发疫情时各级政府和组织应具备的心智模式及系统框架。

其实，我们很难形成一套事无巨细的行动清单，但需要一种应对此类重大疫情的心智模式和基本应对框架，然后视情况尽快实施完善和充实。这套框架需要确定行动方向，如习近平总书记在此次疫情应对中，多次明确人民群众生命安全和身体健康始终是第一位的定位，界定各类主体在应对疫情中的角色和参考性的决策依据，联动联防的机制、策略、方法工具，由常态切换到应对突发事件状态的有序机制，以及在常态期进行危机应对有关的教育和训练等。

不是有了一套方案就一定能成功阻击疫情，而是在它的指导下会更有效地应对疫情，各级在正确的心智模式下指导主动相机行事，从而提升响应速度，极大地减少危机时刻人为制造的错误、混乱、浪费和对人们生活及社会经济活动的冲击。世界各地许多应对灾情、疫情以及重大医疗事件的经验显示，正确应对复杂性的心智模式和系统的体系对成功应对危机十分有效。例证不需多举，如此次疫情发生后，钟南山院士领衔、拥有丰富经验的专业团队进驻武汉对抗疫带来了很大帮助。

疫情爆发以来，31个省（区、市）启动了重大突发公共卫生事件应急响应。但从防疫过程中出现的问题和负面现象看，现有应急方案有待完善。这里结合多年复杂决策问题的研究和经验，特别以和谐管理理论的"系统观+演化观念、方向感、构建共生的生态系统、融合力+平衡力+边缘创新力"的心智模式和"愿景使命+和谐主题+（谐则+和则）+和谐耦合"系统框架为指导，对疫情防控进行分析并给出一些对策建议。

在疫情突发期，人类追求健康、幸福、美好的生活和富饶繁荣的经济社会的愿景和使命不会变，但所面临的特定主题（亟须解决的关键问题和有待完成的主要任务）却会有别于常态时期，而且会随疫情演化而不断调整。例如，由于疫情来势凶猛，保护人民群众生命安全和身体健康就成为当下防疫的主题，包括各种极端的封堵措施的实施，不惜代价的病毒和治疗方案的研究，各种医疗药品、物资和器械的生产等，以尽快控制住疫情的扩散，此时经济发展等其他重要活动均须为主题让路。

为了实现这一主题或目标，政府及各类组织的决策者有两种基本策略。

一是通过科学研究和设计的应对体系，并通过行政权力体系施行，如采取严加控制的策略和措施、尽快攻克治疗难题、加速应急医院的建设、医疗物资的生产和更集中的配送、严格控制和禁止聚集活动、采取严厉的隔离和封锁手段等，以尽快遏制疫情蔓延。

二是通过动员体系和舆论引导，让笼罩在疫情阴霾中的各类主题积极、主动、正确地行动，从而保证主题的顺利实施，如利用人们人人自危的情绪，迅速养成戴口罩、勤洗手、多通风的行为方式，在减少聚会的认识下提倡网上会议和活动的新生活，鼓励社会创新发挥主体的自主力量和创造精神，如大量新的商业模式和工作方式的涌现、自发自主的捐赠、民众自主组织的联防监督等，从而构成了抗疫主题实现不可或缺的方面，更是打赢人民战争靠人民理念的使然。

因此不应惧怕和抑制这股力量，而应通过政府出台政策、营造包容的环境、形成透明的舆论环境赋能其施展才干，从而更有效地发挥这些自发自主力量和资源的作用。

因疫情的高度复杂和演化特征，在上述两种机制发挥作用的同时，政府和各级组织领导的另一项重要职责就是及时发现问题和新动向，协调和耦合两方面的行动，使其互动和互补，弥补缺陷、防止漏洞、相互促进。

然而，随着疫情防控进程，政府及各级组织决策者应视情况及时调整主题。比如，当疫情蔓延之势被迅速遏制之后，就需要适度关注经济社会的发展，此时的主题可能会演变为不放松防疫基础上恢复经济社会的相对均衡的主题，如保证人们生活物资生产与供给，扶持中小企业度过危机，帮助教育、企业和社会各界稳步恢复生产经营等。

对于这一新的主题或目标，上述两种机制及其策略和方法也需要相应调整。例如依靠政府高度权力的战时模式会视情况逐步减少，而靠市场和社会自组织的活动会加强。

与此同时，还需要协调耦合两方面以放大其协同作用，总结经验和教训，以促进社会秩序的恢复和升级，如从政府治理上释放两种机制的价值，特别是集中领导下各级组织的能动性和创造性空间以及社会自组织力量的活力和空间，以升级社会对突发事件的快速反应能力，再如数字网络时代透明舆论体系和社会信任力的提升等。

以上从愿景使命到主题再到两种不同机制及其互动耦合就是和谐管理分析复杂问题的基本体系，对于世界、国家、省市、组织和个人不同层次，虽会因各自情景不同略有差别，但均可使其决策者在突发重大复杂事件面前更系统、更有条理、更有节奏地决策和行动，从而形成一个高度能动和协同的危机应对体系，利于提升决策效率，避免延误时机，减少资源浪费，增强社会的危机应对能力。

另外，世界、国家、省市、组织和个人五个层次又是相互嵌套和关联的，这会使整体问题变得更为复杂，和谐管理的系统分析方法能够帮助人们以系统观和演化观看待这个复杂系统，通过主题保持我们的方向感和清晰视野，再借助集中控制和自主演化两种机制构筑生态系统来帮助各级主体有序共处。

尽管各自利益不同，会为一己私利损害他人，甚或恶意行动，步入双输的僵局，但生态演化的共生机理会使其中的角色理解其行动的正负两方面的可能影响，从而有利于其采取更合理或理性的行动，除非那些抱有其他包括政治目的不计后果的莽行，如世界卫生组织（WHO）宣布 PHEIC（国际关注的突发公共卫生事件）以后，各国的不同反应。

复杂系统的演化常常很难控制，一个恶意的决策可能演进成不可收拾的严重局面，所以各级管理决策者必须不断提高其融合能力、均衡能力和边缘创新能力，既善于营造共生的优良生态，又长于打破僵局，不断升级，从而孕育和增强各自的危机应对智慧。

例如当下各级决策者必须思考，在什么情况下我们需要主题调整，目前从世界到个人的极端隔离和封锁状态（包括心态）可以解锁？如何防止没有价值的过度反应？

极高的风险规避心态面前，各级都会过度避险，但其代价是世界各国社会经济发展的迟滞以及由此带来的种种严重的社会发展问题，包括经济下滑、企业倒闭、失业、社保面临压力、生活秩序破坏、生存环境恶化、国际合作失调甚至对抗等。换句话说，无论是个体、组织还是世界各国，我们都需要更科学的心智和更系统的体系去应对危机。

三、危机应对协同体系构建的相关思考

构建这样的危机应对体系，除了上述心智和体系框架外，各类决策者和个人都需要提升建立在专业、理智判断基础上精细决策的能力，同时能够理解并乐于融入一个协同应对危机、解决复杂问题的体系中。

要知道专业判断并不都是成熟的或准确的，但却是进一步作出理智合理决策的关键。精细也不是事无巨细，而是透过充分获取数据、信息，借助一定的知识与工具进行筛选、分析，辨识出关键的事物、细节，以及事物演化过程中的关键主题、要素、进程特征与环节等，然后再结合不同的主题，分析哪些可采用严格控制的策略，哪些需要发挥无处不在的能动性以及如何营造包容的环境和策略释放大家的创造力，进一步分析这些主题和策略付诸行动的优先级、次序、互动协同的预期等，从而作出决策，并通过不断积累形成理智决策的智慧。

危机应对协同体系自然不是某一类或一个组织、某一个人的独自行动，也不是本位主义的各家"自扫门前雪"，而是围绕"愿景使命—辨析阶段主题和形成共识—强化集中控制和激励社会自组织的应对策略—形成不断完善的行动方案与互动协调载体—运用有效的方法与新工具—检测、完善与演进"的链条，建立起便于形成基本共识、互动沟通的平台，联防、联控协同行动的系统，以及实时反馈及时调整和应变的决策机制等。

另外，现代技术的快速发展也会助力上述危机应对协同体系的建设，如人们利用微信朋友圈可以迅速分享相关信息知识，大大提升了响应速度；大数据、5G、区块链与人工智能等新技术，利用之进行实时监测、充分沟通和互动，以及精确跟踪追溯、快速行动、并行解决问题等。某种程度上，这些新技术使得构建协同应急体系成为可能。

危机应对协同体系本身就是一个复杂的生态系统，每个参与者都是其中一员，既受其影响也可以推动这个体系的演化。

所以，每个人及体系在危机的应对中都可能会经历洗礼和升级，如个人一系列思维心智的跃迁，不仅需要加深对疫情等重大突发事件及其影响的认识，还得不断提升心力，化解恐慌、焦虑等负面情绪对理智的桎梏，不断自我调整——从常态的心智切换到适应突发情境、足以应对复杂问题的心智。

与个人类似，体系中的参与者无论是政府官员、科学家、医务人员以及各类融入其中的参与者，在个人心智跃迁的支持下，也会逐步改进决策和不断升级体系。因为如此复杂的体系的孕育一定是一个漫长（尽管在危机面前需要快速响应）的过程，但只要我们有科学的心智和系统的架构，加上以往的经验和事先的预案，我们就会快速构建，然后持续完善。

四、关于危机应对协同体系相关问题的回应

面对这样庞大复杂的体系构建，自然而然会有很多质疑，我们无法详细罗列和回应。这里仅就几个关键问题作答。

（1）谁愿意参与这样的协同体系？

答：面对重大突发事件，我们很多人可能没有选择权，如此次疫情，无人可以置身事外；其实，我们大可不必低估人们向善、合作的意愿，这几乎是绝大多数人的本能。

（2）什么能力才可以为协同体系做总的决策？谁可以决定主题和策略的转换？

答："危机应对协同体系"可能会让人觉得这是一套事先设计的整体方案，背后存在有极权和强有力的设计者。其实，稍微了解复杂性科学的涌现过程，就不难理解这套协同体系是逐步生长出来的，换句话说是开放的、不断扩展开的，而不是封闭的、要素—结构完全限定好的。

例如，人们围绕共同的健康、幸福的愿景使命，权衡抗疫、生活、工作等不同的主题和策略，通过沟通互动，在各自具体情境中、针对各自的问题作出决策，

这些决策、行动及产生的结果形成应对疫情的联防联控效应，经过多个阶段的迭代最终战胜疫情。所有的参与者都在根据自己的岗位职责和专长进行决策和行动，正是各领域、各层面的决策互动涌现产生了最终的结果。

可以说，这套体系是自上而下、自下而上、交互作用、融合涌现的模式。和谐管理理论指导下的心智和体系总结可以帮助人们更清醒和系统地决策及行动，避免混乱、少走弯路、加速体系的孕育。

（3）危机应对协同体系中如此复杂和多样的决策主体，如何防止或减少不恰当或错误的决策？

答：因各自利益、判断、动机的不同，不恰当或错误决策在所难免，人类正是在利害权衡、吃一堑长一智的学习过程中不断进步的。不过，按照和谐管理理论，这种分散决策恰当性的判断依据是愿景使命和各阶段的主题。如果没有愿景和主题共识，就很难判断各自决策的合理性。

例如，假如美国将此次疫情作为遏制中国发展的一次契机，他们就会依据政治目的借助疫情做过激反应。根据疫情防控形势，世界卫生组织于 2020 年 1 月 30 日宣布新型冠状病毒感染的肺炎疫情构成"国际关注的突发公共卫生事件"，但不建议对中国采取旅行和贸易限制。随后，意大利政府宣布进入国家紧急状态。美国政府宣布因新型冠状病毒构成"国家公共民事行政紧急状态"，暂时禁止过去 14 天内到过中国的外国人入境美国。加拿大政府表示不会因为新型冠状病毒疫情而宣布全国进入紧急状态。

每个国家追求健康、幸福、经济社会繁荣的愿景使命是相似的，但对疫情的认识、主题的选定则有很大差异，采取的策略措施也迥然不同。只要各国积极应对疫情，特别是我国的严防死守，疫情蔓延之势一定会得到遏制，借助药物、疫苗的研制和治疗经验的积累，治愈病患并最终战胜疫情指日可待。

但因出于政治考虑或人为地过度控制，如阻断旅行、贸易等，在世界已经深度互联的今天，必将造成不良的后果和巨大的代价，甚或对各国的长期发展造成伤害。

这可能是人类成长的代价和不得不交的学费，好在人类有不同的社会纠错机制和学习机制，这也是研究者探究的意义所在，帮人们学会进步，也从另一个方面揭示，这种复杂危机应对体系一定是一个螺旋式演进系统。

（4）面对突发性疫情，抗疫、民生、经济的不同主题和策略要求太复杂了，单个拎出来都难以权衡、协调，更不要说在时间紧迫情况下进行兼顾和平衡，如何作出合理决策？如何才能有序切换？

答：如果只把希望寄托在一些决策者身上，我们很难平衡兼顾各种不同的主题，也很难建立起高效协同的疫情应对体系。每个组织、每个决策者、每个人都要权衡，这是参与到协同解决复杂问题体系的方式之一。

通过充分动员每个组织、每一个体，根据自身环境和情况，在关注整体局势的基础上，发挥起能动性和创造性，智慧地决策、行动，以不断达成的结果去推动主题和策略的转换。在抗击疫情的过程中，从全局角度如果需要一些明确的指引性的行动，那么中央和各级政府的决策者、社会上的有识之士，都可以也将会发出相关的信号，以干预个体的决策和协同演化。

（5）如何强化危机应对中的快速反应机制？如何释放社会自组织力量及其创造性？

答：改革开放以来取得的巨大成就中，除了经济高速增长、市场力量发挥重要作用，以及高效的政府行政力量之外，社会自组织力量也得到不断壮大，这是社会经济充满活力的标志，是富裕、繁荣的必要条件，也是防范应对疫情不可或缺的力量。

一个国家的活力和创新力释放需要完善和友好的治理体系，具体来讲，我国需要继续完善以宪法为核心的法治体系的层级治理、市场治理、网络治理三种机制，给各种力量提供足够的创新空间。

另外，进一步增强舆论体系的透明度，重建社会信任体系，这样有助于社会活力的涌现和协同。因此，政府除运用行政手段遏制疫情输出扩散等刻不容缓的阻击战之外，还需要出台相关政策，营造出宽松的环境，给予政府各级决策者、社会力量、市场力量以信任和施展空间，从而实现各种力量协同起来，齐心协力打赢这场战"疫"。

（合作者：刘鹏）

6.10　当代创业逻辑与实践

——我的教育与管理实验

2019 年 8 月 24—25 日，彼得·德鲁克中国管理奖（DMA 2019）Top 20 入围企业的代表及企业的提名专家（知名商学院院长和管理专家）相约安徽省黄山市太平湖皇冠假日酒店，一起纪念德鲁克诞辰 110 周年，共同分享切磋最佳博雅管理实践。

我受邀在会上以"我的教育与管理实验"为题发表主旨演讲，阐释当代成功创业的五大逻辑与事业持续发展的六大要素。

以下是我现场演讲的主要内容和观点，与大家分享。

一、做有实践的理论，做有理论的实践

今天，非常高兴有机会和大家聊聊，在演讲前，我想先和大家聊 3 件小事。

第一件事是应陈明哲教授邀请，6 月底在其"知行合一"训练营上作题为"我心中的管理：信仰、理论与实践"的主旨演讲，其间接受采访，后成文为《世界需要来自中国的管理智慧》。对于文章观点网友有支持也有保留，但我还是坚持自己的观点。

第二件事是最近奥巴马出了一部电影，叫《美国工厂》，我觉得这也是我们去思考东西文化碰撞和融合的一个好题材。

第三件事是我最近看了吴晓波《最后一个德鲁克》的文章，在对德鲁克先生伟大贡献充分肯定后，他认为我们后来者再也无法成为德鲁克。

我最近应《管理科学学报》的邀请写了一篇文章，题为"中国管理学突破的可能性和途径"，其核心思想源自我原来写的一篇通俗文章，讲述在当代环境下中国管理学有可能获得突破，只是更学术地分析了在目前情况下中国管理学获得突破的可能性，并指出了突破的途径。

我之所以对中国管理有信心，最主要的是跟管理的独特性有关系。**管理是致用之学，一定需要理论和实践的互动，当一个国家的管理能成为世界有影响的实践之时，这个国家的管理理论一定也会逐步受到世界的关注，自然其理论发展也会借助成功实践相得益彰**，我相信这一天一定会到来，实际上正在到来。

就我个人而言，虽然从事了一辈子的管理研究，但我更多地把自己看成一个实践者，或者是一个有理论修养的实际工作者。所以，我今天以一个从事教育管理的实践者身份和大家谈谈近些年来我在进行的教育和管理实践。

管理实践非常独特，因为要创造市场，所以常常会别出心裁。当一个管理实践家拓展一个新的事业时，可能周围充满了不解甚或反对之声，但主人公如果明白自己部署的逻辑，不为所动，坚守坚守再坚守，最后把一个看似不可能的事情变成了可能，届时人们回头来看，会感叹："啊，多么伟大的管理实践！"理论家也会跟上来进行总结，结果还可能据此提出新的管理理论。

所以，管理的理论和实践具有极强的构建特色，伟大的实践往往特立独行，常常**要超越世俗，超越传统，突破原有模式，因为只有这样才可能有更大的创造性，**

才会拓展出更广更远的发展空间。但这种超越和突破绝非瞎胆大，而要有宏大的视野、深厚的造诣、坚实的理论修养、摧枯拉朽的能力。

因此，我自己在研究和实践的过程中，始终强调：**做有实践的理论，做有理论的实践**。

现实中，我的实践不一定是 100% 地按照理论去做，但一定是有理论的支撑；我的理论也不一定是简单源自实践，但一定是有很强和深厚的实践启示及体验支持。

二、互联、数字、智能时代创业的基本逻辑

下面，基于我的实践和理论研究，聊聊我对未来创业的五点认识，如图 6.1 所示。

图 6.1 互联、数字、智能时代创业的逻辑模型

第一是向未来而生。当我们做管理的时候，特别是创业的时候，一定要瞄准未来，而不是一味地根据现有的实践、成功的经验，进行模仿或复制。因为只有从未来那里可以挖掘出你事业的价值，寻求你人生的发展空间。

第二是精一和独特。在日益数字化和全球互联的时代，信息不对称在快速消减，市场趋于统一。你懂什么、会做什么并不保证你可以创造价值，只有你把自己感兴趣的甚或非常独特的事情做到极致，成为绝招，不论大小，你就有可能在满足自己快乐的同时为社会创造价值。即使很小的事情，也可以通过互联网传播到全世界的市场，从而成为大事业。所以这个世界的竞争逻辑是敢于独特，坚守精一。

第三是边缘创新和融合。那么在这个全球白热化竞争的世界，大家都在努力独特和精一，潜在的价值和发展空间到底在哪里？其实在于融合，在于边缘。其逻辑显见，在多样、成熟的社会，交叉地带往往潜藏更多薄弱环节或空白，边缘地带更易新生事物长成，因此善于通过边缘创新、长于资源和行业融合者，往往会有更大发展空间。

第四是持续创新和升级。边缘突破、持续创新几乎成为这个世界的代名词，成功的实践会迅速波及世界，价值空间会快速降低甚至被新技术所颠覆。生活在这个世界很精彩，但在这个世界创业也很无奈。要使基业长青，必须擅长持续创新，不断突破自我，包括思维方式、成功模式、先进经验，特别要注意升级自己的心智模式，不要站在现在想未来，而要学会站在未来想现在。

第五是全球视野、本土理解、国际行动。现在流行的说法是全球化思维，本土化行动。但我个人对此有不同的理解，因为全球互联，全球化思维和视野不容置疑，自然也要脚踏实地，理解本土的文化和需求，但不是简单地按照本土的习惯行动，因为你的事业面对的是国际一体化的市场，所以你一定要在本土化理解的基础上国际化行动，这样才能保证发展出具有本土特色的国际化产品或服务。

下面，我想用自己的实践来阐释一下我的这些创业逻辑。

三、大学是破产还是颠覆性创新？

哈佛大学战略教授克莱顿·克里斯坦森（Clayton Christensen）在 2014 年接受采访时说，在未来十五年内如果美国的大学不进行变革会有一半面临破产，如图 6.2 所示。

图 6.2　大学是被颠覆还是颠覆性创新？

这个断言引起了很多争议，有的人认为是哗众取宠，也有人认为这是给教育工作者提了个醒。

我最近看到另外一篇文章，专门分析了美国近年来大学破产的速度。2013—2014年，美国四年制大学为3 122所，2017—2018年降至2 902所。所有关闭的院校都是四年制营利学校，数量从2013年的769所降至2017年的499所。

我们正是在这种情况下，在苏州创建西浦。那么怎样建设这所学校？有两种逻辑可循，一种是简单地去复制现有国内外大学，一种是对现有教育进行颠覆，从而让自己升级。

作为中外合作办学，最简单的建设途径自然是复制大家认为比较先进的外国大学。目前中国仅有的十所左右的具有法人地位的国际合作大学，90%走的是这一条路。对此，我是有不同看法的，因为在当前环境下，全世界的大学都已经落后了，即使我们认为的世界一流大学也落后于时代和技术对它们的需求。

所以，我们创建西浦的基本逻辑是，**根据未来世界趋势和需求，整合东西方文化和中外最优实践，探索适应未来的教育和办学模式**。当然，我们谁都未到过未来，怎么理解未来？这是我们需要非常关注和研究的。

在这样的逻辑下，我们深入想象和研究未来，并根据我们对未来的理解去探索四件事情：

第一，未来的教育模式是什么？什么样的教育能够在未来生存？

第二，目前中外大学内部的运行机制、组织架构基本上还是层级化的官僚体系，效率很低，不利于知识工作者和知识组织的效率释放。作为管理教授，我们试图探索一种新型的基于网络的现代大学支撑体系。

第三，现在或未来大学和社会的互动关系应该是什么？

第四，通过这三个方面的探索，我们能不能去做一件事情，就是影响中国的教育改革甚或世界的教育发展？

十多年前，当我提出这四个发展定位的时候，很多人觉得我们太狂妄，认为是痴人说梦，但十多年后，我们在这四个方面都取得了一些小小的成就，受到了学生、家长、社会、同行和管理部门的逐步认可和尊重。

从上述实践中，不难发现我们一直在践行图6.1模型中的几条创业逻辑：

（1）**向未来而生**，在这个全球重塑教育的时代，我们遇到了与世界一流大学站在同一起跑线上探索未来教育的千载难逢的机会，而且具有后来者没有历史包袱、一张白纸好绘宏图的后发优势，所以大胆地瞄准未来、开拓创新。

（2）**精一和独特**，教育重塑给了我们可以独特的机会，我们瞄准中国甚至世界教育的问题和面临的挑战，通过我们的学习和创新，走出了一条独特的道路，

293

而且始终坚持育人为本，把帮学生成长作为我们的核心目标，而且我们会坚持把这条路走下去。

（3）**边缘创新和融合**，我们把东西教育两者结合起来，不去简单复制现有模式，而是根据未来趋势和需要，融合全球最优实践，面向未来大胆创新。例如，我们在教育模式上试图把美式教育的灵活性、英式教育的质量保证体系、中国和苏联教育重基础的特点融合起来，形成我们自己的"以学生成长为目标、以兴趣为导向、以学习为中心的研究驱动型教育模式"。

四、持续创新和升级

我们用了十年时间完成了四件事情。

第一，对传统的以专业导向的精英教育模式进行了创新。我们提倡研究导向型的教育，把教学生知识改为改变学生、帮学生成长，并形成了一套较为完善的体系。

第二，我们营造了一种支持现代大学运行的扁平化的网络组织，不强调层级和级别，而重视网络中每一个角色的能量释放和作用发挥。

第三，形成了一种开放的校园环境和友好的社会合作关系，西浦开放的不只是没有围墙的校园，更重要的是张开怀抱形成与社会各界的资源共享、互动与合作。

第四，形成了一种先进教育理念和最优实践的传播平台。我们成立了一个领导与教育前沿院（ILEAD），收集全世界的最优实践，总结我们的探索经验，研究前沿的教育理论，然后通过竞赛、联盟、培训、共同体营造等途径，推动中国教育变革和世界教育发展。

我们把这些发展看成西浦1.0。

如果我们停留在这个蓬勃发展的阶段，短期内虽然不会遇到颠覆性挑战，但作为教育的探索者和长期可持续发展的需要，我们一定要重视图6.1模型中第四个创业逻辑，即持续创新和升级。

目前，全球教育的基本模式依然是专业化，不管学生将来干什么，进到学校必须选学一个专业。但是当学生走向世界的时候，社会永远在抱怨学生的社会适应能力。为了扩大学生的知识面和强化学生的适应力，不少学校开始探索跨专业教育，如给学生提供更多模块化的学习机会，或主修与辅修专业等。即使这样，学生仍然缺乏人生中必需的创业精神以及领导、沟通、创新、合作等能力的训练。然而，要帮学生获得上述多方面的学习和训练，则需要发展一种既有专业教育，又有行业教育，还有穿越跨专业教育的各种能力的训练，目前在全球很难找到一

特立独行

和谐教育之路

种这样有效的教育模式。

另外，随着人工智能和机器人的发展，人才会向两极转移，要么更加专业，要么更加融合。对于前者，改进目前的教育模式即可培养出更有造诣的专业精英；但对于后者，则需创造一种新的能满足上述需求的育人模式，这就是我们正在做的融合式的教育（Syntegrative Education），如图6.3所示。这正是图6.1中第四种创业逻辑在我们实践中的体现，即持续创新和升级。

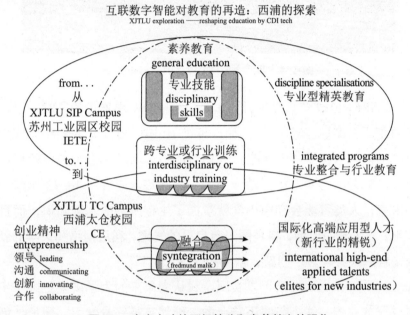

互联数字智能对教育的再造：西浦的探索
XJTLU exploration——reshaping education by CDI tech

图 6.3　未来人才的两极转移和素养教育的强化

无论开展哪一种教育，素养教育的需求在未来都会越来越强，因为人工智能和机器人在取代工具性和技能型人才的同时，会大力提升人的能力。但人的素养较低，即使有很强大的机器人助理，也难以释放其潜能。

因此，西浦在10年探索的基础上，将在现在的苏州校园，进一步强化素养教育和行业熏陶，重点培养国际化的有造诣的专业精英。另外，将在太仓新建一个校区，如图6.4所示，用一种全新的融合式教育培养未来能够利用人工智能和机器人引领新产业的行业精英人才，同时探索未来的大学概念和校园模式，为未来教育提供西浦方案。换句话说，就是要用太仓一个全新的校园**做三场教育实验：第一是怎样培养能够运用人工智能引领未来行业的人？第二是未来的大学概念是什么？第三是这样的大学其校园形态应该是什么样的？**我们计划用10年初步完成这些探索，并形成西浦2.0。

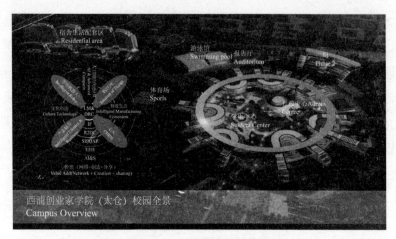

图 6.4　西浦太仓校园设计的逻辑和布局

　　其实,当我们 2017 年启动西浦 2.0 后,在一步一步推进的同时,已经开始思考更长远的发展,谋划西浦 3.0。例如,再过 10 年、20 年,人们将怎样生活?那时的学习应该是什么样子的?未来,人们可能不再用四年念个大学给自己贴一个学士的标签,或者学习 6~7 年再贴一个硕士的标签,或者用 10~12 年贴一个博士的标签。**未来,人类可能会在中小学就掌握了生存所需的基础知识,而且学会了学习,等到了念大学的年龄,将是围绕着自己的兴趣,利用网络和大学的新环境,开启围绕兴趣的终身学习、创新、创业和生活。**

　　假如这种学习和生活场景得以实现,我认为**未来的大学需要更进一步地融入社会,形成开放式的、线上与线下结合的、能够支持终身学习、研究、创新、创业和生活的生态环境以及分布在需求中心的一些有主题的卓越中心。**那么这样的大学将会呈现出什么样一种具体的形态呢?如图 6.5 所示。

图 6.5　我对未来大学的构想

图6.5中左侧是古代的大学,类似一部百科全书,单层级,核心任务是传播知识;中间是现代大学,大学学科在横向和纵向极度细分,形成层级式的体系,学科之间弱连接;最右侧是**我想象的未来大学,多元的、融合式的、扁平的、分布式的。其核心框架包括五个方面:一是受人认同和喜欢的品牌,二是品牌背后的教育哲学和理念,三是一个能在全球整合教育资源的网络,四是分布在不同地域有主题的可满足终身按兴趣学习、创新、创业和生活的卓越中心,五是围绕这个大学核心功能和资源形成的一系列的生态群落。**我们将以此构想布局西浦3.0。

我们试图通过这场教育实验,在西浦形成这样一种图景:**整个学校会营造一种融合式的学习、研究和发展环境,全面提倡研究导向型教育,打造专业化精英和行业化精英两种教育模式,跟社会合作形成数个围绕特定主题的分布在不同地域的卓越中心,最后以西浦为平台构建一个世界级的教育变革与传播体系。**通过这场实验,西浦在教育上可以做出五个方面的贡献:

第一是对当下的国际化专业精英教育模式进行大胆创新。

第二是创造一种全新的培养行业精英的融合教育模式。

第三是对未来大学概念和校园提供一种示范。

第四是形成一系列分布式的、开放的、共享的、可支持终身学习、创新、创业和生活的卓越中心。

第五是打造一个国际化的先进教育理念和实践的传播体系。

五、一场和谐管理理论的实验

作为管理教授,在进行上述教育探索的同时,我还在做一场管理的实验,即呼应德鲁克先生提出的21世纪的管理挑战——解决知识工作者和知识组织的效率问题。

大学是典型的知识组织,大学的利益相关者大都是知识工作者,如何提升其效率是我们实验的目标。我在20世纪80年代提出了应对不确定环境下复杂管理问题的和谐管理理论,在当下日益不确定、模糊、复杂、多变的世界背景下,该理论日益展现出其强大的解释力和管理实践的指导作用,因此该实验的理论基础即是和谐管理理论。

首先,我们放弃了全世界比较流行的大学科层式官僚组织体系,构建了扁平化的网络组织,如图6.6所示。我们强调网络节点上每个角色及其间的互通互联,鼓励各自的能动性和创造性,而整体则强调愿景和使命导向下的协同与融合。

西浦和谐管理实验：西浦管理体系
HXMT experiment: XJTLU management system

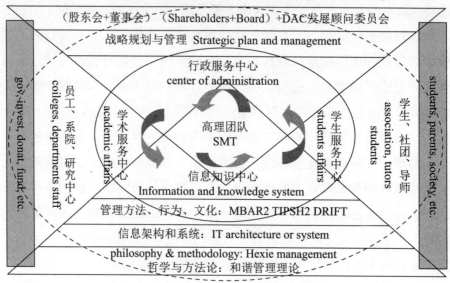

图 6.6 在西浦的和谐管理理论应用实验

其次，我们进行了和谐领导力的实验，知识和网络时代，每个人都是领导者，组织需要研究和处理领导与领导的互动与合作问题，和谐领导力既要能够让每个节点上的角色释放其领导力，又能够整合各节点上的碎片知识和领导力成为组织的领导智慧。我们利用和谐管理的愿景和使命导向下围绕战略与和谐主题的谐则与和则耦合机制，孕育和谐领导力及其分布融合的有效实践，最后形成了西浦自然、知识、社会三级生态系统，如图 6.7 所示。

西浦案例：促使知识组织有机运转
XJTLU is to make knowledge organization work like a cow

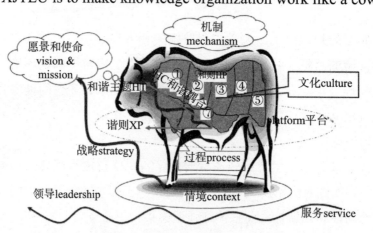

图 6.7 知识组织和谐领导力的实现

第三，随着数字化、物联网、智能化，管理日益生态化，如图6.8所示，当管理演化到平台化进而步入生态管理时代，演化机制的作用日益加强，科学管理时代强调的设计机制必须学会与演化机制合作。

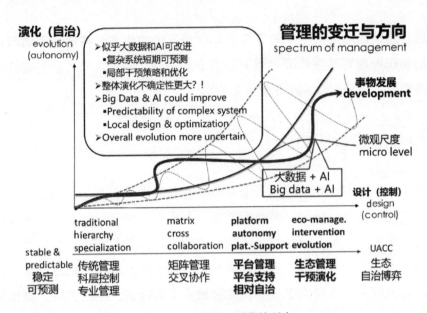

图6.8 生态管理时代的到来

尽管大数据、人工智能分析可以帮助人们更深入理解人、组织和社会背后的运行机理，有助于计划和设计，这无疑将提升人们局部的设计和计划能力，但从整体和长期发展角度来讲，这种强连接和快速变化的复杂世界则更加难以设计和驾驭，整体的演化机制将扮演日益重要的作用。

在数字化、强互联、人工智能已成为管理实践的新的驱动力的大背景下，管理一定要日益生态化。我们需要在生态化的情景下重新定义管理、领导、组织、战略等我们耳熟能详的概念！

以西浦为例，我们不仅在内部形成了自然、知识、社会三级生态概念和架构，而且以西浦为平台，正在构筑教育变革和创新的生态群落，例如利用我们发起和组织的西浦全国教学创新大赛形成网上与网下数百万人的群落，利用我们组织的高校教师发展中心联盟形成了教师提升群落，利用我们的基础教育实验和国际合作形成了基础教育变革和创新的领导群落，通过我们的教育技术及与 Moodle 的合作形成了现代教育技术促进群落，通过我们品种齐全的各种教育培训项目形成了全国的教育创新者群落，等等。

我们在西浦的管理实验，已经在以下几个方面取得了较大进展：

第一，深化了和谐管理理论的应用，进一步完善和促进了理论的发展。

第二，探索知识工作者和知识组织有效性的提升，为德鲁克先生提出的21世纪管理的挑战寻求方案。

第三，探索现代社会无法回避的共享与共生机理，形成生态管理的理论和实践框架。

最后，通过西浦形成一个教育变革和创新管理的生态，并通过西浦与产业界和政府的合作形成布局在不同地域的各类卓越中心，探索未来社会的终身学习和创新支持体系，以期对社会产生更大的影响。

六、个人的管理体验和总结

很多年前，我应邀到湖南一个很大的企业做演讲，企业老总别出心裁的介绍道出了我的行为特色。他说，席教授姓席，上通天；名字最后是民，下接地；中间的酉是酒去掉三点水，酒是粮食做的，去掉水，就是实实在在打粮食。我喜欢这个介绍，不只因为其风趣，更因为其寓意。**作为管理教授，就应该通天：有国际视野、国家情怀、战略构思；更应该接地：了解社情、明白民需、脚踏实地；还应该打粮食：行事稳健、管理有效、执行到位。**

为此，我们必须不断学习和提升自我。我个人比较有幸，**大学的物理学学习训练了自己的逻辑；研究生系统工程的研究塑造了自己的系统性和工程思维；博士阶段的管理和人文熏陶使自己更了解人、组织和社会。**反思自己的发展，这种融合式的训练功不可没。

具体到管理实践策略，我则奉行当代创业的第五条逻辑，**全球思维、本土理解、国际行动。**上述已有解释，不再赘述，如图 6.9 所示。

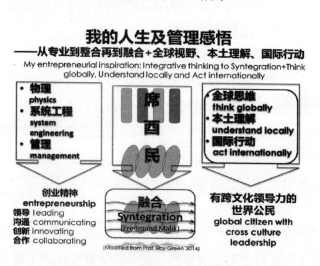

图 6.9 我的人生训练及管理感悟

回顾我几十年的学习、管理研究及实践生涯，感悟很多，除理科、工科和管理的融合式学习和训练外，就是不断强调"做有理论的实践，做有实践的理论"。由于大数据和深度计算的发展，现在还可以再增加一句，"利用人工智能支持理论与实践的对话"。这种积淀、研究、历练形成了我的实践逻辑，这就是成功创业与事业持续发展的五星模型，如图 6.10 所示。

成功创业与事业持续发展的五星模型
five star model for successful career development

2. 认可和共享的愿景和使命
shared and recognized vision & mission

3. 治理结构和相关利益者联盟
governance structure & stakeholders alliance

1. 远见和可持续发展的商业模式
Visionary and Sustainable Business Model

4. 跨文化领导力和管理系统
cross-cultural leadership & management system

5. 战略谋划与成功战斗
strategic campaign vs. successful battles

6. 长期持续的坚韧努力
long term tenaciously operation

图 6.10　成功创业与事业持续发展的五星模式

该模型的核心是有清晰的长期可持续发展的商业模式，然后是认可和共享的愿景、使命，再其次是治理结构和相关利益者联盟，第四是领导力和管理系统，第五是长期战略谋划和短期计划，最后是长期的坚守。但我们很容易发现，不少成功的创业并不必然需要该五角星的各个方面。的确，有时靠运气、靠贵人相助、靠一次机会，也可能获得一时的成功，但是你要有一个长期成功或长期可持续发展的事业，这个五星模型会给予你很大的帮助。

6.11　与管理专家的对话

感谢各位教授所作的精彩演讲，我分享一下我听完报告后的一些感想。

张金隆教授的演讲向我们介绍了十多年来我们中国管理学发展的一个画面，《管理学报》发表了关于本土研究四百多篇文章，孕育了"管理学家在中国""中国·管理·实践"两个系列会议，诞生了我们中国管理 50 人这个群体，等等。这一切见证了我们在管理上的坚守和探索。可以说："十年探索，百花满园；十年困惑，继续深耕"。世界环境、中国情景、丰富实践，我们现在应该进入一个需要管理深耕（理论和实践）的时代。

李维安教授讲了公司治理问题，国内外很多学者对此都有大量探索和研究，也形成了很多比较好的理论。我的一位朋友，牛津大学管理学院前院长 Colin Mayer 教授，积几十年研究撰写了 *Firm Commitment*，从演化的角度指出，公司治理理论上似乎比较完善，又有如此长的市场实践，为什么现实中我们依然会发现不少公司仍对股东不忠诚、以假冒伪劣欺骗客户等等？出了什么问题？是制度出了问题？还是文化或人出了问题？我过去对这个问题也密切关注，写了一本关于公司治理的教材，还从和谐管理理论角度与 Mayer 教授分享了我对其问题的解读。在我看来，谈中国的公司治理一定离不开谈中国的软法制环境（法律不完善或法律未得到有效实施），包括刚才李维安教授提到的行政和市场双元问题。我曾专门撰写过软法制的三个诱因，即"闹、寻租和投机"三种不良文化。实际上中国公司未来的治理有三种力量在起作用，一种是行政治理；一个是市场治理；还有一个就是数字化时代新增的网络治理。这三个治理机制背后的一个基础就是宪法，基于宪法的三种治理力量的平衡和稳定性将是一个很值得去关注的话题。比如，网络和数字化使我们正走向一个没有边界的全球数字时代，于是我们不得不关注全球数字治理问题，不得不研究全球数字公民问题，不得不探索全球数字时代国家的治理问题。西交利物浦大学正在和一些国际专家组建一个全球数字公民研究中心（Global Digital Citizenship Center），进行研究和课程开发，并计划与联合国相关机构合作，促进全球数字治理研究与全球数字公民行为教育。

陈春花教授的演讲介绍了她对未来时代共生组织的研究。实际上，共生这个词我很早就已经关注并研究过，它其实是我们提出的和谐管理理论的最终追求，即在谐则与和则机制互动基础上形成多元主体的共生。当然，在网络时代的强连接环境下，我们需要进一步研究共生现象，特别是共生的基础和逻辑。我认为陈春花教授在演讲中提出了很好的问题，有三点我觉得特别值得我们大家关注，就是她研究管理问题的视角，第一是面向未来世界，第二是扎根于现实问题，第三是重视管理经典，她是借助经典把现实推向未来，即现实的管理实践对理论的需求是什么？经典管理理论在现实应用中存在什么问题？管理理论需要什么样的创新？另外，陈教授的演讲中还提出了一个未来组织的进化问题。大家知道，生态的进化是基于进步前提下一簇逻辑或者规则推动的演化，所以进化一定是升级的，理论上会表现为范式革命（paradigm shift），即在进化到新的状态时老范式失灵或需要升级。但人类社会的发展因人的干预不总是这样，人类社会的发展实际上是演化，是在一大堆没有共同前提的规则或机制推动下的运动，演化并不意味着下一个状态一定比前者进步，换句话说，人类社会活动下一阶段可能出现比上一阶段做得更糟糕的情况，其决定因素是人的干预方向和能力。所以，当我们谈组织的时候，组织不可能一定是进化的，必然是演化的，于是我们管理研究需要解决一个问题，那就是在这个演化过程中，人们如何干预和影响，如通过我们熟悉的领导、治理、组织、战略等管理概念施加影响，让这个演化更好地面向我们向往的目标，变成进化。其实，人类已经进入了一个生态和演化的新时代，演化的管理（或干预）就成为一个非常值得关注的研究问题。

汪戎教授在国企混改方面有丰富的实践经验，也做了很多的理论研究。在我看来，混改其实是个很模糊的概念。凡是股份制的组织哪一个不是多元参与的形式呢？为什么我们一定要强调一个"混"字呢？这可能是基于中国特有语境下的一个词。就我个人理解，混改主要是针对国有资产而言，至于是引进中国股份、外国股份或其他性质的股份，形成什么样的股权结构，其背后需要解决的重点问题是找到一种机制，使企业活起来，在市场上具有更大的竞争力与价值创造空间，从而解决国有企业运行和国有资产增值保值问题。

李垣教授的报告也很有意思，报告中他用"市场"和"政府"的强弱划分出了四个象限，他所做的一系列学术研究都集中在"强政府、强市场"这个点上。"强市场、小政府"是以美国为主的西方典型特征，"强政府、小市场或弱市场"是我们改革开放前的模式，这些模式都有比较成熟的理论解释。但随着中国经济社会改革不断深入，现在走到了一个政府和市场两强的状态，而这种形态缺乏成熟的理论解释，这也正是管理学研究应关注和深入探索的。值得注意的是，李垣教授的研究基本上是从不同侧面试图解释这种两强状态下的管理问题。他的有趣发现是，在这种状态下企业家的制度创新或突破能力对经济社会发展日益重要，从我个人研究和管理实践角度看，李垣教授的战略意图、具体的学术操作和研究结论值得我们去关注和支持。例如，我在西交利物浦大学的目标就是针对未来世界的发展趋势和需求、整合东西方最优实践、在中国做一所适应未来的国际化大学，然后影响中国和世界的教育发展。这就需要很强的制度突破和创新能力，特别是理念和文化上的突破和升级，如果我们有能力走出这一步，一定会拥有更大的发展空间、更广泛和深远的影响力。然而，这对管理者而言，需要其极强的复杂环境中的生存力、对未来的前瞻力、对事业的整体驾驭力、突破世俗的勇气、保持初心的坚守、长期的艰苦努力等。

陈凌教授的报告总结了家族企业的变化发展问题。我觉得这里面有四点值得我们去思考。一是家族企业的模式与背后的文化和社会环境的关系。因此，我们可能需要特别关注例如长三角地区的家族企业、中国台湾地区的家族企业、中国香港地区以及中国内地其他地区的家族企业的异同，中国与韩国和其他东南亚国家家族企业的差异。为什么？如果与欧洲的家族企业比可能差异更大。这里面就涉及区域背景，包括政治、法制、市场、文化、人的习惯，不同的背景也会演化出各自的家族企业的特征。二是家族企业的血缘信任与制度信任的关系。很多家族是在制度信任和文化信任缺失的情境下，以血缘关系来替代的一种制度安排。三是家族治理的问题，例如家族的资源和现代化市场机制的资源整合空间不一样，所以在未来市场上不可避免会遇到相应的进化问题。四，中国家族企业的独特代际传承问题，因为中国人有非常独特的子女和财富观。

最后，想谈一谈我对未来管理研究的一些认知。陈春花教授介绍了她的"共生组织"研究，我觉得不管是共生也好，和谐也好，平台或生态也好，管理研究一定要面向现实。而现实有两个，一个是我们现实中的管理问题，另一个是技术和世界的发展趋势可能对现实管理的挑战。这些趋势、现实管理问题、技术诱发的管理变革，都可能对管理的经典理论提出了挑战。例如，传统的组织理论一定会讲角色、讲关系、讲边界以及背后的机制，然而在当代技术和社会大背景下，这些要素发生了很大的改变，甚至是颠覆性的，换句话说，在一些领域出现了范式革命。于是管理研究一定要明确哪些经典理论继续适用，哪些需要放弃，哪些需要调整，还有哪些需要我们创建新理论去支持。所以，在世界日益复杂不稳定、新技术不断涌现的当代，管理研究遇到了重塑的机会；再考虑到我们身处备受世人关注并日益成为世界强国的中国，其丰富的管理实践、深厚的中国文化、神秘的生存智慧、举世瞩目的发展成就、日益强大的影响力，可能使管理研究进入又一个起跑的时代。这个起跑时代不仅仅是对中国来说，而且是对全世界而言。

既然我觉得这是中国管理界起跑的一个难得的机会，那么站在起跑线上，我个人有三点建议供大家指正与批评。

第一，管理研究、管理实践经过几十年的改革、几十年的研究，已经积累到了一个可以深耕的时代。首先，大量丰富多彩、生动有趣的管理实践和百花齐放的管理理论，刺激我们和帮助我们站在更高的层次进行有思想的研究！我一直追求，要做"有实践的理论和有理论的实践"，真心期望中国管理学者抓住这个机会，在全球化的背景下，形成有中国智慧的管理思想。其次，要注意在大量理论积累和新思想的基础上，进行更有突破性的系统研究。我曾经将研究分为三类："竖

特立独行

和谐教育之路

篱笆桩子、编篱笆、修补篱笆",当前在论文发表驱动下,我们有太多的修补篱笆的研究。但处在当下范式革命的时代和管理实践及探索土壤肥沃的中国,我们应有更系统性的研究,理论上应敢于"竖篱笆桩子"。第三是研究应当更加深入,这似乎是废话。但若无长期坚守、缺乏"深入",怎能实现管理研究真正的突破——贡献。贡献出自我们对这个世界的新认识、对复杂管理现象背后机理的深度挖掘、对世俗习惯的颠覆、对自我的突破。我经常用一个词来激励自己,那就是"逆俗"。敢于超凡脱俗,去做一件别人不认可或大家都认为短期不可行的事情。既然创新的管理实践需要逆俗,管理研究更需要逆俗,世俗虽有利于社会的稳定性,但是世俗有很多东西已经落后于时代,若敢于突破世俗去形成自己的理论构建,就有可能走在世界的前列。因此,不拘泥于现实琐碎,敢于跟趋势走的人,永远会跑在世界的前列,我觉得这是我们管理界应该积极践行的。

第二,我想讲一讲双重现实(dual reality:digital +literal/physical)时代的管理研究。在双重现实时代,每一个人或组织实际上都有两个存在,一个是数字人 / 组织(digital twin),另一个是实体人 / 组织,因此世界也可分为一个数字世界与一个实体世界。双重现实时代在给人类更好认识自己带来机会的同时,一定会给人类活动管理带来很大挑战,比如说未来的实体与虚拟之间的互动甚或融合问题,如交互问题、情感问题、伦理问题、治理问题、关系问题等等。当然这不少属于社会学问题,但里边也会产生很多的管理新生问题,值得我们研究,例如这两界间的技术穿越及其对管理可能产生的影响。在生物学领域,科学家已经利用数字人及其与实体人互动进行了很多有意思的研究,其实管理也可通过双重世界及其互动的研究更深入地认知管理和提升管理效率。

最后,再强调一下共生和生态的管理问题。我觉得这会是管理学界无法回避的一个挑战,当然也是一次难得的机会。近些年,平台组织、生态组织、网络组织日益受到重视,其共同点就是我们大家今天频繁提到的共生,背后的基础是要素互联或连接革命。其实,世界的深度互联会随着物联网(IoT)、大数据、人工智能、人机协同和智能机器人技术等进一步加剧。在深度互联的世界,人、物和事件融为一体,虚拟与实体混合,人类活动的角色、关系、机理、组织方式将发生巨大的改变,人类可能真正走向一个演化管理的时代。在演化管理背景下,世界不完全以人的意志为转移,人类最多能用自己的智慧对演化过程做出一些干预。那么,我们就不得不思考和研究人类将用什么东西去干预这个演化的世界,以实现我们传统意义下的管理。换句话说,在这个世界里,是否还有领导的存在?如果有,未来的领导是什么样子?领导的职责是什么?领导怎么发挥作用?我们习惯的传统战略又会是什么样子？在演化时代，组织的边界日益模糊，届时组织又会是怎么样的？在这样的组织里我们还能用过去的角色、关系、机制来进行理论阐述吗？如果不能，应做出什么样的改变？总而言之，在演化管理时代，我们可能需要从一个全新的角度去看待管理实践和理论研究，这样才能有效地帮人类在发展过程中从一个状态演化到另一个更好的状态，从而实现人类管理从"演化"到"进化"的飞跃。

（席酉民，"中国管理 50 人"会议总结语录，2019 年 4 月 19—20 日）

———— 第7部分 ————

三言两语

7.1 学习

1 录取通知书也是一张别离票

（注：这是在子女快进大学学习时父母的感悟，感谢作者），很适合期盼通知书或获得通知书而庆贺的父母和孩子一读。其深刻反映了父母全身心的对子女的爱和无尽的关怀，正如文中强调，父母真的像蜡烛一样，甘愿让自己融化为泪、燃烧成灰，而无怨无悔！作为教育工作者，几十年的体验和反思告诉我，文章所悟一点也不过分，现实中父母对子女的关爱和呵护有过之而无不及，但我想说的是，在抒发父母感情的时候，若能有所反思，我们这样忘我地关心子女真的有利于孩子的成长和未来吗？坦率地讲要画一个大大的问号！中国父母对子女倾注的爱、呵护，甚至代劳许多本应该子女做的事情，在很大程度上是巨婴养成的重要帮手，这也是我把这篇文章选录于此，并做这样注释的原因。）

所谓父女母子一场，只不过意味着，你和他的缘分就是今生今世不断地在目送他的背影渐行渐远。你站立在小路的这一端，看着他逐渐消失在小路转弯的地方，而且，他用背影默默告诉你：不必追。 ——龙应台《目送》

儿子今年高考，分数下来之后，在网上填报完志愿，就等着录取了。等待的日子最是难熬。一天当中，我无数次打开查询窗口，输入考生号、身份证号、登录号，对数字一向不敏感的我，早已经把那些数字背熟。我知道，现在自己所有的心思，都在盼望着那张录取通知书的到来。

刚刚又从手机上查询了一遍，却忽然想到了一个问题：那张录取通知书对我们做父母的来讲，究竟意味着什么？它意味着儿子 12 年的寒窗苦读有了收获，更意味着我们和儿子 18 年朝夕相处的日子已经成为过去！儿子拿着通知书离开这个家，回来的时间会越来越少，直到有一天和一个陌生的女孩组成家庭，过一辈子。那张我们盼望中的录取通知书，对父母来讲，分明也是一张别离票啊！它确定无疑地告诉我们，孩子已经长大，将要离开我们这个共同的巢穴，飞向更辽阔的天空。有人说，这个世界上所有的爱都以聚合为最终目的，只有一种爱以分离为目的，那就是父母对孩子的爱。父母真正成功的爱，就是让孩子尽早作为一个独立的个体从你的生命中分离出去，这种分离越早，你就越成功。正如龙应台在文章里所

特立独行
和谐教育之路

写，所谓父女母子一场，只不过意味着，你和他的缘分就是今生今世不断地在目送他的背影渐行渐远。你站立在小路的这一端，看着他逐渐消失在小路转弯的地方，而且，他用背影默默告诉你：不必追。确实如此。从和母体分离呱呱坠地，到上幼儿园、上小学、上中学，我们总是在爱的期盼中不断分离。这次的分离，只不过比以前更久，其意义也更为深远。我们的孩子，将会变成一个完全独立的个体，立业、成家，最终成为我们的依靠。据说，孩子越优秀，就会离父母越远。但我们每个人，仍然盼着自己孩子更优秀，甚至想尽一切办法，提供一切条件，让孩子走得更远，飞得更高。做父母的，只要孩子能够更幸福，自己心里的那点痛，真的不值一提。我们的心底，真的不希望孩子长大，因为孩子长大就意味着自己变老，就意味着越来越少的天伦之乐。但我们又天天盼望着孩子长大，希望他尽早去搏击长空，领略人生。人们总是把教师比作蜡烛，但我觉得，用蜡烛来形容父母，才最恰当不过。因为，只要能照亮孩子的前程，只要能让孩子过得幸福，父母甘愿让自己融化为泪、燃烧成灰，而无怨无悔！

成长的结果，是分别；高兴的尽头，是离愁！录取通知书也是别离的笙箫，它最后会化为一张车票、船票、一张飞机票，载着我的孩子驶向远方。此时，我仿佛已经听到了倒计时的嘀嗒声。孩子，盼着你长大，却又不愿你长大，我们心里的这份纠结，不知你是否懂得？一向严厉的父母，在这个假期居然对你有求必应，我们心里的那份惶恐，不知你可否感受？虽然还是中年人，却将要正式步入老龄社会的那种无奈，你是否能够体会？

但我仍然盼望着通知书能早一点来。因为，那是我最亲最爱的孩子人生的跳板，从此起跳，他将拥有一个更高、更广阔的平台。我们应该为此祝福。在焦急的等待中，在收获的欣喜中，在对未来的期盼中，在对幸福的憧憬中，让我们珍惜在一起的这段时光吧！此刻，最惬意的幸福将会被时间凝成琥珀，永远珍藏在我们彼此的心中。

2 家庭是大学、父母是老师

印度第一家国际大学 O.P.Jindal Global University 创始校长拉吉·库玛教授一行拜访西交利物浦大学，探讨合作。我们有着近似的创校理想，即是促进教育变革与转型。很喜欢他们送我的礼品，如图 7.1 所示。特别是甘地的像和他那句话："Every home is a university and the parents are the teachers."（每个家庭都是一个大学，父母就是老师。）

图 7.1   O.P.Jadal 国际大学的礼物

3 做"三不父母"

对小孩或年轻人，有时"能帮不帮、能说不说、能给不给"其实是一种更深沉和高明的帮助……我经常建议许多家长做"三不父母"，即对子女的事情，学会"看不见、听不到、不会做"（图 7.2）！

图 7.2   学做"三不父母"

4 习近平说："一个人遇到好老师是人生的幸运，一个学校拥有好老师是学校的光荣，一个民族源源不断涌现出一批又一批好老师则是民族的希望。"其实，师永远是相互的，师生互动、学校与社会互动，特别是在现代，所有朋友互动和知识共享可助社会文明和进步，但真正的智者是那些能在这些丰富多彩的互动中独立思考、头脑冷静、围绕内心执着追求、站在潮头智慧整合、敢于突破和能够超越的人！真正的好老师是那些理解人生成长真谛、善于诱导学生形成理想、启发他们释放潜力、指导他们放飞理想，帮助他们铸就追梦的翅膀的人（图 7.3）。

图 7.3　学生在我办公室一道庆祝学校生日

5 谨防掉入便捷通信技术的陷阱

发达的信息和知识交流技术带来的益处自不必多说，但引致的负面影响并不见得已得到足够重视，如：①从我和家长的沟通中发现，现在学生和父母似乎处于一种事无巨细和无时无刻不联系在一起的状态，从而使父母随时介入学生的生活和学习中，包括吃穿住行的很多小细节，好处是学生可以方便得到父母的帮助，但本应学生自己关心和面对的事情却被家长千方百计地主动代为，学生因此就会失去主动性、失去自我成长的空间，甚至失去独立决策的机会，长此以往独立生存能力会弱化。②从控制论角度讲，快速的信息反馈会导致系统不稳定，来回震荡，为改变这种状况人们常会采取信息延迟，如调整口吃的办法是戴上耳塞不要让说话人立即听到自己的声音。在即时信息漫天飞的今天，适度冷静思考、延迟反应会理性更多。③太便捷优越的环境会让人在不知不觉中能力退化，父母和学校给学生创造挑战，会有利于培养学生们立足于未来的生存能力。④智能手机和强大网络具有很强的诱惑力，使人们把大量精力和时间消耗于其中，与此同时越来越肤浅，成为无所不知的知道分子，但却牺牲了我们本应具有的专注、深度研究和创造力……这些潜在的负面影响还可以继续罗列下去，值得人们的高度关注和反思，进而改变自己！

6 不反思的学习日益失去价值

真正的人生不是简单听某个伟大的人说了什么，而是恒守自己的基本原则，在箴言、成功者经验面前，敢于怀疑，长于反思，借鉴而不盲从，保持独立思考，理性判断，明白此情此景下自己是谁、应该怎么做怎么行。

7 学习是为了让你每日发现不同的你

为了增加紧迫感，人们习惯倒算人生还有多少时日，其实人生没有倒计时，每一次醒来都是崭新的一天，都是生命新的开始，无论是阳光灿烂，还是阴雨绵绵，都是生命中的体验；无论享受开心、满足，还是面对考验、误解，都是你生命中的财富！顺从己心，做好自己，终身学习，持续改进，才是真谛，花若盛开，蝴蝶自来。

8 谦逊的品格造就智者

在我们当下提倡赞美教育时千万不要忘了培养孩子们谦逊的品格！心理学家丹尼尔·卡尼曼指出，"我们对自己的无知视而不见，而且达到了无以复加的程度。"真正想成为聪慧的人，必须谦逊，因为智慧不是信息和知识的简单堆砌，而是一种道德品质，它会帮我们在遇到困难时找到解决问题的途径。蒙田曾指出，"我们可以凭借别人的知识成为学者，但要想成为智者，就只能依靠我们自己的智慧"，谦逊的品格在其中扮演着重要的角色！（读 *The Road to Character* 有感）

9 教育急需挣脱传统的桎梏

第一次到曼大，与校领导和一些重要岗位人员交流，在这个有近 200 年历史的著名大学继续体验英式教育的传统！我们批评中国教育内容导向、大家想变革却被一种体系和文化锁定很难动弹、备受应试教育迫害等问题，其实在和众多的英国教育界同行和知名教授交流中，不难体会到在英式教育体系也不乏这些现象，只是一些有价值的传统和近似严酷的质量保证体系可以消除其部分负面影响。但展望未来，如果依然固守一些落后的理念和做法，一定会被时代淘汰。更让人不安的是，这里的教育领导者也经常被排名和评估等绑架，偏离教育方向地在努力着，以尽力保持住所谓的地位，即排名榜上的名次，却没意识到，等若干年后回头看时，虽有一些指标好看，但却正在被时代的需求和潮流所淘汰或抛弃……从这些观察和体验中，我也收获了西浦继续大胆前行的自信（图 7.4）！

图 7.4 曼彻斯特大学学校园一景

10 学习需要交流、思想在于碰撞

再访牛津，入住三一学院，老友 Denies 教授和 Kim 博士来看我，并去酒吧坐坐。我以前曾在微信朋友圈介绍过 Denies 从系统观谈生物学的著作《生命乐章》（*The Music of Life*），今晚他告诉我又有新著出版（图 7.5），名字是《和着生命节拍跳舞》（*Dance to The Tune of Life*），是讲生物相对论的，其实是对基因决定论的一种挑战，认为即使是生命体，其发展也是一个社会化过程。然后我们从生命体的进化、人的学习，谈到教育。正当我们在讨论心智升级、东西方智慧融合、特别是老子和道的精髓时，旁边一位学者模样的喝酒人凑过来，和我们谈起意识问题，问到底有没有灵魂，身体和灵魂会不会分离等，我突然意识到，这就是牛津的大学的酒吧文化……，也是一种学习和研究机制。许多不相干的人或千奇百怪的话题会在这里发生碰撞，然后又有很多乐于钻牛角尖的人跟进深究，于是新思想、新理论就这样诞生了。事实上许多思想和研究就源自这种非正式的交流。

图 7.5　与老友牛津大学资深教授 Noble Denies 和 Kim 博士

🔢11　教育是什么样的事业?

在孔子诞生日举行的世界教育日大会，三位诺奖得主的报告分别从人工智能对健康的影响、创造性与教育、基础科学对先进医疗做了战略性的分析（图7.6）！尽管我对时下流行的活动方式有批判性反思，但如若积极对待，也一定会有所收获。我总结自己今天的感悟：①诺奖得主报告背书了我们的教育探索，也给予我一定启示；②通过与世界校长对话，对我们探索的引领性更加自信；③与数百位参会者分享了自己的观点和西浦的探索；④提升了西浦的知名度，如济南市领导在会见时提到的唯一大学名字就是西浦，说明西浦在山东的影响；⑤复习了孔子的名言和思想，如有教无类、三人行必有我师、有朋自远方来不亦乐乎……⑥激发了更多更深的教育思考，如教育将从解决无知问题日益上升到帮人成长和学会学习，而后者更关键的是形成探究性的习惯和适应这个时代的复杂心智，我自己也专门提出了和谐心智模式，另外，学知识只是一个过程，健康快乐成长是目标，而且这个过程也需要从灌输转变为新模式，如西浦提倡的研究导向型学习……Tim Hunt 在其演讲中提道：The business of science is finding things out.（科学是揭示未知的事业）那么，What is the business of education?（教育又是什么样的事业呢？）

图 7.6　世界教育日大会与诺奖得主谈教育

12 就怕没意识，更怕有意识而不行动

图 7.7 是一位母亲分享的感受。与之对应，再看一位学生的体验！遇见一新生，问及入学来的感受，他觉得很好，就是一上来英文授课，听不懂！我告诉他，一定要事先预习，有准备和带着问题去听课，效果一定不同！再深谈，他说室友喜欢窝在宿舍玩游戏，他去图书馆，但这个长周末不知道干什么？长期应试教育把学生们残害得除了听别人安排任务，自己兴趣泯灭了、自我规划和安排的能力衰退了！我说你不是英文学习有困难吗？何不趁机赶快强化英文、预习功课、学习或做自己感兴趣的事！他居然问怎么强化英文。我说看小说、读新闻、预习功课、与海外同学交友、和室友英语聊天都可以提升英文啊！看着快 1.8 米个头、阳光的小伙问这些问题有点哭笑不得！当然，他的问题还很多，如社团与学习平衡、课程和专业选择、与不同风格同学相处、学习工具的利用等！他说，课上听不懂或没听清楚，学校 ICE 系统上虽有课件，但不太会用 ICE，所以课堂上用手机拍下来再复习！我很好奇，如果是游戏，小伙子会立即想办法熟悉系统，但 ICE 这么重要的学习支持系统，为什么不尽快熟悉，而宁愿不厌其烦地课堂拍照，这不仅会影响听讲，更无法课前预习了！最后我告诉学生，进入大学特别是西浦，首先要有责任感，作为成人，要尝试自己解决面临的问题；其次要积极主动，不怕有困难，就怕意识到了还不努力；第三要彻底改变等别人安排的学习行为，要学会自我规划，积极主动学，带着好奇或问题研究导向地学；第四要培养自己积极阳光的心态，养成正确的行为模式，持之以恒；最后要明确自己的兴趣和目标，

学会沟通与合作，利用西浦国际化的学习环境，提升国际视野和整合资源的能力。这样，同学们就会发现没有实现不了的理想！希望学生和家长能积极沟通，相互提升，从而实现学生自立和健康成长、家长放心和享受自己的人生！学校将扮演一个学习和创新生态平台，引导、帮助、支持这种多元共生共享共赢的共同价值创造。

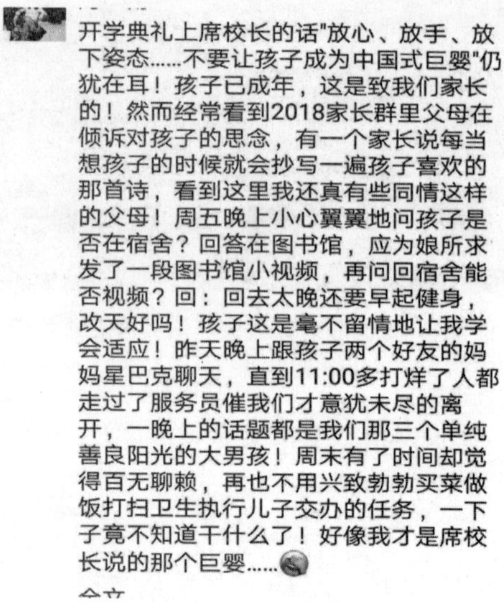

开学典礼上席校长的话"放心、放手、放下姿态……不要让孩子成为中国式巨婴"仍犹在耳！孩子已成年，这是致我们家长的！然而经常看到2018家长群里父母在倾诉对孩子的思念，有一个家长说每当想孩子的时候就会抄写一遍孩子喜欢的那首诗，看到这里我还真有些同情这样的父母！周五晚上小心翼翼地问孩子是否在宿舍。回答在图书馆，应为娘所求发了一段图书馆小视频，再问回宿舍能否视频？回：回去太晚还要早起健身，改天好吗！孩子这是毫不留情地让我学会适应！昨天晚上跟孩子两个好友的妈妈星巴克聊天，直到11:00多打烊了人都走过了服务员催我们才意犹未尽的离开，一晚上的话题都是我们那三个单纯善良阳光的大男孩！周末有了时间却觉得百无聊赖，再也不用兴致勃勃买菜做饭打扫卫生执行儿子交办的任务，一下子竟不知道干什么了！好像我才是席校长说的那个巨婴……

图 7.7　一位家长的感言

13　设法逃脱父母关爱的羽翼？

西浦将迎来新一届 4 000 多海内外本、硕、博学生，倍感责任！每年都会遇到很多关于教育的咨询，但遗憾的是绝大多数来自家长，坦率地讲中国家长扑得太前，包揽了大量应由学生关心的事，本想帮孩子结果是抑制了学生的成长，事与愿违！因此，在开学典礼的演讲中，我将会花一大部分时间讲给家长，正如有朋友知道我的教育理想，见面后忠告，你要改变教育，先改变中国的家长。其实，现实是我对此有更深刻的体会，这就是为什么我开学典礼大部分话要说给家长。给大家分享一例，一位家长联系我说有事咨询，我告诉她，"学生的事由学生自己研究解决，如需帮助可联系学生发展中心或相关部门"。她告诉我，学生为了提高数学素养选了一门较难数学课，结果考试失利，情绪低落，问我怎么办。我回答道："这不是一门课的问题，而是一个面临挫折的能力问题，人生中挫折很多，如果连目前这一点困难都无法面对，怎样迎接未来？！所以，当下关键的是要让学生自己意识到，这不是什么大不了的事，设法快速振作起来，这才是真正的成长，而不只是考过或学好这门课！如果确实还需要帮助，让他自己联系学生发展中心等。如果连这种勇气和能力都没有，考过很多课甚至得高分又有什么意义呢？！"其实，为人家长，我理解大家的心情和愿望，但我们确实需要反思和调整我们关心下一代的方式和方法啊！当然，对于学生来说，更需要主动改变，你们的被动、软弱或不担当或不积极争取承担责任，就会引来更多"关爱"，让父母的庇护和"替代"剥夺你们更多自我发展的空间，让自己沦为始终躲藏在父母羽翼下的"巨婴"！

14 真实的世界才能育成优秀的人才

对生理年龄已经成熟的人的教育，有两种途径：一是因他们的社会年龄和心理年龄还不够成熟，仍然把他们看成孩子，竭力给他们塑造一种理想的环境，结果使他们迟迟长不大，延长的呵护让他们失去了飞翔的翅膀！一是让他们面对真实的世界，但是帮他们认识现实世界，指导他们恰当处理其中红的、黑的、黄的、白的、灰的各类现实，孕育他们的社会责任和担当，并培育他们公民责任和处理复杂世界的能力，鼓励他们以自己的努力改进生存于其中的世界！不难想象，后者不仅会帮助他们快速成长，而且会孕育他们的人生梦想，铸就他们在复杂多变世界里追梦的翅膀！因此，看着图7.8，内心深处浮现一种强烈的呼声：有社会担当以及有权利、资源和地位的人们，千万不要给年轻人的成长塑造错了环境、做了失当的榜样，然后回过来还责怪年轻人！

图7.8　这样无益于人的成长和社会的进步

15 人生就是一场场赴考

人生就是一场场赴考，但人们往往关注的是旅途中少数的有人阅卷的考试，而无视大量的自己出题、自己作答、自己判卷的考试！其实，后者对拥有幸福人生更为关键！祝同学们所有考试、包括人生旅途的一场场赴考顺利（图7.9）！

图 7.9　人生的成绩是由奋斗书写的

1　人生：学习的积分

以持续学习赢得丰富的人生！（图 7.10）

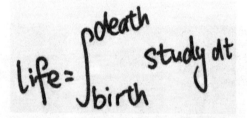

$$life = \int_{birth}^{death} study \; dt$$

图 7.10　人生就是从生到死的永续学习

2　学会下种

每逢新年或重要庆典日，不是简单地抛弃过去，梦（空）想未来！而应是仔细深刻地回味过去，看看我们能在现在这块沃土上，为未来，埋下什么样的种子，种上什么样的新苗。

3　丰富时间的维度

时间的脚步是均匀的和公平的。用之度量人生长度，每过一年所有人又长了一岁！然而人生的步伐是不均匀的，有时跑、有时走、有时停，有时甚至倒退。

人的心情变动更大，有时说度日如年，有时觉得时间飞逝。若论生命的意义，更在于其丰富的程度，有时平淡无奇，有时饶有趣味，有时充满艰辛！所以每年对于每个人的意义完全不同，在人生长河中扮演了不同角色。真正的成长是让每一年都成为值得自己铭记的一年！图 7.11 是我拍摄的夕阳，可视作生命的朝阳，迎接一个又一个充满乐趣的一天和值得回味的一年！

图 7.11　苏州独墅湖畔夕阳

4 学会思考

思考通常需要宁静的环境，但现代，我们要习惯在熙熙攘攘的人群中独立思考，在喧闹的氛围里冷静思考，在浮躁和功利的社会中长远思考，在错综复杂的信息缠绕中有意义地思考……（图 7.12）

图 7.12　浮躁社会里的静思

5 不断磨炼天赋的思考能力

史书有云："数百万年之前，人类开始站直身体，这改变了我们的肌肉和骨骼，使我们能够以一种直立的姿势行走，我们的双手因此得以解放，可以去探索和操控周围的物体；这还拓宽了我们的视野范围，使我们可以去更远的地方探索。在站立起来的同时，我们思考能力也超出其他动物一大截，这让我们可以不只是用眼睛去看，还可以用大脑去探索这个世界。我们站了起来，但最重要的是，我们开始思考。"思考是人类天赐的能力！但在什么（知识）都容易获得的时候，我们最容易丢失的也往往是思考！

6 别放逐自己

看着学生做的广告，喜欢上边两个词：challenge（挑战）和 solution（应对方案）（图7.13）。人生无处不挑战，就看自己有无能力发展出应对方案！如果在挑战面前放弃努力或自己不战而败，你不仅失去了应对挑战的乐趣、可能的机遇，还放逐了自己！

图 7.13　面对挑战的挑战是制定恰当的应对方案

7 不负时代，跑得更快

生活在这个时代是一种幸运，经历过50年代末和60年代初的贫困；人民公社的激情；"文革"的无奈；改革的冲击；开放的诱惑……特别是成为教育工作者以后，变革的时代导致许多独特的经历：我的同学的孩子读我的博士，我的同学申请我的博士生，我为一家两代人颁发学位，等等！回顾丰富多彩的历史，这种动荡使人生更加有味道，自然年龄也随之快速上升，然而要不辜负时代，就需要跑得更快，而且要活到老学到老，持续升级自己的心智，积极捕捉一切机遇，尽可能丰富自己的生活和人生！

8 天无绝人之路

现实往往是残酷的，不一定满足每个人的意愿。但又是慷慨的，给了我们别的可能。只要自己不放弃，总有一条路会属于你（图 7.14）！

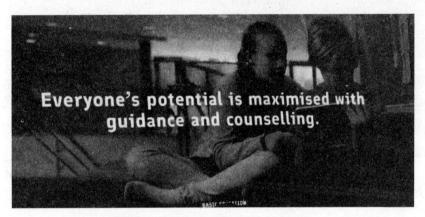

图 7.14 以借鉴和学习放大自己的潜能

9 不能因为有缺陷而不为

人都有追求完美的心理，但现实世界可能不存在完美，更不用说想了解现实的研究了。可以说，所有的模型都是错的，但其中一部分还是蛮有用的。无论是经济学家、社会学家、管理学家甚或是科学家，对社会和自然的认知和解读都是某种意义上的猜测，当然科学家想尽办法通过研究证明其猜想的准确性，但遗憾的是其结果往往被修正甚或颠覆。但我们不能因此而怀疑研究的价值，正是这些研究大大地推动了人类的进步！换句话说，我们不能因为有缺陷而不为，人类正是循着自己有缺陷的预见、踩着自己的经验甚或教训一步步前进的！

10 智慧践行和而不同

人们往往会抱怨别人不理解自己或某种问题处理方法不当或与之相处很难等，其实有人的地方就有各种各样不同的人，而人生就是和不同的人共处，所以学会与不同的人合作与共处是每个人的功课，因为我们无法期待周围的人都与我们同类或喜欢我们……而只能通过恰当的沟通获得认同和理解，以相互的包容争取共处和双赢，以智慧和努力赢得尊重和空间……

11 不要让我们的框框毁了我们

"世界很单纯，人生也一样。不是世界复杂，而是你把世界变复杂了。"而且，"没有一个人是住在客观的世界里，我们都居住在一个各自赋予其意义的主观的世界。"（Alfred Adler）但"这个世界的问题是，智者充满怀疑，愚者充满自信。"（The problem with the world is that the intelligent people are full of doubt, while the stupid people are full of confidence. Charles Bukowski）

12 按给别人的建议行动起来

当劝人跳出痛苦时，人们常说"不要用别人的错误惩罚自己"，其实人们常在用自己的错误惩罚自己；当劝人改变现状时，人们也常会说"改变自己比改变别人容易"，其实人们改变自己也很不容易，一是是否能认识到自己问题的存在，二是认识到了改起来也很难，即使愿意改还要看是否有能力和毅力改！

13 常去人烟稀少的地方溜达

真正的创新一定是孤独的，因为你需要突破已有知识和认知，也许还要违背大多数人已经习惯的行为和路径，甚至到达人们尚未到达过的空间或领域！然而，当你有理性的自信、坚实的行动，甚至忍辱负重的坚守，假以时日……当人们惊奇地发现你所抵达的彼岸或新大陆时，你又会被捧为英雄！这时，有人陶醉，从而沦落；真正的创新者会默默走开，走进另一个人烟稀少的空间（图 7.15）……

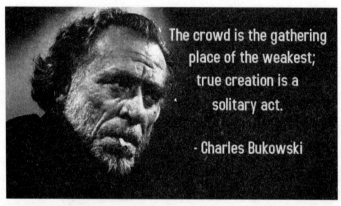

图 7.15　人群是弱者聚集的地方，真正的创造是一种孤独的行动

14 跳出碎片式阅读

学会控制，从长时间碎片式阅读中跳出来，让大脑空闲，自由游逛，甚至白日做梦，才会释放创造性，冒出令人眼前一亮的大想法……[美国人每天花 10.5 小时在媒体上（Nielsen），英国人以 10 小时紧跟其后（eMarketer）（图 7.16）]

特立独行

和谐教育之路

图 7.16　抬起你的头来（Getty 照片）

15　理性积累

看到视频上几位高级知识分子近乎对骂的争辩有感：公说公有理，婆说婆有理。如果缺乏理性，这种争执会一直进行下去。所谓理性，通俗理解就是有一定逻辑，但是不同情境下，逻辑是不一样的，于是我们会说有情景理性。因此我们可能有普世理性，也有本土理性。还会有政治理性、科学理性、社会理性、经济理性、法律理性，甚或组织理性和个人理性等。总之，人类社会是不同群体不同文化的博弈和共存，同时也是不同理性的博弈和共处。当争论出现的时候，最简单的办法是澄清我们共同关注的话题、所讨论话题的情景、我们共享的信息，以及我们自己所持有的理性框架。如果在这四个方面我们都有共识，我们理应会对所讨论问题形成共同的认识！假如我们各自持有的价值观和分析框架是不同的，则一定会引起某种争议。如果暂时不能够形成认知体系上的一致，那么就让这种差异存在，随着时间的流逝和共处的演化，人们会不断积累理性。当理性积累到一定程度的时候，我们对问题的认识就会上升一个台阶，然后我们回头再看看我们的差异，思考我们能否达成共识。如果还不能达成共识，则继续演化，实际上这就是人类文明的进程，或者叫作理性的积累。

16　什么是强大？

强大，看是否能在浮躁环境下保持宁静心态，是否能在嘈杂喧嚣中有冷静的思想，是否能在别人躺着或走不动的情况下依然不忘初心踏实前行，是否能以自己的前瞻赢得同道和整合资源，是否有毅力和韧劲披荆斩棘践行梦想（图 7.17）……

323

图 7.17　久经风雨才会强骨健体

17 反思的支点

　　对同一件事情不同人有不同观点很自然，成熟的人不会因别人支持自己观点而亲近，也不会因观点不同而愤慨，甚至会将一些太远离我们思维的观点作为我反思的支点（图 7.18）！

图 7.18　从竹林凝视天空可以看到什么？

特立独行

和谐教育之路

18 人生的厚度

旅途中，最容易反思人生！而人生的容量取决于人人都重视的长度、少数人注意的丰富程度（高度）、更少人能够享受的厚度（人生旅程中每一步的意义和价值）（图 7.19）！

图 7.19　旅途中询问人生

19 防止自己把自己铐住

养了只小龟，放在水缸，觉得它的天地只被限定在水里。为了让它生活环境更丰富，于是把它放在了一个有水、有不同水岸、有草丛的环境里，结果发现它经常只待在草丛中（图 7.20）。作为社会动物，我们也经常抱怨自由被限制了，但认真观察和反思，不难发现，自由的"手铐"往往不是被戴上的，而常常是自己主动戴上的！

图 7.20　世界的存在与我何干？

20 孤独

孤独在外，自在在心。独行是一场心灵的隐居，真正的洒脱来自内心安宁。贾平凹在《自在独行》的序言中说，"尘世上并不会轻易让一个人孤独的，群居需要一种平衡，嫉妒而引发的诽谤、扼杀、羞辱、打击和迫害，你若不再脱颖，你将平凡，你若继续走，走，终于使众生无法赶超了，众生就会向你欢呼和崇拜，尊你是神圣。神圣是真正的孤独。走向孤独的人难以接受怜悯和同情。"很赞同乡党的这段话，还喜欢他下边这句感叹："人很大的'任性'就是不顾一切坚持做自己喜欢的事。只有这样，人才可以说，我这一生不虚此行。"

21 不言放弃

只要不放弃，总可找到生存机会和条件（图 7.21）！

图 7.21　天无绝人之路

22 换位思考

"如果不从他人的角度和处境出发，我们永远也不会理解他人！"（You never really understand a person until you consider things from his point of view...until you climb into his skin and walk around in it.—Atticus Finch）

23 会当凌绝顶、一览众山小

人生事业发展，无法回避不同道者甚或反对者，重要的是能在你的路途中以你的理想、奋斗、事业获得更多的不同方面不同国度相遇者的认同和支持，得到更多的同道者，即使在行进中反对者设置了路障、阴谋者构筑了陷阱，甚至同道人因被蒙蔽而产生猜忌，只要你的事业符合未来需求、顺应时代发展趋势，这些路途上的荆棘坎坷无法阻挡事业前进的步伐，反倒会历练和增强你驾驭人生和把握事业发展的激情和能力！

24 勇于独立、善于孤独

"自己铸造成了自由独立的人格，你自然会不知足，不满意于现状，敢说老实话，敢攻击社会上的腐败情形。"（胡适）"世上最强有力的人就是那最孤立的人！"（斯铎曼）要有胆量活到这个份上，必须善于思想、长于批判、敢于逆俗、不惧孤独，但网络化社会在侵蚀着这种活法的基础，且有低智或反智的趋向。现在，人们很难"孤独"，常常陷入一个无形的社交网络中，各类信息鸡汤传言纷沓而至，从而失去了独处的反省和深思；好友圈毫不吝啬的赞美，使自己在预想的反馈中自我陶醉甚或"轻浮"；订制的信息类型和锁定的圈子，使自己活在"设计"的"环境"里而失去了本有的世界多样性……这种令人"陶醉"的生活氛围悄悄地吞噬着我们的短暂的生命，使我们在不知不觉中失去了存在的价值、生活的意义！如何利用现代技术的便利，提升生命的意义和价值是当代人无法回避的问题或挑战！

25 聚焦初心

人们常说放飞心灵，其实，想做事的人，无论其身处何方、眼观何景，其心里真正牵挂的还是自己心仪的事业，万千思绪仍没有离开自己所关注的核心问题，只不过是当身体回归和眼光收回时，眼界和思绪也许会升至另一个高度上！

26 利他才有未来

人们都在给自己制造市场，但如果市场活动不再给相关参与者带来价值，这样的市场也许会热闹一时，但难以长久为继！无论做什么事情，想清楚其价值和可持续性非常基础……

27 怎样收获碰撞的火花

每个人在自己领域内都是专家，当我们相遇，便是专家与专家的聚会，专家们的最大收获便是分享和碰撞，不同的境界和眼力决定我们到底能带走什么……

28 踩着无奈前行

世界总是充满各种无奈，但只要不放弃希望和对黑暗面的抗争，只要保持本色和坚守底线，只要大家一起努力，我们总能在无奈中收获惊奇和看到希望；尽管新的无奈会不断出现，只要我们不放弃希望和努力，世界依然会踩着无奈前行！

29 活出风景

在浮躁和世俗的社会，只要唤起内心的一丝自尊，因此而呈现的比较自然的行为也可能被认为是清高，或与周围格格不入，显得鹤立鸡群！其实，活得有特色岂不也是一道风景……

30 营造小生态

优秀的人一般不会整天抱怨环境的恶劣，周围人的不对，合作者的无能，而是设法努力地智慧地把要做的事做好，并以自己的成功和努力不断改进环境以及带动周围人发展！

31 别制造敌人

生活本是挑战，在一次次挑战的过程中享受人生的意义！面对挑战，会因虚幻放大其严峻性而烦恼，甚或退却，但若视征服严峻性为乐趣和刺激，人们会发现其程度远远低于我们的想象，我们很多担忧或烦恼其实是自我设置的！

32 学会放空

可以清空脑子的时候你会想些什么？当脑子重新被填充时容量是否会更大些？我在有空时乐于放空，来个自己与自己、自己与天空的对话，以尝试多清空几次脑袋！

33 敢于独特

不同类人有不同的生存方式，人类趋同是祸是福？相互学习中如何保持自身独特性？只有独特的价值才有生存的空间，这是人类文明和进步的挑战……

34 人生的念想

奔波、折腾……就是有一个念想，然后让念想成真，其实这就是活着的意义！

只不过是不同人念想层次和大小各异，实现的程度和手段不同而已！

35 谨防被簇拥着前行

人为什么要奔波？为什么要折腾？为什么要……其实有时候是被簇拥着前行，心里未必真正清醒！尽管人们不一定要始终清醒，但至少要大事不糊涂，应明白内心到底想要什么！

36 成熟

著名作家陈忠实道："成熟是胜利，也是悲哀！"我认为，不成熟是希望，但老不成熟，也是悲哀！

37 运气

这个世界上没有容易的事情，有时候也有运气，但可持续发展的事业绝无法靠运气或侥幸维系！

38 跨越认知结构

我宁愿"幼稚"，但更防自己脑残！我曾写过"一流对话"的短文，但真正有效的交流确实依赖于驾驭"情绪"，跨越"认知结构"、超脱"利益关系"的高超造诣。挑战很大，但没有捷径！

39 长大

长大的瞬间：顿悟——认识的突变；清晰——不再纠缠于一些无用的煎熬中不能自拔；决心——确定新的尝试；坚持——不再是一时心血来潮，而是清醒地努力！

40 心理放弃

对有些事情感到不满，甚至也想改变，但因陷入一个难以自拔或撼动的无形的网中，抱怨甚至抗争无果，逐渐麻木，最后从内心深处放弃努力，我称之为"心理放弃"，即从内心深处彻底投降，对不合理现象从原来的愤愤不平到视而不见、听而不闻，更不用说以自我觉醒的行动改变之，这是很可怕的现象，社会会因此失去进步的动力。其实，并不应如此悲观，每个人坚持一点点，水滴石穿。实际上还有一种更可怕的情景，即深陷问题或衰退的模式中而感觉良好或者麻木或者不能自醒甚或他醒，此时是"心理沉睡或麻木"而不是"心理放弃"！

41 审美的视角

不同的角度，观察出的美是不同的；不同的心态，享受到的美也是不一样的。生活中充满了美，关键是要善于观察和享受！

42 节日

节日看起来很闹，但对我来讲其实很静，有从往常生活中跳出来的一种全新心态，有一种重构联络状态下的新鲜思维，有一种放松环境下的思想遨游，有一种老友重逢超脱利害的无拘无束……

43 种瓜得瓜

美国第一夫人 Melania Trump 说，她是世界上最受欺凌的女人；美国总统 Trump 却说，正因为此，才养成了她反欺凌的绝技！如图 7.22 所示。从中我们可以学到什么？不要惧怕陌生、困难、挑战，恰是它们造就了你这方面的征服力。

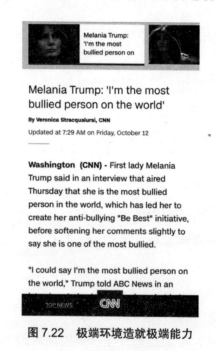

图 7.22　极端环境造就极端能力

44 心智模式

重翻《错位：生活方式疾病的定时炸弹》（*Mismatch*：*The lifestyle diseases timebomb*，Peter Gluckman 和 Mark Hanson，Oxford University Press）这本书，佐证和支持了自己近年来一直倡导的心智模式（mindset）的转型升级，即从当下心

智（current mindset）转到复杂心智（complexity mindset）。从生物进化的角度，由于世界变化超越身体的自然演化，"演化设计我们的世界与我们生存的世界非常不同"（our evolution designed us for a world very different from that in which we live now）。因此我们的身体与我们所处的世界不匹配（mismatch），所以处理现代人们所面临的问题时需要考虑这一因素！其实人们面对世界的心智模式与其所处世界的不匹配程度要比我们身体来得更大更严重，我们长期继承和习得的行为习惯、思维架构远远滞后于当下复杂快变的世界，因此困惑、焦虑剧增，只有快速转型和提升我们的心智模式，才能使我们更好地立足于未来世界！我在西浦毕业典礼上呼吁大家以"复杂心智"闯荡世界，并基于我们发展的和谐管理理论提出"和谐心智"，以帮助人们能够快速构建适应未来社会的复杂心智。

7.3 为人

1 我还是我

借西安老领导、老朋友王先生之图（图7.23）无病呻吟一下：从自然和哲学上讲，每一时刻的我都是新我；但作为人，希望下一时刻的我还是我，在为人做事上，应有一致性，有不变的特征，按西方人的说法是predictable（可预期的）。变和不变是相对的和辩证的，变我们希望更好，不变也希望保持最好！

图 7.23　我不是我与我还是我

2 透过迷雾看真相

网络时代，真假信息满天飞，有捏造的，有趁机发泄的，有歪曲事实的，有言过其实的等，越耸人听闻，越容易搏眼球，于是很多刺激的故事或传言充斥网络，不相干者一笑了之，相关而且具有独立思考者则会审慎质疑，就怕利益相关且缺乏审辩思维者会人云亦云，甚至火上浇油！如有人询问我关于环境安全问题，我走过世界不少地方，天下还很难找到像苏州工业园区这样安全的环境，但有人看到一些传言，甚是焦虑，如果略作常识判断，完全可以自知其中谬误！当然，天下哪里无贼，即使我们生活在世界上最安全的地方，依然需要持续与地方政府合作，让我们的生活和工作环境更安全、更美好（图 7.24）！

图 7.24　苏州工业园区金鸡湖畔

3 古老与前卫的对话

在英国温莎城堡（Windsor Castle）的 St. George's House 这种古老而神秘的地方，参加温莎对话系列（the windsor dialogues series），有一种"腐朽"的感觉，好在讨论的话题很前卫，"连接时代：城市、希望的磁性。遐想音乐和艺术驱动的可能变化、老龄化和数字创新）（Age of connectivity: cities, magnets of hope. Imagining the possible "music and the arts drive change, ageing & digital innovation"）。但在这里，确实心很静，没了功利，似乎只有责任（图 7.25）！

图 7.25　第二次参加温莎对话系列

4 营造能激发个体能动性的机制以释放社会活力

再访"钝"城济南（这是我从当地人那里学来的词汇，意即发展迟钝的城市），参加管理盛会，在致辞中，我提出不确定、模糊、复杂、多变世界的管理，需要心智升级（复杂心智与和谐心智）；在网络化、数字化、全球化的涌现时代，需要认真关注博弈范式下的有限干预的演化，反思在这样的大势下如何领导、如何管理。也希望备受儒家思想熏陶的"钝"城不钝，而是在演化的世界中固守根本，不为浮躁所扰，在人类根本生存目标的追随下依据时代趋势智慧演化……当然，这种演化得以实现的核心是营造进化的机制和环境，从而使人积极融入其中，以己之力撬动城市和社会的活力。

5 涌现时代的管理

在这个不确定、模糊、复杂和多变的世界，人类正经历着管理范式革命，在遭受思维模式与时代需求错位的折磨。面对铺天盖地、杂乱无章、似是而非信息、知识、技术的轰炸和冲击，每天生活和工作中充满了混乱、焦虑、无助、无奈。如何让生活更美好和精彩？如何使事业蒸蒸日上？心智升级和学会涌现时代的管理，将成为每个人的重要功课！

6 谨防被时尚大潮簇拥时双脚离地

Richard（图 7.26）在 AIEC（人工智能生态联盟）主旨演讲时说，他早年排队抢买某著名品牌咖啡，熬过很长排队的无聊，进屋走到柜台，又遇花样繁多令人眼花缭乱的名目牌，难以抉择，其实复杂背后的基本价值就是一杯咖啡！借以说明，现在社会被人们搞得越来越复杂，有时甚至让人忘了我们的根本目的，以启示人们如何用简单的思想理解复杂的未来！我也曾感言，尽管世界每时每刻都在变化，但有一些东西应该不变，甚至随日益变化的世界而不断得以强化，如许多基本的人性。在 AIEC 专题论坛中，我与几位来自世界多所大学的领导作为嘉宾，同与会者探讨在教育重塑时代，如何做好进入未来的准备。可能依然有同样的逻辑，无论未来多么复杂，人们搞了多少名堂，人及其生存的根本目标没变，未来的教育就是帮人们有能力穿越复杂和不确定。但千万要小心，当被"现代"复杂时尚大潮簇拥移动时，千万不要双脚离开大地，迷失方向和根本！

图 7.26　世界著名思想家和畅销书作者 Richard 在 AIEC 大会演讲

7 时代需要东西融合的智慧

　　牛津大学著名生物学教授 Noble Denies 以其杰作《生命乐章》，反思生物学发展，试图从系统角度重塑人们对生命的心智（mindset）。我数年前访问牛津时，他邀请我到其家共进晚餐，当时他太太住院，他从医院赶回，当我和老先生相聚其后花园时，方体会到老先生的用意。他不大的花园，分为两半，分别为东、西方风格，中间一条走道，由弓形植物连接，地上有四块石头，分别写了春夏秋冬四个字。我每次到牛津，必与老先生相聚，畅谈系统思维和东方智慧，他举办的牛津之声（Voice from Oxford）也曾采访过我数次。我们之所以把谈甚欢，主要是在世界观和方法论上有共鸣，他后花园的布局其实是其心智的一种隐喻，他认为解析的生物科学尽管可以从基因上找到疾病的原因，但却无法返回来形成有效的

治愈方法，原因是在解析的过程中失去了很多信息。他认为出路是东方的整体哲学，但问题是其过于笼统。他觉得日本人对中医药的科学研究，揭示了不少中医药背后的机理。例如提炼了 100 多种药素，这有助于架起西方科学解析与东方整体思维的桥梁，给未来疾病治疗的升级和突破带来曙光！我在 30 多年前提出的和谐理论，基本逻辑就是将科学的设计与人的能动性通过围绕愿景或使命的一系列主题进行耦合，以形成整体和谐的发展，从哲学和方法论上与上述中、西、日医学整合原理相同。后来，在西浦毕业典礼演讲时，针对当今不确定、模糊、复杂、多变的社会，我阐述了复杂心智的重要性，利用教师节寄语，我更进一步，利用和谐管理原理提出了一种复杂心智的模型：和谐心智！我认为，如果能将心智模式升级到和谐心智，一定会助力我们驰骋于未来！

8 企业承诺

最近跑路的企业多了，为养命钱消失而哭泣和上访的人多了……其实公司被制造出来后其价值和治理本身在不断的演化中，从传统的降低交易成本、规模效益和契约关系的认知，到后来社会责任、社会企业家、利益相关者价值的倡导，目的是使企业更可靠和值得信赖。但遗憾的是许多公司或事业无论私立还是公立都缺乏长期的承诺，社会的投机心理和行为泛滥也在助长其大量涌现。例如很多超高息理财项目和公司甚或披着 PPP（公共私营合作制）外衣的融资平台，并无长期可持续发展的产业可依赖，但这种近似庞氏骗局的活动却昌盛不衰，一旦遇到国内外经济局势恶化或监管加强，其倒闭或跑路在所难免！其实我还看到很多貌似很伟大的事业，如在教育备受质疑的今天冒出来的很多办学项目、国际合作教育机构，有多少具有深思熟虑的未来可长期发展的模式？教育部近年关闭一批合作办学项目，外国人的解读是中国在关门，但在我看来其中很多项目本身出生就是先天不足！但多方利益相关者为了自身短期政绩，还在制造着大量这种没有未来的机构和项目。多年前访问牛津大学，时任 Said 商学院院长 Colin Mayer 教授送我了一本他以 30 年研究积累写成的著作《企业承诺》（*Firm Commitment*），试图通过伦理、承诺及其治理设计重塑公司信任，他用大脑两半球互动类比正式法制与道德补偿，通过精细机制设置保障公司的承诺和提升信任，非常类似我提出的和谐管理理论的哲学和方法论，他也在多年前专门与我对话和谐管理，并发表于《牛津之声》。人类不得不依赖已经建立起来的市场、公司、政府干预体系，但公司本身潜在的问题和三者相互制衡的缺陷依然是摆在人类面前需要持续改进的任务，Mayer 的论述以及我们提出的和谐管理理论是可借用的理论工具！

9 不惧风暴、破浪前行

曾配图 7.27 写下了一句话："适时退却也是智慧！"有朋友们留言"您要退休了？开溜了？千万别！"其实，我在感慨人们对当下社会极不确定性的不安，各种现象的热议，以及种种猜疑和冲突的焦虑……历史地看，迷雾背后的本质很简单，也喜欢这句话："中国最大的力量，并非是政府的引擎，而是十几亿焦虑、勤奋、没有安全感、对财富极度渴望的普通人。"（刘晨茹）理论上我秉持干预下的演化！在中国，只要有一丝空间和余地，就会顽强地涌长出一批有生命力的苗子，他们会不断扩展领地，并渐进地改变整个生态！所以，我敬仰有洞见的议论，但更看重践行洞见的殷殷行动！学做智慧的舵手，不是惧怕风浪，而是擅长乘风破浪！

图 7.27　位于美加边界的尼亚加拉瀑布前的游船

10 适时退却也是智慧

上边借图 7.27 以隐喻"干预下的演化"、智慧地乘风破浪、要议论更要行动，强调的是哲学、态度和行为。但面对图中情景，再智慧也难以跑到上游去玩，努力和勤奋难以突破天险，此时需要心智的改变和颠覆性的策略，或者大智慧！面对当下中国社会经济问题，特别是中美贸易战中凸显出来的深层矛盾，靠"后发优势"走出来的中国发展奇迹的延续将面临险阻，犹如图中逆流而动的游船，再不突破现有格局和改变心智模式，另辟蹊径，根本无法突破当下僵局。换句话说，如不进行全方位深度体制改革，大胆创造和探索新路，就有可能陷入"后发劣势"（杨小凯）的陷阱！突破性发展所依赖的各方面的创新如没有体制保障，教育变革、文化重塑，企业活力、各类创新、有限资源就会被动力缺乏、浮夸繁荣、盲目媚上、不作为、普遍机会主义所窒息，各种梦很可能真的会成为梦！

11 复杂抉择中的宁静

怀揣惧怕的探究？从多种喜好的东西作出选择？不确定环境下无奈时的宁静？……人生中充满了选择，轻松面对是对人生境界和智慧的挑战！若有清晰方向和目标，能控制致命性或战略性选择风险，就会宁静而祥和地面对所有选择！其实有时的选择烦扰是自我强加的。例如因天气原因受困机场，之前在京，或因有高铁的可选择性，看到了很多乘客的焦虑和折腾；今日在银川没有了高铁选项，似乎大部分人都较为沉静，因为着急也没有办法。我的主张是，要使自己有定力在各种情境下，快速判断和智慧决策，从而尽快进入宁静状态，甚或在复杂的抉择过程中也可保持宁静！

12 下属可以改变世界

习主席"不能让繁文缛节把科学家的手脚捆死"的讲话，使不少饱受其害的知识工作者倍感欣慰和欢呼，似乎苦日子快到头了！但作为天生具备批评精神的知识分子则更应该反省，为什么那么多精英聚集的庞大体系不能自发行动，解决已积怨很深的问题或变革已饱受诟病的制度，而要等着领导的明示？为什么那么多高级知识分子和领导在努力地做着自己认为不对的事情？为什么荒诞的或常识性错误的决策可畅通无阻？我们如果不对这些基本问题有深刻思考和解决，难以真正建立起一种健康的创新生态！我和韩巍博士曾撰文《下属改变世界：领导—下属互动机制的本土建构》。专门剖析了这种共谋的困境以及突破的出路，希望以自我觉醒和每个人的行动改进我们的生存环境！

13 既然明知落伍，与其与之抗争不如淘汰它

我比较喜欢这句话："你无法通过与现实抗争而改变世界，但却可以通过创造新模式淘汰现有套路而改变一些事情！"（You never change things by fighting the existing reality. To change something，build a new model that makes the existing model obsolete. —Buckminster Fuller）

14 充满激情、积极心态

看到一项美国研究，如果能保持五项健康的生活习惯，女性生命可以延长 14 年，男性生命可以延长 12 年！这些习惯包括：①不吸烟；②不嗜酒（准确直译为不喝太多的酒）；③适度锻炼；④节制的均衡饮食；⑤恰当的体态！而且提及过

了 50 岁注意也不晚。这些习惯看似很简单，但人们长期坚持做到不容易。我自己未加研究地增加了两条：充满激情＋积极心态！

15 不依喜好破坏共处规则

组织和社会群体的存续，一定有其基本的共处规则，有的人喜欢随性或按好恶行事，不遵循自己不喜欢的规则，难免承担违规的成本！这其中不乏一些在其他方面受人欢迎和尊重的人，但受人欢迎并无法替代或减轻违规的错误，人们也不能因为喜欢而无视有害群体生存的行为！这也许应该是社会生态的基本规范之一……

16 多维度观察

有人撰文指出，"主观认知难以作为客观评价的依据"；还有人说眼见也不一定为实；另外，个人理性有可能导致群体的非理性，等等！这些都说明问题的复杂性、个人认知的局限性和有限理性等等！这也提醒我们，当判断事物真伪或对错以及做决策时，要非常清醒我们自身的片面性和局限性，注意从多侧面、多层次、换位、历史地观察和思考我们所关注的问题，才可能更客观一些，才会少一些失误……

17 人人都可以享受别致人生

借图 7.28 说别致人生的感悟：他从 21 岁开始，尽管身体不便，但他一直在享受生命的 bonus（额外回报）。所以生命的价值与努力、天赋、态度和期待有关，而不必然取决于身体条件！

图 7.28　21 岁我的所有期待归零，自此后任何事情都是人生馈赠（霍金）

18 以前瞻的节制避免"总会还"的惩罚

人常说，时间可解决问题！但等到了那个时间点，迎接我们的可能是我们承受不起的状况。弗里德里希·尼采在《快乐的科学》中曾说："闪电与雷霆需要时间，星星的光芒需要时间，已完成的事也需要时间让人看见和听见。这事距离他们比最遥远的星星还要遥远——虽然那是他们自己干的！"人与自然和世界的互动就是一部掠夺史，已经历无数次惨痛的后果，但面对当下，人类总被自己眼前的欲望所绑架，被一个政治和社会体系如资本主义所裹挟，做着销蚀甚或残害未来的努力！认知复杂世界不易，特别是我们当下充满了各种"范式革命"的日益全球化、数字化和智能化的社会，但略有前瞻的节制可能会减缓或避免"总会还"的那些惩罚……（读《廉价的代价——资本主义、自然与星球的未来》的感想。）

19 女人改变世界

图 7.29，虽是玩笑，但不乏真相。图 7.30 则更坦率一些。在欣赏其中智慧时，突然发现德国马丁·扬克说得更透彻和深刻："女人是一个国家的风向标，当女人追求知识时，这个国家是进步的；当女人崇尚自由时，这个国家是文明的；当女人崇拜金钱时，这个国家是腐化的；当女人攀附权贵时，这个国家是堕落的。"（注意：绝非歧视男同胞）

图 7.29　看起来很罗曼蒂克实则很经济

（一些丈夫在超市里紧紧地握着妻子的手，因为一旦松开她们就会冲去购物）

图 7.30　女人一直比男人优秀

20 衰老始于口头禅：“到头了”

　　亲友团聚时经常说到年纪和生活，有人说一个人的衰老是从不旅游开始！我认为“衰老”是从嘴上的“到头了”开始的，而与年龄无关！当嘴上有“到头了”的说法，心里就已有放弃追求的想法。这种“心理放弃”便会扼杀奋斗甚或抗争的动力，从而失去了生活的激情和生命的活力！无论时间如何更替，心理上无限的追求会使生命和生活充满激情与活力！

21 为人：要成事需要理性、系统和人性

　　每当散步路过苏州金鸡湖边如图 7.31 这组雕塑，心头就泛起人、时代、认知、行动和命运……的遐思。内心讲，以自己生来就很强烈的反叛精神，不安分守己的行动倾向和想做一些自认为有价值的事情，成为一个对社会有积极影响的人，在某种意义上，唐·吉诃德就是我的榜样，只不过物理学的学习让我更理性，系统工程的训练让我为人做事更周全，管理研究的熏陶使我更人性。（唐·吉诃德是西班牙作家塞万提斯笔下的人物。当时，骑士早已绝迹一个多世纪，唐·吉诃德却常幻想自己是个中世纪骑士，拉着邻居当仆人，“行侠仗义”、游走天下，作出了种种与时代相悖、令人匪夷所思的行径，结果四处碰壁。但他最终从梦幻中苏醒过来，回到家乡后死去。）

图 7.31 苏州金鸡湖西岸唐·吉诃德雕塑

22 拥有一个更好的明天

年一年一年地过去，年龄一年一年地增长，但生活是否一年一年地更好？按照生命周期理论，人生难以逃脱出生、学习、成长、发展、巅峰、衰退、老去的周期。但智慧的人会在每个时段上作出明智的选择和改变，从而无论哪个阶段，都可以活出那个阶段的精彩。因此，虽然是同一个生命周期，但其人生的容量和浓度要大得多，这也是我问及人生是否一年一年地精彩的缘由。我知道这不容易，但有机会，所以对每个人来说，这似乎永远都是个问题！

23 "你不会一直是你以为你会一直是的那个人"，但你可以做到当时最好！

网上借图 7.32 和帖子：著名演员阿诺·施瓦辛格（Arnold Schwarzenegger）最近张贴了一张他在他的铜像下方街道上睡觉的照片，并悲伤地写下"时代如此变化……"（How times have changed...），并说道："不要相信你所拥有的地位或金钱，也不要相信你的力量，也不要相信你的智慧，这些都不会长久。"（Do not trust your position or the amount of money you have，nor your power，nor your intelligence，it will not last.）"你不会一直是你以为你会一直是的那个人，没有什么是永远的。"（You are not always who you think you will always be，nothing lasts forever.）其实，他完全没必要这样感叹！人生就是在世间走一遭，只有自己能真正体验到自己体验的，千万不要让别人的恭维或抬举或评说弄晕了头！也不要期待一直活在自己的辉煌里！人生不是天天阳光明媚，有一天当你被自然暂时地打倒或身体赶不上思想的节奏，你会怎么面对？放慢脚步？还是换一种处事方式？如果问我，当然是后者！

图 7.32　人不总会保持顶峰时的伟大，但可以争取每个阶段的最好

24 别让世俗束缚梦想的翅膀

世俗社会里，有些岗位被视为很平凡，但不少人却在平凡岗位上做得很卓越；有些岗位被捧为很高贵，但很多人却在高贵岗位上做得很庸俗！其实，人生是一场旅行，若能挣脱世俗羁绊，无论什么工作岗位，都可以活出精彩，怕的是让世俗的评判束缚了自己梦想的翅膀、捆绑住了自己行动的手脚、泯灭了自己人生的个性或心性！（与朋友及其孩子叙旧的感想）

25 别大意失荆州

说句大白话：雪地湿滑容易摔跤，但人们会小心翼翼；反倒是一帆风顺时容易被大意绊倒！

特立独行

和谐教育之路

7.4 杂谈

1 什么是敢闯无人区?

在创新成为生命线的时代,苏州市政府号召大家发展上要敢闯无人区,我为其鼓励创新的决心高兴和振奋!但在人代会上却听到有如下解读:敢闯无人区是指让很多指标上已经第一的苏州跑得更快,处在引领位置。但我觉得敢闯无人区不仅是鼓励在老路上跑得更快,更应是在法律和道德约束下敢于突破,不拘一格、特立独行,创新性地开拓事业!因为创新需要"好高骛远,甚至投机取巧"(注意正面理解),但不要向漫画(图7.33)中的特朗普学习!

图 7.33 特朗普式创新

2 内心强大才有可能身体强壮

病毒袭来,外部防范和自身免疫力都是武器,因防不胜防,后者可能更根本。适度运动、愉悦心情、健康生活可使后者强而愈强!5次空手道世界冠军 Jeoff 说:"体育是一股非常强大的力量,它是一个工具、一个载体、一种疫苗。"其实,体育、文化、教育、健康等产业在未来数字化、人工智能和老龄化时代的作用日益凸显、发展可期。西浦在筹划和行动！和他畅谈甚是开心，但和他站在一起显得自己很渺小。如图 7.34 所示。

图 7.34　Jeoff 来访并探讨以西浦为平台通过体育促进社会发展的事业

❸ 真理一般都是痛苦的

突如其来的疫情，充满了不确定性，从而造成了更复杂的局势，让所有人都处于高度的纠结中。而此时，在局势不明朗的情况下，再忙、再焦躁也无济于事，反而冷静、理性显得难能可贵。偶尔看到如图 7.35 所示的 10 个痛苦的真理，分享于此：

（1）人生苦短。

（2）你的生活你创造。

（3）忙并不意味着有效。

（4）失败是成功之母。

（5）想和做是两回事。

（6）没必要等到道歉才原谅。

（7）有些人对你不合适。

（8）爱你是你自己的事，不是别人的责任。

（9）你拥有的不是你自己。

（10）变是永远不变的。

Ten Painful Truths

1. The average human life is relatively short.
2. You will only ever live the life you create for yourself.
3. Being busy does NOT mean being productive.
4. Some kind of failure always occurs before success.
5. Thinking and doing are two very different things.
6. You don't have to wait for an apology to forgive.
7. Some people are simply the wrong match for you.
8. It's not other people's job to love you; it's yours.
9. What you own is not who YOU are.
10. Everything changes, every second.

图 7.35   10 个痛苦的真理

4 治理未来，未来的治理？

上午听省长作政府工作报告，中午看美国竞选辩论，下午审议政府报告，有一些感想：美国的参选者就同一问题，各抒己见，民主和集中较难形成实践上的统一！我们统一思想，集中精力，关注民生、发展和对冲国际挑战（特别是独领风骚的苏州，图 7.36），虽有些形式和套话，但上下想提升经济社会发展的努力在大方向正确的情况下会有更好的结果！（不排除可能的浪费和高成本）未来新形势下，国家和社会治理在理论和实践上均有改进空间，需要探索、升级和实践。

图 7.36   江苏省第十三届人民代表大会第三次会议苏州代表团全体会议

5 以影响航母的走向为己任

在北京大学与欧林工学院院长理查德同台演讲，他形象地比喻其办学使命，不是给高教航空母舰上增添一架飞机，而是成为一只小船，行进在航母前侧端，以其力量改变航母走向！我深与之共鸣，因为从西浦创校起，我们也一直坚守，办好西浦只是手段，目标是影响中国甚至是世界的教育！这一伟大的理想正在践行中，而且路越走越宽，跑得也越来越欢！

6 领导、环境、事业三者间的动态平衡

偶然听到葡萄牙传奇球星尤西比奥年轻时的采访，他对成功足球生涯的感悟首先是眼睛，然后是脑和腿的互动，与现代高度互联不确定社会相似，足球是极具戏剧性演化的运动，取得卓越首先需要"眼睛"，即领导的选择性注意，在复杂动荡中捕捉契机；其次是脑，分析确定事业的布局；再是腿，有能力一步一步实现所布的局！篮球也是一样，属于博弈下的动态演化，我曾为著名篮球教练沃伦·本尼斯《论领导》的中文版作序，谈及动态博弈状态下演化及其干预的感悟（http：//t.cn/AiFtGLsi）！图 7.37 是我对未来领导的描绘，即骑在疯牛背上的斗牛士，意即在日益恶劣的全球化环境下，需要驾驭像疯牛这样极具挑战的事业，要想生存和长期稳步发展，最高境界是实现领导、事业、环境三者间的动态演化平衡！

图 7.37 世界玩家的挑战像斗牛

7 敢于逆俗行动，善于特立独行

当别人随波逐流时，你独立思考；当别人看他人眼色时，你心揣理想；当别人心浮气躁时，你脚踏实地；当别人心灰意冷时，你积极进取；当别人轻言放弃时，你坚韧不拔……望西浦人以其独特气质，成为闯荡世界的国际玩家！

8 谎言再重复还是谎言

人生中确实碰到过一些有权力、有地位和有影响的人，发现他们常信口开河，根据个人喜好就所论话题随意评说，而且似乎有根有据，甚至还有准确数据！其粉丝和一般百姓很难怀疑他们话的真实性，但在我知道有些话题实际背景时，对其郑重的不脸红的胡说（谎言）忍俊不禁，对其误导力甚为担忧！

9 如何实现有目标的演化？

演化是没有目标的，只是适应环境和在竞争中变得更强。然而人和社会组织是有目标的，但却会破坏环境和在演化中衰落……尽管人类发明了治理和管理，但其智慧还无法避免这样的困境！

10 创新的生态需要好的治理

在中国和世界走到一个新十字路口的关键时刻，更需要每个"我"的创新、能动性和智慧，但如果大的政治社会环境及其治理和管理问题解决不好，社会缺乏必要的创新空间和思想自由，就会限制每个"我"的光芒、减少他们闪耀的机会，甚或使之陷入沉默或黯淡，因而阻碍国之强大、世界之美好。

11 创业的新范式

想想，当你没有各地政府喜欢的名头，也没有历史积淀的品牌，还缺乏各种"美其名曰"的社会资本，更不屑为五斗米折腰，你手中的资源也非常有限，但你却有宏伟理想、远大抱负和强烈的责任感，你怎样梦想成真？怎样果实累累？传统环境下，这种理想真会沦落为梦想，但在现代全球互联的生态时代，只要你有念想，并能发展出可创造价值的商业模式，并有能力证明你的驾驭力，就会有合作伙伴加盟，资源就会向你集中，然后智慧坚守，假以时日，这样的理想就会一步一步变成现实，我们正在这样的奋斗征途中！

12 大家都来做点什么！

看到网上调侃的图 7.38，心中对任正非顿生敬意！专注做自己认为应该做的事，并且做到一流和杰出，别人怎么说怎么做是他们的事！创新思维、静心专注、长期坚守，定会赢得尊重和生存空间！也欣赏 20 世纪 30 年代数学家哈代曾说过的话："一个职业数学家写关于数学的事是悲哀的。数学家的本分是做点什么，创出一些新的公理，替数学增加一点，而不是谈论自己或其他数学家做了些什么。政治人物鄙视评论政治的人，画家鄙视艺术评论者，生理学家、物理学家，或数学家通常都有类似的感受。没有任何嘲笑，能比创作者对解释者的嘲笑来得深奥，或在整体上更为合理。阐释、批评、欣赏，都是只有二等脑子的人的工作。"（It is a melancholy experience for a professional mathematician to find himself writing about mathematics. The function of a mathematician is to do something，to prove new theorems，to add to mathematics，and not to talk about what he or other mathematicians have done. Statesmen despise publicists，painters despise art-critics，and physiologists，physicists，or mathematicians have usually similar feelings；there is no scorn more profound，or on the whole more justifiable，than that of the men who make for the men who explain. Exposition，criticism，appreciation，is work for second-rate minds.）

这世上我最佩服两个人，一个是任正非，科技落后还能做成一家世界顶级高科技公司；另一个就是我自己，穷成这样还在时刻关心国家大事。

图 7.38　敬重任正非和做个为国家做点事的人

13 暴雨过后终见彩虹

在全球化受阻的阴霾之下，特别是新冠病毒肆虐全球、各国纷纷封关、国际航空管制，反国际化、排外以及种族歧视浪潮此起彼伏的大背景下，讨论如何培养具有国际视野的人才似乎有点讽刺，甚至不少人在怀疑国际化办学之路还会走多远。但我坚信或事实上，长期来看谁也无法阻挡人类国际合作这种趋势，充其量成为滚滚潮流面前的螳螂之臂！未来人才不只在于国际视野和竞争能力，还在于全球互联、数字化、智能化后的融合智慧和驾驭力。而国际化教育不仅是这种人才培养的重要途径，更是促进人类和国际合作的重要推手！

14 关注"负面清单"以外的无限创新空间

做好一个事业边界无限、道路无数，所以很难讲清楚怎么做最好，甚至就没有最好！但成就一番事业一定有一些不能做的或应回避的事情，当然还有基本规则和底线！当受邀为中国高校国际合作办学同仁分析西浦经验时，作了题为"教育（中外合作办学）的'负面清单'——西浦的追求"的演讲，根据我的观察和研究，指出了办学过程中应注意的问题和陷阱。但谈"负面清单"，不只是提醒大家不要做这些不应做的事情，更重要的是想让大家理解，这些"负面清单"除划定应警示的行为外，更重要的是留给了大家无限的创新和创造空间，这才是列出"负面清单"的根本目的。

15 自信的复杂表达

看到很多强大、富有的国家、组织、个人做的很多不自信的甚至滑稽的事情，写下这句话：真正的自信是自己虽知道自己很弱小但依然可以自信地在复杂的世界里做自己该做和能做的事情！

16 专注与精一

在这个各种信息满天飞的时代，能在眼观六路、耳听八方的同时，可以精心地专注做自己喜欢的或应该做的事是一种未来生存的重要素养；精一，即把自己感兴趣的事情做到极致是未来幸福人生和成就一番事业的重要途径。

17 不要被世俗扼杀了你本应有的精彩

过年，与亲朋、同学、老同事聊天，当谈到未来和创新发展时，听到最多的就是太难了、这环境干不成、没办法、都这年纪了、你没看网上怎么说……于是乎，人们的生活空间被似是而非的信息所挤压，内在的创新意识被心理上的放弃所毁灭，本应有的更精彩人生被世俗所扼杀……我曾撰写过短文"心理放弃"，就是想唤醒那些觉得没空间连想都懒得想的人，其实创新和发展的空间很大，只要态度积极、敢于突破，会有很多事情可以做；我还曾出版著作，提倡"逆俗生存"，就是想说明，敢于跳出舒服的世俗被窝，就有可能享受别样的精彩人生。何不试试？！

18 教育帮人学习、成长和为人

教育是帮学生认知"人、群体和社会、世界"的过程，进而支持学生习得"为人、与群体和社会相处、与世界相处"的能力，最终促使他们积极为人，以自己的努力为"人、群体和社会、世界"做力所能及的贡献，以拥有快乐幸福和丰富多彩的人生！

19 不仅要高，还要积极

其实，看问题除了高和低这个维度外（图7.39），还有积极（阳光）和消极（阴暗）维度，前者容易看到希望和机会，后者却满眼是问题和无奈；前者容易促人积极进取，后者往往使人悲观消沉。

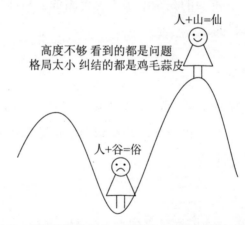

图 7.39　看问题除高低外，还有态度上的积极和消极维度

20 领导与板凳

以前与朋友聊领导的板凳理论，提醒在位者别被前呼后拥的热闹所迷惑，人们叩拜的常是你屁股下边的"板凳"；同时也希望凳子上的人，要努力提升能力和勇于担当，以配得上你坐的凳子！反过来，人们经常对坐在很高凳子上的人也有较高的期待，但不幸的是高凳子上的有些人，其言行会让你目瞪口呆，让人无法想象他/她是怎么爬上去的。

7.5 教育政策的期盼

（园区"两会"期盼党政信息约稿）

席酉民

两会在即，在全球复杂不确定的格局下，中国要肩负起自身持续健康发展和在世界上扮演好大国角色，面临许多挑战。作为教育工作者和管理学者，我很关注中国教育的健康发展和强国地位。

恰逢《中国教育现代化 2035》发布，该纲领性文件聚焦教育发展的突出问题和薄弱环节，立足当前，着眼长远，重点部署了面向教育现代化的战略任务，如中国特色、世界先进水平、高质量普及、终身学习体系、人才的创新能力、信息化时代教育变革、对外开放新格局、教育治理体系和治理能力等。从一线实践者和长期教育研究角度看，这一战略规划的有效实践需关注几个关键问题：

1 **教育理念的现代化和前瞻性**

尽管全社会很关注教育，无论国家的各项部署，还是民间和行业内的各种抱怨，似乎对网络化和数字化特别是人工智能时代对传统教育的冲击及未来人才观和教育理念重塑关注不够，研究不深，这很容易造成事倍功半、浪费资源、贻误战机。

2 **教育资源配置体系的规范化和科学化**

现在重以项目或工程配置资源的办法诱致了教育的极度浮躁风气，亟须迅速建立规范、透明、科学的教育资源配置体系，让教育领导者和工作者集中精力于教育的根本任务上，从而促使教育回归本质。

3 **高等教育管理的法制化**

关于教育行政化和办学自主权的讨论从来没有停止过，而其根源是教育治理和管理的法制化需要进一步完善。法治社会，所有组织应有组织法规范其建立、运行和解体等。现在，国际合作大学、民办院校和独立学院有相应的组织法，即《中外合作办学条例》《独立院校设置与管理办法》《民办高等学校办学管理若干规定》。中国亟须完善大学组织法，将公立大学纳入，并整合上述三部法，从而强化高等教育的进一步法制化、透明化和规范化。

7.6 疫情、企业与政府 ❯

　　世事无常，企业一定要学会给自己留有余地以应对不测事件。此次疫情不仅会直接影响许多企业的正常经营，甚或摧毁那些资金和资源上绷得太紧的企业；另外可能诱发商业模式和行业结构的调整；还会改变中国经济和企业的国际经营环境。然而，危机往往是孕育创新和变不可能为可能的机会。所以，当下也是企业面对危机和新形势，大胆创新和部署未来变革的难得机遇。暴雨过后，终见彩虹。优秀的企业是能预见彩虹的先行者，而不是凑热闹的看客。如尼采所言：那些杀不死你的，会把你锻造得更强大！

——十六位管理学家谈"中国企业如何应对突如其来的疫情"时的观点

2020 年 2 月 3 日

　　"疫情面前，中小企业老板们要集体失眠了"的说法网上蹿热。与疫情相似，病毒袭来，也是幼小和脆弱者容易中招。中小企业往往实力不足、资源匮乏、人才紧缺、经验有限、市场不稳固，而且资金紧张且融资渠道不畅，常使资金、人才、资源等绷得很紧，运行捉襟见肘。正常时期，企业家都需战战兢兢、如履薄冰，疫情袭来，市场、资金、人才、成本等集中式恶化，会使缺乏鲁棒性和回旋空间、本来就疲于奔命的中小企业家雪上加霜，不少可能熬不过疫情的寒冬。直面挑战，很容易提出一些建议，如与员工齐心协力共渡难关、保卫现金流跑赢竞争、围绕客户价值增强在线业务、趁机创新升级企业等。诚然，这些建议是美好的，但对处于危机的企业来说，处境是残酷的，因资源和条件限制，较难有效实施。好消息是，有责任和担当的政府及时出手，如苏州市政府首家迅速出台了应对疫情支持中小企业共渡难关的 10 条政策意见，包括金融支持、稳定职工和减少负担三大方面，因其实际而有针对性受到广泛好评。坦率讲，疫情是企业领导力的试金石，它不仅检验企业家应对危机的能力，也在考核其对企业发展的布局，有战略眼光和长远思考的企业家，一定会从商业模式、资源的柔性、发展的可持续性上有较好安排，从而利于在危机来临时轻松应对，甚或抓住契机赢得更大发展。真心希望更多政府快速出手，施援同样面临危难的中小企业，帮它们迈

过疫情这个坎。更希望企业家在危机面前，果断和智慧前行，反思、学习和不断
升级自己及企业！

——19 位管理学家为中小企业渡难关支招时的观点

2020 年 2 月 4 日

疫情爆发，各级政府启动应急响应。因病毒看不见、摸不着，人群快速移动，防不胜防，人们危机感、焦虑感不断发酵。各种杂乱信息借助网络铺天盖地，更加剧了人们对（小概率）感染的恐慌。因此对政府的依赖感（包括平时抱怨政府的人）快速上升。诚然，像关闭国门、切断航线、封城、封村、封楼、全面隔离、集中资源保障供给等确实离不开政府，但有效的危机应对体系需要权力控制和社会自治同时作用。

改革开放以来，在经济高速增长、市场力量崛起、行政力量增强的同时，社会自组织力量也日益壮大。我们当然需要政府集权控制和用行政手段遏制疫情扩散，但更应关注：国家法治体系的权力、市场、网络三种治理机制的完善，给各种社会力量营造创新空间；增强舆论体系的透明度，重建社会信任，激发社会动能的涌现和协同；营造宽松政治社会环境，赋能各级决策者、社会和市场力量，以提升社会活力和快速反应能力。

——十六位管理学家谈"政府与疫情抗击"时的观点

2020 年 2 月 5 日

7.7 疫情冲击下留学的本质和价值并未改变

席酉民

在对未来的留学趋势做一个判断之前，我们首先需要明确一个问题，那就是究竟应该怎样理解"全球化"。

在我看来，全球化并不是简单的一个国家的人到另一个国家去，而是全球的合作、全球的交流，以及全球不同民族和文化之间的共处。从这个角度上说，即使中国变得再强大、再富有，我们依然需要全球化。因为世界是一体的，而中国作为这个一体世界中的一个节点，如果失去了与周围世界的连接，这个节点的价值便会大打折扣，中国人类命运共同体的理想也会黯然失色。

换句话说，当前我们的确面临多方面影响国人留学心态的因素，比如新冠疫情、某些国家的相关政策、本国高等教育持续的发展，以及国人民族意识的增强等，但这些因素均无法长时间影响中国与世界的连接，因而无法遏制中国的留学潮。

具体而言，主要有两个层面的因素影响国人的留学观。

首先，全球化人类社会发展的趋势和需求，虽然当前反全球化的思潮有所抬头，但相信谁也不会否认全球化的大趋势，尤其数字化、网络化技术还会进一步加强全球的合作。大学的国际化，以及人才的全球化成为时代的必然要求，这个趋势是无法阻挡的。

其次，我认为在个人选择层面，国人的留学观中还保留着大量的"功利"成分——某个手段对我有好处，我就会重视这个手段。这并非贬义，而是老百姓的一种最世俗的出发点。

于是，就容易理解为什么当前如此多的人选择到国外留学。在我看来，除了出国留学可以获得国际化熏陶、开阔国际视野外，还有一个重要原因，即我们对本国教育的某些问题存在一定不满，很多人并不愿意进入目前国内现行的教育体系内。此时，通过留学进入另一套可能更适合自己且更加成熟的教育体系中，便成了一个很实际的选择。事实上，在我国长三角、珠三角地区，已经有百分之二三十的孩子选择放弃高考，这也是国家要引进一些中外合作办学机构、探索新教育模式的重要原因。

具体到此次疫情，这段时间的确有家长来咨询我们，现在国外留学是否安全，是否可以暂缓留学等问题。但请注意，他们只是对目前留学所存在的风险有所担心，并没有对国际留学的价值产生怀疑。

也就是说，面对疫情下错综复杂的国际形势，留学群体仅仅是从短期利益和风险角度作出了一个判断，这并没有影响留学行为本质的价值。至于长期会不会有所影响，这完全是一个世界博弈的问题。但我觉得就国际合作的大趋势而言，当前由疫情引发的种种变化，与长期的留学趋势之间并不存在不可调和的矛盾。

7.8 这是一个全民创新的时代

"企业的创新除了满足当下市场的要求以外，一定要前瞻性。"谈及企业创新，省人大代表、西交利物浦大学执行校长席酉民认为，企业要做大做强，一定要有长远计划，关注基础研究，这样才能够为下一代产品的推出不断积累技术（图7.40）。

图7.40　参加江苏省人大会时接受采访

席酉民认为，企业要做基础研究，与高校进行合作可以说是投资最小、见效最快的方法。江苏各级政府近年来也搭建了许多创新对接的平台，通过市场机制把学校的创新能力与产业的实际需求对接。"但高校研究有自身特点，企业不能简单用高校的研究完全替代自己的研究。"席酉民说，企业首先要明晰自己的产业定位。现在许多创新的技术、思维、工具已经产生，如果企业能够借助它们满足产业内独特需求，解决用户痛点，也是成功的创新。

在网络时代，事物传播是全球化的，市场也日益一体化，唯有创造价值，和别人不同才能有未来，因此创新已经成为社会中每个人生存的基本需求。席酉民建议，要在全社会营造创新生态，一定要孕育社会环境和创造支持平台，让人人重创新、能创新、爱创新。

在区域创新领域，他建议每个区域应该找到自己独特性的东西。"比如苏北，有些农业产业就是其他地方没有的条件，如果能做好产品的创新，同样能够赢得市场，增加产值。”

（耿文博，《江苏经济报》）

7.9　驾驭无可避免的“交手”

中美贸易战发生的前提在于双方拥有的“掰手腕”实力，在于无可避免的利益“争端”，在于任何单方面“示好”既无法扭转贸易战的态势亦可能丧失本国民意的预期。《中美贸易战：基于动态竞争的视角》一文从动态竞争理论视角透视“迄今史上规模最大的经济与商业竞争”现象，以翔实的资料、严谨的分析呈现了国家层面贸易竞争的特征和竞争行动的“悖论性”后果。我从该文看到了经过精细再刻画的、生动的中美贸易战过程，看到了“高手过招”的精湛技法，也领会到作者善意提醒背后的良苦用心：再高超的竞争技法缺乏“大道”（比如合作促成人类福祉的善意、一道构建人类命运共同体的取向等）指引，很可能滑入敌对、“零和博弈”、“为斗而斗”的泥淖，最终造成两败俱伤的恶果。现在需要如此高瞻远瞩的观点来影响中美贸易战，但驾驭无可避免的“交手”，我想进一步提醒诸位：回顾人类演化的历史，不仅有光明、成就辉煌的进步时代，也有人为制造出巨大灾难、倒退的时刻，在黑暗的时刻肯定不乏高瞻远瞩的见解，但只有更多持有那些见解的人们的持续参与，并以行动影响和捍卫这种博弈过程，才有可能遏制人类经济社会的厄运，从而可能达成符合人类福祉的共赢或多赢局面。

（对《中美贸易战：基于动态竞争的视角》一文的回应。作者：陈明哲，庞大龙，发表于《外国经济与管理》2019 年第 7 期。）

7.10　献计献策、共渡难关

新型冠状病毒突然袭来，因看不见、摸不着、传染途径不明，加上人群快速移动,感染和蔓延防不胜防,迅速酿成重大疫情,人们危机感、焦虑感不断发酵,铺天盖地的杂乱信息进一步加剧了人们对(小概率)感染的恐慌,也诱发了哄抢口罩、相关药品、防护物资和食品,以及不法分子趁火打劫,造假、哄抬物价等现象。如何尽快消除慌乱,帮助人们冷静、理性、有效配合各级政府正在采取的各种措施,以尽快控制和阻断病毒的蔓延?政府如何借鉴以前 SARS 防控经验和此次疫情新情况,迅速完善和提升重大疫情防控协同体系?面对疫情及带来的巨大挑战甚至是危机,企业如何应对?中小企业怎样渡过难关?政府如何帮助?特别是当世界卫生组织(WHO)2020 年 1 月 30 日宣布新型冠状病毒感染的肺炎疫情构成"国际关注的突发公共卫生事件"(PHEIC)后,美国暂时禁止过去 14 天内到过中国的外国人入境,许多国家和航空公司中断往来中国的航线,更严重的是,美国等国家将中国旅行预警级别升至最高的四级,即警告其公民不要前往中国或马上离开中国,疫情不仅可能阻滞中国经济发展,也可能引起世界经济衰退。而且,中美贸易战、英国脱欧、单边主义和民粹主义等因素使全球发展环境恶化,各国应对风险的能力降低,政府如何在危机中均衡抗疫与发展的关系?如何在世界正在经历百年未有之大变局下,处理各种矛盾和快速恢复经济社会秩序?

众志成城、打赢抗疫这场人民战争,既需要政府强大的集中力量,也需要社会各界的积极行动和协同配合,更需要各方的专长、建议和智慧。

管理 50 人,是一群自愿走到一起的管理学者,他们大多是各类组织的执行者,学术研究的带头人,学界活动的中坚。面对疫情的挑战,自然责无旁贷,希望以自己的专业、学识、研究、经验和智慧,进言献策。

因情况紧急,我们邀请他们中的相关学者,分别就"中国企业如何应对突如其来的疫情?""为中小企业渡过疫情难关支招!""突发疫情下的政府治理?"三大话题贡献智慧。

对第一话题,在国内经济增速放缓、产业结构升级调整、国际政治经济环境飘忽不定的关键期,16 位管理学家就企业应如何闯过难关,如何提高自身的"免疫力",疫情过后,企业如何实现"重新上路",甚至"在发展上实现飞跃"等问题发表意见。

针对第二话题,19 位管理学家,就中小企业如何逆势而上,突破疫情重压,如何在疫情中存活下来,又如何化危为机、转危为安,发表了各自的见解。

面对第三话题,17 位管理学者认为,疫情在极短时间内对我国政府治理能力提出了极高要求;能不能战胜疫情,在很大程度上依赖于政府的治理能力。与2003 年"非典"疫情相比,我国政府在应对措施、统筹能力、响应速度等方面进步很大。但在此役中也暴露出了我国政府治理中存在的短板和不足。于是,大家就我国重大疫情应对协同体系的建设、政府治理的效能、应急事件的预警、舆论体系的透明和有效引导等发表了各自的观点。

我们相继在管理 50 人公众号上发表了以上讨论，受到了广泛关注。为了更系统呈现大家的真知灼见，中国人民大学出版社决定特事特办，邀请所有参与者进一步丰富其观点，并结集出版，以助抗疫和我国经济社会更好地应对危机和渡过难关，实现更有效的持续发展。在此，我们真诚感谢管理学者们的积极参与，感谢中国人民大学出版社的快速响应，特别要感谢李文真编辑辛勤和高效的工作。

时间紧迫，准备仓促，其中观点和建议的疏漏在所难免，但只要能对社会有所警醒、能引发对有关问题的关注、能对实践有所帮助、能给疫情后发展和建设有所启示，我们就心满意足了。抗疫进入攻坚阶段，疫后发展恢复更具挑战，我们会继续努力，尽到管理学者应有的社会责任。

敬请读者批评指正。如有不同观点或评论，也欢迎及时发给我们，邮件地址是：fhwang@sjtu.edu.cn 和 youmin.xi@xjtlu.edu.cn。

（王方华，席酉民，《逆势突围　56 位管理学家建言》前言，中国人民大学出版社，2020 年 3 月）

7.11　立足根本（不变）以变应变

COVID-19 突如其来的爆发，让人们更深切地体会到当今世界因数字化和互联而日益加剧的复杂性、不确定性、模糊性和快变性。在这种背景下生存和谈管理均离不开变化，正如有人戏言，如今永远不变的就是变化。所以企业管理最流行的做法是以变应变，利用各种各样的理论、原理、智慧争取跑赢变化，以求得生存的机会。

然而，研究企业实践，如《基业长青》（Built to Last）中 Jim Collins 选用的众多全球最成功且长寿命的企业，很容易发现，真正要长期可持续成功发展，重要的不是研究怎么变，而首先是要弄明白不变（要坚守）的东西：企业赖以生存的根本，即企业长期的追求和存在的价值，用现在管理行话讲，即是企业的愿景和商业模式，然后才是企业如何在复杂变化的环境下持续努力和灵活多变以逼近其愿景和实现其价值，这种瞄准"不变"基础上的以变为策略的"从更好到更好"的旅行恰是绝大部分成功企业管理的真实写照。

特立独行

和谐教育之路

我 20 世纪 80 年代中实际上已初步悟到企业在复杂多变环境中这种实践的基本套路，提出和发展了和谐管理理论（复杂问题解决学）的基本框架：即围绕愿景和使命，在复杂多变环境下，持续明确引导企业逼近愿景和实现使命的阶段性和谐主题，然后围绕和谐主题依据和则与谐则体系构建企业（组织）生态，并不断根据组织情景和环境变化进行动态调整，以实现愿景使命与和谐主题及其和则与谐则体系的一致性，即和谐耦合。而其中谐则与和则体系以及和谐耦合融汇了各种管理原理、理论和方法的运用，这些与环境、组织情景和技术发展密切相关的东西可能处在不断演变或更新中，但追求基业长青的发展道路和框架几乎横亘不变。

伍喆博士以其对企业的观察和管理探索，编写的《100 个管理学原理》，展现了企业演化过程中丰富多彩的实践与理论的对话，最大的特点不是简单介绍这些原理，而是把原理写在企业的运行里。因管理研究的归纳特性，要系统整理和总结管理学的主要原理并非易事，面对汗牛充栋、杂乱无序的各种管理学理论、原理、经验性知识，甚或体会和感悟等，伍喆博士大胆地按照自己的标准，分门别类地整理出了 100 个原理，并与实践相结合，使其更进一步走进现实，这体现了管理致用之学的根本，是一种值得鼓励的学术之旅。

伍博士在编写之初，专程来苏州请我就全书的大纲方案提意见，后在编写过程中和完稿的时候，共三次约我提意见并作序。坦率讲，我一般不愿在一部完整的著作前画蛇添足，所以自己的很多小书几乎没请人作过序，自然也不愿接受邀请作序。这段小文字主要是对伍喆的博士真诚和该书特点的回应。读者不难发现，书中的一些原理都有他自己提炼总结的痕迹，更难能可贵的是，他还着力研究这些原理在企业的应用，促使读者去思考，以获得启示，这对企业实践会有裨益。另外，附录中还专门有书中原理所指向的管理职能的对照表，以利对企业管理理论不甚熟悉的读者阅读。从这个对照表也看得出，全书不仅兼顾了企业管理传统职能，也照顾到了当今轰轰烈烈的企业管理的新需求、新探索和新发展。

伍喆老师本是学语言学的，凭着对经济和管理的喜爱，最终走向了大学 MBA 的讲坛。虽然也走过弯路，但却收获了见识和思想。他告诉我，在这个纷繁的世界里，有两件特别让他着迷的事情。一件是授课，他说只要踏上讲台，就会激情飞扬，此时教室外面的一切，似乎就跟他毫无关系了；另一件是走进企业，他总是兴致盎然地了解企业现实的经营管理究竟如何，然后，还要跟老板们"高谈阔论"一番。其激情正体现了管理学老师应有的特征，即理论与实践互动，然后才能真正授人以渔。与之呼应，我自己对此的感悟和长期追求是，"做有实践的理论，做有理论的实践"，最近又加了一句："利用大数据和 AI 促进理论与实践的更深度对话"。

《100个管理学原理》是伍喆博士基于企业管理专业教师的职业操守以及长期热爱并参与企业管理实践的心血之作，较好地体现了"理性"思考与"经验"感悟的融合。无论企业管理者，还是其他读者，都有可能从阅读中引发思考，或得到共鸣，或收获启示，这自然会有利于自己的企业管理或日常生活。

（为伍喆博士《100个管理学原理》作序，2020年3月6日）

7.12 领悟"做人做事"的真谛

改革开放40年，江苏省的经济取得飞跃式发展。在获得硕果累累成绩的背后，有着一大批学者不懈的努力。正是这些学者用思想和作品引领和推进江苏朝着经济、社科强省不断开拓和迈进。

南京大学赵曙明教授是最早将西方人力资源管理理论引进到中国，并将西方人力资源理论与中国实践相结合的学者之一。《江苏社科名家文库：赵曙明卷》是赵曙明教授的学术小传和代表性学术成果，全面囊括了赵曙明教授30多年来的研究成果和学术心得。从学术小传看，赵曙明教授回顾了其求学经历：从一个农村的回乡青年通过努力被推荐到南京大学深造，而后作为第一代留美学生先后两次赴美并分别获得硕士和博士学位并在美国从事博士后研究。海外求学及期间的体验特别是管理学大师彼得·德鲁克的影响，为其日后的学术研究奠定了良好的基础。在美学成后，他放弃在美任教的机会，投身当时刚成立不久的南京大学商学院，执教30余年，为南京大学培养了大批优秀博士后、博士、硕士人才。通过阅读本书，感受一代学者在改革开放时期的魅力和风采。

20世纪90年代以来，赵曙明教授带领研究团队扎根于我国多行业多类企业开展研究，在企业跨国经营与人力资源管理方面取得了一系列优秀成果，得到国内外学术界的高度肯定和认同。该书收集了近年来赵曙明教授承担国家自然科学基金、国家科技部项目等课题的研究成果，包括国际企业经营与跨文化管理、人力资源管理研究、我国管理者胜任素质研究和中国管理未来研究的使命和亟待解决的前沿问题等。研究成果观点鲜明，立意高远，对企业跨国经营与人力资源管理具有重要的借鉴和启示意义，取得了较大的社会反响。进入21世纪，"以人为本""人才资源是第一资源"等理念已成共识，作为国家竞争力来源的人力资源已上升至国家战略层面的高度。中国人力资源管理如何适应新时代的发展，已成为当今社会面临的新课题。学海无涯，实践无垠。一方面，我希望年轻学者们借助这本书，学习领悟"做人做事"的真谛，找准人生定位，发扬"吃苦精神"，勇攀高峰；另一方面，期望更多年轻学者与实务界人士投入人力资源管理领域研究与探讨中，通过这本书深刻认识到中国人力资源管理发展过程中的特点和难点，科学把握未来人力资源管理的前瞻性研究方向，为更好地推动中国人力资源管理实践健康发展贡献更多力量。

（席酉民，《江苏社科名家文库：赵曙明卷》的书评，2019 年 2 月 12 日）